PETER KEMPER

Wie die
UKULELE
die Welt erobert

DIE BEATLES, JAKE SHIMABUKURO
UND DIE FOLGEN

T0322715

BOSWORTH EDITION
The **Music Sales** Group
www.bosworth.de

Peter Kemper: Wie die Ukulele die Welt erobert – Die Beatles, Jake Shimabukuro und die Folgen

Impressum

Copyright © 2017 by Bosworth Music GmbH – The Music Sales Group

Lektorat: Dr. Wolfgang Stanicek
Satz und Layout: Barbara Ebeling
Coverdesign: Barbara Ebeling
Coverphoto: Merri Cyr Photography

BOE7842
ISBN 978-3-86543-947-5

Printed in the EU.

www.bosworth.de

Inhalt

Vorwort   7

1   Blütenträume aus Liverpool: Die Fab Four und der
„hüpfende Floh"   11
2   While My Uke Gently Weeps: Jake Shimabukuro und der
Ukulele-Boom   27
3   Ein portugiesisches Geschenk: Von der Machete zur Ukulele   65
4   Goldene Jahre: Tin Pan Alley und The Roaring Twenties –
Die erste Welle   95
5   Modernisten versus Traditionalisten – Verwirrspiele auf den
Saiten: George Formby und Eddie Kamae   127
6   The 4 K's: Von singenden Saiten und schwingenden Hölzern   159
7   Medienspektakel, Plastik-Moderne und eine Ein-Mann-Show   187
8   Beat Boom Kills The Radio-Uke: Endzeitstimmung trotz
vieler Anfänge   203
9   Hawaiian Renaissance – Soundtrack des Widerstands:
Peter Moon und Israel Kamakawiwoʻole   241
10   Der Floh hüpft nach Europa: Das Ukulele Orchestra of
Great Britain, Götz Alsmann, Stefan Raab, Andreas David
und die Lucky Leles   257
11   Überleben im musikalischen Biotop: Die hawaiianischen
Hüter der Flamme   291
12   Wiedergeburt via Internet: Die Ukulele-Stars der YouTube-
Generation   311
13   Man trägt wieder Ukulele: Didaktik, Demokratie und
Gemeinschaftlichkeit   349

Anhang
    Ukulele – das Instrument und seine Teile   365
    Ukulele – die Familie im Größenvergleich   366
    Literaturverzeichnis   368
    Auswahldiskografie (CDs, DVDs)   375
    Die wichtigsten Ukulele-Websites   379
    Song-Index   381
    Personen- und Sachregister   385

Wacken Open Air 2013 © Philipp Guelland/AFP/Getty Images

Uke-Romantik © Brigitte Grossmann/Peter Kemper

Vorwort

Was haben Marilyn Monroe, George Harrison und Kermit, der Frosch gemeinsam? Richtig – alle drei waren gleichermaßen in eine bescheidene Holzbox mit vier Nylonsaiten vernarrt. Die Ukulele hat eine turbulente Geschichte hinter sich: Sie wurde von Königen gepriesen und von Witzbolden verhöhnt, in den zwanziger und dreißiger Jahren des 20. Jahrhunderts von Millionen geliebt und dreißig Jahre später fast vergessen. Doch mit ihrem speziellen Charme konnte die Ukulele unglaubliche Widerstandskraft entwickeln. Immer wenn man glaubte, die Uke (wie sie oft auch kurz genannt wird) hätte sich endgültig überlebt und tauge nur mehr als historisches Relikt oder Sperrholz-Spielzeug im Kinderzimmer, tauchte sie triumphaler denn je wieder auf.

Vielleicht liegt ihr besonderer Charme in ihrem „demokratischen Charakter" begründet: Jeder kann sie nach kurzer Zeit spielen, jeder kann durch sie zum Hobby-Musiker werden. Ihr fröhlicher Grundton, der charakteristische Plinky-Sound – perkussiv und warm zugleich – macht sie zu einem Gute-Laune-Instrument par excellence und bringt die Menschen zum Lächeln. Sie erweist sich darüber hinaus als außerordentlich vielseitig: Stücke von Bach über die Beatles bis zu den Sex Pistols oder Metallica lassen sich auf ihr interpretieren. Als Lehr-Instrument läuft die Ukulele der Blockflöte zunehmend den Rang ab. Kinder können mit ihr schneller als mit jedem anderen Instrument Erfolgserlebnisse beim Musizieren verbuchen. Der Musikpädagoge Jan Henning Meier, Gründer des Internet-Portals *www.ukulelenunterricht.de* erklärt: „Der Vorteil der

Ukulele ist, dass man mit ihr auch rhythmische Dinge machen und nebenbei singen kann." Und selbst die unmusikalischsten Erwachsenen erzielen nach kurzer Zeit auf ihr annehmbare Klänge. Die Ukulele bietet eine Kreativ-Plattform, auf der man allein oder in einer Gruppe Gleichgesinnter die Nöte des Alltags schnell hinter sich lassen kann.

Man kann die Geschichte der Ukulele auch als eine Mediengeschichte erzählen: Ihre erste Popularitätswelle in den zwanziger Jahren ging mit der Verbreitung des Radios einher. Die zweite Erfolgswelle in den fünfziger Jahren wurde neben der Einführung von Kunststoff als neues Material vor allem durch Film und Fernsehen getragen. Und die dritte, bis heute anhaltende Welle ihrer globalen Verbreitung erhielt ihren Anschub durch das Internet. Nicht zufällig hat der Ukulele-Superstar Jake Shimabukuro auf YouTube mit seiner Interpretation von „While My Guitar Gently Weeps" mehr als 15 Millionen Klicks generiert.

Berühmte Namen verbinden sich mit der Geschichte der Ukulele: Edward Lear, Lewis Carroll, Robert Louis Stevenson, King David Kalakaua, Nancy Mitford, Marilyn Monroe, Elvis Presley, George Harrison, Kermit, der Frosch und Warren Buffett – um nur ein paar zu nennen.

Bis heute verkörpert die Ukulele das mentale Konzept des hawaiianischen „Aloha", das mit Freundlichkeit, Freizügigkeit und Offenheit assoziiert wird. In seinen Anfängen erzählte das Instrument von Freizeit, Freiheit und Spaß. Es verkörperte die Verheißung von Liebe, sexuellen Abenteuern, Jetztzeitlichkeit und besseren Zeiten. Die Ikonografie früher Ukulele-Bilder aus den zwanziger Jahren mit ihren kleinen Booten, den Basträcken der Hula-Tänzerinnen, Mondschein, Strand und Felsen am Meer stand für Eskapismus und Romantik. Oft begleitete die Frau das Ukulele-Spiel des Mannes durch selbstbewussten Gesang. Vielleicht liegen hier die Wurzeln jener feministischen Symbolik der Ukulele begründet, wie sie heute offenkundig scheint.

Es mag verwundern, doch ausgerechnet die Beatles spielten in der Erfolgsgeschichte der Ukulele eine zentrale Rolle: Einerseits sorgten sie mit dem Beat-Boom der sechziger Jahre dafür, dass die Rockgitarre zum neuen Sehnsuchtsobjekt der Jugendlichen avancierte und die Verkaufszahlen der Ukulele in den Keller gingen. Andererseits waren John, Paul, George und Ringo selbst bekennende Ukulele-Fans, die das kleine Instrument in ihrer

Freizeit immer wieder in die Hand nahmen und sogar bei einigen Beatles-Songs einsetzten. Als diese heimliche Ukulele-Liebe der Fab Four Mitte der neunziger Jahre öffentlich wurde, galt die schlichte Soundbox nicht nur bei Jugendlichen plötzlich wieder als cool.

Der Ukulele-Boom hält unvermindert an. Man kann sie heute überall hören: Ihr „happy sound" hat etwas Gemeinschaft stiftendes, er bringt Menschen zusammen. Überall auf der Welt jammen Ukulele-Fans in Workshops, Clubs, Bands und Vereinen. Lebenslange Freundschaften werden durch gemeinsames Ukulele-Spiel geschlossen. Mit Leichtigkeit kann sich die Ukulele jeden musikalischen Stil anverwandeln: Vom Trendsetter im Indie-Rock bis zu den Top Ten-Popsongs, von der TV-Werbung bis zu YouTube-Megahits. So konnte das Medley „Somewhere Over The Rainbow/ What A Wonderful World" des schwergewichtigen Israel Kamakawiwoʻole (IZ) nicht nur ein YouTube-Hit werden: Es dominierte selbst in Europa monatelang die Hitparaden. Überall auf der Welt greifen sich Heranwachsende inzwischen wegen des niederschwelligen Zugangs das kleine viersaitige Instrument und beginnen zu spielen – zu Hause, in Klassen und Kursen oder in der Kneipe.

Die Ukulele verdrängt zunehmend auch die „Klampfe" – die günstige, mobile Akustikgitarre – auf Campingplätzen und in Parks. Auf Heavy-Metal-Festivals wie dem Wacken Open Air interpretieren inzwischen Besucher die Hits ihrer Metal-Heroen auf Ukulelen – am liebsten auf solchen im provokanten rosafarbenen Hello Kitty-Design.

„UKE CAN CHANGE THE WORLD!"
(Jim Beloff, Ukulele-Aktivist und Internet-Pionier, 2013)

1
Blütenträume aus Liverpool: Die Fab Four und der „hüpfende Floh"

EINE SESSION IM PARK

Niemand ahnte am Thanksgiving Day des Jahres 1995, dass dieser Tag zu einer wichtigen Wegmarke in der turbulenten Geschichte der Ukulele werden würde. An diesem 23. November strahlte der amerikanische TV-Sender ABC die dritte Folge der Beatles-Dokumentation *Anthology* aus. Aus diesem feierlichen Anlass hatte sich ABC sogar für die Dauer der Sendung in „**A B**eatle **C**" umbenannt. In dieser von George, Paul und Ringo selbst verantworteten Biografie der Band sind die drei – völlig relaxed – auf einer Rasenfläche von Harrisons weitläufigem Anwesen Friar Park in Henley-on-Thames zu sehen. Auf einer blaukarierten Decke sitzend – Paul lehnt mit ausgestreckten Beinen an einer alten Parkbank – schwelgen sie in Erinnerungen an alte Lieblingssongs.

George Harrison hält eine Kamaka-Concert-Ukulele in der Hand, während Paul McCartney eine Resonator-Tenor-Ukulele spielt. Gut gelaunt startet man mit dem Jimmy Reed-Blues „Baby, What You Want Me To Do". Zum perkussiven Handclapping von Ringo übernimmt Paul die Akkordbegleitung, während George immer wieder raffinierte Solo-Licks in den Songverlauf einstreut. In einem wunderbar lässigen Ukulele-Solo kombiniert er süffige Single-Note-Linien mit treffsicheren Trillern in den höchsten Registern. Paul stimmt daraufhin seinen Song „I Will" vom *Weißen Album* an und George erinnert sich an eine bis heute unveröffentlichten Nummer, die er 1968 während des Indien-Aufenthalts der Beatles

Paul McCartney beim Hard Rock Calling im Hyde Park, London, 2010 © Peter Still / Redferns

geschrieben hatte: „Dehradun", benannt nach der gleichnamigen Stadt nordwestlich von Rishikesh. Zum Höhepunkt dieses kleinen Ukulele-Treffens aber avanciert die Neuauflage von „Ain't She Sweet", eine der frühesten Rock 'n' Roll-Aufnahmen der Beatles aus dem Jahr 1961. Der alte Pop-Standard erweist sich hier als perfektes Vehikel für Harrisons Ukulele-Leidenschaft: Mitreißend, intensiv und raffiniert!

Am Ende der Session, die am 23. Juni 1994 aufgenommen wurde, erinnert sich Paul an den legendären Auftritt der Beatles im Candlestick Park in San Francisco am 29. August 1966, mit dem sie ihre Konzert-Tourneen ein für alle Mal beendet hatten. Doch George fällt ihm scherzhaft ins Wort: „Nein, nein, dies hier ist Candlestick Park!" Und dann stimmt er den berühmten Refrain aus Glenn Millers Jazz-Standard „In The Mood" an: Es dürfte kein Zufall sein, dass George, Paul und Ringo nach Jahren der Rivalität und Konkurrenz ihre Kameradschaft jetzt mit einer stimmungsvollen Ukulele-Session erneut besiegeln. Es steckt etwas von unbeschwerter Fröhlichkeit und spontanem Spaß in dem kleinen Saiteninstrument. Auch bei den Gesprächen der Drei in Harrisons Haus, die in der *Beatles Anthology* zu sehen sind, überspielt Harrison die anfängliche Anspannung der ehemaligen Bandkollegen immer wieder durch eingestreutes Ukulele-Geklimper, um die Atmosphäre aufzulockern.

Bis zur Ausstrahlung dieser Filmografie war der Öffentlichkeit kaum bekannt, dass die Beatles und die Ukulele schon seit Jahren eine heimliche Liebesbeziehung verband. Ein deutlicher Hinweis auf diese lange verschwiegene Affäre findet sich nicht zuletzt in dem Song „Free As A Bird", der als „neuer" Beatles-Song die *Anthology*-Reihe krönen sollte. John Lennon war dafür aus dem Reich der Toten zurückgeholt worden, um mit den noch lebenden Beatles virtuell zwei neue Veröffentlichungen einzuspielen. Man mag es als billige Ausbeutung bezeichnen – die beiden Lennon-Songs „Free As A Bird" und „Real Love" in der Nachbearbeitung durch die drei Beatles wurden ein historisches Ereignis. Anfang 1994 hatte Yoko Ono die Demo-Aufnahmen McCartney auf dessen Bitte hin überlassen, nachdem John Lennon gerade postum in die Rock 'n' Roll Hall Of Fame aufgenommen worden war. Im Rahmen der Arbeit an der *Anthology* produzierte dann Jeff Lynne und nicht George Martin die Re-Recordings der beiden Songs. McCartney hatte dabei das Gefühl, als sei Lennon nur mal eben in Urlaub gefahren und habe die anderen Beatles im Studio angerufen, sie mögen doch schon mal anfangen, seine Songideen umzusetzen, er würde ihnen voll vertrauen.

Sicherlich hätte er auch den Einsatz von Harrisons Ukulele ganz am Ende von „Free As A Bird" gutgeheißen, wo George mit dem berühmten Ukulele-Solo aus „When I'm Cleaning Windows" sein ganz persönliches, kleines Tribute an George Formby, den Comedy-Helden seiner Jugend, einschmuggelt. Lennon rezitiert dazu rückwärts (!) Formbys wohl berühmtesten Comedy-Slogan „It's Turned Out Nice Again", mit dem der Komödiant seine Bühnenprogramme oft begann. Selbst in „Real Love" kommt Harrisons Banjolele* zum Einsatz – wenn auch weniger prominent.

---

* Banjolele = ein viersaitiger Hybrid aus Banjo und Ukulele, auch als Banjo-Ukulele oder Banjulele bezeichnet.

Die Reaktion auf die TV-Ausstrahlung der Ukulele-Sequenzen im Rahmen der *Anthology*-Reihe war frappierend: Plötzlich galt die lange nicht ernst genommene Ukulele als cool. Die Beatles hatten sie nicht nur als ein vollwertiges Musikinstrument rehabilitiert, sie signalisierte im völlig entspannten Miteinander der „Threetles" Optimismus und ein Gute-Laune-Gefühl. Quasi über Nacht gingen die Verkaufszahlen von Ukulelen nicht nur in den USA in die Höhe. Martin Guitars verbuchte seit Jahren erstmals wieder kontinuierlich steigende Umsätze der lange stiefmütterlich behandelten Viersaiter. Auch die in Honolulu beheimatete, renommierte Ukulele-Werkstatt Kamaka konnte sich keinen besseren Werbeträger als George Harrison wünschen. Weltweit entdeckten in den Folgejahren – nicht zuletzt dank der Beatles-Werbung – Heranwachsende den Charme der Ukulele neu. 1995 begann ein Revival der kleinen Soundbox, das bis heute anhält.

VERLIEBT IN LIVERPOOL

Doch die Beziehung der Beatles zur Ukulele reicht viel weiter zurück. Um ihre Ursprünge zu enträtseln, ist eine geduldige Spurenlese notwendig, die auf oftmals verschlungenen Pfaden die musikalischen Vorlieben der Fab Four ausdeutet.

Der Skiffle-Boom, der 1956 die englischen Teenager elektrisierte, rückte plötzlich ein Instrument in den Fokus der Aufmerksamkeit, das als Banjolele bekannt war. Sie gehörte zu einer echten Skiffleband ebenso zwingend dazu wie die Gitarre, das Waschbrett oder der Teekisten-Bass. Skiffle war ein Kompromiss: weniger konfrontativ als Rock 'n' Roll, weniger rasant und nicht mit Sex- und Gewalt-Gesten kokettierend, wirkte Skiffle nicht sonderlich beunruhigend auf britische Eltern. Hier wurden bekannte Volkslieder wie „Rock Island Line" oder „Who's Sorry Now" zwar durch einen hämmernden Beat beschleunigt, doch es war die fast familiäre Vertrautheit der Songs, die Skiffle in England – vor allem in Liverpool – Mitte der fünfziger Jahre so populär machte. Als hausgemachte Mischung aus Folk-Melodien, Jazz-Akkorden und Country-Blues – nicht zufällig hatte Liverpool nach dem Krieg kurzzeitig als „Nashville des Nordens" gegolten – wirkte Skiffle wie eine „vertrauensbildende Maßnahme". Und

Lonnie Donegan, 1978
© ullstein bild/Jazz Archiv Hamburg

Lonnie Donegan war ihr perfekter Propagandist. Eigentlich
hieß er Anthony James Donegan,
Lonnie hatte er sich nach seinem
Vorbild, dem Bluesgitarristen
Lonnie Johnson genannt. Jedenfalls landete Donegan mit dem
Gassenhauer „Rock Island Line"
aus dem Repertoire seines Band-
leaders Chris Barber im Herbst 1955 einen landesweiten Hit. Auch John
Lennon war von dem Stück begeistert. Ausnahmsweise kaufte er sich die
78er Single, um sie daheim auf einem alten Plattenspieler wieder und wieder aufzulegen. Denn hier bot sich eine unverhoffte Chance: Skiffle war so
einfach gestrickt und doch so eindringlich, dass sich die Gründung einer
Skiffle-Band geradezu aufdrängte.

Schon lange vor dem Skiffle-Boom hatte John Lennon das Ukulele-
Spiel von seiner Mutter Julia gelernt. Sie förderte früh das Interesse ihres
Sohnes an Musik und brachte ihm auch die ersten Griffe auf einer Banjo-
Ukulele bei – sie selbst hatte die einfachen Akkorde von ihrem Großvater,
William Stanley, als Kind gelernt. Darüber hinaus galt sie als ganz passable
Sängerin und hatte ihren Sohn oft mit einem kleinen Lied zur Ukulele-
Begleitung aus dem Walt Disney-Film *Schneewitchen und die sieben Zwerge*
in den Schlaf gesungen: „Want to know a secret? / Promise not to tell / You
are standing by a wishing well." Später kombinierte Lennon diese Melodie
mit Buddy Holly-Harmonien und machte daraus die Beatles-Nummer
„Do You Want To Know A Secret". Bald schon konnte Lennon zur Banjo-

Ukulele einstimmige Lieder singen, wie „Little White Lies" oder „Girl Of My Dreams". Der Skiffle-Boom sollte seiner frühen Ukulele-Liebe dann später Recht geben. Doch spätestens als Lennon zum ersten Mal Elvis Presley mit dem aufrührerischen „Heartbreak Hotel" hörte, war die Banjolele vergessen und Lennon flehte: „Bitte, Herr, gib mir eine Gitarre!"

Erst mehr als zehn Jahre später erinnerte sich John für das mantraartige Mitsing-Stück „All Together Now" vom *Yellow Submarine*-Soundtrack wieder seiner Ukulele-Fertigkeiten. Er spielt in dieser kindlich-naiven Nummer eine Sopran-Uke, die perkussiv mit Beginn der zweiten Strophe einsetzt. Obwohl oder vielleicht gerade weil diese Sing-Along-Phrase einem banalen Klischee huldigt, wurde das Stück in den siebziger Jahren eine beliebte Stadion-Hymne englischer Fußballfans in den Halbzeit-Pausen.

Doch damit hatte sich das Thema Ukulele während der aktiven Zeit der Beatles keineswegs erschöpft: „Wild Honey Pie" vom *Weißen Album* kommt als eine Sing-Along-Nummer daher, die Paul McCartney 1968 in Indien, während des Aufenthalts beim Maharishi Mahesh Yogi in Rishikesh eingefallen war. Erst sein Ukulele-Spiel verleiht hier der schlichten Melodie die nötige Schubkraft, damit diese nicht gänzlich verflacht. Ob auch während der sogenannten „Esher-Sessions" in Kinfauns, dem damaligen Wohnsitz von Harrison außerhalb Londons, bei dem die Beatles Akustik-Versionen für das *Weiße Album* einspielten, Ukulelen zum Einsatz kamen, ist bis heute nicht zweifelsfrei geklärt. Beim Abhören der Demo-Aufnahmen glaubt man gleichwohl, in den Takes von „Rocky Raccoon" und „Back In The USSR" Ukulelen herauszuhören.

Ein weiteres veritables Ukulele-Beispiel findet sich an einem sicheren Versteck im Beatles-Katalog: Auf der 1968er Ausgabe ihrer sogenannten *Christmas Records* – Flexidiscs mit Hörspielszenen, Gesprächssequenzen und Song-Fragmenten, die die Fab Four jedes Jahr an die Mitglieder des offiziellen Beatles-Fanclubs verschenkten. Als George Harrison im Herbst 1968 für ein paar Tage in New York weilte, lud er den Ukulele-Entertainer Tiny Tim in sein Hotel in Manhattan ein, um mit ihm über die gemeinsame Uke-Faszination zu plaudern. Die beiden verstanden sich auf Anhieb und Tiny fragte George: „Macht es Dir etwas aus, wenn ich ein Lied vortrage?" Harrison fand das toll und sagte: „Nein, lass hören." Als

Tim sich dann mit seiner skurrilen Falsettstimme und Ukulele-Begleitung an „Nowhere Man" wagte, war der Beatle ganz angetan. Er unterbrach Tim nach einer Minute und bat ihn, zunächst ein paar Worte zur Begrüßung zu sagen und dann das Lied noch einmal zu singen. Tim fühlte sich sehr geehrt und wünschte den Beatles und allen Fans erst einmal „Merry Christmas and A Happy New Year", bevor er mit seiner Improvisation loslegte. Mit einem tragbaren Kassettenrekorder nahm George die exzentrische Performance sofort auf, um dem Beatles-Fanclub mit dieser schrulligen „Nowhere Man"-Version eine kleine Weihnachtsüberraschung zu bereiten. Bei Tiny Tims Auftritt in der Londoner Royal Albert Hall im Oktober 1968 saßen neben Elton John und den Rolling Stones natürlich auch die Beatles im Publikum, die von Tims Live-Version von „Nowhere Man" einmal mehr entzückt waren.

Dass Paul McCartney auch in der Zeit nach der Beatles-Trennung die Ukulele nicht vergaß, demonstrierte er schon 1971 auf seinem zweiten Solo-Album *Ram*. Es enthält mit „Ram On" eine Art „Jingle"-Song, bei dem Paul sich selbst auf einer Ukulele begleitet. In einem Interview mit der englischen Musikzeitschrift Mojo erklärte er 2001: „Das niedliche kleine Liedchen habe ich auf einer Ukulele komponiert, weil ich Anfang der Siebziger in New York immer eine bei mir hatte. Ich konnte damit sogar auf dem Rücksitz von Taxis Musik machen. Die New Yorker Taxifahrer dachten damals wohl, ich sei ein durchgeknallter Freak!" Der Text besteht nur aus den Zeilen „Ram on, give your heart to somebody, soon right away, right away." Doch die schlichten Sätze, die von Gradlinigkeit, Courage und Stärke handeln mögen, enthalten auch ein Wortspiel: Die Wörter „Ram" und „On" formen zusammengenommen den Namen „Ramon", jenes Pseudonym, das Paul McCartney mehrfach bei den Beatles benutzte. Erstmals während ihrer Schottland-Tournee als „Silver Beetles" im Jahr 1960 und ein weiteres Mal im Mai 1969, als Paul für den Song „My Dark Hour" bei der Steve Miller Band am Schlagzeug saß.

„1969 waren wir endlich professionelle Musiker und konnten jetzt etwas machen, mit dem wir in Gedanken schon lange herum gespielt hatten: Unsere Namen in echte Showbiz-Namen zu ändern. Ich wurde Paul Ramon, weil das für mich echt exotisch klang." Man darf davon ausgehen, dass McCartney auf dem *Ram*-Album, ein Jahr nach der schmerzlichen Beatles-Trennung, von persönlichen Empfindungen sang. Die meisten seiner Lieder der Jahre 1970 und 1971 handeln von der Auflösung der Fab Four, von wiedergewonnenem Seelenfrieden, von den Wonnen des Landlebens und von seiner Liebe zu Linda und der Familie.

In diesem Kontext scheint McCartney die Zeilen „Ram on, give your heart to somebody soon" an sich selbst, an sein Alter Ego „Ramon" zu richten und sich zu ermutigen, die Zeit nicht mit wehmütigen Erinnerungen an das Ende der Beatles zu verschwenden. „Ram" meint aber auch jenen Schafsbock von seiner schottischen Mull of Kintyre-Farm, der auf dem Cover des Albums abgebildet ist und vielleicht besser als Rammbock verstanden werden sollte. Paul rammt hier gegen alles, was ihn nach der Auflösung seiner Herzensband depressiv stimmen könnte. Obwohl „Ram On" mit Piano-Akkorden einsetzt, trägt Pauls rhythmisches Ukulele-Spiel den Song und zeigt, wie sich eine schlichte, gleichwohl wichtige Botschaft mit dem unscheinbaren Instrument wundervoll transportieren lässt.

Jahre später erinnert sich McCartney noch an ein anderes Uke-Erlebnis: „Manchmal, nach einem Abendessen in Georges Haus, wurden die Ukulelen hervorgeholt. Ein Mal, es ist noch nicht so lang her, jammten wir ein bisschen und ich sagte: ‚Es gibt ein Lied, das ich jetzt auf der Ukulele spiele.' Ich führte es ihm vor und jetzt spiele ich es für euch als Widmung an unseren wunderbaren Freund." Mit diesen bewegenden Worten leitete Paul am 29. November 2002 in der Londoner Royal Albert Hall beim *Concert for George* seine Ukulele-Version von Harrisons melancholischem Liebeslied „Something" ein. Er spielte dieses Stück auf jener Kamaka-Ukulele, die Harrison ihm achtunddreißig Jahre zuvor geschenkt hatte. Den denkwürdigen Abend anlässlich des ersten Todestages von Harrison beendete Georges alter Freund Joe Brown dann mit dem optimistischen Ukulele-Hymnus „I'll See You In My Dreams", jenem Evergreen von 1924, den auch schon Harrison-Heroen wie Django Reinhardt oder Chet Atkins aufgenommen hatten.

Joe Brown, ein früher Rock 'n' Roller in Großbritannien, der in den sechziger Jahren eine Reihe Hits hatte, wie „A Picture Of You" oder „It Only Took A Minute", hatte Harrison auf einer gemeinsamen England-Tournee

1962 kennengelernt. Später spielten die Beatles Browns Erfolgssong „A Picture Of You" während ihrer *BBC-Sessions* ein. Brown und Harrison waren nicht nur lange Zeit Nachbarn in Henley-on-Thames und gute Freunde, sie teilten auch ihre Verehrung für George Formby – Brown war es auch, der Harrison später mit der George Formby Society bekannt machte, die sich nach dem bekanntesten englischen Ukulele-Spieler benannt hat. Browns Credo lautete: „Du kannst dir eine Ukulele schnappen und in ein paar Stunden darauf die ersten Stücke lernen. Und wenn du dann richtig gut darauf werden willst, sind deinem Ehrgeiz auch keine Grenzen gesetzt."

2011 veröffentlichte Joe Brown sein eigenes *Ukulele Album* – eine gelungene Mischung aus Klassikern des Genres mit einer Überraschung: Der Who-Kracher „Pinball Wizard" findet sich neben nostalgischen Formby-Songs.

DIE MUTTER UND DER ENTERTAINER

Harrison erinnerte sich in seinen späteren Jahren: „Immer wenn ich an meine Mutter denke, werden zugleich Erinnerungen an George Formby mit seiner Ukulele wach." Sicherlich hat es mit Harrisons spätem Ziel der „Selbsterforschung" zu tun, dass er im Anschluss an seine Studien der indischen Philosophie und Religion immer mehr an Techniken schonungsloser Selbstbeobachtung interessiert war. Er hatte 1974 auf einer UNICEF-Pressekonferenz klar formuliert: „Man kann keine Beziehung zu anderen aufbauen, wenn man keine Beziehung zu sich selbst hat. Wir müssen uns erst selbst finden!" In diesem Zusammenhang dürfte auch Harrisons Hinwendung zu seinen frühesten musikalischen Erinnerungen an das Ukulele-Spiel von George Formby zu sehen sein – als wichtige Wegmarke seiner künstlerischen Sozialisation.

Bei den britischen Alleinunterhaltern der vierziger und fünfziger Jahre gehörte ein musikalisches Intermezzo im Programm fast obligatorisch dazu. George Formby, Jahrgang 1904, war einer von ihnen und Harrisons früheste Inspiration. Im Haushalt der Harrisons trällerte seine Mutter gern Formby-Songs wie „Leaning On A Lamppost" oder „In My Little Snapshot Album" bei der täglichen Hausarbeit vor sich hin. Der kleine George wuchs mit diesen Easy Listening-Songs auf. Ähnlich erging es nicht nur John Lennon, sondern auch Paul McCartney, dessen Vater ebenfalls ein bekennender Fan George Formbys war. Formby spielte damals ein spezielles Instrument – eine mit Stahlsaiten bespannte Banjolele mit einem etwas durchsetzungsfähigeren Ton als eine konventionelle Ukulele mit Nylonsaiten. Von einem befreundeten Kollegen soll er sie für zweieinhalb britische Pfund erstanden haben. Es sollte sich als beste Investition seines Lebens erweisen. Mehr als dreihundert Songs hat Formby im Laufe seiner vierzigjährigen Karriere für die Ukulele geschrieben.

Mit seinem „cheesy" Lancashire-Slang verkörperte er den typischen Nord-Engländer, der auf der Leinwand meist den schüchternen Verehrer eines Mädchens gab, das er auf mehr oder weniger linkische Art und Weise zu erobern suchte. Manche von Formbys Songs wurden wegen offenkundiger Anzüglichkeiten von der BBC boykottiert. So auch „I Told My Baby With The Ukulele", wo das Wort „Ukulele" angeblich als Synonym für Penis benutzt wird: „Come on, big Boy, get busy! / But I kept my ukulele in my hand." Im Laufe der Zeit avancierte Formby „mit seiner kleinen Ukulele in der Hand" zu einem Markenzeichen britischen Humors: sarkastisch, oft anarchistisch und respektlos und nicht selten selbstironisch. Auch für diese Art trockenen Understatements eignete sich die Ukulele vorzüglich.

Für George Harrison wurde Formbys spezielle Schlagtechnik auf der Ukulele interessant, der sogenannte Split Stroke, bei dem der Schlag nach unten alle vier Saiten anreißt, während beim Schlag nach oben nur die hohe G-Saite angeschlagen wird. Diesen speziellen rhythmischen Stil sollte Harrison später nicht nur bei „Ain't She Sweet" anwenden. George war lebenslang ein Ukulele-Maniac: In einem Interview vom November 1989 erwähnt er eine stundenlange, gemeinsame Ukulele-Session mit John Lennon: „Ich erinnere mich, dass John und ich, als wir gerade auf einem Segeltrip durch die griechische Inselwelt waren, einmal mit zwei Banjo-Ukulelen sechs Stunden lang immer wieder das Hare-Krishna-Mantra gesungen haben. Wir konnten gar nicht mehr aufhören. Es kam uns so vor, als würden die Lichter ausgehen, wenn wir aufhören würden zu singen und zu spielen."

EIN LÄCHELN AUF HAWAI'I

Am 3. Mai 1964 flogen John und Cynthia Lennon zusammen mit George und Pattie Harrison zum ersten Mal nach Honolulu, um Urlaub zu machen. Sie wohnten zunächst im Royal Hawaiian Hotel, besser als „The Pink Palace" oder „The Pink Hotel" bekannt. Doch als gleich am ersten Abend Hunderte weiblicher Fans die beiden Beatles bedrängten, bot der Hotel-Manager George und John an, sie in seinem Privathaus nahe des Kailua Beach unterzubringen. Wegen der anhaltenden Beatlemania der Fans entschlossen sich die beiden Paare jedoch nach drei Tagen, nach Papeete auf Tahiti weiterzufliegen. Trotzdem sollte Harrisons Faible für Hawai'i mit seiner Ukulele-Kultur fortdauern: in den achtziger Jahren lebte er sogar für ein paar Jahre auf Maui, wo er sich ein riesiges Stück Land in Nahiku am Hana Highway gekauft hatte. Die Schönheit dieser Gegend und ihre Abgeschiedenheit hatten es ihm angetan.

Bereits 1964, als Harrison Honolulu besuchte, kaufte er dort spontan alle Kamaka-Ukulelen in einem Musikladen auf, um sie zu Hause an seine Freunde zu verschenken. Paul McCartney und John Lennon bekamen

Die Modell-Palette im Kamaka-Laden in Honolulu © Peter Kemper

selbstverständlich eine, aber auch Tom Petty sollte von Harrisons Uke-Virus nachhaltig infiziert werden: „Er kam mit zwei Ukulelen rein und gab mir eine. ,Du musst unbedingt dieses Ding spielen, es ist großartig! Lass uns improvisieren.‘ Ich hatte keine Ahnung, wie man Ukulele spielt. ,Ach, das ist kein Problem, ich zeig's dir.‘ Also verbrachten wir den Rest des Tages damit, Ukulele zu spielen, während wir im Garten herumspazierten. Am nächsten Morgen tat mir das Handgelenk weh. Aber er brachte mir das Spielen bei und eine Menge Griffe. Als er ging, begleitete ich ihn zum Wagen, und er sagte: ,Warte, ich möchte dir ein paar Ukulelen hierlassen.‘ Er hatte mir schon eine gegeben, also sagte ich: ,He, aber ich habe doch die hier.‘ ,Nein, wir brauchen vielleicht mehr!‘ Er machte den Kofferraum auf, und da lagen jede Menge Ukulelen drin, und er hat mir, glaube ich, vier Stück dagelassen. Er meinte: ,Man weiß nie, wann wir sie brauchen, und nicht jeder hat ständig eine dabei.‘"

Es gibt unzählige Fotos, die Harrison mit Ukulelen zeigen. Im Booklet der remasterten Ausgabe seines Erfolgsalbum *All Things Must Pass* im Jahr 2001 hat er gleich zu Beginn ein Foto von sich mit einer seltenen Tenor-Archtop-Ukulele abgebildet. Er besaß eine riesige Sammlung und spielte besonders gern eine Gibson UB 2 Banjolele, Kamaka-Concert- und Kamaka-Tenor-Ukulelen, er besaß auch eine Kamaka-6-String und eine Kamaka-8-String. Harrisons größter Schatz aber war jene goldverzierte Original-Dallas E-Banjolele, die einst George Formby selbst gespielt hatte. Ein ähnliches Instrument spielte George auch am 13. Dezember 1975, als er während einer BBC-Weihnachtsausgabe der Comedy-Show *Rutland Weekend Television* unter der Ägide des *Monthy Python*-Darstellers Eric Idle den sogenannten „Pirate Song" aufführte. Als Pirate Bob verkleidet, machte sich Harrison hier über die laufende Plagiatsklage wegen der Melodie seiner Hit-Single „My Sweet Lord" lustig. Deshalb beginnt der „Pirate Song" auch mit dem Zitat jener inkriminierten Melodielinie, kippt dann aber in bester Pogues-Manier in eine Proto-Punk-Nummer um, die erst durch das Schlagstakkato von Harrisons Banjo-Ukulele die nötige Kraft gewinnt.

1987 schreibt er für den Film *Shanghai Surprise* – der Soundtrack ist bis heute offiziell noch nicht veröffentlicht – den Titel „Zig Zag": eine Hommage an den New Orleans-Jazz der dreißiger Jahre, ganz im Stil seiner frühen Lieblinge Hoagy Carmichael und George Formby. Natürlich kommt auch hier ein locker durchgeschlagenes Ukulele-Spiel Harrisons zum Zuge. Niemand aus seinem persönlichen Umfeld ist überrascht, als er am 3. März 1991 an der zweitägigen Tagung der George Formby Society in Blackpool teilnimmt. Er lässt es sich hier unter Gleichgesinnten nicht nehmen, zur Ukulele den Formby-Song „In My Little Snapshot Album" zum Besten zu geben. Am 26. Mai – dem Geburtstag des unvergessenen Comedian – sendet das BBC-Radio dann zu Ehren von George Formby das Special *The Emperor of Lancashire*, in dem auch Harrison zu seinem frühen Vorbild interviewt wird: „Ich habe gerade einen George Formby Crash-Kurs hinter mir. Ich habe monatelang nicht richtig geschlafen und immerzu von Ludwig-Banjos geträumt. Seine Songs rotierten ständig durch meinen Kopf."

1991 nahm Harrison Kontakt zur Ukulele Society of Great Britain auf, besuchte viele ihrer Treffen und trug so zur Popularisierung der Ukulele in England entscheidend bei. Als leidenschaftlicher Sammler von Gitarren, Ukulelen und Banjos war Harrison überglücklich, als er endlich die Ludwig-Banjo-Ukulele erwerben konnte, die zuvor seinem Vorbild George Formby gehört hatte. Harrisons Freund Tony Bramwell erinnert sich gern an die feucht-fröhlichen Abende mit dem kleinen Instrument: „Ich werde niemals die Ukulele-Jamsessions vergessen, die George mit Joe Brown und Gary Moore in seinem Lieblingspub The Crooked Billet in Henley veranstaltete. Oft stieg dann noch Jon Lord von Deep Purple am Piano mit ein. Wenn es jemals eine All-Star-Ukulele-Band gegeben haben sollte, dann diese."

Je älter George wurde, umso offensiver wurde sein Bekenntnis zur Ukulele: Gleich auf fünf Titeln seines postum veröffentlichten Solo-Albums *Brainwashed* von 2002 ist er mit dem kleinen Instrument zu hören. Im Eröffnungstitel, dem hüpfenden „Any Road" gibt George dem Song mit seinen perkussiven Akkordfolgen auf der Ukulele die Richtung vor. Er enthält die schöne Chorus-Textzeile „If you don't know where you're going, any road will take you there". Sie stammt übrigens von einem Verkehrsschild auf Maui, wo Harrison auch begonnen hatte, den Song zu schreiben. Seine Paradenummer aber ist hier „Between The Devil And The Deep Blue Sea" – der Titel beschreibt ein unauflösliches Dilemma,

George Harrison, 1970er Jahre © akg-images/Jazz Archiv Hamburg/Hardy Schiffler

ähnlich der Formulierung „Zwischen Pest und Cholera". Der amerikanische Evergreen, von Harold Arlen und Ted Koehler geschrieben, wurde 1931 erstmals von dem Jazzsänger Cab Calloway eingespielt. George Harrison begleitet seinen Gesang gutgelaunt auf einer sechssaitigen Kamaka-Liliu-Tenor und demonstriert in einem ungeheuer flüssigen Solo, welches Virtuositäts-Potenzial in der Ukulele steckt. Es ist beinahe tragisch, dass das Soloalbum Harrisons mit dem offensichtlich stärksten Bezug zur Ukulele erst nach seinem Tod erschien. Kürzlich erinnerte Harrisons Sohn Dhani daran: „Mein Dad liebte die Ukulele. Als ich heranwuchs, lagen sie im ganzen Haus herum. Mein Vater brachte mir bei, wie man sie spielt und wir haben oft zusammen gejammt. Ich erinnere mich, dass ich die Uke eine Zeit lang nicht besonders cool fand, aber dann hat sie mich doch wieder herumgekriegt, denn man muss sie einfach gern haben. Wenn George in den letzten Jahren auf Reisen ging, hatte er immer zwei in seinem Handgepäck – für den Fall, dass noch jemand eine brauchte."

Ein Jahr vor seinem Tod bekannte George Harrison noch einmal nachdrücklich: „Jeder sollte eine Ukulele besitzen und sie spielen. Sie lässt sich so einfach überall mit hinnehmen und ist ein Instrument, das man nicht spielen kann, ohne zu lächeln! Sie ist so süß und gleichzeitig so alt. Ich habe noch nie einen Ukulele-Spieler kennengelernt, den ich nicht auf Anhieb mochte."

Das Ukulele-Wunderkind Jake Shimabukuro © Shimabukuro/Coleman Saunders

2
While My Uke Gently Weeps: Jake Shimabukuro und der Ukulele-Boom

FRÜHE BEATLES-ERFAHRUNGEN

Sein zungenbrecherischer Name besitzt in der Ukulele-Szene Zauberkraft: Jake Shimabukuro. Er gilt nicht nur als erster Rockstar des Instruments, sein Anteil am neuerlichen Ukulele-Boom kann kaum hoch genug eingeschätzt werden. Feuer und Finesse: Wer Jakes wahnwitzige Griffbrettarbeit erlebt, sein Tempo, seine Präzision und seine Attacke – jeder Konzertgitarrist dürfte hier neidisch werden – muss in der Ukulele nicht nur ein vollwertiges Musikinstrument sehen, sondern er muss sie auch einfach cool finden. Jakes Ausstrahlung, seine jugendliche, fast jungenhafte Attitüde haben ihn längst auch für jüngere Musikfans attraktiv gemacht.

Niemand in der Ukulele-Welt bezweifelt heute, dass Shimabukuro einer der größten, wenn nicht *der* größte Virtuose auf diesem Instrument ist. Niemand hat bis heute mehr für die Befreiung der Ukulele von ihrem Image als Spielzeug getan als er. Eddie Vedder, Frontmann der US-Grunge-Band Pearl Jam und selbst bekennender Uke-Maniac, sagt über Shimabukuro: „Er kann sein Spiel inzwischen in artistische Sphären treiben, in die ihm niemand zu folgen vermag – ich sehe jedenfalls keinen." Am anderen Ende des musikalischen Spektrums zählt Iggy Jang, Konzertmeister des Hawai'i Symphony Orchestra, zu seinen Bewunderern: „Die Ukulele ist Bestandteil seiner DNA. Ich bewundere Shimabukuros Fähigkeit, komplexe Harmonien auf dem kleinen Instrument perfekt umzusetzen, seine Fingerfertigkeit, die schnellen Läufe und all die ver-

Jake Shimabukuro und das Hawaiʻi Symphony Orchestra © Shimabukuro / Hawaiʻi Symphony Orchestra

schiedenen Klangfarben, die er erzeugen kann. Mal klingt sein Ukulele-Ton so sanft wie mit einem Geigenbogen gestrichen, dann wie eine Trommel. Die Vielfalt der Timbres, die er erzielt, ist atemberaubend. In jedem einzelnen Anschlag der Saiten steckt tonale Tiefe und Reichtum. Ich konnte auch beobachten, wie er als Komponist gereift ist: Manchmal kann er in seinen Stücken sehr ausgefuchst sein, dann wieder ganz einfach und rein."

Von den Beatles zu Bach, vom Jazz zu Flamenco und Rock. Jake Shimabukuro ist ein Multi-Stilist par excellence! Dass George Harrison für ihn schon früh zu einer Art Role Model avancierte, ist kein Zufall: „Er hatte zwar einen ganz anderen Zugang zur Ukulele als ich – ich bin mit der hawaiianischen Musiktradition groß geworden, er wurde durch George Formby und die britischen Music Hall-Komödianten beeinflusst –, aber Harrisons Stil hat mir früh die Ohren geöffnet: ‚Wow, man kann also die Ukulele auch ganz anders spielen!'" Im Gespräch gerät Shimabukuro ins Schwärmen: „George war vielleicht deshalb ein so außergewöhnlicher Musiker mit unnachahmlich melodischem Gespür, weil er seine Soli auf das Wesentliche reduzieren konnte – man denke nur an seinen Song ‚Something‘.“ Der findet sich auch in einem hinreißend subtilen Arrangement auf Shimabukuros Beatles-Tribute-Album *Across The Universe* aus dem Jahr 2009.

Die dreizehn Instrumental-Versionen dieses Albums dokumentieren nicht allein Jakes Respekt vor den Fab Four, sondern auch seine tiefe Vertrautheit mit dem Werk der Liverpooler: „Die Beatles setzten in vieler Hinsicht Maßstäbe: als Songwriter, als Instrumentalisten, als Arrangeure, als Studio-Musiker, die neue Aufnahmetechniken entwickelt und mit Sound-Collagen gearbeitet haben – sie waren so innovativ. Der Zauber ihrer Songs lebt aus dem besonderen Gefühl, das sie eingefangen haben. Ihr Gespür für großartige Melodien, für überraschende musikalische Wendungen ist unvergleichlich. Ich habe sogar mal überlegt, auf meinem Beatles-Cover-Album nur die Basslinien von Paul McCartney als Melodielinien zu bearbeiten. Denn es passiert harmonisch so viel in den Songs, sodass die Hauptmelodie manchmal zweitrangig wird und sich für mich andere Melodielinien in den Vordergrund drängen. Ich finde ihre Musik immer wieder inspirierend und werde nicht müde, sie zu hören. Sie besitzt eine spezifische Energie, ist so vielschichtig und wirkt jung und frisch.“

Vor allem schätzt Shimabukuro an George Harrison, dass er die Ukulele nie wie eine kleine Gitarre gespielt und einfach Rock-Riffs und Akkorde von den sechs auf die vier Saiten übertragen hat. Stattdessen habe Harrison die Ukulele immer als eigenständiges Instrument ernst genommen. In dieser Hinsicht ist sich Jake mit George vollkommen einig. Die Ukulele ist ein vollwertiges musikalisches Werkzeug, das innerhalb der Familie der Saiteninstrumente einen ganz besonderen Sound besitzt: hell, ohne große Bassanteile, mit einem Tonumfang von nicht viel mehr als zwei Oktaven, nicht zu vergessen ihr perkussiver Grundcharakter. Zudem ist sie ein Symbol des Understatements. Doch in der Begrenztheit der Ukulele steckt zugleich eine kreative Herausforderung: Weil man weniger Saiten als auf der Gitarre zur Verfügung hat, deshalb weniger Noten darauf spielen kann, lässt sich umso mehr Ausdruckskraft in die einzelnen Töne hineinlegen. Aus der Not wird eine Tugend: Wem zu viele Töne zur Verfügung stehen, der hat zugleich zu viele Optionen und ist damit oft zu vielen Ablenkungen ausgesetzt!

„Meine Mutter, die auch eine gute Sängerin war, spielte in unserer Familie jeden Tag Ukulele. Als ich vier Jahre alt war, gab sie mir zum ersten Mal eine Kamaka-Soprano in die Hand und ich werde nie vergessen, wie ich zum ersten Mal über die vier Saiten strich, den offenen Akkord hörte und mich sofort unsterblich in diesen Klang verliebte. Ich war wie verzaubert – von da an war ich Ukulele-süchtig. Ich weiß auch noch, dass ich zuerst ganz vorsichtig mit der Ukulele umgegangen bin, so als würde ich ein neu geborenes Baby im Arm halten. Ich wollte es nicht zu fest drücken, ihm nicht wehtun und ich war sehr nervös. Deshalb war die Ukulele auch nie ein bloßes Spielzeug für mich."

UKE GOES ELECTRIC

Jake Shimabukuro wurde am 3. November 1976 in Honolulu, Hawai'i, als Kind japanisch-amerikanischer Eltern in eine musikbegeisterte Familie hineingeboren. Während sein Vater ein wenig an der Gitarre dilettierte, war seine Mutter tief in der hawaiianischen Musikkultur verwurzelt. „Das erste, was ich von ihr gelernt habe, war die berühmte Akkordfolge D7 – G7 – C, die man in hunderten von hawaiianischen Liedern findet." Fünf Generationen zuvor war die Familie väterlicherseits aus dem japanischen Okinawa nach Hawai'i ausgewandert, um dort auf einer Plantage zu arbeiten. Die Großmutter lebt heute noch auf der kleinen, ländlichen Insel Moloka'i, wo es weder Ampeln noch Shopping Malls, kein Internet und keinen Handy-Empfang gibt. Kein Wunder, dass Jake Shimabukuro nach anstrengenden Tourneen dort immer wieder Ruhe und Erholung sucht.

Schon seit Jahrhunderten gibt es auf Hawai'i einen Melting Pot der verschiedensten kulturellen Traditionen: Neben den polynesischen Ureinwohnern – die sich selbst Kanaka Maoli nennen – kamen nach der Entdeckung weiße Missionare, Händler und Walfänger nach Hawaii. Für den Zuckerrohranbau und später Ananasanbau wurden chinesische und japanische Arbeitskräfte angeworben, die sich auf Hawai'i ansiedelten und ihre eigene Kultur mitbrachten. Diese Durchmischung mit asiatischen Einflüssen hat sich in den letzten vierzig, fünfzig Jahren noch verstärkt. Shimabukuro bekennt: „Mich hat dieser Mix immer schon fasziniert und mit Ehrfurcht erfüllt. Dennoch habe ich schnell gemerkt, dass es auf Hawaiʻi eine hochentwickelte Kultur gab, bevor meine Großeltern hier eintrafen. Und die Ukulele hat darin immer eine zentrale Rolle gespielt, obwohl sie gerade erst etwas mehr als hundert Jahre alt ist, also kein besonders altes Instrument. Die hawaiianische Musik vor der Ukulele bestand hauptsächlich aus Gesängen und Tänzen. Es gab Rhythmus-Instrumente, Nasenflöten usw., aber kaum Harmonie-Instrumente, Percussion stand im Vordergrund. Die alten Lieder lassen sich vielleicht noch am ehesten mit gregorianischen Gesängen vergleichen. Als dann später die Ukulele, Gitarre und Bass übernommen wurden, bedeutete das eine radikale Veränderung in der traditionellen hawaiianischen Musik. In dieser Hinsicht ist die Ukulele in der Musiktradition Hawaiʻis ein eher modernes Instrument, obwohl wir sie heute natürlich der traditionellen hawaiianischen Musik zurechnen. Anfang des vergangenen Jahrhunderts galt sie sogar als das Symbol der modernen zeitgenössischen Musikkultur Hawaiʻis. Erst kürzlich, im Frühjahr 2015 wurde sie von den hawaiianischen Gesetzgebern (neben der Pahu-Trommel) zum offiziellen ‚musical state instrument‘ erklärt.“

In der geräumigen Drei-Zimmer-Wohnung der Shimabukuros war ständig Musik zu hören. Die Eltern besaßen eine riesige Vinyl-Schallplatten-Sammlung, in der alle Musikstile vertreten waren – von Klassik über Jazz bis zu Blues und Rock, Bluegrass und natürlich hawaiianische Musik. „Ich kannte damals die stilistischen Unterschiede zwischen den Genres nicht und bin einfach meinem Geschmack gefolgt: ‚Ah, der Song gefällt mir aber gut, den will ich lernen!‘ Als Kind habe ich sogar die Beatles nicht auf Anhieb erkannt. Ich bin über Aufnahmen des Gitarristen Charlie Byrd zum ersten Mal auf sie aufmerksam geworden. Byrd hatte ein Album mit Cover-Versionen unter

© Jake Shimabukuro

anderem von Beatles-Songs aufgenommen. Diese Platte habe ich immer und immer wieder gehört und mir gedacht, was für eine fantastische Musik. Anfangs glaubte ich daher, die Beatles-Stücke, das wären Charlie Byrd-Kompositionen."

Zunächst aber hatte es dem heranwachsenden Jake die hawaiianische Musik angetan. Ihre friedvolle und entspannte Charakteristik passte perfekt zur ausgeglichenen Familienidylle. Als Jakes Mutter seine Ukulele-Begeisterung bemerkte, bestärkte sie ihn sofort vorbehaltlos in seiner Leidenschaft: „,Wenn du das Ukulelespiel wirklich ernsthaft betreiben willst und es dich glücklich macht, und du dich wirklich 'reinkniest und übst, dann unterstütze ich dich dabei zu hundert Prozent.' Meine Mutter vertraute mir also und das hat mir den entscheidenden Kick gegeben. Überhaupt war meine Familie für mich immer der entscheidende Rückhalt und die stärkste Antriebskraft."

Während seiner Schulzeit übte Jake jedenfalls wie ein Besessener und erforschte mit unglaublichem Eifer die Grenzen des Ukulele-Spiels, um sie später überwinden zu können. „Damals fing ich an, jede Menge Tonabnehmer, Verstärker, Effektgeräte, Wah-Wah-Pedale, Verzerrer usw. auszuprobieren. Ich suchte nach neuen Techniken und Methoden für das traditionsreiche Instrument, um auch neue Stilrichtungen wie Rock, Blues, Flamenco oder Reggae darauf ausprobieren zu können. Meine Eltern mussten mir oft die Ukulele wegnehmen, damit ich meine Schulaufgaben machte, etwas aß oder unter die Dusche ging – ich wollte einfach in jedem freien Moment Ukulele spielen."

© Shimabukuro/James Miller

In den neunziger Jahren entwickelte sich auf Hawai'i abseits der traditionellen Ukulele-Szene eine Bewegung von jungen Einheimischen, die durch Rockmusik samt

Pure Heart (v.l.n.r.: Jake Shimabukuro, Lopaka Colón, Jon Yamasato) © Shimabukuro/Jon Yamasato

deren elektronischem Equipment sozialisiert waren und ihre Hörerfahrungen nun auf ihr Ukulele-Spiel und ihr Verständnis einer zeitgenössischen, typisch hawaiianischen Musik anzuwenden suchten. Die Ukulele galt plötzlich wieder als up to date und ließ ihr jahrzehntelanges Image als kitschiges Überbleibsel aus Kolonialzeiten und Touristen-Mitbringsel endgültig hinter sich. 1998, mit 21 Jahren, begann Jake Shimabukuro zunächst jeden Freitag solo in einem Coffeeshop in Honolulu aufzutreten. Seine erste Einladung, auf einer Hochzeit zu spielen, begriff er als persönlichen Triumph. „Das war damals eine große Sache für mich". Mit Gleichgesinnten wie dem Gitarristen und Sänger Jon Yamasato und dem Perkussionisten Lopaka Colón gründete er noch im selben Jahr seine erste Band Pure Heart. Mit ihrem Debüt-Album *Pure Heart* gewannen sie vier *Na-Hoku-Hanohano*-Preise – das hawaiianische Pendant zum Grammy. Das Honolulu Magazine wählte die Scheibe unter die besten 50 hawaiianischen Platten aller Zeiten.

Schon der Eröffnungstitel signalisiert die musikalische Richtung: „Bring Me Your Cup" entpuppt sich als süffige, Reggae-orientierte Tanznummer, die immer wieder durch irrwitzige Triller-Kaskaden von Jakes Ukulele aufgeheizt wird. Neben rhythmisch erweiterten Neufassungen von Traditionals wie „Green Rose Hula" (im hawaiianischen Idiom gesungen) oder „Jos Press" und zahlreichen Eigenkompositionen ist es vor allem die Neufassung von Carlos Santanas Schmuserock-Ballade „Europa", die aufhorchen lässt. Exponierte sich Shimabukuro schon in den vorhergehenden Stücken als der dominierende Solist und Primus inter Pares, so gerät das Santana-Stück zu seiner Paradenummer: Der komprimierte, etwas abgedämpfte und zugleich subtil mit Hall versehene Ukulele-Ton steht der jubilierenden Emphase von Santanas Gitarrensound in nichts nach. Es sind aber vor allem die delikate Phrasierung der Ohrwurm-Melodie und ihre behutsamen Variationen, die Jakes Ukulele-Spiel so besonders machen.

Durch intensive Studien und unermüdliches Üben war hier ein Naturtalent zu einem Ausnahmemusiker gereift. „Ich glaube, dass der japanische Teil in mir für die nötige Fokussierung und Disziplin bei meiner Leidenschaft für die Ukulele sorgt." Die sieben Jahre Unterricht bei seinem ersten Lehrer Tami Akiyami in den Roy Sakuma Studios sollten sich auszahlen. Und noch eine weitere Erfahrung erwies sich jetzt als hilfreich: „Als ich während meiner Schulzeit Schlagzeug in der Kaimuki Highschool Marching Band spielte, habe ich beim Trommeln immer nur mein Handgelenk bewegt, nie den ganzen Arm. Und diese ökonomische, aber gleichwohl kraftvolle Technik habe ich dann später auf die Ukulele übertragen. Meine Finger konnten so immer in der Nähe der Saiten bleiben."

HEIMLICHE HELDEN UND EIN WEITREICHENDER ENTSCHLUSS

Shimabukuros Synthese aus hawaiianischer Ukulele-Tradition und zeitgenössischem Rock-Feeling, seine rasante Schlag- und seine makellose Picking-Technik, all das konnte auch auf dem amerikanischen Festland und in Europa nicht unbemerkt bleiben. Und so kam es, dass Jake

1999 eine Einladung zur Royal Variety-Performance im Opera Theatre von Blackpool erhielt. Seine intime Duo-Version von John Lennons autobiografisch gefärbter Wehmutsballade „In My Life" mit der auf Hawai'i geborenen Schauspielerin und Sängerin Bette Midler schien sogar die Queen beeindruckt zu haben. Denn nach dem Konzert durfte der junge, in Großbritannien noch gänzlich unbekannte Ukulele-Vorkämpfer Elizabeth II. die Hand schütteln. Als die Zeitschrift Guitar Player Shimabukuro anschließend als „Jimi Hendrix der Ukulele" adelte, fragten sich nicht wenige Briten, ob es denn dann wohl auch einen „George Formby der Gitarre" gäbe?!

Und die Erfolgsgeschichte ging weiter: Auch mit dem Nachfolge-Album *Pure Heart 2* (1999) gewann die Band in der Kategorie *Island Contemporary Album of the Year* eine der begehrten *Hoku*-Auszeichnungen auf Hawai'i. Neben der bewährten Mischung aus modernisierten Hawai'i-Traditionals und Easy-Going-Fingerschnipp-Musik enthielt die Platte drei weitere bemerkenswerte Cover-Versionen, die man bis dato nie einer Ukulele-Band zugetraut hätte: Die Surfer-Hymne „Wipe Out" mit Shimabukuros tänzelnden Single-Note-Girlanden und vertrackter Melodieführung entwickelt ungeahnte Schubkraft. Van Morrisons vergrübeltes „Into The Mystic" verwandelt sich dagegen in eine gutgelaunte Swing-Nummer. Auch hier beweist Shimabukuro in seinem eleganten Solo ein Gespür für den introspektiven Charakter des Songs. Und in dem Klassiker „Stormy Monday" demonstriert Jakes Griffbrettarbeit lässiges Blues-Feeling, das neben eingestreuten Fill-Ins die Bending-Finessen der Tondehnung auf der Ukulele aufleben lässt.

Doch trotz anhaltender Erfolge hatte sich in der Band bereits der Spaltpilz eingenistet: Nachdem Yamasato nach internen Auseinandersetzungen um die weitere stilistische Orientierung das Trio verlassen hatte, gründete Jake zusammen mit dem verbliebenen Perkussionisten Lopaka Colón, dem Gitarristen Guy Cruz und dem Bassisten Andrew McLellan die Gruppe Colón – benannt nach Colóns Vater Augie Colón – einem auf Hawai'i berühmten Perkussionisten. Mit ihrem ersten und einzigen Album *The Groove Machine* (2000) gewann die Band neue Hörerschichten und sicherte sich den *Hoku* des Jahres 2001 in der Kategorie *Entertainer of the Year.*

Verglichen mit Pure Heart war der Sound von Colón direkter und ein wenig härter. Das Quartett – auf einigen Titeln durch Gastmusiker erweitert – ging nicht zuletzt dank der Stimme von Guy Cruz eindeutig in Richtung Rockband. Und in den Linernotes der CD lässt sich Jake Shimabukuro zum ersten Mal selbstbewusst mit Distorted Ukulele, Slide Ukulele und Acoustic Ukulele auflisten. Das übersteuerte Instrument erinnert beispielsweise in dem Titel „Superfly" verdächtig an eine verzerrte E-Gitarre. Über welche Power und welches Tempo Jake inzwischen verfügte, demonstriert seine irrwitzige, sich immer mehr beschleunigende Version des Traditionals „Stars And Stripes Forever". Die Paradenummer des durchweg lebhaften Albums aber dürfte die Adaption von Bob Marleys Sehnsuchtshymne „No Woman, No Cry" sein: Eindringlich und druckvoll. Shimabukuros solistische Exkursionen zeugen hier von einer melodischen Souveränität und Risikobereitschaft, die auch seine Fans überraschte.

Als auch Colón nach nur einem Jahr an gruppeninternen Reibereien zerbrach, traf Shimabukuro – inzwischen fünfundzwanzig Jahre alt – eine folgenschwere Entscheidung: In Zukunft wollte er als Ukulele-Solo-Künstler seinen Weg gehen. Ermutigt wurde er dazu nicht allein durch seinen neuen Manager, dem in Japan geborenen Kazusa Flanagan. Neben seinem ersten Ukulele-Lehrer Sakuma und der Klavierlehrerin Ethel Iwasaki fühlte sich Jake durch seine beiden Professoren Robert Engle und Byron Yasui am Kapiolani Community College bestärkt: „Beide haben mir geholfen, eine Verbindung von der Ukulele zum schöpferischen Prozess des Musikmachens aufzubauen. Ich spiele ja nicht einfach dieses Instrument, sondern ich mache Musik."

Welche Vorbilder hatte er zu Beginn seiner Solokarriere, wer waren seine heimlichen Helden? „Ich ließ mich von Künstlern aus den unterschiedlichsten Genres inspirieren, nicht nur von Musikern, sondern von Menschen, die an sich glaubten und keine Kompromisse machten. Einer meiner Helden war die Martial-Arts-Legende Bruce Lee. Ich habe viel von ihm gelesen und versucht, seine philosophischen Prinzipien auf mein Ukulele-Spiel anzuwenden. Kampfkunst war für mich immer eine andere Form von Musik und umgekehrt. Von Bruce Lee habe ich auch gelernt, dass es in der Musik um viel mehr geht als um Töne und Klänge, es geht um menschliches Ausdrucksvermögen." Ist es die besonders trainierte intramuskuläre Koordination von Martial-Arts-Kämpfern, die Fähigkeit zur absoluten Fokussierung aller Energien auf den Moment, verbunden mit hoher Selbstdisziplin? Jake hat aus all diesen Fähigkeiten eine Tugend für sich gemacht. „Ein anderer Hero von mir war Michael Jordan, der Basketballer. Er besaß auf dem Spielfeld eine magische Ausstrahlung. Was er machte, empfand ich als ungeheuer anregend. Mich hat er musikalisch inspiriert."

Doch natürlich gab es auch in der Musik Leitfiguren für Shimabukuro, der sich ja – wie zuvor der Flamenco-König Andrés Segovia oder der Ausnahme-Pianist Arthur Rubinstein – entschlossen hatte, seine Karriere ohne Begleitmusiker fortzusetzen. Seine frühesten Ukulele-Helden waren Eddie Kamae und Ohta-San. Kamae galt als der erste Virtuose auf dem kleinen viersaitigen Instrument. Obwohl sein Repertoire aus der traditionellen hawaiianischen Musik schöpfte, ließ Kamae subtile Neuerungen in sein Spiel einfließen und modernisierte es. Für Nachfolger wie Ohta-San oder Peter Moon lieferte er die musikalischen Blaupausen. „The Sons of Hawai'i mit Eddie Kamae waren eine Band, die in den fünfziger Jahren erfolgreich wurde und neu definierte, was unter traditioneller hawaiianischer Musik zu verstehen sei. Bis dato glaubten die Leute, hawaiianische Musik bestehe aus viel Gesang und Getrommel, allenfalls noch mit ein paar exotischen Zutaten von Musikern wie dem Vibrafonisten Arthur Lyman oder dem Pianisten Martin Denny garniert. The Sons jedoch waren deshalb so innovativ, weil sie alte, traditionelle Songs nahmen und sie mit Jazz-, Swing- und Flamenco-Feeling aufpolierten. Dadurch schufen sie einen völlig neuen Sound mit komplexen Harmonien und aufregenden Arrangements. Durch Eddie Kamae habe ich gelernt, dass es keine Grenzen auf der Ukulele, keine festen Regeln oder Gesetze für das Spiel gibt. Es liegt am Musiker allein, was er und wie er auf ihr spielen will."

Selbstverständlich haben Jake Shimabukuro auch Gitarristen aus anderen Genres nachhaltig beeindruckt: „Als Jugendlicher habe ich mit Vorliebe Fast-finger-Virtuosen wie Steve Vai oder Yngwie Malmsteen gehört – ich fand es toll, wie schnell die spielen konnten." Und Jake saugte in der Musikszene auf, was ihm für sein Ukulele-Spiel nützlich sein konnte: „Als ich beispielsweise den Flamenco-Gitarristen Carlos Montoya gehört hatte, wollte ich sofort seine spezielle Schlagtechnik und seine Dynamik auf die Ukulele übertragen. Ich habe von Gitarristen das sogenannte Double-Picking übernommen, mich in meiner Phrasierung aber auch stark von Bläsern, Trompetern und Saxofonisten leiten lassen. Ich habe mir ihre Atemtechnik abgeschaut, die es erlaubt, Phrasierung und Atmung so aufeinander abzustimmen, dass ich in meinem Spiel nie aus der Puste gerate." Hier kommt Shimabukuro zugute, dass er außerdem ein passionierter Langstreckenläufer ist, der 2006 den Hawai'i-Marathon mitlief. „Von Pianisten habe ich außerdem gelernt, wie man einen Ton ausklingen lassen kann, wie man aus einem Akkord einzelne Töne herausheben kann. Dabei muss man bedenken, dass die Saiten der Ukulele ja ganz anders vibrieren als Klaviersaiten. Aber von all diesen Feinheiten bin ich geradezu besessen."

Sein erster Solo-Titel „Ehime Maru (In Memory Of)", den er 2001 bei dem kleinen Independent Label Surfside Records herausbrachte, handelte von einer nationalen Tragödie: Am 9. Februar 2001 war das japanische Highschool-Trainingsboot Ehime Maru neun Seemeilen vor der Südküste von O'ahu von dem amerikanischen U-Boot USS Greeneville gerammt worden; das Fischerei-Schulschiff sank binnen weniger Minuten und neun Menschen, darunter vier Studenten, verloren ihr Leben. Jake Shimabukuro setzte ihnen mit seiner Ukulele ein sanft klingendes musikalisches Denkmal.

WENN DIE UKULELE WEINT

Das Glück ist mit den Tüchtigen: Bis heute ist Jake Shimabukuro der einzige Ukulele-Künstler aus Hawai'i, der es geschafft hat, bei einem Major Label unter Vertrag zu kommen. 2002 unterschrieb er bei Epic Records International, der Plattenfirma, die zu Sony Japan gehört. Er war zur rechten Zeit am rechten Ort, konnte großzügige Förderer und Sponsoren begeistern, die ihm einen Plattenvertrag mit Sony Japan vermittelten, als der Ukulele-Boom nach der Jahrtausendwende richtig auf Touren kam. Inzwischen ist Jake in Japan eine Art Superstar mit riesiger Fan-Gemeinde und regelmäßigen Tourneen durch den Inselstaat. Bis heute erscheinen viele seiner Alben exklusiv in Japan – hervorzuheben sind hier vor allem das schon erwähnte Beatles Tribute-Album *Across The Universe* (2009) und seine Hommage an die Filmmusiken von Walt Disney-Klassikern wie *Mary Poppins, Pocahontas, The Little Mermaid, Beauty And The Beast* oder *Pirates Of The Caribbean.* Wer diese gutgelaunten Ukulele-Adaptionen zum ersten Mal hört, ist unwillkürlich verzaubert und trägt ein Lächeln im Gesicht. Sein erstes komplettes US-Solo-Album kam 2002 unter dem Titel *Sunday Morning* auf den Markt und begeisterte die erwachende Ukulele-Gemeinde nicht nur durch Jakes Interpretation des berühmten Violin-Solos „Caprice No. 24" von Niccolò Paganini – eines der schwierigsten Stücke, das je für Geige geschrieben wurde. Auch die Steel-Guitar-Nummer „Sleep Walk" entfaltete in Jakes Ukulele-Version ganz neue traumverlorene Qualitäten.

Zwischen 2002 und 2005 veröffentlichte er vier Alben, die er – von Sony lizensiert – in den USA über sein eigenes Label Hitchhike Records vertrieb. *Crosscurrent* (2003) bot eine bunte Mischung aus Cover-Versionen (z. B. „Spain" von Chick Corea und „Mrs. Robinson" von Paul Simon) und Eigenkompositionen („Crosscurrent" und „Orange World"), während auf dem Nachfolgealbum *Walking Down Rainhill* mit der Adaption von George Harrisons Signature-Song* „While My Guitar Gently Weeps" bereits jenes Stück enthalten war, das kurze Zeit später der Karriere von Shimabukuro den entscheidenden Schub geben sollte. Von acht Streichern, Flöte, Bass und Schlagzeug begleitet, versuchte sich Jake anschließend auf dem Album *Dragon* (2005) erstmals als Multi-Instrumentalist, der neben seiner geliebten Ukulele auch noch an Klavier, Gitarre, Keyboard und Musikcomputer zu hören ist.

Alle vier Veröffentlichungen wurden mit hawaiianischen *Na-Hoku-Hanohano*-Preisen und *Hawaii Music Awards* überschüttet: *Dragon* belegte sogar den 5. Rang in der Kategorie Top World Music Album 2005 des renommierten Billboard-Magazins. Auf diesen Alben setzte Shimabukuro seine Experimente mit einer elektrisch verstärkten Ukulele – oft verfremdet durch Effektgeräte – fort. Auch seine Lehr-DVD *Play Loud Ukulele*

---

* Signature-Song = Ein für den jeweiligen Interpreten typischer Song, eine Parade-Nummer, an der man ihn sofort erkennt bzw. mit der man ihn am stärksten identifiziert.

(2005) provozierte Vergleiche mit Rockgitarristen und ihren Sound-Experimenten. Der Ukulele-Klang war nicht mehr, was er mehr als hundert Jahre lang gewesen war: Bei Jake kann er zwar noch traditionell sanft und volltönend daherkommen, aber eben auch elektrifiziert, verzerrt, aggressiv, hart und eindringlich – dann wieder harfenähnlich und fast wie ein Glockenspiel mit weichem Timbre.

Ein Problem, das sich damals ankündigte, scheint darin zu bestehen, dass durch Shimabukuros Virtuosität und Experimentierlust die Ukulele oft nicht mehr wie eine Ukulele klingt, sondern sich in ein anderes Instrument zu verwandeln scheint. Seine stupende Technik und unglaubliche Virtuosität konterkariert offensiv die Ukulele als simples Einsteiger-Instrument und reinen Spaßfaktor. Bei den Traditionalisten der Szene – vor allem in Hawaiʻi – ist Jakes Popularisierungsstrategie deshalb nicht unumstritten: Es komme einem Verrat gleich, die Ukulele wie ein Rockgitarrist zu spielen. Elektrische Verstärkung, gar Übersteuerung zerstöre den besonderen Charme der Ukulele, der in der Wärme ihres Naturklangs liege. Er respektiere die Eigenart des Instruments nicht genügend. Doch Jake ließ sich durch diese Vorbehalte nicht beirren und spielte sein Kamaka-Signature-Tenor-Modell*, in das ein Pickup eingebaut ist, mit derselben Risikobereitschaft weiter. Er erzielte einen so nuancenreichen, tiefgründigen Ton, dass alle Kritiker schon bald verstummten. Der Konflikt zwischen Traditionalisten und Modernisten ist in der Geschichte der Ukulele ja auch nichts Neues.

Im April 2006 stellte ein Internet-User namens Cromulantman ein Video auf die Plattform YouTube, welches das Leben des damals 30-jährigen Jake Shimabukuro total verändern und eine Werbekampagne im Internet in Gang setzten sollte, die bis heute ihresgleichen sucht. Ursprünglich war das Filmchen für die New Yorker Cable-TV-Show *Midnight Ukulele Disco* gedreht worden. Jake sitzt darin vor einem Felsen im New Yorker Central Park, ganz in der Nähe der John Lennon gewidmeten „Strawberry Fields", und spielt auf einer Tenor-Ukulele sein Arrange-

---

* Signature-Modell = Ein Musikinstrument, das unter dem Namen eines Musikers oder einer Musikerin als Sonderanfertigung oder als spezielle Serie, meist mit einem entsprechenden Schriftzug, gebaut bzw. verkauft wird. In einigen Fällen ist bei der Gestaltung des Instruments der jeweilige Künstler bzw. die Künstlerin maßgeblich beteiligt.

ment von George Harrisons Signature-Song „While My Guitar Gently Weeps". Schon nach zwei Minuten glaubt man seinen Augen und Ohren nicht mehr zu trauen: Was hier auf der Ukulele passiert, hat man so noch nie gehört. Man konnte bis dato genauso wenig glauben, dass ein solch komplexes, hochvirtuoses und zugleich ungemein kraftvolles Stück Musik auf dem kleinen viersaitigen Instrument überhaupt möglich ist. Wie Trommelstöcke wirbeln die Hände und Finger von Shimabukuro über das Griffbrett und nutzen die maschinenhaft-präzise Schlagtechnik von Flamenco-Gitarristen, um die bekannte Melodie des Beatles-Klassikers in neue Stratosphären der Explosivität zu treiben. „Natürlich macht die Melodie das Stück unverwechselbar, aber noch wichtiger ist die Überzeugungskraft der Darbietung, die dem Stück sein Leben einhaucht. An diesem Punkt ist es egal, ob du es singst, auf dem Klavier spielst oder auf der Ukulele – es ist reiner Ausdruck der menschlichen Seele, und darum geht es in der Musik." Mehr als fünfzehn Millionen Mal wurde das Video inzwischen angeklickt – Jake Shimabukuro avancierte dadurch über Nacht zu *dem* Ukulele-Star. Die pure Kraft seines Spiels und die Präzision seiner Technik in Verbindung mit einem delikaten Gespür für harmonisch-melodische Umformungen von Gassenhauer-Themen, all das lässt ihn seitdem in der zeitgenössischen Uke-Szene als herausragende Musiker-Ikone erscheinen.

„Am Allerwichtigsten ist es für mich, die Seele eines Songs in meinen Ukulele-Arrangements zu bewahren. Man kann eine bekannte Melodie auf jedem beliebigen Instrument spielen. Aber es gibt einen großen Unterschied zwischen einem bloßen Zitat und einer funktionierenden Neuaneignung. Mit der Ukulele ist es besonders schwer, die Leute vergessen zu machen, dass man nur eine Ukulele spielt – aber genau das ist mein Ziel." Mit seiner fünften US-Veröffentlichung *Gently Weeps* (2006) – natürlich beginnt das Album gleich mit dem Harrison-Song – gelang Shimabukuro der internationale Durchbruch. Schon die Mischung des Repertoires – von „Ave Maria" über „The Star-Spangled Banner" bis zu Erroll Garners Jazzstandard „Misty" – demonstriert Shimabukuros multi-stilistischen Ansatz: Jede Musik, die ihn inspiriert, kann ihm als Material für seine Ukulele-Exkursionen dienen. Selbst vor einem japanischen Traditional wie „Sakura" macht seine Imaginationskraft nicht halt:

Seine Ukulele besitzt hier die durchdringende Perkussivität und hohle Härte einer japanischen Koto-Harfe.

„Es gibt so viele Herausforderungen und sie hören nicht auf! Ich bin mir gegenüber immer sehr selbstkritisch, wie ich gerade spiele, wie ich meine Technik verbessern kann, wie ich gewisse Schlampereien vermeiden lerne. Aber das ist gut so. Denn wenn du zu selbstzufrieden wirst, dann fehlt dir der Antrieb, das wird dann sehr schnell langweilig. Aber ich verstehe mich eigentlich auch nicht als professioneller Musiker, im technischen Sinn bin ich das vielleicht. Aber ich begreife mich vor allem als jemand, der Musik studiert, der auf Tour alle Anregungen und Möglichkeiten aufgreift, der bei Aufnahmen dazulernt, das ist dann mein Klassenzimmer, das ist dann meine Musikschule, in der ich mich weiter entwickeln kann. Ich begreife eigentlich alles als eine Lernerfahrung für mich. Und das will ich auch: lebenslang lernen, mich weiterentwickeln, neue Dinge entdecken und mich immer neuen Herausforderungen stellen. Und in der Musik gibt es da ja auch keinen Endpunkt, es gibt immer etwas zu lernen. Kunst ist ja bekanntermaßen ein Spiegelbild deines Lebens, deiner Erfahrungen. Wenn man sich also als Künstler weiterentwickelt, entwickelt man sich immer auch als Mensch weiter. Das geht immer Hand in Hand."

Eine von Shimabukuros Herausforderungen im Jahr 2006 war die Arbeit an seiner ersten Filmmusik. Für den japanischen Streifen *Hula Girls*, der in einer hawaiianischen Hotelanlage spielt, komponierte er den Soundtrack, wohlweislich darauf bedacht, sich bei allem multi-stilistischen Wagemut nicht allzu weit vom Mainstream zu entfernen. Bemerkenswert ist hier nicht zuletzt das Slow-Tempo-Instrumental „Walking Down Rainhill", welches ein einleitendes Ohrwurmmotiv besitzt, das entfernt an Eric Claptons Gitarrenlick in seiner Sehnsuchtsballade „Wonderful Tonight" erinnert. Viele der Filmmusikstücke hat Shimabukuro am Klavier und am Musikcomputer komponiert. Doch die Ukulele war auch hier sein wichtigstes Instrument, auf der er die einprägsamen, gefühlvollen Melodien erfand.

Die Plattenerfolge zogen unweigerlich ausgedehnte Tourneen nach sich. Lange Konzertreisen durch Japan und die USA, Auftritte in England, Schweden oder 2010 beim Deutschen Jazzfestival Frankfurt heizten die globale Ukulele-Begeisterung weiter an. Inzwischen ist Shimabukuro bis zu neun Monaten im Jahr auf Tour. Ausverkaufte Hallen feierten Jake Shimabukuro als „Ukulele Wizard" und begnadeten Entertainer. Bis heute hat er mit Musikergrößen wir Ziggy Marley, Cindy Lauper, Keali'i Reichel, Bobby McFerrin, Sonny Landreth oder Yo-Yo Ma gespielt. „Ich bemühe mich immer, aktuelle Musik aufzusaugen. Wenn ich auf Tour gehe, dann treffe ich viele andere Musiker und die machen mich dann immer auf aktuelle Songs, auf neue Künstler aufmerksam. ,Hey, hast Du schon von diesem Typ gehört, du musst dir unbedingt den Gitarristen anhören!' Ich gehe dann auf iTunes oder YouTube und lasse mich inspirieren." Jake ging mit dem Gitarren-Virtuosen Tommy Emmanuel ebenso auf Tour wie mit dem Banjo-Energiebündel Bela Fleck oder dem Bass-Weltmeister Victor Wooten. In den Jahren 2005 bis 2007 war er mit dem Singer-Songwriter Jimmy Buffett unterwegs und wirkte auch an dessen CD/DVD *Live In Anguilla* mit. „Am meisten hat mich an Jimmy Buffett beeindruckt, wie zwanglos er mit Leuten kommunizieren kann. Und darum geht es ja in der Musik, um Kommunikation, um die Welt ein bisschen besser zu machen." Auf Tournee nutzt Jake neueste Technologie als kreatives Werkzeug und Marketing-Tool. Wenn ihm die Idee für einen Song kommt, summt er sie in sein iPhone und nimmt sie auf. Oder er zeichnet mit der Kamera in seinem Laptop einen musikalischen Einfall auf.

DER ELEKTRISIERENDE PERFORMER

Shimabukuro vergleicht sein Spiel gern mit dem Surfen, wo es ja auch darum gehe, den perfekten Moment, die richtige Einstellung, die perfekte Körperbeherrschung zu finden. Man denke dann an nichts anderes und in der Musik sei es genau so. Seine Bühnenpräsenz, seine jungenhaft-sympathische Ausstrahlung, sein gewinnendes, gänzlich unprätentiöses Wesen – all das macht ihn zu einem Glücksfall der Ukulele-Bewegung. Ihm gelingt der Balanceakt zwischen dynamischer Rockstar-Inszenierung und seriösem Klassik-Virtuosen. Meist tritt er lässig in Jeans und T-Shirt auf. Trotz eher geringer Körpergröße ist Jake athletisch und verfügt über eine ungeahnte Kraft und Energie. Auf der Bühne bewegt er sich wie ein Tänzer, stets im vollkommenen Einklang mit seinem Instrument, das nicht länger wie ein Werkzeug, sondern wie ein Teil von Jakes Körper wirkt. Nicht selten springt er auch in einem Konzert schon mal von der Bühne, um inmitten des Publikums auf den vier Saiten weiter zu wirbeln. „Das ist nie geplant. Es überkommt mich dann und ich muss meine Spielfreude inmitten des Publikums mit ihm teilen." Seine gesamte Bühnenperformance hängt davon ab, wie er sich bei dem, was er gerade spielt, fühlt und wie das Publikums darauf reagiert. „Aufzutreten bedeutet für mich zuallererst, in Kontakt mit einem Publikum zu treten. Wenn ich keine Verbindung zum Publikum bekomme, auch wenn es technisch noch so gut läuft, dann war es für mich kein gelungenes Konzert." Zwischen den Instrumentalstücken kann dann Jake noch in improvisierten Moderationen sein gewinnendes Wesen ausspielen – locker und mit natürlicher Freundlichkeit.

„Live-Improvisation ist mir ungeheuer wichtig! Jedes Konzert verläuft ja anders. Ich reagiere auf das Publikum, auf die Energie, die es ausstrahlt, darauf, wie die Bühnensituation ist, wie sich die Umgebung anfühlt. Es hängt auch immer von meiner Tagesform ab. Das alles beeinflusst mein Spiel. Ich möchte meine Stücke auch nicht zu lang werden lassen. Sie müssen eine Balance halten zwischen der Reduktion auf das Wesentliche des Songs und ausschweifenden Variationen. Auch innerhalb des Konzerts müssen sich die Songs nicht nur hinsichtlich ihrer Länge, sondern auch in ihrem Ausdruck immer wieder neu austarieren: Sollen sie jetzt etwas härter, mit etwas mehr Attacke kommen, oder relaxter, weicher? All das muss ich in der Konzertsituation jedes Mal neu entscheiden. Auch welcher Song an

© Shimabukuro / Kayoko Yamamoto

welcher Stelle kommt, muss immer neu festgelegt werden. Hinsichtlich der Reihenfolge der Setlist denke ich dramaturgisch, wie zum Beispiel die Rhythmen in einem Film verlaufen, oder als Kombination verschiedener Kurzfilme. Da gibt es eine Eröffnungsszene, die kann ganz dramatisch sein oder sehr lustig oder sehr festlich, um die Leute willkommen zu heißen. Da ist ganz viel möglich. Man muss vor allem auf das Kräftespiel in einem Konzert achten. Und hier lerne ich noch ungeheuer viel und probiere jedes Mal etwas anderes aus. Ich komponiere also jedes Mal die Setlist, abhängig von der Größe des Saales, der Anzahl der Zuschauer, der Tageszeit und so weiter. Und das ist bei jedem Konzert anders. Ich bemühe mich hier, jede Form von Schematismus zu vermeiden. Mir macht es am meisten Spaß, Sachen auf der Ukulele zu spielen, die die Leute am wenigsten auf so einem Instrument erwarten."

Für Shimabukuro kommt ein gelungenes Konzert fast einer transzendentalen Erfahrung gleich: „Wenn es gut läuft, habe ich das Gefühl, nicht nur den Song, sondern die Halle, das Publikum, die Augenblickserfahrung zu spielen. Diesen einen Moment in der Zeit mit Musik zu füllen, darum geht es, denn die Ukulele ist dann nicht nur ein Instrument, sie wird zu einem ganzen Raum." Immer wieder ist er überrascht und begeistert davon, wie sehr die positive Ausstrahlung seiner kleinen Holzbox die Menschen anrührt. Nicht selten sind drei Generationen einer Familie in seinen Konzerten vertreten – vereinigt durch den Charme der Ukulele.

Doch auch die Plattenproduktionen Shimabukuros bleiben spektakulär: Auf dem Mini-Album *My Life* (2007) trumpft er mit einer betörenden Version von Cindy Laupers „Time After Time" auf, widmet sich mit Inbrunst und Angriffslust dem folkorientierten Led Zeppelin-Hit „Going To California", um dann die beiden Beatles-Songs „In My Life" und „Here, There And Everwhere" so selbstverständlich zu interpretieren, als seien sie für die Ukulele geschrieben worden.

2009 erscheint *Jake Shimabukuro – Live*. Er fackelt hier nicht nur ein betäubendes Feuerwerk an technischen Highlights ab, sondern versammelt die Höhepunkte seiner bisherigen Plattengeschichte. Eine Hommage an Michael Jackson mit „Thriller" darf ebenso wenig fehlen wie Erinnerungen an Bach und die Beatles. „Manche der Stücke haben eine ungewöhnliche

Entstehungsgeschichte: ‚Five Dollars Unleaded' komponierte ich zum Beispiel auf der Bassgitarre, ‚Pianoforte' während ich am Klavier saß." Erneut mit zahlreichen Preisen bedacht, macht diese Veröffentlichung Jake auf Hawai'i zum *Favorite Entertainer of the Year*. Man spürt auf dem Live-Album regelrecht, wie sich immer wieder ein Energiefluss von Shimabukuro zu seinem Publikum und vice versa aufbaut.

Voraussetzung für diese unmittelbare Kommunikation mit den Zuhörern ist eine makellose Spieltechnik, die Shimabukuro erst die vollständige Kontrolle über seinen musikalischen Ausdruck erlaubt. Jake spielt normalerweise mit dem Daumen und drei Fingern – sehr selten nimmt er noch den kleinen Finger hinzu. Schon lange hat er sich vom Gebrauch eines Plektrums verabschiedet: „Nur mit den Fingern zu spielen, verschafft mir ganz andere tonale Freiheiten. Schon als Jugendlicher habe ich mit allen möglichen Stellen meiner Hand herumexperimentiert, um neue Sounds zu finden, mit den Nägeln, mit den Fingerspitzen, den Fingerkuppen, den Fingerrändern. Der Ton, den ich so erziele, gleicht einem tonalen Fingerabdruck – unverwechselbar. Auch wenn ich von unten nach oben schlage, klingt der Akkord ja anders, als wenn ich ihn von oben nach unten ‚strumme'. Man kann ein und denselben Akkord auf tausend verschiedene Arten spielen."

Immer wieder kommt Jake Shimabukuro im Gespräch auf den englischen Rockgitarristen Jeff Beck als eines seiner großen Vorbilder zu sprechen. „Ich bewundere vor allem, zu welcher Vielfalt von Sounds und Klangfarben er auf dem Instrument fähig ist und wie er die nur mit Hilfe seiner Finger – er hat sein Plektrum ja schon vor längerer Zeit weggeworfen – aus den Saiten herauskitzelt. Wenn du die Augen schließt, meinst du zwanzig verschiedene Gitarren zu hören, aber es ist nur eine einzige, immer dieselbe. Beck nutzt verschiedene Bereiche seiner Finger und seiner Hände um all diese unterschiedlichen Sounds zu erzielen. Er war für mich ungeheuer wichtig, denn er hat mich gelehrt, dass es etwas viel Wichtigeres gibt als Geschwindigkeit und Tempo: die Kontrolle der Klangfarben. Es geht ja vor allem darum, dass du deinen eigenen Ton auf dem Instrument findest. Deshalb liebe ich es, wie Jeff Beck seine Finger bei dieser Tonfindung einsetzt. In dieser Hinsicht war er eine große Inspirationsquelle für mich."

Jeff Beck ist dafür berühmt, dass er in seinen zahlreichen instrumentalen Cover-Versionen – man denke nur an seine seelenvolle Interpretation des Beatles-Songs „A Day In The Life" – ein Hauptgewicht auf die melodische Eigenart des Stücks legt. In dieser Hinsicht ist sich Shimabukuro mit ihm einig: „Obwohl ich mich nie mit einem Meister wie Jeff Beck vergleichen würde, stimme ich mit ihm darin überein, dass der wichtigste Bestandteil eines Songs die Melodie ist, die gilt es zunächst mal zu respektieren, denn die Melodie ist so etwas wie die Signatur des Komponisten. Immer wenn ich einen Song covere, bemühe ich mich deshalb, die Strophen und den Refrain in ihrer Melodik so naturgetreu wie möglich wiederzugeben. Erst danach kann man anfangen, mit der Melodielinie zu experimentieren und den Song behutsam zu verfremden. Und Jeff Beck gelingt es immer wieder beispielhaft, jede Melodie zum Singen zu bringen. Dabei verströmt er eine Energie, die dich packt! Er ist ein ‚Soundman' im besten Sinn des Wortes."

Nach seiner besonderen Schlagtechnik befragt, verweist Shimabukuro auf das ganz spezielle Akkord-Strumming, wie es beispielsweise Haunani Kahalewai, die „First Lady of Song", in Hawai'i kultiviert habe. „Als sie schon in den Siebzigern war, besaß sie noch eine so starke Anschlagtechnik, dass kein Mensch sie nachahmen konnte. Sie nutzte dabei alle Finger ihrer Schlaghand und sang noch dazu – damit hat sie mich beeinflusst." Was das Akkord-Strumming auf einer Gitarre und einer Ukulele betrifft, so sieht Shimabukuro hier große Ähnlichkeiten. „Bis auf die Tatsache, dass man nur vier Saiten anzuschlagen hat. Man muss also beim Strumming von Akkorden weniger Raum überbrücken, weniger Distanz mit der rechten Hand zurücklegen. Bei der Gitarre ist auch das Griffbrett breiter, so dass man auch hier mehr Distanz zu überwinden hat. Deshalb kann man auf der Ukulele definitiv schneller spielen als auf einer Gitarre."

Besitzt die Ukulele von Natur aus schon eine perkussiv-hohle Klangcharakteristik, gestimmten Trommeln oft nicht ganz unähnlich, so verstärkt Jake Shimabukuro diesen Effekt noch dadurch, dass er den Korpus seiner Ukulele auch als Percussion-Instrument nutzt, wie auf einem Cajón darauf herumtrommelt. In manchen Stücken ist er so Schlagzeuger und Ukulele-Virtuose in einer Person. Hier kommen einmal mehr seine früheren Erfahrungen als Schlagzeuger in der Highschool zum Tragen.

DIE SEELE EINES SONGS TREFFEN

Im Jahr 2011 erschien dann Jake Shimabukuros bis heute erfolgreichstes Album *Peace Love Ukulele*. Es kletterte auf Platz 1 der Billboard-Charts *Top World Music Album*. Jake war überglücklich, dass er bei den Aufnahmen mit dem Produzenten Milan Bertosa zusammenarbeiten konnte, der schon den Welthit „Somewhere Over The Rainbow" mit IZ aufgenommen hatte. Den Hauptanteil am Ruhm dieses Albums aber dürfte Jakes spektakuläres Arrangement des epischen Queen-Klassikers „Bohemian Rhapsody" für Ukulele haben. Niemand hätte es bis zu diesem Augenblick für möglich gehalten, dass man die komplexe Komposition überhaupt auf dem kleinen Viersaiter realisieren könnte.

Jake Shimabukuro erzählt im Gespräch von den Herausforderungen des Stücks: „Bei ‚Bohemian Rhapsody' musste ich den Song zunächst auf sein melodisches Skelett reduzieren, um ihn auf einem monofonen Instrument überhaupt spielen zu können. Das war nicht einfach, denn es gibt Passagen in dem Song, wo man nur schwerlich zwischen Melodie und Harmonie unterscheiden kann. All die gegensätzlichen Bewegungen der Instrumente, der Bass, die Gitarrenlinien, das Piano, die Gesangslinien – das alles ist übereinander gelegt und äußerst vielschichtig. Als ich dann das melodische Grundgerüst herausdestilliert hatte, konnte ich es harmonisch mit Akkordverbindungen auffüllen. Immer wieder habe ich dann mit verschiedenen Voicings herumprobiert. Ich wollte auf jeden Fall vermeiden, dass mein Arrangement wie ein Gimmick wirkt, denn dazu respektiere ich dieses wunderbare Werk viel zu sehr."

Da man auf der Ukulele nur maximal vier Noten gleichzeitig anschlagen kann, mussten einzelne Stimmen des Original-Arrangements zwangsläufig wegfallen. Sicherlich hätte sich Shimabukuro hier oft eine zusätzliche Saite oder einen größeren Tonumfang der Ukulele gewünscht. Aber am Ende ging es doch: „Da es ein so bekanntes Stück ist, kann der Hörer unbewusst die fehlenden Teile ergänzen. Ich nenne das mein Silent-Orchestra-Konzept. Es spielt auf die Hörerfahrungen der Zuhörer an. Wenn sie nämlich mit dem Stück im Original vertraut sind, dann ist es für sie ein Leichtes, das musikalische Geschehen mitzuverfolgen und um die fehlenden Teile in ihrer Wahrnehmung zu ergänzen. Wenn man zum

Beispiel eine Version von ‚Somewhere Over The Rainbow' hört, dann hat man automatisch die Gesangslinie im Kopf, ob von Judy Garland, von IZ oder wem auch immer. So ist die Gesamtstruktur des Stücks dann ganz einfach nachzuvollziehen. Im Falle von ‚Bohemian Rhapsody' allerdings trennt der Zuhörer in seiner Wahrnehmung zunächst den Piano-Part vom Bass-Part, den Gitarren-Part von Freddie Mercurys Gesangspart und fügt die Teile dann in seinem Bewusstsein so zusammen, als sei das Stück auf nur einem Instrument gespielt. Der Zuhörer lässt die besondere Tonalität des Werks als Synthese erst entstehen. Das ist für mich eben eine besondere Herausforderung, wenn ich einen so bekannten Song covere: Was macht der Zuhörer aus dem, was ich spiele? Fügt er die Teile so zusammen und ergänzt die fehlenden Teile, so dass am Ende doch der Gesamteindruck des vollständigen Stücks entsteht? Es ist ja so, dass man beim ersten Hören eines Musikstücks dessen Struktur, dessen musikalische Gesamtgestalt abspeichert und in der Folge automatisch als Referenzgröße annimmt. Beim zweiten Hören hört man schon auf ganz andere Dinge, nimmt Details wahr, die man beim ersten Mal überhört hat. Das Gleiche kann man übrigens auch bei Filmen feststellen: Wenn ich einen Film zum zweiten Mal sehe, ist das eine komplett andere Erfahrung!"

Doch wie ist Jake Shimabukuro bei „Bohemian Rhapsody" vorgegangen? Lagen ihm die Originalnoten von Queen vor? „Nein, das Arrangement habe ich weitestgehend nach dem Gehör gestaltet." Dabei kann Shimabukuro durchaus vom Blatt spielen. Doch er bekennt selbst, dass er ein langsamer Notenleser sei. „Und dann kommt noch hinzu, dass es schwierig ist, Ukulele-Musik in Notenschrift zu arrangieren, weil man nicht die gleichen Positionen wie beispielsweise auf einer Gitarre hat. Dein Spiel auf der Ukulele ist eher vertikal organisiert, rauf und runter – vor allem bei der High-G-Stimmung, die ich benutze. Sie hat ja auch einen begrenzten Tonumfang. Auf der Ukulele beginnst du beim Arrangieren mit der tiefsten Note, das ist deine dritte Saite und dann hast du zwei Oktaven zur Verfügung. Auf der Gitarre bewegst du dich dagegen viel mehr horizontal."

Traditionell wird die Ukulele auf Hawai'i in der sogenannten Re-Entrant-Stimmung (High-G) gespielt. Das bedeutet, dass die Saiten nicht durchgängig von tief nach hoch gestimmt werden – ähnlich wie beim fünfsaitigen Banjo oder der Laute. Die tiefste Saite ist in diesem Fall also die dritte (das C) und die vierte Saite (das G, hier nicht wie gewöhnlich unter dem C, sondern über dem C liegend) ist nur einen Ganzton tiefer gestimmt als die höchste, die erste Saite (das A). Während die Stimmung von der ersten bis zur dritten Saite abwärts immer tiefer wird, erfolgt zur vierten Saite hin ein Bruch: Dieser „Break" in der absteigenden Tonfolge wird als Re-entrant, als „Wiedereintritt" in die Tonhöhe der Saiten bezeichnet. Natürlich bleibt auch hier ein G ein G, nur ist es verwirrend, dass dieses G eine Oktave über dem erwarteten tiefen G liegt.

Vor allem auf Sopran-Ukulelen findet sich diese Stimmung. Doch Jake Shimabukuro, der heute ja vorwiegend eine Tenor-Ukulele spielt, begeistert sich dafür: „Für mich war es ganz wichtig auf diese Re-Entrant-Stimmung zurückzugreifen. Das ist meine Art, die Wurzeln der Ukulele und ihre Tradition wertzuschätzen. Damit will ich nicht sagen, dass Low-G schlechter ist, oder die Musiker, die sie favorisieren, wie beispielsweise Ohta-San oder Israel ‚IZ' Kamakawiwoʻole. Aber diese Typen wussten natürlich auch, wie man in Low-G spielt. Für manche Mitmusiker, vor allem Gitarristen, haben sie die tiefe G-Saite dann aufgezogen, damit es sich mehr nach einem normalen Saiteninstrument mit mehr Bass anhörte. Ich kann mittlerweile die High-G-Stimmung ganz leicht auch auf ein Banjo, eine Mandoline oder sogar auf eine Violine übertragen und dann darauf Ukulele-Akkorde spielen."

Die Vorzüge dieser gewöhnungsbedürftigen Stimmung liegen für Jake Shimabukuro auf der Hand: „Mit den beiden hohen Saiten G und A kann man ganz ungewöhnliche Akkord-Voicings erzielen. Der 2009 verstorbene Ukulele-Virtuose John King, der ja auch ein toller Klassik-Gitarrist war, galt in dieser Hinsicht als Pionier. Dazu kommt der spezielle Sound, den die High-G-Stimmung erzeugt. Es gibt kein anderes Saiteninstrument mit einem Ganzton-Intervall. Deshalb lassen sich Cluster-Akkorde erzielen, die mehr nach einem Piano klingen als nach einer Ukulele. Wollte man sie auf einer Gitarre hinbekommen, bräuchte man zehn Finger zum Greifen! Die High-G-Stimmung ist an die berühmte Campanella-Technik angelehnt, wo jede Saite nur für eine ganz bestimmte Note zuständig ist, man hier also gegriffene und offene Saiten kombinieren und so einen glockenähnlichen, sehr offenen Klang erzielen kann, weil alle Noten ineinander überfließen. Bisweilen erinnert so ein Akkord dann auch an eine Harfe. Das ist ein wunderbarer Effekt, den man auf einer Ukulele noch deutlicher erzielen kann als auf einer Gitarre oder anderen Saiteninstrumenten."

Was sein inzwischen vielfach kopiertes Ukulele-Arrangement von „Bohemian Rhapsody" angeht, so bleibt Jake Shimabukuro selbstkritisch: „Ich wünschte, ich könnte das Stück noch einmal im Studio einspielen. Denn seitdem ich es auf Platte eingespielt habe, hat es sich in den letzten Jahren in meinen Live-Konzerten stark weiterentwickelt. Für mich ist es ein Work in progress. Inzwischen habe ich auch gemerkt, dass einzelne Harmoniepassagen von mir nicht korrekt umgesetzt wurden. Die Akkorde, die ich spiele, stimmen manchmal nicht ganz. Ich spiele das Stück ja in G und die Basslinien, die noch einmal eine ganz eigene melodische Ebene erzeugen, fehlen in meinem Arrangement fast vollständig."

Gleichwohl ist Shimabukuros Live-Performance dieses im Original in 24-Spur-Technik aufwändig produzierten Stücks – in vier verschiedenen Studios wurden mehr als 180 Overdubs hergestellt, für die 120 Stimm-Spuren der Gesangsharmonien wurden mehr als 84 Aufnahmestunden benötigt – immer ein besonderes Erlebnis. Zeigt sie doch, zu welch differenziertem und gleichzeitig opulentem Ausdruck die kleine Ukulele inzwischen fähig ist.

Jake begreift dabei das viersaitige Instrument mit der High-G-Stimmung als eine Art Streichquartett: „Die erste und die vierte Saite liegen nur einen Ganzton auseinander – das sind deine beiden höchsten Saiten, die tiefste ist die dritte. Deshalb behandele ich die beiden äußeren Saiten so, als wären sie meine erste und zweite Violinstimme. Die zweite Saite, die ein bisschen tiefer ist, benutze ich wie eine Viola und die dritte, die tiefste Saite ist für mich wie ein Cello. Wenn so jede Saite ihre eigene Rolle spielt, kann ich jeder Akkordfolge eine spezifische Farbe verleihen."

Und er macht deutlich: „Wenn ich etwas arrangiere, versuche ich immer etwas Ukulele-spezifisches zu machen. Ich sähe keinen Sinn darin, ein Arrangement zu schreiben, das auch auf einem anderen Instrument umgesetzt werden könnte. Wichtig ist in diesem Zusammenhang eben die hohe G-Saite, um ungewöhnliche Tonkombinationen zu bauen oder die Melodielinie so zu spielen, dass ich zwischen der ersten und vierten Saite so hin und her pendele, dass sie sich überlagern können. Mein grundsätzliches Ziel beim Arrangieren ist, das am wenigsten Offensichtliche zu finden, um das am meisten Offensichtliche zu erreichen."

Seit seiner Kindheit spielt Jake Shimabukuro Kamaka-Ukulelen. Diese älteste Ukulele-Werkstatt Hawai'is – berühmt für ihre konsequente Qualitätssicherung – blickt inzwischen auf eine 100-jährige Geschichte zurück. Jake erklärt stolz: „Auf O'ahu gilt eine Kamaka-Ukulele als das ,Excalibur-Schwert' im Instrumentenbereich." Im Studio und auf der Bühne benutzt Jake inzwischen fünf unterschiedliche Ausgaben seines Kamaka-Signature-Modells und er erklärt, wie wichtig es ihm ist, zu seinem Instrumentenbauer Casey Kamaka eine persönliche Arbeitsbeziehung zu haben: „In den Bau eines Instruments fließt ja eine spezielle Energie ein. Wenn diese Energie nun für einen bestimmten Musiker vorbestimmt ist, dann kann der Musiker anschließend auch eine bestimmte Bindung zu dem Instrument aufbauen und die Musik, die heraus kommt, ist größer."

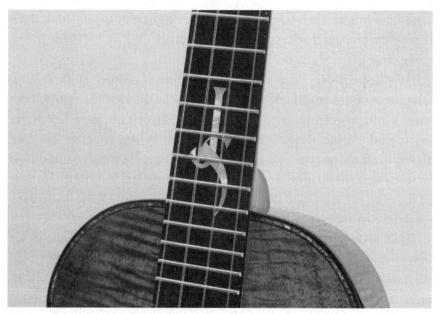

Jake Shimabukuros Kamaka-Signature-Modell © Kamaka Hawaii, Inc.

Das aktuelle Signature-Modell Shimabukuros ist aus Koa-Vollholz der höchsten Qualitätsstufe mit extrem schöner Maserung gebaut, besitzt ein Griffbrett und einen Steg aus Ebenholz, Schaller-Mechaniken, während Korpus und Schall-Loch mit Blutholz und Perlmutt eingefasst sind. Dazu kommt ein Fishman Acoustic Matrix Natural I-Tonabnehmer. Casey Kamaka, den Jake liebevoll den „Ukulele-Flüsterer" nennt, erläutert auf Nachfrage die besonderen Zielsetzungen beim Bau von Jakes persönlichem Instrument: „Er möchte trotz des Tonabnehmers den Charakter einer Ukulele gewahrt wissen. Die Leute sollen sie nicht als Mini-Gitarre wahrnehmen, sondern als Ukulele mit traditionellem Sound. Deshalb haben wir auch nur Koa verwendet. Dazu haben wir das schönste Holz benutzt, das wir kriegen konnten. Jake hat die Ukulele, die wir ihm gebaut haben, erst einmal 6 Monate lang gespielt, bevor er damit aufgetreten ist, damit das Instrument sich öffnen konnte. Er benutzt ein Instrument ungefähr fünf, sechs Jahre lang, wird wirklich eins mit ihm, als sei es ein Teil seines Körpers. Das Instrument muss seiner enormen Bandbreite von Stilen und Techniken entgegenkommen. Es muss sehr reaktionsschnell sein, dabei aber auch eine enorme Steifigkeit besitzen, denn Jake spielt sehr hart, heftig, und oft sehr kraftvoll."

Kaum auf dem Markt, setzten die Begehrlichkeiten der Ukulele-Szene ein: Jeder wollte diese fantastisch klingende Shimabukuro-Ukulele spielen und Kamaka konnte sich vor Bestellungen nicht retten. Um der Flut der Anfragen Herr zu werden, entschloss man sich anlässlich des 90-jährigen Firmenjubiläums im Juli 2006, eine limitierte Serie von hundert Jake-Shimabukuro-Signature-Ukulelen auf den Markt zu bringen. Jede von Jake persönlich inspiziert, signiert und Probe gespielt – zum stolzen Preis von 5.500 Dollar. Die hundert Instrumente mussten wegen der enormen Nachfrage in einer Lotterie an die Interessenten verlost werden. Schon im Januar 2007 waren alle Ukulelen verkauft. Heute tauchen einzelne Instrumente aus der Lotterie hin und wieder für 10.000 Dollar und mehr auf dem Markt auf.

Am typischen Shimabukuro-Sound ist aber nicht nur das Instrument beteiligt, sondern auch die Saiten, mit denen es bespannt ist. „Ich benutze in der Regel D'Addario J71-Tenor-Ukulelesaiten mit normaler Spannung – sie sind sehr sensitiv und ausdrucksstark, sodass sie auf kleinste Nuancen in meinem Spiel reagieren können, wenn ich versuche, einen bestimmten Ton zu formen." Seine Ukulelen nennt Shimabukuro bis heute liebevoll „Buffy" – nach der amerikanischen Vampir-Serie *Buffy the Vampire Slayer*. Effektgeräte interessieren ihn heute kaum noch. Er versucht vielmehr, trotz notwendiger Verstärkung einen reinen, unverfälschten Ukulele-Sound zu erreichen.

Der war ab 2011 in der auch bei uns populären amerikanischen TV-Krimiserie *Hawaii Five-0* zu hören, für die Shimabukuro einen Teil des Soundtracks schrieb. Im selben Jahr heiratete Jake die Gynäkologin Kelly Yamasato, die er dreieinhalb Jahre zuvor bei einem Blind Date – von seiner Stiefschwester angezettelt – kennengelernt hatte. Inzwischen haben die beiden zwei Söhne und leben in Jakes Heimatstadt Honolulu. Ein weiterer Traum erfüllte sich 2012: Der legendäre britische Musiker und Produzent Alan Parsons – Assistenz-Toningenieur bei den Aufnahmen der Beatles-Alben *Abbey Road* (1969) und *Let It Be* (1970), ebenfalls als Toningenieur verantwortlich für die Pink Floyd-Scheiben *Atom Heart Mother* (1970) und *The Dark Side Of The Moon* (1973) – zeigte sich interessiert, Jakes nächstes Album zu produzieren. Nachdem er Shimabukuros Konzert in Santa Barbara besucht hatte, bot er dem

Ukulele-Virtuosen bei einem gemeinsamen Abendessen spontan seine Mitarbeit an.

JENSEITS VON TECHNIK UND VIRTUOSITÄT

2012 erschien *Grand Ukulele*, eingespielt mit einem 29-köpfigen Orchester plus Rhythmusgruppe, mit dabei an den Drums der Jazz-Rock-Schlagzeuger Simon Philipps, der auch schon bei Jeff Beck am Schlagzeug saß. Das Album wurde live – ohne jedes Overdubbing – eingespielt und enthält neben vier Cover-Versionen – Adeles „Rolling In The Deep" und Stings „Fields Of Gold" ragen hier besonders heraus – Eigenkompositionen von Shimabukuro. „Der Titel ‚Missing Three' beispielsweise entstand, als ich beim Saitenwechsel gerade nur drei Saiten auf die Ukulele aufgezogen hatte und sehen wollte, was man daraus machen kann." Zu gefühlvoller Orchesterbegleitung macht Jake die fehlende Saite durch eine an die Repetitionstechnik von Minimal Music angelehnte Melodie von großer Sogwirkung ganz vergessen. „Akaka Falls" – „wahrscheinlich mein All-Time-Favorite der traditionellen hawaiianischen Musik" – spielt auf den wohl berühmtesten Wasserfall Hawaiʻis auf Big Island an, wo zudem Jakes Ehefrau geboren wurde. Ein Album voller liebevoller Querverweise und Referenzen! 2012 erschien über den inzwischen weltweit bekannten Virtuosen unter dem Titel *Jake Shimabukuro: Life on Four Strings* auch eine einstündige Filmdokumentation, die als DVD in der Ukulele-Szene bald Furore machte.

Lange Jahre war Jake Shimabukuro Sprecher und Direktor der Stiftung Music Is A Good Medicine, die kostenlos Programme in Schulen, Altersheimen und Krankenhäusern anbot, um über die Heilkräfte von Musik aufzuklären und für einen gesunden Lebensstil zu werben. 2014 gründete er dann seine eigene Non-Profit-Organisation The Four Strings Foundation, die landesweit Musikkurse, Workshops und Fortbildungsprogramme für Lehrer und Erzieher anbietet. „Mir geht es vor allem darum, Jugendliche zum Musikmachen zu ermutigen, ihnen auf diese Weise Spaß am Leben zu vermitteln. Die Botschaft ist ganz einfach: Versuch der Beste zu sein, lebe ohne Drogen, mach lieber Musik und hab Spaß! Das Tolle an Musik ist ja: Je mehr du darüber lernst, um so stärker wird dir bewusst, wie wenig du eigentlich weißt. Über Musik kannst du in deiner begrenzten Lebenszeit nie alles erfahren – das macht die Sache so spannend!"

Jakes Grundsätze sind nicht zuletzt durch die Aloha-Philosophie Hawai'is geprägt. Zunächst bedeutet dieses noch immer gängige Grußwort, einem Fremden gegenüber Respekt zu erweisen, ihn so zu behandeln als gehöre er zur Familie, zur großen Menschen-Familie. Doch auch die Sorge um die Familie im Kleinen, um die nächsten Angehörigen, ist Bestandteil des Aloha-Denkens. „Der Aloha-Spirit drückt sich darin aus, dass man sein Gegenüber willkommen heißt, ihn partnerschaftlich ‚umarmt'. Nicht nur im Sinne von ‚nett zu jemandem sein', sondern im Sinne von ‚sich für jemanden interessieren'. Das kann eben auch heißen, jemanden zu fördern, ihn zur Disziplin anzuleiten, ihn zu lehren, ihm zu einem guten Charakter zu verhelfen. Das gilt vor allem für junge Menschen, die mit sich selbst und mit dem Anderen achtsam umgehen, füreinander Sorge tragen, sich gegenseitig achten sollen."

Im alten hawaiianischen Denken ging es schon immer zentral um den heute so inflationär bemühten Wert von Nachhaltigkeit, um Achtung vor der Erde, auf der die Insulaner leben, um schonende Ressourcen-Nutzung. Man wollte sich hier nie mehr nehmen, als man brauchte, man hatte Ehrfurcht und Respekt vor der Natur. Das hängt sicherlich mit dem Inselgefühl zusammen, das jeder Hawaiianer tief in sich verspürt: Man muss mit dem, was man vorfindet, behutsam umgehen, um das Überleben auch in der Zukunft zu sichern. Jake Shimabukuro weist im Gespräch darauf hin, dass auf Hawai'i beispielsweise schon vor vielen Jahrzehnten Fischfarmen gegründet wurden, dass man hier in ökologischen Dingen immer seiner Zeit voraus war.

Wie kann die Ukulele diesen besonderen Hawai'i-Spirit transportieren? Shimabukuro ist davon überzeugt, dass Musik eine universelle Sprache ist. In dieser grundsätzlichen Funktion kann sie also als Kommunikationsmittel zwischen Musikern und Publikum funktionieren. Und er betont: „In der Improvisation fühlt sich jeder Beteiligte wie ein unverzichtbarer Bestandteil der Musik." Die Ukulele schlägt zudem eine Brücke zwischen den Generationen – man kann sie in jedem Alter spielen. Sie ist ein Ausdruck des Aloha-Prinzips, weil sie jedem, der sie hört, einen freundlichen Willkommensgruß sendet. „Ich sage den Leuten immer, die Ukulele ist ein

Friedenswerkzeug, denn du kannst keine Ukulele spielen, wenn du wütend oder böse bist. Ich bin ja sowieso der Meinung, jeder Mensch sollte die Möglichkeit haben, ein Musikinstrument zu lernen. Und die Ukulele bietet den optimalen Einstieg. Ich glaube einfach, dass es gesund ist, Musik zu machen, für deinen Seelenfrieden, für deinen Gefühlshaushalt und für dein Bewusstsein. Man tut sich einfach etwas Gutes, wenn man Ukulele spielt, sie hat so viele positive Energien. Dabei meinen die meisten Menschen, sie könnten überhaupt kein Instrument spielen, es sei zu schwierig. Deshalb empfehle ich ihnen ja die Ukulele, weil sie so einfach aufgebaut ist und man darauf sofort Erfolgserlebnisse hat. Man kann mit nur einem Finger schon zwei Akkorde darauf spielen und so ganze Songs begleiten. Dafür liebe ich die Ukulele."

2015 erschien Shimabukuros Studioalbum *Travels*, mit Solo-Aufnahmen und Bandbegleitung: Es enthält auch eine Cover-Version von „I'll Be There", dem berühmten Jackson Five-Titel, den auch Israel „IZ" Kamakawiwoʻole auf der Ukulele interpretiert hatte. Schon als Jugendlicher war Jake von dieser Version angetan. Ein weiterer Einfluss, der in Jakes Interpretation hörbar wird, ist der Jazzgitarrist Pat Metheny. „Als ich ‚I'll Be There' arrangierte, spukte mir immer Methenys ‚Don't Know Why' im Kopf herum, das er auf einer Bariton-Gitarre spielt. Es ist so einfach und gleichzeitig so schön, so berührend. Und am Ende, im letzten Chorus, gelingt ihm eine vollkommen verrückte Re-Harmonisierung, er dreht die Melodielinie einfach um. Ich habe mir dann vorgestellt, wie Metheny wohl in eben diesem Stil ‚I'll Be There' spielen würde. Und am Ende habe ich dann auch eine Re-Harmonisierung gegen die Melodielinie versucht. So ist meine Version entstanden, als Synthese aus IZ und Metheny. Zunächst hörst du eine ganz einfache, eingängige Melodie, die dann immer vertrackter wird. Auch das ist eine Botschaft an den Zuhörer: ‚I'll Be There' – ich geleite dich durch eine schwierige Phase."

Travels wirkt im Kanon von Shimabukuros bisherigen Plattenveröffentlichungen wunderbar abgeklärt, wie eine Synthese aus Wildheit und Weisheit. Wenn man den 17 Stücken lauscht, hat man das Gefühl, hier spielt jemand, der niemandem mehr etwas beweisen muss, der ganz bei sich selbst ist. Und doch versteckt sich in den Stücken eine Vielzahl subtiler Bezüge und Anspielungen. Beispielsweise in „Kawika", das in Jakes

Version mit der Solo-Ukulele beginnt, um alsbald in eine fast rockige Jam-session zu münden. „Für mich war das immer ein wichtiger Song inner-halb der traditionellen hawaiianischen Musik. Ich fand das Stück immer sehr cool. 1971 wurde es von der Sunday Manoa Band mit dem Ukulele- und Slack-Key-Gitarristen Peter Moon eingespielt. Ich begreife meine Version vor allem als Widmung an Moon, der als Musiker großen Einfluss auf mich gehabt hat. Ich wollte die traditionelle Form des Stücks bewahren und ihr gleichzeitig meinen eigenen Stempel aufdrücken. Den Song werde ich wohl auf ewig mit Moons fantastischem Ukulele-Solo verbinden. Des-halb beginne ich auch mit einem Solo-Ukulele-Part. Wenn ich dann im zweiten Teil zur Bariton-Ukulele wechsle, orientiere ich mich im Wesent-lichen an Peter Moons Solo. Viele Leute, die Moons berühmtes Solo nach-spielen, vereinfachen vor allem zwei seiner rasanten Läufe. Mein Ehr-geiz war es aber, diese beiden schwierigen Passagen originalgetreu nach-zuspielen. Ehre, wem Ehre gebührt: Ich wollte Peter Moon einfach gerecht werden."

In der neueren Ukulele-Geschichte Hawaiʻis wirkte Moons „Kawika"-Version Anfang der siebziger Jahre fast revolutionär, denn es ging über alles hinaus, was vorher auf der Ukulele in Hawaiʻi passiert war. Das Stück war als Hommage an den letzten Herrscher auf Hawaiʻi, King David „Kawika" Kalakaua gedacht, der sich für eine Renaissance der hawaiiani-schen Traditionen stark gemacht hatte, weil er diese originären Kultur-praktiken für den Überlebenskampf der Insulaner notwendig hielt. Peter Moons moderne Interpretation der Geschichte, seine swingende Phrasie-rung, die fast freie Spielweise, der popmusikalische Gestus, all das galt vorher als tabu. In dieser Hinsicht hat Moon mit „Kawika" das Ukulele-Spiel auf ein neues Level gehoben. „In meiner Generation wird diese Musik trotzdem schon wieder als traditionell verstanden. Ich wollte also Tradition und Gegenwart zusammenbringen, die Tradition ehren, um dann über sie hinauszugehen. In zwanzig Jahren wird meine Version dann auch wieder traditionell wirken. Deshalb auch das Fade-out am Ende, weil irgendjemand meine Version covern wird und die Geschichte dann weiter geht."

Auf die Frage, welchen unerfüllten Traum er sich noch erfüllen möchte, antwortet Jake Shimabukuro spontan: „Am liebsten würde ich die ganze

B-Seite des Beatles-Albums *Abbey Road* einmal für Ukulele arrangieren, das wäre was! Vielleicht klappt es in der Zukunft auch, dass ich Paul McCartney mal treffe und mit ihm zusammen Ukulele spielen kann. Denn ich weiß, dass er in seinen Konzerten häufig eine Ukulele-Version von George Harrisons ‚Something‘ zum Besten gibt. Natürlich würde ich auch gern Eric Clapton kennenlernen, der ja in der Originalaufnahme von ‚While My Guitar Gently Weeps‘ sein unverwechselbares Solo beigesteuert hat. Und ich fände es so cool, das Stück mal mit ihm zusammen zu spielen, er könnte dann auf seiner Gitarre ‚weinen‘ und ich würde mich dem anschließen und wir könnten unsere melodischen Ideen hin und her wandern lassen!"

Gleichwohl glaubt Shimabukuro nicht, dass er das ganze Potenzial der Ukulele jemals ausschöpfen wird und bringt für diesen Zweifel einen musikhistorischen Vergleich: „Miles Davis hat auch bis zum Ende versucht, die letzten Geheimnisse seines Instruments zu lüften. Wenn ich mich mit dem Ukulele-Spiel beschäftige, dann geht es mir weniger um das Instrument als vielmehr um meinen Ausdruck. Die wahre Musik liegt jenseits des Instruments. Schau, Miles war nicht der Schnellste, er hatte vielleicht auch nicht immer die perfekte Phrasierung, aber wenn er einen Ton spielte, war das der heilige Gral. Er und seine Zuhörer vergaßen dann, dass es sich um eine Trompete handelte, es war nur noch Miles Davis."

Wie beschreibt Jake Shimabukuro den perfekten Ukulele-Sound? Gibt es den vollkommenen Ukulele-Klang überhaupt? „Ich bin immer noch auf der Suche danach. Aber ich habe natürlich ein Sound-Ideal im Kopf. Es muss das richtige Maß an Wärme, Attacke und Artikulation sein, sodass man jede einzelne Saite hören kann, wenn man einen Akkord schlägt. Und wenn der Sound dich dann berührt, muss er sich weiter entwickeln können, er muss sich öffnen wie die Blüte einer Blume, sodass du all die komplexen Ober- und Differenztöne wahrnimmst, die in dem Sound mitschwingen. Der ganze Frequenzumfang einer Note muss hörbar werden. Sie muss dann langsam ausklingen und wenn der Ton verschwunden ist, muss er dennoch in deinem Kopf weiterklingen und du musst den Ton noch fühlen können, obwohl er rein physikalisch schon nicht mehr da ist. Das wäre mein perfekter Ukulele-Sound! Und der hängt nicht nur vom Instrument ab, was natürlich sehr gut sein muss. Es geht um eine Art Fokus, einen musikalischen Schwerpunkt, um die besondere Schärfe, mit der man die Note erzeugt. Du musst wissen, mit welcher Kraft, mit welchem Fingernagel du die Saite attackierst, im passenden Winkel, mit der richtigen Energie, mit der exakten Spannung gegenüber den Saiten."

Doch Shimabukuro weiß genau, dass Technik nicht alles und der mentale Aspekt vielleicht noch wichtiger ist: „Man sollte vor allem eine Vorstellung von dem Ton oder dem Akkord haben, den man erzeugen möchte. Das kommt fast einer spirituellen Qualität nahe, denn du bist ja mit deiner Person Bestandteil dieser Note, dieses Klangs. Du *bist* der Sound. In ihm spricht sich deine Überzeugung, dein Glaube, im weitesten Sinn dein Weltverständnis aus. Und diese Tatsache macht dann auch intensive Musikerfahrung erst möglich, denn es ist nicht nur die Note, es ist die Erfahrung, die darin mitschwingt."

In den Trio-Aufnahmen – zusammen mit dem Bassisten Nolan Verner und dem Keyboarder Michael Grande – des Albums *Live In Japan* (2016) kommen noch einmal alle Tugenden Shimabukuros zusammen: die ultraharte Präzision seiner Schlagtechnik, seine melodische Erfindungsgabe, die ständig weiterreifende Qualität seiner Arrangements von „Bohemian Rhapsody" bis „While My Guitar Gently Weeps", die scheinbar grenzenlose stilistische Vielfalt seines Programms. In der neuen Version seiner „Dragon"-Komposition gelingt ihm sogar ein Heavy-Metal-Ton auf der Ukulele – bohrend verzerrt, mit gewalttätigem Gain und betäubenden Legato-Linien. Immer mehr entpuppt sich Jake im Konzert als eine kaum zu bändigende Naturgewalt!

Mit keinem Album aber ist er bisher seinem Ruf als „Hendrix der Ukulele" stärker gerecht geworden als mit den *Nashville Sessions* (2016). Die komplett im Studio entstandenen Stücke – „ich wollte experimentieren, deshalb haben wir uns ohne vorherige Proben getroffen, um eine unverbrauchte Frische bei den Aufnahmen zu erreichen" – wurden in Triobesetzung mit dem Bassisten Nolan Verner und Evan Hutchings am Schlagzeug eingespielt. Sie reichen von dem fast kontemplativen „Blue Haiku" mit Kalimba- und Steel-Drum-ähnlichen Uke-Klängen über das harmonisch verschachtelte „Tritone", das Elemente des für Shimabukuro geschriebenen „Campanella"-Orchesterwerks von Byron Yasui enthält, bis zu einer räumlich verwehten „Ballad". Im Zentrum jedoch stehen berstende Heavy-Fusion-Rock-Nummern. Der elektrifizierte und durch diverse Effektgeräte wie Overdrive, Delay und Reverb angeschärfte Ukulele-Sound scheint hier gänzlich neue Energien bei Jake freizusetzen: Während er im Mittelteil von „6/8" an einen völlig losgelösten Jimmy Page bei einer Led Zeppelin-Jamsession erinnert, klingt sein Spiel in „Man Of Mud" ein bisschen nach dem ruppigen Rock von AC/DC. Seinen Höhepunkt erreicht das Album mit dem letzten, völlig frei improvisierten „Kilauea" – benannt nach dem für seine rotglühenden Explosionen berühmten Vulkan auf Big Island. In einem Griffbrett-Feuerwerk lässt der Uke-Virtuose sprachähnliche Phrasen in ein sengendes Power-Chord-Strumming münden.

Wie tiefgründig philosophisch sich Jake Shimabukuro mit Musik beschäftigt, wird deutlich, wenn er seine ästhetischen Grundüberzeugungen erläutert: „Wer Musik macht oder irgendeine Kunst praktiziert, hat es meines Erachtens mit drei Ebenen zu tun: Die niedrigste ist der physikalische Teil, du übst stundenlang, du entwickelst die nötige Muskelkraft, du kennst die Abläufe und die Funktionsweise deines Instruments, wie du am besten sitzt, welche Spielhaltung du einnehmen musst usw. All diese technischen Aspekte bilden den physikalischen Teil. Das ist die Basis für die zweite Ebene, die mentale. Dafür musst du deinen eigenen Musikgeschmack entwickeln, musst eigene Werte finden, Kriterien, an die du glaubst, musikalische Wahrheiten, die dir wichtig sind. Wie stark ich mich zum Beispiel auf die Tradition meines Instruments beziehe, wie sehr ich sie achte. Diese zweite Ebene hat großen Einfluss auf die Performance, auf die Herangehensweise an Musik. Die dritte Ebene ist dann der spirituelle Teil, der sich normalerweise dem logischen Verstehen entzieht. Für manche Menschen fängt hier die Religion an, es kann Gott sein, eine höhere Kraft, der Schöpfer des Universums, eine andere Intensität, etwas Transzendentales. Das ist für mich der höchste Level jeder Kunst. Und man kann ihn nur erreichen, wenn man ein sehr tiefgreifendes Verständnis der beiden erstgenannten Levels besitzt. Erst wenn die physikalischen und mentalen Fragen alle geklärt sind, kann sich ein spirituelles Verständnis der Musik überhaupt erst entwickeln."

Jake Shimabukuro sieht für die Zukunft eine fortschreitende Diversifizierung der Ukulele-Szene. Danach wird es in jedem musikalischen Genre Ukulele-Virtuosen geben: einen Yo-Yo Ma der Ukulele, einen Pat Metheny der Ukulele, einen Stevie Ray Vaughan der Ukulele. Jake ist davon überzeugt, dass der Siegeszug der Ukulele anhalten wird – nicht zuletzt, weil sie dem allgemeinen Trend entspricht, durch die Miniaturisierung von Dingen den Alltag praktischer und bequemer zu machen. „Die Ukulele ist das iPad der Instrumente. Sie ist so klein und kompakt und kann doch so viel." Man kann sie eben überall mit hinnehmen, sie ist erschwinglich und bietet unendlich viele Möglichkeiten. Man kann sich mit ihr durch alle musikalischen Genres bewegen, Akkorde darauf schrummeln oder komplizierte Melodien spielen, vor allem kann man sich beim Singen wunderbar darauf begleiten. „Wenn die Leute dieses Potenzial erst einmal entdeckt haben, finden sie das cool. Denn jeder liebt nun mal die Bequemlichkeit und es ist eben schwerer, eine Gitarre oder ein Klavier mit sich herum zu schleppen als eine Ukulele."

Für die Wiedergeburt des lange vergessenen Instruments macht Shimabukuro – der mit seiner Popularität keinen geringen Anteil an der erneuten Wiederbelebung hat – vor allem das Internet verantwortlich. Plötzlich haben Menschen auf der ganzen Welt durch das World Wide Web Zugang zu einer Musikkultur erhalten, die ihnen vorher fremd war. „Ich höre immer wieder von Leuten in Konzerten oder auf der Straße, dass sie sich die Ukulele gegriffen haben, weil sie interessante Videos darüber gesehen haben. Nicht nur mein ‚While My Guitar Gently Weeps'-Video. Die Ukulele sieht so niedlich aus, sie verheißt so viel Spaß. Im Internet kann man sich tausendfach ansehen, wie andere Leute Ukulele spielen, welche Freude sie dabei haben. Ich kann mir Grifftabellen für Songs herunterladen, Play-Along-Videos, oder kann mit Gleichgesinnten eine Ukulele-Community bilden. Das gemeinschaftsstiftende Potenzial der Ukulele verbündet sich hier mit dem alten Community-Gedanken des Internets. Bevor das Netz aufkam, waren gerade junge Leute – von der hawaiianischen Bevölkerung einmal abgesehen – nicht wirklich von der Ukulele angetan. Das Instrument wurde eher mit älteren Menschen, mit Erwachsenen assoziiert. Aber ich denke, in den letzten zehn Jahren hat sich das durchmischt, es gibt jetzt einen „common ground" für ältere und jüngere Ukulele-Fans, Altersgrenzen sind plötzlich nebensächlich. Deshalb wird die Ukulele auch verstärkt in Schulen genutzt, in der Popmusik, aber auch in der Musiktherapie." Jake Shimabukuro ist fest davon überzeugt: „Wenn jeder Mensch Ukulele spielen würde, wäre die Erde ein besserer Ort."

Jake Shimabukuro mit dem Bassisten Nolan Verner backstage während seiner Japan-Tournee 2015.
© Shimabukuro/Alex Ferrari

Eine Machete aus Portugal © Brigitte Grossmann/Peter Kemper

3
Ein portugiesisches Geschenk: Von der Machete zur Ukulele

WIE DIE UKULELE NACH HAWAI'I KAM

Am Samstag, den 23. August, einem warmen Tag des Jahres 1879, legte das in Liverpool gebaute Segelschiff Ravenscrag im Hafen der hawaiianischen Hauptstadt Honolulu an. An Bord waren 423 Männer, Frauen und Kinder, die gerade eine viermonatige Reise von 13.000 Seemeilen von Madeira nach Hawaii mit Schneestürmen rund um Kap Hoorn und Hitzewellen entlang der Küste von Südamerika überstanden hatten. Krankheiten hatten die Reisenden ausgezehrt, drei Kinder waren während der strapaziösen Reise gestorben. Der 25-jährige Klempner João Fernandes aus Funchal, ein lebenslustiger Typ, war über die sichere Ankunft seiner Familie auf Hawai'i so aus dem Häuschen, dass er im Hafen von Honolulu für ein paar Minuten Frau und Kind verließ und sich von dem Mitpassagier João Gomes da Silva eine Machete auslieh, um sich seine Freude aus dem Herzen zu singen. Die Einheimischen waren hingerissen vom Klang des kleinen viersaitigen Instruments aus Portugal.

Zwischen Hawai'i und Madeira gibt es eine Menge Gemeinsamkeiten: Beide Inseln sind vulkanischen Ursprungs, beide besitzen ganzjährig ein angenehm tropisches Klima, beide gelten seit Jahrhunderten als Melting Pot verschiedenster Kulturen: Während sich auf Madeira Kelten, Nordafrikaner und Mauren ansiedelten, wurde Hawai'i von Polynesiern, Engländern, Amerikanern, Japanern, Chinesen, Filipinos, Mexikanern und Portugiesen bewohnt. Doch während Madeira, die kleine Insel im Nordatlantik, die von den Portugiesen per Zufall im Jahr 1420 entdeckt worden war, ab Mitte des 19. Jahrhunderts unter Überbevölkerung und Hungersnöten litt, verringerte sich die Bevölkerung auf Hawai'i kontinuierlich – trotz des landwirtschaftlichen Reichtums. Nach offizieller Zählung von 1832 lebten etwas über 130.000 Menschen auf den Inseln, 1878 waren es gerade noch 58.000. Hawai'i suchte dringend Arbeiter für seine prosperierenden Zuckerrohrplantagen.

Die hawaiianischen Inseln © akg / Corey Ford / Stocktrek Images

Der ab 1874 auf Hawai'i regierende König David Kalakaua machte sich deshalb unmittelbar nach seiner Inthronisation für ein Einwanderungsprogramm stark, das nicht nur Landarbeiter, sondern ganze Familien nach Hawai'i locken sollte. Als Schlüsselfigur dieser Immigrationspolitik gilt der deutsche Physiker, Botaniker und Unternehmer William Hillebrand, der 1850 zum ersten Mal Hawai'i besuchte und von den dortigen Behörden den Auftrag erhalten hatte, Leute ins Land zu holen. Er entschied sich dann 1877 für Madeira als dem vielversprechendsten Reservoir von Arbeitskräften: „Die Bewohner sind schlicht, freundlich, arbeitsam und friedfertig, sie vereinigen alle Eigenschaften guter Siedler in sich. Dazu kommt, dass sie an Euer Klima gewöhnt sind." Die Werbekampagne, die Hillebrand auf Madeira startete – „durch eine schrittweise Vervielfachung

könnten die Portugiesen die Inseln vielleicht sogar irgendwann übernehmen" – führte schon bald zum Erfolg. Eine erste Gruppe von 123 Männern,
Frauen und Kindern traf 1878 an Bord der Priscilla in Honolulu ein – der
Beginn einer Einwanderungswelle von mehr als 25.000 Portugiesen, darunter Tausende sogenannter Madeirans.

Wenige Tage nach Ankunft der Ravenscrag im darauf folgenden Jahr
berichtete die Zeitung Hawaiian Gazette: „Während der letzten Woche traf
eine Gruppe von Einwanderern aus Madeira bei uns ein und erfreut uns
seitdem mit abendlichen Straßenkonzerten. Die Musiker beherrschen ihre
seltsamen Instrumente perfekt – eine Kreuzung aus Gitarre und Banjo, die
einen wunderbar süßen Klang in den Händen dieser portugiesischen
Könner erzeugt." Gemeint war natürlich die Machete. Die kleine viersaitige Gitarre tauchte erstmals Mitte des 17. Jahrhunderts in der portugiesischen Stadt Braga als Machete de Braga auf, wurde aber in anderen
Provinzen Portugals bald als Braquinha bezeichnet. Als Vorläufer oder
„Vater der Machete" kann das heute noch in Brasilien populäre Cavaquinho
gelten. Sein Name stammt – wenig respektvoll – vom portugiesischen
Wort „cavaco" (Feuerholz) ab. Die Machete (im Folgenden bleiben wir
bei diesem Namen) feierte bald auf Madeira ihre größten Erfolge und
galt Mitte des 19. Jahrhunderts als populärstes Instrument der Insel. Vor-
nehme Besucher aus Großbritannien fanden es besonders „amusing",
wenn einheimische Musiker auf den Straßen ihren Bitten um eine Chopin-
Etüde auf der Machete nachkommen konnten, wie auch dem Wunsch nach
einer Opernarie.

„Die Machete ist das lieblichste, kostbarste und interessanteste Instrument von Madeira – leicht und lebendig im Klang. Sein elegantes Design
hat es zu einem begehrten Accessoire gemacht und schon vielen Damen
gefallen: In glücklichen Momenten wird es für sie zu einer Art Komplize,
in melancholischen Stimmungen zur Quelle von Trost." So konnte man
Mitte des 19. Jahrhunderts in einem weit verbreiteten portugiesischen
Volksmusik-Lexikon lesen. Doch nicht alle stimmten in diese Jubelarie ein:
Der amerikanische Diplomat John Dix etwa war nach einem Besuch auf
Madeira 1843 ganz anderer Meinung, als er wegen des „dünnen und mage-
ren Klangs" der Machete prophezeite: „Sie wird Madeira wahrscheinlich
nie verlassen."

Jose do Espirito Santo © Ronnie French   Augusto Dias © Jim Tranquada

Doch schon bald wurden in England die ersten bekannten Fotos der Machete geschossen. 1858 hatte der Schriftsteller Lewis Carroll ein paar Exemplare als Souvenirs von Madeira mitgebracht und den Töchtern des befreundeten Dekans von Christ Church, Henry George Liddell geschenkt. Ein Bild des vom neuen Medium Fotografie geradezu besessenen Carroll zeigt die drei Mädchen in portugiesischen Spitzenkleidern und mit Macheten in ihren Händen. Unter ihnen ist auch Alice Liddell, die Carroll später zu seinem Erfolgsbuch *Alice in Wonderland* inspirieren sollte.

In der Metamorphose der Machete zur Ukulele spielt noch ein weiteres portugiesisches Instrument eine Rolle: das Rajão, ein gitarrenähnliches Instrument mit fünf Saiten, in der Stimmung D-G-C-E-A, während die vier Saiten der Machete D-G-H-D gestimmt waren. In der Volksmusik wurde die Machete nur selten als Solo-Instrument eingesetzt, war im Ensemble aber für die hohen, hellen Töne zuständig – ähnlich der Lead-Gitarre in einer Rockband mit zwei Gitarren. Das Rajão übernahm dagegen die Funktion der Rhythmusgitarre.

Beide Mini-Gitarren, Machete und Rajão, waren an Bord der Ravenscrag, als sie Hawai'i erreichte. Und doch wäre es nie zur Entwicklung der Ukulele gekommen, wenn nicht die drei Möbeltischler und Instrumentenbauer Manuel Nunes (1843 – 1922), Jose do Espirito Santo (1850 – 1905)

und Augusto Dias (1842 – 1915) zu den Passagieren gezählt hätten. Sie hatten sich, wie fast alle Neuankömmlinge, zunächst zur Arbeit auf den Zuckerrohrplantagen gemeldet. Doch nachdem sie ihren zweijährigen Verpflichtungen nachgekommen waren – Nunes auf Big Island, Santo auf Maui und Dias auf Kaua'i –, beschlossen sie, in Zukunft in Honolulu als Möbelschreiner und nebenbei als Instrumentenbauer zu arbeiten.

Die Nachfrage nach der kleinen Machete wuchs beständig und die drei eröffneten zunächst unabhängig voneinander Möbelgeschäfte, in denen sie auch fünfsaitige Rajãos verkauften. 1884 tauchte im Adressenverzeichnis von Honolulu zunächst Augusto Dias als „Möbel- und Gitarrenbauer" auf; er hatte seine Schreinerei in Honolulus überfüllter Chinatown eingerichtet. Im nächsten Jahr ließen sich Nunes und Santo nur wenige Blocks voneinander entfernt mit ihren Werkstätten für „Möbel, Saiteninstrumente, Gitarren und Machetes" nieder. Nach einem verheerenden Feuer in Honolulus Chinatown, bei

Werbeanzeige für Ukulelen von Manuel Nunes, 1917 © DeSoto Brown Collection

dem Dias' Werkstatt vollkommen zerstört wurde, tat er sich im Frühjahr 1887 mit Santo zusammen. Noch im selben Jahr wurde ihr gemeinsamer Shop in der Nuuanu Street Opfer von Einbrechern. Um ihren Lebensunterhalt zu sichern, boten Dias, Santo und auch Nunes nicht nur den Bau und die Reparatur von Möbeln und Machetes an, sondern handelten bald mit Saiteninstrumenten aller Art und ihren Einzelteilen.

Als „Vater der Ukulele" gilt Manuel Nunes. 1843 auf Madeira geboren, kam er im Alter von 38 Jahren zusammen mit seiner 18-jährigen Frau und vier Kindern aus erster Ehe nach Honolulu. Auf Hawai'i bekam das Paar dann noch fünf weitere Kinder. Nach seiner Arbeit auf der Zuckerplantage begann er ab 1885 Ukulelen zu bauen und blieb die nächsten vierzig Jahre dabei. In seinen Händen verwandelte sich die Machete zur Ukulele, indem er die Form des portugiesischen Originals beibehielt, den Korpus aber geringfügig vergrößerte, die Stahlsaiten durch angenehmere Darmsaiten ersetzte und die sogenannte Re-Entrant-Stimmung G-C-E-A – entsprechend der populären Phrase „My Dog Has Fleas" – durchsetzte. Während die ersten Ukulelen noch die große Mensur der Machete mit 17 Bünden besaßen, die Schall-Löcher zumeist mit aufwändigen Rosetten und Zierstreifen verziert und die Saiten am Steg durch Elfenbeinstifte befestigt waren, hatten spätere Exemplare ab etwa 1890 eine kleinere Mensur mit nur noch 12 Bünden, weniger Verzierungen und einfache gekerbte Stege ohne Pins (Stecker). Man wollte die Instrumente so billig wie möglich anbieten können, um sie attraktiv zu machen. Deshalb konnte der Musiker und spätere Herausgeber des ersten Lehrbuchs *The Ukulele: A Hawaiian Guitar and How to Play It*, Ernest K. Kaai, auch zu dem Schluss kommen: „Die Ukulele ist keine Neuerfindung, sondern eher eine schöpferische Umgestaltung."

Ab 1910 baute Nunes mit seinen Söhnen als Manuel Nunes & Sons die Instrumente weiter. Im lokalen Branchenverzeichnis bezeichnete er sich selbst als „Erfinder der Original-Ukulele". In seinem Shop hing ein Schild an der Wand: „Independent Manufacturer and Sale of Ukuleles." Noch 1919, fast ein Vierteljahrhundert nach der Abschaffung der Monarchie in Hawai'i, warb Nunes in einer Zeitungsanzeige mit dem Slogan „Patronized by the Royal Hawaiian Familiy". Seine Söhne Leonardo und Julius setzten später seine Arbeit fort, Julius nach einer kurzen Selbstständigkeit als Manager des Familienbetriebs Nunes Ukulele Company und Leonardo mit einer eigener Ukulele-Werkstatt in Los Angeles. Manuel Nunes starb 1922 im Alter von 79 Jahren und wurde auf dem King Street Friedhof in Honolulu begraben. Leonardo übernahm danach die Firma und baute bis in die 1930er Jahre hochwertige, heute unter Sammlern sehr begehrte Instrumente.

Diese hawaiianischen Ukulelen wurden aus einheimischem Koa gefertigt, einem Hartholz, das zur Akazien-Familie zählt und auch als Hawaiian Mahogany bezeichnet wird. Die riesigen Bäume wachsen in den Bergen auf Big Island. Koa sieht mit seiner braun-roten Tönung und markanten Maserung nicht nur wunderschön aus – seine Dichte und Resonanzfähigkeit machen es zu einem idealen Holz für den Bau von Musikinstrumenten. Es gibt Koa in verschiedenen Qualitäten: Am gesuchtesten ist bis heute „curly grained", das wellenförmig zwischen hellen und dunklen Farbtönen changiert. Bis die vielversprechendsten Bäume ausgesucht, gefällt und nach Honolulu geschafft wurden, vergingen in den 1880er Jahren oft Monate. In Sägemühlen wurden Bretter aus den Bäumen geschnitten, die dann erst einmal mehrere Jahre an der Luft austrocknen mussten, bevor sie für Säge, Hobel, Stechbeitel und Messer bereit waren. Die fertigen Ukulelen – zumeist in der beliebten Sopran-Größe – wurden für drei Dollar das Stück verkauft. Reich verzierte Exemplare mit Perlmutteinlagen und Holzintarsien konnten bis zu 35 Dollar kosten – einem heutigen Wert von rund 600 Dollar entsprechend.

Hier ist noch auf eine Begriffsverwirrung einzugehen, die sich in der Ukulele-Forschung bis heute hartnäckig hält: Bevor die Machete ihren hawaiianischen Namen Ukulele erhielt, soll man sie auf den Inseln auch taro-patch fiddle genannt haben. Taro bezeichnet eine auf Hawaiʻi weitverbreitete und zum Verzehr geeignete Wasserbrotwurzel. Aus ihr wird die Nationalspeise Poi zubereitet, eine Art süßer nahrhafter Brei. Vielleicht hatten die Landarbeiter bei ihrer Ernte das kleine, handliche Instrument dabei, um sich in ihren Pausen damit zu amüsieren: etwas, auf dem man zwischen den Zuckerrohr-Reihen ein paar Akkorde schrummeln konnte. Nach Auskunft der Musikethnologin Gisa Jehnichen wurde jedoch auch „die ursprüngliche Rajão lange Zeit taropatch fiddle genannt". Und noch eine weitere Bedeutung von taropatch machte die Runde: Nachdem die Hawaiianer mit der Ukulele vertraut waren und auch spanische Gitarren

kennengelernt hatten, wünschten sie sich von der Ukulele einen volumi-
nöseren Klang und es entstand ein neuer Typus, eine Taropatch-Ukulele
mit zwei bzw. vier Doppelsaiten. Gleichzeitig bezeichnet taropatch auch
noch die offene G-Stimmung.

Man sieht, um die Vorläufer und Ableger der Ukulele ranken sich viele
Legenden. Sicher ist allein, dass sich nur zwanzig Jahre nach ihrem ersten
Auftritt in Honolulu die Ukulele zum hawaiianischen Nationalinstrument
entwickelt hatte und anfing, mit ihrem Charme die Welt zu erobern.
Denn sie verkörperte beispielhaft den Aloha-Spirit, jene besonders auf-
geschlossene und freundliche Temperamentslage der Insulaner. Im zweiten Jahrzehnt ihres Bestehens produzierten Werkstätten auf Hawaiʻi wie
die von Manuel Nunes, Ernest Kaais Ukulele Manufacturing Company,
Samuel K. Kamaka und Jonah Kumalae zusammen ungefähr 600 Ukulelen
jeden Monat. Davon gingen allein 300 auf das Konto des hawaiianischen
Politikers und Geschäftsmanns Kumalae, der ab 1911 mit zwölf Mitarbeitern auf Big Island zuerst so etwas wie eine industrielle Fertigung von
Ukulelen für die Massenproduktion auf den Weg brachte. Im Jahr 1916
eröffnete Samuel K. Kamaka, einst ein Lehrling von Manuel Nunes, seine
erste Werkstatt in Honolulu – zuerst im engen, überfüllten und dunklen
Keller seines Wohnhauses, später in einem Nachbargebäude. Bis heute hat
Kamaka Hawaii, Inc. als einzige Werkstatt aus der Gründerzeit überlebt
und gilt inzwischen als traditionsreicher Inbegriff von Qualitäts-Ukulelen.

Laut Aussage des amerikanischen Ukulele-Lehrers und -Forschers
Dan Scanlan, der Nunes Enkelin Flora Fox an ihrem 104. Geburtstag
interviewte, soll sie ihm versichert haben: „Mein Großvater nahm ein fünf-
saitiges Instrument, entfernte eine Saite und hatte so die erste Ukulele."
Das würde der gängigen Theorie widersprechen, laut der die viersaitige
Machete der Vorläufer der Ukulele ist. Doch Flora Fox ist sich sicher, da
sie angeblich während dieser Aktion auf dem Schoß ihres Opas saß. Wahr-
scheinlicher ist jedoch, dass Nunes einfach die vier hohen Saiten von
der Rajão auf die Machete spannte, die D-Saite wegließ und die Stimmung
beibehielt. Zunächst soll Nunes sogar den Namen Mini-Rajão erwogen
haben, bevor sich endgültig der Name Ukulele durchsetzte.

Jetzt wird es leider spekulativ, denn die Ursprünge des Wortes Ukulele
liegen bis heute im Dunkeln: In seinem Buch *The Cruise of the Snark* (1911)

bot der Schriftsteller Jack London eine erste Deutung an: „Ukulele ist das hawaiianische Wort für hüpfender Floh und bezeichnet darüber hinaus auf Hawai'i ein Musikinstrument, das wie eine kleine Gitarre aussieht." Angeblich hätten die Hawaiianer die flink über die Saiten der Ukulele laufenden Finger des Musikers mit einem hüpfenden Floh assoziiert. Queen Lili'uokalani, selbst eine hervorragende Musikerin und von der Ukulele begeistert, bevorzugte dagegen eine andere Erklärung: Ukulele setze sich aus den hawaiianischen Wörtern uku (Geschenk) und lele (kommen) zusammen und bedeute „ein Geschenk, das von weit her zu uns kam". Eine dritte Deutungsvariante behauptet, das Wort stamme vom Spitznamen des englischen Armeeoffiziers und Musikers Edward Purvis, der eine Zeit lang am hawaiianischen Königshof ein- und ausging. Wegen seiner Kleinwüchsigkeit und seinen häufigen nervösen Zuckungen während des Spiels auf der Machete nannte man ihn gern den „hüpfenden Floh". König David Kalakaua soll während der wöchentlichen Pokerrunden gern mit dem Finger geschnippt haben: „Hey Ukulele, spiel uns doch mal das Lied vom Sherry und der Jungfrau!" Später wurde Purvis, nachdem ihm eine Schmähschrift auf den König zugeschrieben worden war, mit Schimpf und Schande vom Hof gejagt. Und eine letzte, eher unwahrscheinliche Theorie leitet den Namen Ukulele von dem Wort ukeke ab, das auf Hawai'i einen mit zwei oder drei Saiten bespannten Holzbogen bezeichnet und dem Wort mele für Lied. Ukeke ist ein uraltes traditionelles Instrument, das einen monotonen Drone-Sound ähnlich der Maultrommel produzieren kann.

HEIDNISCHE MUSIK VON WILDEN

Als Captain Cook am 17. Januar 1779 während seiner zweiten Hawai'i-Reise in der Kealakekua-Bucht auf Big Island anlegte, wurde dort gerade ein Fest zu Ehren des Fruchtbarkeitsgottes Lono gefeiert. Das sonst über die Bucht verhängte Kapu-Verbot gemäß der Unantastbarkeit eines geheiligten Ortes, war für die Dauer des Festes aufgehoben. Zur Begrüßung bekamen Cook und seine Mannschaft monotone, in ihren Ohren kakofonische Gesänge zu hören. Die hawaiianische Musik jener Jahre war vor allem perkussiv mit repetitiven Grundmustern und kannte weder eine stabile

Stimmung noch Harmonien: Nasenflöten, schauriger Sprechgesang, Holz-
stäbe, die auf Steine geschlagen wurden, mit Haihaut bespannte Trommeln,
Rasseln, Schläge auf Brust und Schenkel, all das verdichtete sich zu einer
spirituellen Form, die weniger auf Sinnlichkeit und Unterhaltung zielte.

Rituelle Ausdruckstänze (Hula) dienten zusammen mit dem Gesang
(Mele) vor allem der Kommunikation mit den Ahnen und dem Lobpreis
der Götter. Einfach in Melodie und Rhythmus, war die hawaiianische
Musik jahrhundertelang dennoch von einem komplexen Bedeutungs-
system getragen. Die Transformation dieser rein funktionalen Musik
setzte ab 1878 ein: Der Kontakt mit dem Fremden brachte es mit sich,
dass sich westliche Musik immer mehr mit der einheimischen Musiktradition vermischte. Protestantische Hymnen – sogenannte Himeni – die
auf festgelegten Tonhöhen basierten, konkurrierten jetzt mit den in ihrer
Intonation frei fließenden Gesängen des Hula. Bald schon gerieten die

traditionellen Musikformen im öffentlichen Bewusstsein immer mehr in die Defensive.

Gleichwohl florierte Hawai'i als Handelsstützpunkt, als einziger Ort im weiten Nordpazifik, wo die Kaufleute ihre Schiffe reparierten, ihre Vorräte auffüllten, neue Seemänner rekrutierten und Frachten umgeladen werden konnten. 1819 waren auch die ersten amerikanischen Walfangboote in den hawaiianischen Gewässern aufgetaucht. Zwischen 1826 und 1840 steuerten mehr als 140 Schiffe jedes Jahr die Inseln an. Hawai'i transformierte sich in diesen Jahren von einer isolierten, traditionellen Gesellschaft, die auf Landwirtschaft basierte, in eine konstitutionelle Monarchie, immer stärker eingebunden in die prosperierende Weltwirtschaft. Als Hauptstadt und einzige Metropole des Königreichs dominierte Honolulu das ökonomische, soziale und politische Leben des Archipels. Die Verwandlung von Honolulu in eine amerikanische Großstadt hatte um 1820 begonnen, als eine erste Gruppe von 17 protestantischen Missionaren nach O'ahu kam. Kurz zuvor hatte Liholiho, der Sohn und Nachfolger von König Kamehameha I. das traditionelle, auf göttlichen Regeln basierende Gesetzessystem Kapu außer Kraft gesetzt und die alten Götter für tot erklärt. Die Missionare waren dennoch über die heidnischen Einwohner schockiert: „Wir fanden sie hilflos vor, unwissend, unbelehrbar, wild, tierisch und entartet – außerhalb jeder Vorstellung." Also versuchten die puritanischen Geistlichen, den heidnischen hocherotischen Hula-Kult mit ihren barbusigen Tänzerinnen zu stoppen und die Bevölkerung Hawai'is in weitgeschnittene Kleider und Hosen zu stecken.

Hawaiianisches Grashaus
aus dem 18. Jahrhundert
© Peter Kemper

Mit den Missionaren entwickelte sich ein öffentliches Schulsystem, der Alphabetisierungsgrad erhöhte sich dramatisch, ein Rechtssystem mit geschriebenen Gesetzen und Grundeigentumsrechten wurde etabliert. Gleichzeitig sorgte die fortschreitende Alphabetisierung dafür, dass die Hawaiianer Lesen und Schreiben und auch das Notationssystem der westlichen Musik lernten. Die Missionare hatten auch Klaviere und Violinen nach Hawai'i mitgebracht, die in den Schulen schon bald zu den Hauptinstrumenten im Musikunterricht avancierten. In den kongregationalistischen Gemeinden wurden die strengen und ehrfürchtigen Gesänge der Himeni inbrünstig und bald mit dramatischem Vibrato in hoher Tonlage vorgetragen – nicht zuletzt begünstigt durch die Einführung der Gitarre auf den Inseln durch mexikanische Vaqueros (Cowboys), die den Einheimischen die Aufzucht von Rindern lehren sollten. All die disparaten musikalischen Einflüsse – Himeni, Klavierwerke, Opern, populäre Volkslieder, die seit Mitte des 19. Jahrhunderts verbreiteten Gitarrenstücke – konzentrierten sich in Honolulu in der Royal School. Hier erhielten zwei der als „Na Lani eha", als „Heavenly Four" bekannten Geschwister, David Kalakaua und seine Schwester Lili'uokalani ihre erste Musikausbildung. Das royale Geschwisterpaar half in der Folgezeit, ein neues musikalisches Idiom in Hawai'i zu kreieren, das traditionelle hawaiianische Poesie mit dem Hymnengesang Neuenglands verschmolz.

Während die hawaiianischen Ureinwohner jahrhundertelang ihren Lebensunterhalt im ökologischen Einklang durch Gaben der Natur (vor allem Fische und Früchte) zu sichern suchten, erzielten die Nachkommen der Missionare durch strenge Arbeitsethik auf ihren Rinderfarmen, Zucker- und Ananasplantagen mit Hilfe chinesischer und japanischer Arbeitsimmigranten Gewinne und Kapitalüberschüsse. Diese Form des Wirtschaftens war den Insulanern bis dato völlig fremd. Gleichwohl war Mark Twain nach einem Besuch auf Hawai'i überzeugt, dass sich der wachsende Wohlstand auf den Inseln, der florierende Handel, ja die ganze Aufbruchsstimmung der Initiative von Amerikanern verdankte. Sie hatten eine Walfangflotte und besaßen die großen Zuckerplantagen und Rinderfarmen. Deshalb wundert es nicht, dass viele Amerikaner – von ihrer Zivilisierungsleistung beseelt – glaubten, die Idee einer unabhängigen Monarchie auf Hawai'i sei nur ein schlechter Witz. Für Twain war es nicht mehr als ein „Theater-Königtum".

EIN KÖNIGLICHES INSTRUMENT

Als Schlüsselfigur in der Geschichte der hawaiianischen Musik gilt König David Kalakaua (1836 – 1891), weil er während seiner Regentschaft ab 1874 alles unternahm, um die alten hawaiianischen Gesänge und Lieder der Vorfahren zu popularisieren. Von den engstirnigen Missionaren, die zunehmend Einfluss auf den Inseln gewannen, wurde er deshalb des Rückfalls in einen überwunden geglaubten Aberglauben bezichtigt. König Kalakaua integrierte beispielsweise Hula-Tänze in seine Krönungszeremonie und war überzeugt, dass das Schicksal der Monarchie an die Liebe zu den uralten Volkskulturpraktiken gekoppelt sei. Gleichwohl war er neuen Musikentwicklungen gegenüber aufgeschlossen und förderte deshalb auch die Verbreitung des Ukulele-Spiels auf den Inseln. So war z. B. der Schriftsteller und Hobbymusiker Robert Louis Stevenson häufig im Königspalast Iolani Palace zu Gast. Bei diesen Gelegenheiten traten die King's Singing Boys auf, die sich von Ukulelen begleiten ließen. Stevenson soll später auf einer Reise nach Samoa laut seiner Frau Fanny immer eine Machete bei sich gehabt haben. Bei den wöchentlichen Poker-

Runden im Iolani Palace war Kalakaua selbst oft mit seinem Lieblingssong „Sweet Lei-lei-hua" und der Ukulele zu hören. Auch João Fernandes, jener Machete-Musiker von der Ravenscrag, soll nach eigenen Aussagen oft zu den königlichen Musikpartys eingeladen worden sein.

David Kalakaua (1836–1891),
König von Hawaiʻi
© akg-images / Pictures From History

77

Iolani Palace, der Königspalast in Honolulu, Hawai'i © Peter Kemper

Die 17 Jahre von Kalakauas Regentschaft waren eine Zeit wachsender politischer Spannungen zwischen den zunehmend verarmenden Einheimischen und den wirtschaftlich erfolgreicheren Immigranten, der sogenannten Haole-Elite. Dabei paarte sich ökonomische Schlagkraft mit einer provokanten Missachtung alter hawaiianischer Traditionen. Letztlich ging es in dieser Auseinandersetzung aber um die Unabhängigkeit Hawai'is, um seine Souveränität, die für die meisten Einheimischen an den Fortbestand der Monarchie geknüpft schien. Nach britischem Muster organisiert, mit Parlament und Flagge (die auch dem Union Jack glich), war das hawaiianische Königtum unter König Kalakaua auf direkter Erbfolge aufgebaut, mit wenig wirklicher politischer Macht ausgestattet und einer Verfassung unterworfen, die von den „missionary boys" ausgearbeitet worden war. Die weißen Kaufleute kontrollierten Wirtschaft und Gewinne, während die Monarchie dem Müßiggang frönen durfte.

Wirtschaftlich auf Erfolgskurs – die Zuckerindustrie wuchs von einer Jahresproduktion im Jahr 1874 mit weniger als 25 Millionen Pfund auf 242 Millionen Pfund im Jahr 1898 –, sahen sich die Zuckerbarone als die neuen Herren Hawai'is. Dazu kam, dass 1890 99 Prozent des hawaiianischen Exports auf das amerikanische Festland ging – Zucker war das größte Importgut der USA. Die Abhängigkeit Hawai'is von den USA wurde also immer größer. In ihrer imperialistischen Selbstüberschätzung glaubten deshalb die meisten Amerikaner Ende des 19. Jahrhunderts noch immer, die Hawaiianer seien mehrheitlich Ukulele-schlagende Wilde, faul, träge und kindlich, denen es an Intelligenz und Charakterstärke mangele, um sich selbst regieren zu können und die trotz ihrer christlichen Fassade in Wahrheit immer noch tief im Aberglauben an ihre alten Götter verwurzelt seien.

Schon im Jahr 1870 hatte die Bevölkerung von Honolulu nach einer Reihe von Konzerten, die eine österreichische Schiffskapelle gegeben hatte, vom König eine eigene hawaiianische Band gefordert. Als König Kamehameha V. bei der deutschen Regierung daraufhin wegen eines Bandleaders anfragte, empfahl der Kaiser den Musikpädagogen und preußischen Offizier Heinrich Berger, der 1872 in Honolulu eintraf und zunächst seine liebe Mühe mit den undisziplinierten, dem Easy-Going-Prinzip verpflichteten, lokalen Musikern hatte. Doch das strenge Probenregime von Berger trug Früchte und die Royal Hawaiian Band konnte bald Willkommensmärsche für die Touristen auf den Inseln präsentieren. Berger studierte nicht nur deutsche Märsche mit der Band ein, sondern gleichberechtigt auch lokale Kirchenlieder und traditionelle hawaiianische Stücke und Hula-Lieder. Er förderte die einheimische Musikszene, wo es nur ging. Unter König David Kalakaua wurde der Königshof zu einer einzigen, immerwährenden Konzertveranstaltung. Doch nicht zuletzt wegen dieser hedonistischen Verschwendungssucht des Königs wuchs in der Bürokratie und im Volk die Kritik.

Kalakaua unterstützte auch Augusto Dias, dem er erlaubte, eine königliche Krone als Markenzeichen auf seinen Instrumenten zu nutzen. Dias war nebenbei ein begabter Ukulele-Virtuose, der die spanische Picking-Technik anstelle des weit verbreiteten Akkord-Strummings bevorzugte. Kalakauas Eigenkompositionen „Hawai'i Pono'i" und „Koni au i ka wai" waren in den 1880er Jahren sehr beliebt. Letztlich war König Kalakaua ein schwacher Herrscher, der bereits 1887 unter Androhung der Exekution die letzten Reste seiner administrativen Macht an eine Gruppe von Geschäftsleuten, der sogenannten Bayonet Constitution, übertragen hatte. 1891, drei Jahre vor Gründung der kurzlebigen souveränen Republik

Hawai'i, verstarb König David Kalakaua in San Francisco. Noch auf dem Totenbett soll er die Vergeblichkeit seiner Bemühungen um eine wehrhafte kulturelle Identität der Hawaiianer resignativ erfasst haben: „Sagt den Menschen, ich hätte mich bemüht."

Die Regentschaft seiner Nachfolgerin auf dem Thron, seiner Schwester Queen Lili'uokalani, währte nur zwei Jahre. Schon vor ihrer Inthronisation war die neue Königin in einem Lied zur Ukulele (gebaut von Manuel Nunes) von Kalakauas Witwe Queen Kapi'olani gewarnt worden: In dem poetisch verschlüsselten Text der Ballade „I Have A Feeling Of Love" vergleicht Kalakauas Witwe ihren Mann mit dem vom Aussterben bedrohten einheimischen Kleidervogel – die royale Tradition auf Hawai'i drohe genauso zu verschwinden. Und genauso sollte es kommen: 1893 wurde in einem unblutigen Putsch durch europäische und amerikanische Geschäftsleute, dem sogenannten Committee of Safety, mit Unterstützung von US-Marines das Königtum durch einen Staatsstreich abgeschafft.

Lili'uokalani hatte schon im Alter von vier Jahren ihren ersten Musikunterricht erhalten. Später avancierte sie auf Hawai'i zur begabtesten Musikerin ihrer Zeit, die Hunderte von Liedern komponierte: „Songs zu schreiben fällt mir so leicht, wie zu atmen." Neben Zither, Gitarre und Orgel war die Ukulele ihr Lieblingsinstrument. Ihre besondere Fähigkeit bestand darin, hawaiianische Musik mit westlichen Einflüssen zu kombinieren.

Queen Lili'uokalani
© ullstein bild / Haeckel Archiv

Und so überraschte es nicht, dass ein Verleger aus San Francisco in den 1890er Jahren ein Songbook von ihr mit 25 Liedern auf den Markt brachte. Natürlich durfte darin ihr Hit „Aloha 'Oe" (Ein Abschiedsgruß für Dich) nicht fehlen – Elvis Presley sollte das sentimentale Liebeslied später in dem Film *Blue Hawaii* (1961) singen. Eines Tages im Frühjahr 1877, nach einer tränenreichen Verabschiedung von ihrem Geliebten, Colonel James Harbottle Boyd, den sie auf seiner Ranch besucht hatte, summte Lili'uokalani während des Heimwegs auf ihrem Pferd eine sehnsüchtige Melodie vor sich hin, die sich nach und nach zum großen hawaiianischen Abschieds-song „Aloha 'Oe" auswuchs – am eindringlichsten natürlich interpretiert auf einer Ukulele.

„Auf Wiedersehen, auf Wiedersehen, liebreizendes Wesen, das in schattigen Lauben wohnt"– Lili'uokalani hatte ihr Abschiedslied „Aloha 'Oe" eigentlich für zwei Liebende geschrieben. Doch im Januar 1893 musste die dichtende und komponierende Monarchin ihre eigene große Liebe opfern: Hawai'i. Um ein Blutvergießen zu verhindern, dankte sie nach einem Putsch ab. Die Befürworter einer Angliederung Hawai'is an die Vereinigten Staaten hatten die US-Flotte um Unterstützung gebeten. Als ein Kriegsschiff seine Kanonen auf den Königspalast von Honolulu richtete, gab Lili'uokalani die Regierungsgewalt ab. Nach einer kurzen Inhaftierung wohnte die Königin bis an ihr Lebensende in ihrem Palast. Unter Hausarrest musste sie machtlos mitansehen, wie die Inselgruppe Hawai'i zuerst zu einer Republik und später Teil Amerikas wurde. Ob es sich bei dem Text von „Aloha 'Oe" wirklich um Lili'uokalanis wehmütige Vorausahnung des Souveränitätsverlust von Hawai'i handelte oder nicht – später, als sie auf dem Weg nach Washington D.C. ein junges amerikanisches Mädchen ihr Lied zur Ukulele singen hörte, bemerkte sie voller Melancholie: „Ich empfand eine Art bittersüße Freude dabei, heimatlichen Klängen in einem fremden Land zu lauschen."

Im Februar 1894 war ein Komitee gebildet worden, das im März offi-ziell den Auftrag zur Ausarbeitung einer Verfassung für die zu gründende Republik Hawai'i erhielt. Die Verfassung wurde am 3. Juli 1894 durch einen Verfassungskonvent bestätigt und trat am folgenden Tag in Kraft. Sanford Dole, Anführer des Umsturzes und Nachfahre von protestantischen Mis-sionaren aus Maine wurde zum Übergangspräsidenten der neuen Republik gekürt. Doch die USA hatten weiterhin die vollständige Annexion Hawai'is zum Ziel, die dann während des Spanisch-Amerikanischen Krieges durch einen Beschluss des Senats und des Repräsentantenhauses vom 7. Juli 1898 durch die Vereinigten Staaten vollzogen wurde. Erst 1993 entschuldigte sich Präsident Clinton offiziell bei den Hawaiianern für den damaligen Umsturz, doch das Königtum sollte nie wieder nach Hawai'i zurückkehren.

Seit der Annexion durch die USA gibt es bis heute eine aktive – wenn auch zersplitterte – Unabhängigkeitsbewegung auf Hawai'i, die insbesondere von der Minderheit der Ureinwohner getragen wird. 2005 wehrten sie sich erfolgreich gegen die Vergabe des Status Native Americans, der sie mit den Indianern des Festlandes gleichgesetzt hätte. Dies wäre in ihren Augen einer Missachtung der freiheitlichen Bestrebungen gleichgekommen. Vor allem im Jahr 2008 erlangte die Souveränitätsbewegung besondere öffentliche Aufmerksamkeit, als eine Gruppe von Aktivisten den ehemaligen Königspalast in Honolulu besetzte und die Unabhängigkeit ausrief. Noch heute gelten die letzten Tage der Monarchie vielen Hawaiianern als eine Zeit der freiheitlichen Selbstbestimmung. Loblieder auf König Kalakaua und seine Schwester Queen Lili'uokalani werden noch immer als symbolische Protestnoten gegen kulturelle Fremdbestimmung und kommerzielle Ausbeutung der Inseln durch nordamerikanische Geschäftemacher verstanden.

VOM PROTEST-SYMBOL ZUM MARKETING-TOOL

Die schnelle Annahme der Ukulele durch die hawaiianischen Ureinwohner, die Kanaka Maoli, und ihre neue Identität als ureigenes hawaiianisches Instrument hatte sie längst zu einem politischen Werkzeug werden lassen. Die erste Komposition, die Lili'uokalani für Ukulele schrieb, „'Onipa'a" – was so viel wie „Sei standhaft!" bedeutet – forderte beispielsweise öffentliche Unterstützung für die von König Kamehameha V. proklamierte Verfassung. Die Eigenschaft von „kaona" (eine Art verschleierte Doppeldeutigkeit im Mele-Gesang) erlaubte es den Hawaiianern, in ihren Liedern zu kommunizieren, zu protestieren, sich zu solidarisieren und ihrem ungebrochenen Stolz auf die hawaiianische Sprache und Kultur Ausdruck zu verleihen, ohne diesen Widerstand für alle Ohren explizit zu machen.

Als Liliʻuokalani nach einer fehlgeschlagenen royalen Konterrevolution 1895 von der provisorischen Regierung für kurze Zeit inhaftiert wurde, gelang es ihr, mit Hilfe des Mele-Idioms und seinen versteckten Mehrdeutigkeiten eine Botschaft voller Hoffnung und Widerstand in der in hawaiianischer Sprache erscheinenden Zeitung Ka Makaainana an die Einheimischen zu richten. Die 1895 publizierte Textsammlung *Buke Mele Lahui* (Das nationale Liederbuch) ist voll von solchen versteckten Anspielungen und politischen Metaphern. So handelt das erste Lied dieser Song-Kollektion mit dem unschuldigen Titel „Kaulana Na Pua" (Berühmt sind die Blumen) in Wahrheit von der heroischen Weigerung der Musiker der Royal Hawaiian Band, der neuen Revolutionsregierung einen Loyalitäts-Schwur zu leisten.

Selbst das für den Ukulele-Bau so gern verwendete Koa-Holz wurde in jenen Tagen zum politischen Widerstandssymbol stilisiert: Es stand für das alte Hawaiʻi, da es seit Jahrhunderten für den Bau von Kanus und Mobiliar genutzt wurde. Koa-Ukulelen verkörperten in dieser Hinsicht eben auch ein Bekenntnis zu dem alten hawaiianischen Denken des Aloha ʻAina, einer mythisch unterfütterten „Liebe zum Land", die dem Menschen erst seinen Platz in der allumfassenden Kosmologie zuweist. Koa wurde immer mit dem hawaiianischen Königshaus assoziiert – von der Wiege bis zur Bahre. Der erste Königsthron, 1857 von König Kamehameha III. in Auftrag gegeben, wurde aus massivem Koa hergestellt. Die Wiege für den Erben von König Kamehameha V. bestand aus Koa-Holz. Die hawaiianischen Könige schliefen in Koa-Betten und wurden in Koa-Särgen bestattet. Koa-Bäume wuchsen in den königlichen Gärten und die Haupttreppe im Iolani-Palast war ebenso aus Koa gefertigt wie die Kirchenbank Liliʻuokalanis in der Kawaiahaʻo Church. Nur ein paar Monate vor der Revolution von 1893 trat sie mit einem gerade fertig gestellten Konzertflügel aus Koa auf. Kein Wunder, dass die ersten Ukulele-Bauer das populäre Hartholz mit seinen traditionellen Implikationen nur allzu gern verwendeten, obwohl es fast fünf Mal so teuer war im Vergleich mit den viel billigeren Importhölzern wie zum Beispiel Oregon Pinie. Es war auch ein Hauptunterscheidungsmerkmal zu den Machetes, die in der Regel aus Fichte oder Pinie gebaut wurden. Koa-Ukulelen gewannen so die gleiche zeichenhafte Bedeutung für den Patriotismus der Kanaka Maoli wie Bettdecken in den Nationalfarben oder Aloha 'Aina-Hutbänder. Symbolische Politik sucht sich immer solche unverfänglichen Ausdrucksmittel.

Die Ironie dieser Geschichte aber besteht darin, dass Ukulele-Bauer wie Santo und Dias trotz ihrer patriotisch konnotierten Koa-Ukulelen „Made of Hawaiian Wood" nie zu Royalisten wurden. Wie viele portugiesische Immigranten bekannten auch sie sich ohne zu zögern 1894 zur neuen Republik Hawai'i und schworen, „weder direkt noch indirekt die Restauration einer monarchischen Regierungsform auf den hawaiianischen Inseln zu unterstützen." Mochte die politische Dimension der hawaiianischen Musik auch von der Haole-Elite okkupiert worden sein, für das kommerzielle Potenzial galt das nicht in gleichem Maße. Plötzlich waren die Hawaiianer nicht mehr die unmusikalischen „Heuler" ohne jedes Harmonie- und Rhythmusgefühl. In Reiseberichten von Touristen Mitte der 1890er Jahre tauchten sie jetzt als die „geborenen Musiker" auf: „Ihre Musik ist einfach entzückend, so bescheiden, verträumt und freundlich und erinnert unwillkürlich an den Gesang von Vögeln." Einer Exportoffensive der hawaiianischen Musiktradition stand nichts mehr im Wege. Galt die hawaiianische Sprache den protestantischen Missionaren noch als Quelle aller moralischen Übel, so wurde sie jetzt als essenzieller Teil des exotischen Charmes hawaiianischer Musik verstanden. Nach der im August 1898 vollzogenen Annexion von Hawai'i durch die USA, die alle Hoffnungen auf eine Wiederkehr der Monarchie zunichte machte, verlor die hawaiianische Musik ihre Bedeutung als politisches Statement und verkörperte jetzt vielmehr eine erfolgreiche Form des Marketings für die Inseln.

Keine zwei Jahrzehnte nach ihrer Erfindung galt die Ukulele Anfang des 20. Jahrhunderts dank der Initiative von Nunes, Santo und Dias auch bei Hawai'i-Touristen als beliebtestes Souvenir, denn die drei lieferten ihre Instrumente jetzt an Läden in ganz Honolulu. Von dort traten sie ihren Weg auf das US-Festland an und galten an manchen Orten schnell als „Synonym für Hawai'i". Wegen ihrer handlichen Größe, ihrer moderaten Lautstärke, ihrer Tonhöhe, die perfekt mit einer weiblichen Sopranstimme korrespondiert, wurde die Ukulele bald zu dem adäquaten Instrument für Frauen. Denn sie mussten beim Spiel ihre anmutige damenhafte Haltung nicht aufgeben, weil es ja nur geringer körperlicher Anstrengung bedurfte. Kein Wunder, dass die kleine Holzbox alsbald auch zum Sehnsuchtsobjekt für junge Highschool-Mädchen und College-Studentinnen wurde. Sie passte einfach perfekt zum populären Californian Outdoor-Lifestyle, den immer mehr Familien in den Sommermonaten pflegten.

Als sich Ende des 19. Jahrhunderts Hawai'i selbst zunehmend als Tourismus-Attraktion zu vermarkten begann, funktionierte die Ukulele als ein exotisches Symbol in den kommerziellen PR-Aktionen. Geradezu idealtypisch verkörperte sie das hawaiianische Image vom lässig-freundlichen, entspannten Lebensstil. Die damals entstandene Vorstellung vom lieblichen Hula-Girl im Baströckchen und mit Blumenkette, das am Strand sitzt und auf der Ukulele klimpert, besitzt längst ikonografische Qualitäten und hat sich bis heute in unseren Köpfen festgesetzt. Sie funktionierte schon Ende des 19. Jahrhunderts perfekt als paradiesische Verheißung und

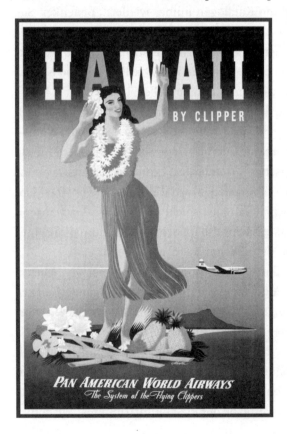

Sehnsuchtsobjekt in den Phantasien einer unter den Folgen fortschreitender Industrialisierung leidenden Arbeiterschaft in den USA. Die Ukulele war ein symbolischer Schlüssel zum „ganz Anderen", wo Freizeit, Spaß, ja sensuelle Erfüllung warteten.

Werbeanzeige für den Hawai'i-Tourismus
© akg-images / Pictures From History

Während der Weltausstellung World's Columbian Exposition 1893 in Chicago, wo mit den Volcano Singers zum ersten Mal Musiker von den Inseln mit Ukulelen auf dem US-Festland auftraten, notierte ein Besucher des hawaiianischen Pavillons, die Musik der Ukulele – hier noch taropatch fiddle genannt – werde besonders von jungen Leute geliebt, die nach einer authentischen Alternative zur urbanen Entfremdung suchten: „Die sanften Klänge der einheimischen Lieder und Melodien haben bei vielen Jüngeren aus der San Francisco-Szene das Bedürfnis geweckt, selbst solche Musik zu machen und wochenlang Unterricht darin zu nehmen." Schon damals etablierte sich die bis heute allein gültige Aussprache von Ukulele im englischsprachigen Raum: „oo-koo-le-le" und nicht wie bald auf dem US-Festland verbreitet: „you-koo-le-le".

Ab 1907 bot die Firma George G. Birkel Co. in Los Angeles als erster Vertrieb auf dem Festland importierte Hawai'i-Ukulelen in größeren Stückzahlen an und betonte in ihren Katalogen immer wieder: „Bedenken Sie, dass es einen großen Unterschied zwischen der hawaiianischen Ukulele aus echtem Koa-Holz und den amerikanischen Instrumenten aus fabrikmäßiger Produktion gibt – einen Unterschied wie zwischen Tag und Nacht." Hawaiianische Ensembles wie der Hawaiian Glee Club, Toot's Paka's Hawaiian oder die Honolulu Students unternahmen jetzt Tourneen durch den Westen der USA und Kanada und halfen so – strategisch gut geplant –, den Ukulele-Verkauf anzukurbeln. Und wie zuvor schon von einem König, so wurde 1910 ein hawaiianisches Ensemble mit Ukulelen zu einem Fest ins Weiße Haus nach Washington eingeladen, wo die Musiker vor Präsident Taft auftraten. Zahlreiche Schallplatteneinspielungen entstanden während dieser Konzertreisen. Die erste nachweisbare Schallplattenaufnahme einer Ukulele war bereits 1899 auf dem Edison-Label erschienen.

Anfang des 20. Jahrhunderts war es noch schwierig, bei den Musikaufnahmen auf Zylindern und Wachsplatten eine befriedigende Balance zwischen kräftigen Bläsern und schwächeren Saiteninstrumenten herzustellen. Frühe Beispiele zeigen, dass die Ukulele hier noch eine strikt rhythmische Funktion übernahm, während die Melodielinien vielfach auf einer Steel-Gitarre, Violine oder Flöte gespielt wurden. Erst mit dem ersten reinen Ukulele-Lehrbuch von Ernest Kaai im Jahr 1906 änderte sich diese bloße rhythmische Aufgabe des kleinen Instruments. Mit seiner

Überzeugung wollte Kaai – selbst ein brillanter Performer – bewusst provozieren: „Manche mögen die Ukulele für ein unbedeutendes Instrument halten und doch haben wir alles, was nötig ist, um mit ihr die schwierigsten Werke, die je geschrieben wurden, zu spielen." Bei so viel Enthusiasmus wollten die Musikverleger nicht länger abseits stehen. In New Yorks rührigem Musikverleger-Viertel – Tin Pan Alley – machten sich Songschreiber daran, pseudo-hawaiianische Lieder en masse zu schreiben, mit so fantasievollen Namen wie „Oh, How She Could Yacki Hacki Wicki Wacki Woo".

Einen weiteren kräftigen Popularitätsschub erhielt die Ukulele durch Richard Walton Tullys Musical *The Bird of Paradise*. Seine enthusiastisch gefeierte Premiere ging im Herbst 1911 in Los Angeles über die Bühne. Im darauf folgenden Jahr setzte das Musical seinen Erfolg am Broadway fort. Bei diesem Erfolg hatte nicht zuletzt der deutsche Industrielle und Finanzier Claus Spreckels seine Hände im Spiel. Jahrelang hatte er die Zuckerrohrplantagen auf Hawai'i kontrolliert und trug deshalb bei den Insulanern der Spitznamen „His Majesty", bevor er von König Kalakaua ausgetrickst und von der Insel geworfen wurde. Von seinem Büro in San Francisco aus beobachtete Spreckels das wachsende Interesse an der hawaiianischen Kultur als Exportgut und den zunehmenden Tourismus auf die Inseln. Auch mochte er die hawaiianische Musik und engagierte häufig für seine Diners eine lokale Hawaiian String Band. Er erkannte auch gleich, dass sich das rührselige Musical vorzüglich zu Promotionzwecken für eine Dampfschifffahrtslinie nach Hawai'i eignete, in die er viel Geld investiert hatte. Ein Hauptgrund des Musical-Erfolgs war die Live-Band, ein Quintett mit zwei Ukulelen und einer Lapsteel-Gitarre. Nachdem die Gruppe für Victor Records den Musicalsong „Tomi, Tomi" aufgenommen hatte – er verkaufte sich millionenfach – vermutete die New York Times: „Obwohl wir niemals wissen werden, wie viele betörende Ukulelen jetzt im nationalen Mondschein gespielt werden, ist ihre Musical-Quelle eindeutig bestimmt."

Bei aller Begeisterung für das neue Do-it-yourself-Instrument par excellence und die hawaiianische Kultur im Allgemeinen blieben viele Vorurteile bestehen: Hawaiianer galten der Mehrzahl der Amerikaner noch immer als „Nigger der Südsee", die man allerdings – im Gegensatz zur afroamerikanischen Bevölkerung der USA – nicht als latente Bedrohung wahrnahm. Die hawaiianischen Traditionsideale bildeten als Ausdruck einer antimodernen Ästhetik in der sich rasant verändernden Industriegesellschaft mit ihren sozialen Zumutungen für den Einzelnen einen willkommenen Gegenentwurf, einen Fluchtpunkt der Träume von einem besseren Leben. Die Ukulele galt in diesem Zusammenhang – ähnlich wie zuvor die Gitarre im viktorianischen Zeitalter – als Instrument einer latent gefährlichen, wilden Sinnlichkeit, die gerade durch den Reiz des Verbotenen ihre Attraktivität gewann.

Viele Amerikaner waren durch *The Bird of Paradise* zum ersten Mal mit hawaiianischer Musik unmittelbar in Kontakt gekommen. Ein Pressesprecher des Theater-Impresarios Oliver Morosco, der das Musical auf den Weg gebracht hatte, konnte deshalb 1918 stolz verkünden: „Dies ist das Stück, das die Ukulele berühmt gemacht hat." Zugleich war die Theaterproduktion ein Indiz für die aufbrechende amerikanische Massenkultur: Ein weitverzweigtes Eisenbahnnetz machte es jetzt möglich, dass solche Stücke landesweit auf Tour gehen konnten. Eine wachsende Film- und Schallplattenindustrie, ein Kaufhaus-Boom, populäre Unterhaltungssendungen im Rundfunk, all das ließ Kultur zu einem standardisierten Konsumprodukt für das Publikum der wachsenden Mittelklasse werden. Zentrum dieser sich schnell ausbreitenden Kulturindustrie Anfang des 20. Jahrhunderts war New York. Hier wurde von cleveren Werbestrategen auch das Image von Hawaiʻi als des ersten massenmedial verbreiteten Paradieses geschaffen – hawaiianische Musik und mit ihr die Ukulele bildeten in diesem Konzept eines unbeschwerten „grass-skirt-bottom-wriggling-beach-at-Waikiki"-Komplexes den zentralen Fokus.

UKULELE-WAHNSINN IN SAN FRANCISCO

Wer heute in San Francisco an der Ecke Baker Street und Marina Boulevard im belebten Marina District steht, findet im modernen Stadtbild keinen Hinweis mehr darauf, dass er am Ausgangspunkt des „Großen Ukulele-Wahnsinns" von 1915 steht. Dies ist der Ort, wo sich die Panama-Pacific International Exposition auf einer Fläche von zweieinhalb Meilen ausbreitete und wo die Integration der Ukulele in den amerikanischen

Mainstream ihren Anfang nahm. Mit der Ausstellung sollte zuallererst die Fertigstellung des Panama-Kanals im Jahr zuvor – er bildete die lang ersehnte Passage zwischen dem Atlantischen und dem Pazifischen Ozean – gefeiert werden. Zugleich war die Schau für die Stadt eine willkommene Gelegenheit, ihre machtvolle Wiedergeburt nach dem verheerenden Erdbeben und Feuer von 1906 zu demonstrieren. Nachdem San Francisco den Bieterwettstreit mit New Orleans schließlich für sich entschieden hatte, während in Europa die Materialschlachten des Ersten Weltkriegs tobten und durch den Einsatz von Giftgas immer mehr Opfer forderten, konnte die Weltausstellung pünktlich am 20. Februar 1915 ihre Tore öffnen: mit 28 teilnehmenden Ländern, 32 beteiligten US-Staaten und großzügig angelegten Ausstellungshallen – überragt vom 133 Meter hohen Tower of Jewels, der mit mehr als 100.000 Edelsteinen bestückt war, die in der kalifornischen Sonne um die Wette funkelten. Das Szenario sollte ein Riesenerfolg werden und in den kommenden zehn Monaten fast 19 Millionen Besucher anlocken.

Musik war von Anfang an ein wesentlicher Promotion-Faktor der Messe: Für – nach heutiger Rechnung – rund 15 Millionen Dollar hatte man vier große Bühnen gebaut. Doch die größte musikalische Sensation wurde nicht von John Philip Sousas berühmter Marschkapelle oder dem französischen Komponisten und Pianisten Camille Saint-Saëns geboten, sondern von fünf mit Blumenketten („lei") geschmückten Musikern im hawaiianischen Pavillon. Die hawaiianische Regierung hatte in der Ausstellung sofort ein ideales Forum gewittert, um für die eigene Kultur und den Tourismus zu werben. Ein gebürtiger Hawaiianer, der Architekt C. W. Dickey aus Oakland, wurde beauftragt, für 100.000 Dollar einen Hawai'i-Pavillon im französischen Renaissance-Stil zu bauen. Er lag zentral neben dem Palace of Fine Arts und war vom Haupteingang in der Baker Street geradewegs die Hauptstraße Administration Avenue hinunter zu erreichen. Das Konzept sah zwei Attraktionen vor: Tägliche Live-Musik aus Hawai'i in der Haupthalle und ergänzend ein halbkreisförmiges Aquarium voller leuchtend bunter exotischer Fische, die die Massen anzogen. Dazu kamen tropische Blumen und Pflanzen und eine Dia-Vorführung zwei Mal täglich mit wechselnden Bildern von den Inseln in einer Art Vortragszimmer. Wenn auch mehrere hawaiianische Geschäftsleute und sogar die Zeitung Honolulu Star Bulletin den Pavillon mit seinen Attraktionen anfangs wenig repräsentativ und enttäuschend fanden („Singing boys and painted fish are not enough.") stimmte das Publikum mit den Füßen ab: mit rund 35.000 Besuchern pro Tag zählte der Hawai'i-Pavillon bald zu den beliebtesten der Messe: Wenn die Besucher aus dem oft kühlen Wetter an der Bay Area in das Gebäude strömten, tauchten sie unmittelbar in eine tropische Atmosphäre ein, wo nicht nur landwirtschaftliche Produkte – wie bei den meisten anderen Länder-Pavillons – ausgestellt wurden, sondern liebliche Ukulele-Klänge und süße Gesänge den Gast umschmeichelten.

Auf einem kleinen erhöhten Podest in der Mitte des Saals, umrahmt von Palmen, Schaubildern und Surfer-Statuen fanden hier jeden Tag mehrere Hula-Tanz- und Musik-Veranstaltungen statt – mit den damaligen Stars der hawaiianischen Musik: dem Royal Hawaiian Quartet um den Top-Musiker George „Keoki" Awai, dem von dem 37-jährigen Henry Kailimai geleiteten Hawaiian Quintet – der auch den Expo-Hit „On The Beach At Waikiki" geschrieben hatte, dem DeLano Hawaiian Steel Guitar and Ukulele Sextette of Los Angeles und weiteren Gruppen vom US-amerikanischen Festland, die den Hawaii-Hype mit seinen sinnlichen Verheißungen anfachten. Ein Reporter schrieb etwas süffisant, dass in den tropischen Gartenanlagen der Ausstellung die Kanarienvögel die Klänge der hawaiianischen Musiker so oft gehört hätten, „dass sie zu bestimmten Zeiten in die Melodien einstimmten und die Begleitung zu den Songs sangen." Auch bei anderen Gelegenheiten, wie im Saal der Hawaiian Pineapple Packers Association, im California Building, oder bei einem Privatempfang von US-Präsident William Taft war in der Ausstellung hawaiianische Musik zu hören. Am speziellen „Hawaii Day" des 11. Juni spielten fünf Ukulele-Bands auf Barkassen, die auf der Lagune am Palace of Fine Arts schipperten, vor einer Menschenmenge, die sich die ganze Administration Avenue entlang zog. Auch außerhalb der Messemauern waren hawaiianische Musiker plötzlich in Kalifornien gefragt und verdienten nicht selten mehr als hundert Dollar pro Nacht für Auftritte auf Privat-Partys.

Am Stand von Jonah Kumalae konnten die Besucher zwischen fünf verschiedenen Ukulele-Modellen ihr Lieblingsinstrument auswählen, gleich mitnehmen oder sich nach Hause schicken lassen. Für seine professionell gefertigten Instrumente erhielt Kumalae sogar die Gold Medal der Weltausstellung. Immer wieder intonierten die hawaiianischen Bands auch die heimliche Expo-Hymne „On The Beach At Waikiki", die in ihrem Text hawaiianische und englische Lyrik ideal miteinander verwob. Es war der bekannteste Hapa-Haole-Song (halb-weiß) seiner Zeit. Dieser Hybrid-Stil favorisierte in seinem Text die Themen Sex und Humor: „Some days we drive to the Pali / And make love beneath the trees / And she strums her ukulele / As we sit there in the breeze."

Selbst Henry Ford, Chef der Ford Motor Company, die ebenfalls auf der Messe mit ihren Autos vertreten war, zeigte sich von Kailimais Musik begeistert und lud ihn mit seinem Quintett und den Familien nach Detroit ein, wo sie vor der Ford-Belegschaft mehrere umjubelte Konzerte gaben und sich kurzzeitig in Ford Hawaiians umbenannten. Im Dezember 1915 hatte man Kailimais Hit hastig in zwei Broadway-Produktionen integriert: Irving Berlins *Stop! Look! Listen!* und *Very Good Eddie*, für die Jerome Kern dem Text von „On The Beach At Waikiki" eine weitere Strophe hinzufügte. Gleichzeitig entschied das Hawaii Promotion Committee für den Ukulele-Verkauf, in Zukunft die hochwertigen einheimischen Koa-Instrumente von billigen Nachahmungen durch ein besonderes Etikett wirkungsvoll abzugrenzen. So entstand das sogenannte Tabu-Label: Über einem Halbmond, der die hawaiianische Krone trägt und zwei Kapu-Sticks findet sich der Aufdruck „Tabu – Made in Hawaii". Ab dem Frühjahr 1916 wurden hawaiianische Ukulelen mit diesem Markenzeichen exportiert.

Im selben Jahr erschienen in den USA 146 verschiedene Schellack-Schallplatten mit Hawai'i-Musik – mehr als in jedem anderen Genre. Noten und Songbooks hawaiianischer Traditionals fanden reißenden Absatz. Die Insel-Klänge verankerten sich fest im amerikanischen Bewusstsein und die Ukulele wurde zum beliebtesten Instrument in den USA. Große einheimische Gitarrenhersteller wie C. F. Martin & Co. oder Gibson erweiterten ihre Produktpalette um diverse Ukulele-Modelle – allein im Jahr 1917 verkaufte Martin mehr als 2.000 der klingenden Holzboxen. Um ihr Ursprungsmonopol gegenüber den billigeren Produzenten auf dem Festland zu verteidigen, versuchte der Honolulu Ad Club in den zwanziger Jahren, die Ukulele als originäres Hawai'i-Produkt patentieren zu lassen. In dem Paradise Of The Pacific-Magazin war 1917 zu lesen: „Die Ukulele ist seit einiger Zeit eine Modeerscheinung von einem Ende der USA bis zum anderen. (...) Sie ist ein Symbol unschuldiger Fröhlichkeit und wir sollten unseren Hut vor der kleinen hawaiianischen Ukulele ziehen." Schon im Jahr zuvor hatte der San Francisco Chronicle getitelt: „Völlig überraschend ist dieses Land total verrückt nach hawaiianischer Musik." Kein Park, kein Schwimmbad, kein Nightclub war mehr sicher vor der Ukulele-Invasion. Selbst auf den schwimmenden Ozeanriesen war sie inzwischen zu Hause: Wenn die Stewarts auf See nicht gerade Stühle an Deck brachten oder den Reisenden Drinks servierten, spielten sie gern die neuesten Hits auf Ukulelen.

Im weit verbreiteten The Edison Phonograph Monthly-Magazin konnte man 1916 lesen: „Was wusste die Öffentlichkeit vor zwei Jahren schon über hawaiianische Musik, über Ukulelen, über Hula-Tänze? Seitdem aber haben die Musik Hawaiis und ihre amerikanische Ausprägungen das Land im Sturm genommen." Die Plattenfirma Victor hatte auch gleich eine neue verkaufsfördernde Stilbezeichnung für den Mix parat: Hawaiian-American-Ragtime. Ukulele-Kurse wurden jetzt über die großen Zeitungen in Kansas City, Detroit, Fort Worth, New Orleans, Duluth (Minnesota) und Columbus (Georgia) annonciert. Es hatte den Anschein, als sei hawaiianische Musik gerade eine willkommene Ablenkung von den immer bedrohlicher wirkenden Kriegsnachrichten aus Europa. „Eskapismus durch Exotismus" lautete die Losung jener Tage. Eine Musiklehrerin namens Isabelle Works von der Westküste startete 1918 die erfolgreiche Werbekampagne *In jedes Armeezelt gehört eine Ukulele*. Mit der Begründung: „Wenn die Soldaten Heimweh nach zu Hause und ihrer Liebsten bekommen, kann nichts den Blues besser vertreiben als eine Ukulele." Als daraufhin die YMCA öffentlich dazu aufrief, alte Ukulelen einzusammeln und an die Truppen zu verschicken, bekam sie Hunderte gespendet. Deshalb ist ein wenig bekannter Nebeneffekt des Ersten Weltkriegs, dass er zur Verbreitung der Ukulele in Europa beitrug.

Zwei Faktoren waren für diese erste Erfolgsgeschichte der Ukulele verantwortlich: Die wachsenden kommerziellen Interessen Hawai'is und das Aufkommen des Rundfunks: 1920 hatte die erste kommerzielle Radiostation in Pittsburgh ihren regelmäßigen Betrieb aufgenommen. Mitte der 1920er Jahre wurden in den USA schon rund vier Millionen Ukulelen verkauft. Bis heute hat sich das kleine Instrument auf vier verschiedenen Ebenen bewährt: musikalisch, kulturell, ökonomisch und sogar politisch. Gegensätzliche Funktionen zeichnen seine fast 140-jährige Geschichte aus. Die Ukulele gilt gleichzeitig als Verheißung eines Insel-Paradieses, als Werkzeug politischen Protests, als Instrument einer reichen und gefeierten Musikkultur, als musikalischer Witz, als Symbol jugendlicher Rebellion, als gesuchtes Sammelobjekt, als billiges Flughafen-Souvenir, als lukratives Industriegut, als frühes Anschluss-Stück zu neuen Technologien, als Synthese aus westlichen und pazifischen Kulturen. In ihrer ganzen Widersprüchlichkeit verkörpert sie das schon angesprochene „kaona", jene Fähigkeit der hawaiianischen Sprache, dem wörtlichen Sinn eines Wortes einen Hinweis auf eine gänzlich gegensätzliche Bedeutung zu unterlegen.

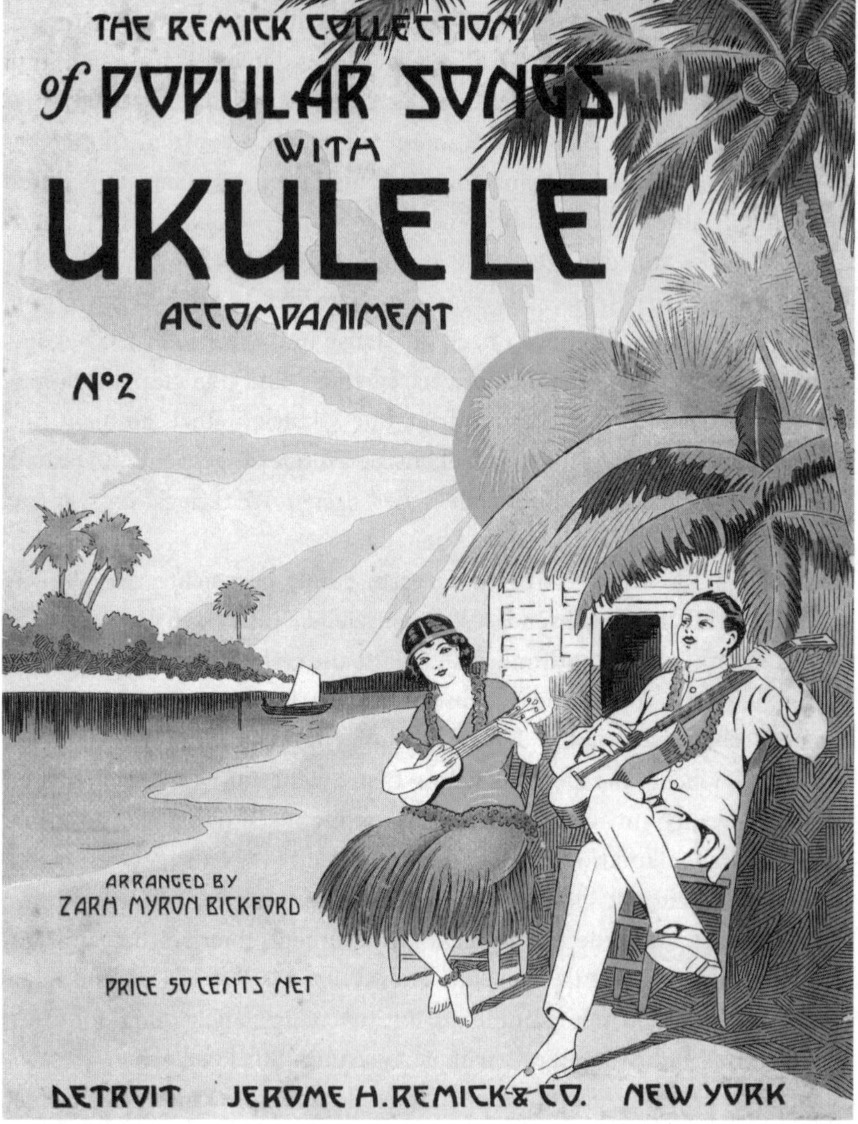

© DeSoto Brown Collection

4
Goldene Jahre:
Tin Pan Alley und The Roaring
Twenties – Die erste Welle

EIN INSTRUMENT FÜR ARM UND REICH

„Lauschen Sie dem fremden Herzschlag schluchzender Stimmen, den unwirklichen Tönen hawaiianischer Gitarren und dem rhythmischen Schlag der Ukalele (!) und Sie spüren den übernatürlichen Zauber einer Nacht auf den Südseeinseln." Das Programm amerikanischer Tanzorchester bestand im Jahr 1917 zu mehr als drei Vierteln aus hawaiianischen Nummern und Columbia Records bewarb die Flut an Neuveröffentlichungen mit blumigen Zeitungsanzeigen. Im Anschluss an die Weltausstellung in San Francisco ging es auf den Bühnen jetzt richtig los: Mit so einfallsreichen Shows wie *Hello Honolulu, The Garden of Aloha, My Honolulu Girl* oder einfach *The Honolulu Girl* versuchten die Theater Kasse zu machen. In der Los Angeles Times war 1916 zu lesen: „Es gibt nur zwei Aufführungen im Orpheum in dieser Woche, in denen keine hawaiianischen Songs zu hören sind." Ein Lied namens „Honolulu, America Loves You" aus dem selben Jahr brachte den Ausverkauf der hawaiianischen Kultur auf den Punkt: „Oh Honolulu, America loves You / Oh Honolulu, we're thanking you too, we do / You've made our poorest of families / Dance to your beautiful melodies / Our millionaires are playing Ukaleles (!) too."

Die Öffentlichkeit wurde zusehends verwirrter, was die Schreibweise der Ukulele anging, je mehr Werbetexter sich des Themas annahmen: Ukalele, Eukalele, Ukalali oder Akalele waren gebräuchliche Bezeichnungen. Auch wurden hawaiianische Steel Guitar und Ukulele von Laien immer wieder miteinander verwechselt. Konfus oder nicht, selbst die New Yorker High Society fuhr auf den neuen Trend ab. Im Ritz Carlton spielten ebenso hawaiianische Orchester zum Diner auf wie im Waldorf Astoria. Badegäste in Atlantic City mussten durch Schilder am Eingang ermahnt werden: „Bitte bringen Sie ihre Ukulelen nicht in die Gesellschaftsräume mit."

Während die C. F. Martin Company in Nazareth, Pennsylvania, wegen der dramatisch angestiegenen Nachfrage nach Ukulelen neue Instrumentenbauer einstellte und in eine größere Produktionsstätte umzog, um das Qualitätslevel ihrer Instrumente zu sichern, stand die beginnende Massenproduktion in eklatantem Gegensatz zu dieser High-End-Strategie. War eine Martin-Ukulele aus Mahagoni 1914 für rund zwanzig Dollar zu haben, so nahm der Preisverfall im amerikanischen Versandhandel fast bizarre Züge an: Im Jahr 1914 noch bei rund sechs Dollar angesiedelt, fiel der Preis im darauf folgenden Jahr schon auf 3,50 Dollar und 1917 sogar auf 1,95 Dollar. Es versteht sich von selbst, dass diese Billigware hinsichtlich Klang, Konstruktion und Intonation musikalischen Ansprüchen kaum genügen konnte. Der landesweit operierende Musikhandel Charles de Lano stellte schon 1917 in einem Schreiben an seine Kunden klar: „Ungefähr eine von fünf Ukulelen verfügt über einen musikalischen Ton – hauptsächlich wegen der Qualität des Holzes. Selbst die Instrumente aus Koa, gebaut von den besten Herstellern, variieren stark in ihrer Qualität."

Auf Hawai'i selbst steigerte sich die Ukulelen-Produktion ebenfalls signifikant: Von rund 500 Exemplaren monatlich im August 1915 auf mehr als 1.600 ein Jahr später. Die sechs großen Ukulele-Werkstätten auf Hawai'i – James N. Anahu, die Hawaiian Ukulele Co., Kinney & Mossman, Jonah Kumalae, M. Nunes & Sons und Singers Ukulele Manufacturing C. beschäftigten zusammen mehr als hundert Instrumentenbauer. Für Samuel K. Kamaka war dieser Boom der richtige Zeitpunkt, sein bis heute florierendes Familienunternehmen zu gründen. Doch als die USA im April 1917 in den Ersten Weltkrieg eintraten, wurde nicht nur der Handel mit hawaiianischen Waren im Pazifik nachhaltig erschwert, auch der vor kurzem noch vielversprechende Tourismus erlitt auf den Inseln schwere Einbußen. Man nahm zunächst an, die Blütezeit der hawaiianischen Musik

Taylor Swift © picture alliance / ASSOCIATED PRESS

Jake Shimabukuro © Shimabukuro/James Miller

Lucky Leles © Mariano Scopel

Abe Lagrimas jun. © Abe Lagrimas

Bruddah IZ (Israel Kamakawiwoʻole) © Brett Uprichard

Das Ukulele Orchestra of Great Britain in der Royal Albert Hall, London, 2009. © Ukulele Orchestra of Great Britain/Tim Mitchell

Taimane Gardner © Taimane Gardner/Joe Marquez

Gerald Ross © Gerald Ross / Kelly Anderson

Victoria Vox © Victoria Vox / Philip Edward Laubner

Jim Beloff mit seiner Frau Liz © Jim Beloff / Aaron Kotowsky

James Hill © OrangeMemories.net

Samuel K. Kamaka © Peter Kemper

und mit ihr der Ukulele sei nun vorbei, die verträumten Südsee-Songs würden nun durch patriotische Kriegslieder ersetzt. Doch als der Krieg vorbei war, war klar, dass die Ukulele nicht länger eine exotische Neuheit, sondern Teil der amerikanischen Mainstream-Kultur geworden war.

Die amerikanische Post-War-Gesellschaft – jetzt in einer Phase wirtschaftlicher Dynamik und ungebremsten Wachstums – musste sich in den zwanziger Jahren mit einem relativ neuen Phänomen auseinandersetzen: die Adoleszenz-Phase des Heranwachsens wurde erstmals als eigene Entwicklungsstufe in der Biografie eines Menschen ernstgenommen. Eine spezielle Jugendkultur war die Folge – Jungsein wurde zu einem Wert an sich stilisiert. Der englische Jugendsoziologe Jon Savage hat diese Entwicklung später auf der Punkt gebracht: „Der amerikanischen Jugend wurde der neue Status einer Avantgarde in der Konsumenten-Revolution zugedacht." Es ging um Freizeit und für den einzelnen um neue Möglichkeiten der Selbstdarstellung. Die Ukulele als leicht zu lernendes und in einer Phase zunehmender Mobilität leicht zu transportierendes Instrument bot sich für diese Strategien jugendlicher Self-Expression geradezu an. Weil auch viele Erwachsene die Ukulele inzwischen mit verruchter und lärmender Jazzmusik assoziierten, wurde der Viersaiter für Jugendliche nur umso attraktiver. Ein Distinktionsgewinn, den die amerikanische Autorin Viña Delmar in ihrem Roman *Bad Girl* (1928) gleich zu Beginn thematisiert: „Irgendjemand hatte eine Ukulele dabei, jemand der die Saiten mit aufreizendem Missklang traktierte, mit schadenfrohem Nachdruck zu sagen schien ‚Klar, das klingt verstimmt, aber wen juckt's?'"

Wie zuvor schon angedeutet, hatte der Erste Weltkrieg unfreiwillig mitgeholfen, die Ukulele in Europa zu verbreiten. Während des Krieges und den ersten Jahren danach versandte die YMCA mehr als 18.000 Musikinstrumente und mehr als 450.000 Notenhefte an die amerikanischen Truppen. Obwohl bereits im Jahr 1913 erste hawaiianische Musiker wie William Kanui oder Joe Puni nach Paris gekommen waren, um dort aufzutreten, war die Ukulele in Europa noch beinahe unbekannt, als die ersten amerikanischen Soldaten sie im Gepäck mitbrachten. Die in Paris erscheinende Zeitung Stars and Stripes vermeldete 1918: „Das durchschnittliche amerikanische Highschool-Girl, das ohne seine Ukulele nicht mehr leben kann, würde sich in Paris nicht heimisch fühlen, denn die Ukulele kennt hier niemand."

Und doch dauerte es nicht mehr lange, bis die kleine klingende Holzbox auch in Europa ihren Siegeszug antrat. Nach dem Krieg belieferte die YMCA die in Deutschland stationierten Besatzungstruppen mit rund tausend Ukulelen. In den USA überwiegend als feminines Instrument gefeiert, das von jungen Frauen heiß und inniglich geliebt wurde, sorgte die Truppenversorgung mit Ukulelen während des Ersten Weltkriegs nebenbei dafür, dass auch junge Männer das Instrument schätzen und lieben lernten. Vielleicht hatte sich ein journalistischer Scherzbold deshalb während der Kriegsmonate in der amerikanischen Zeitung Grand Rapids Press zu der Bemerkung hinreißen lassen: „Wahrscheinlich merken die Deutschen gar nicht, dass unsere Jungs in den Schützengräben sind, weil sie keine Ukulelen gehört haben." Diese Transformation von einem vornehmlich weiblichen Accessoire zu einem Instrument für jedermann schuf die Basis für die Roaring Twenties mit ihrem Stereotyp: „Eine Ukulele gehört in die Hände jedes College-Studenten."

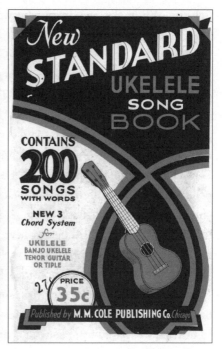

© DeSoto Brown Collection   © DeSoto Brown Collection

„FLAPPER'S DELIGHT"

Die Roaring Twenties bezeichnen ein Jahrzehnt voller wirtschaftlicher
Dynamik und kultureller Aufbrüche. Später nannte der Schriftsteller
F. Scott Fitzgerald sie „die teuerste Orgie in der Geschichte Amerikas". Ob
in New York, Montreal, Chicago, Detroit, Paris, Berlin, London oder
Los Angeles – neben hyper-emotionalem Patriotismus im Anschluss an
den Ersten Weltkrieg florierte in den Metropolen der Jazz mit seinen Tanz-
clubs und dem dazugehörigen lässigen Lebensgefühl. In Amerika sorgten
die sogenannten „flappers" – junge Frauen mit kurzem Haar und kurzen
Röcken, die Jazz hörten, sich offensiv schminkten, in aller Öffentlichkeit
hochprozentigen Alkohol tranken und rauchten – für eine freche Moder-
nisierung des Frauenbilds. Kein Wunder, dass die Ukulele bald als
„Flapper's Delight" galt, als Vergnügungsmittel aller Unangepassten. Und
Johnny Marvin sollte ihnen augenzwinkernd die Erkennungsmelodie

liefern: „When she was born, she was born with a ukulele in her hand / She couldn't dance and she couldn't sing / She couldn't do another thing / But oh how she could play a ukulele."

Kennzeichnend für dieses Jahrzehnt der schnellen Umbrüche war ein Lebensgefühl, das bewusst mit Traditionen brach und stattdessen das Ungleichmäßige, den Schock, die Unterbrechung als modernes Lebensprinzip vergötterte. Innovatives Art déco-Design half den Menschen, den Illusionen über eine besseren Zukunft auf der Basis des technischen Fortschritts eine entsprechende Form zu geben. Insbesondere in den privilegierten Schichten der Gesellschaft wurde das Lebensgefühl entsprechend der Art déco-Bewegung in Bauten und Gebrauchsgegenständen durchgestylt. Den USA gelang der Wechsel von einer Kriegsökonomie zu einer Friedensökonomie am schnellsten; mit einer Schwemme von Konsumprodukten wie Autos und Elektrogeräten – beispielhaft für den Übergang der Industrie- zur Massenproduktion – wurden die Vereinigten Staaten das reichste Land der Erde. Ab 1924 begann die Wirtschaft auch in Europa wieder zu wachsen. Und nicht zufällig wurde in Deutschland die zweite Hälfte der Dekade zu den Goldenen Zwanzigern verklärt.

Das Telefon für Jedermann, erst Stumm- dann Tonfilme, Radio, Werbung, eine Elektrifizierung der Haushalte, der Verkauf von Kühlschränken, Kühltruhen und Klimaanlagen, eine wachsende chemische Industrie, die sich entwickelnde Passagier-Luftfahrt – Charles Lindberghs erster Nonstop-Transatlantikflug von 1927 gab hier einen kräftigen Impuls – all das signalisierte einen unvorhergesehenen wirtschaftlichen Wohlstand. Technologische Neuerungen wurden jetzt für die Mittelklasse erschwinglich. Die Urbanisierung erreichte in den zwanziger Jahren in den USA ihren Höhepunkt – erstmals lebten mehr Menschen in Städten mit mehr als 2.500 Einwohnern als in ländlichen Gebieten. Metropolen wie New York oder Chicago mit ihren gigantischen Wolkenkratzern übten eine nie gekannte Faszinationskraft aus. Bei allem wachsenden Wohlstand gab es auch soziale Protestbewegungen, wie sie sich literarisch in den Werken der Lost Generation, wie etwa bei Ernest Hemingway, John Steinbeck, F. Scott Fitzgerald oder Gertrude Stein manifestierten. Ziel ihrer Kritik waren Materialismus und Individualismus, die in der aufbrechenden Konsumgesellschaft immer stärker um sich griffen.

1922 gab es in den USA schon mehr als 500 kommerzielle, lokale Radio-stationen – erst zwei Jahre zuvor war das neue Medium in Pittsburgh auf Sendung gegangen. Von Anfang an war hawaiianische Musik ein belieb-ter Bestandteil des Programms und die Los Angeles Times konnte 1923 frohgemut verkünden: „Der Radiohörer kann sicher sein, irgendwo einen Sender mit Ukulele-Klängen zu finden, bevor der Abend vorbei ist." Im selben Jahr zog auch die New York Times ein optimistisches Resümee: „Seit dem Aufkommen des Rundfunks päppelt das Radio Instrumente wie das Saxofon, das Banjo und die Ukulele mit einer seltenen Konsequenz. Diese drei haben dadurch eine Bedeutung erlangt, die sie in solch kur-zer Zeit durch kein anderes Medium jemals erreicht hätten." Eine spezielle Ukulele-Sendung auf Hawai'i, in der August Kim allein mit dem Instru-ment auftrat, machte sie zunehmend auch als Solo-Instrument populär. 1922 wurden in den USA mehr als sechzig Millionen Rundfunkempfän-ger verkauft, zwei Jahre später liefen schon 360 Millionen Radios in den amerikanischen Haushalten.

Dabei kam die diskrete Situation des Radiohörens nicht nur dem inti-men Gesangsphänomen des Crooning entgegen, sondern auch den zarten Ukulele-Klängen. Als Crooner galt ein Sänger, der mit betörender Stimme, die doch nur seine innige Beziehung zum Mikrofon ausdrückte, viele junge Ladies in eine sanfte Schlafzimmer-Stimmung zu versetzen vermochte. Die neue Technologie machte es möglich, die kleine Ukulele jetzt in einer Klar-heit und Präsenz zu erleben, die im Konzertsaal oder in der freien Natur kaum möglich schien. Schnell erkannten die Ukulele-Hersteller das mediale Phänomen und bescheinigten in Werbeanzeigen ihrem Instrument „broadcasting qualities".

Als der amerikanische Komponist Aaron Copland 1926 in Paris be-gann, Jazzelemente in seine Werke zu integrieren und zwei Jahre später „Two Pieces for Violin and Piano" schrieb, wies er im zweiten Stück mit dem Titel „Ukulele Serenade" den Pianisten ausdrücklich an, mit Arpeggios der rechten Hand den Sound einer Ukulele zu imitieren. Sein Kollege George Gershwin hatte schon zuvor die Ukulele als Klassik-Instrument in seinem Lied „Ukulele Lorelei" geadelt.

Auch Hollywood kultivierte jetzt in zahlreichen Filmen wie *Satur-day Evening Post* oder *The Freshman* das Bild des jugendlichen Ukulele-

Malcolm Lowry, 1946
© picture alliance/ASSOCIATED PRESS

Spielers – ein Image, das der englische Schriftsteller Malcolm Lowry zuvor schon genüsslich ausgelebt hatte. Nachdem er im Alter von sechzehn Jahren seine erste Ukulele in der Hand gehalten hatte, wurde sie in der Folgezeit – ob bei der ersten Liebe oder in den studentischen Clubs von Cambridge – zu seiner ständigen Begleiterin. Nicht zufällig hat Lowry später seinem Mentor Conrad Aiken als künftige Grabinschrift die folgende Selbstbeschreibung geschickt:

„Malcolm Lowry
Late of the Bowery
His prose was flowery
And often glowery
He lived, nightly, and drank, daily
And died playing the ukulele."

Nach dem Krieg war auch London vom Hawai'i-Virus infiziert worden. Musiker wie Joseph Kekuku oder Mekia Kealaka'i konnten mit ihren Bands Auftritte im berühmten Savoy Hotel ergattern und die London Times rezensierte enthusiastisch: „Die Musiker sorgten mit raffiniertem Charme für Unterhaltung, weil sie ihre Lieder mit Ukulelen begleiteten, einem Instrument, das mit der menschlichen Stimme bestens harmoniert." Wenn die Briten hier von der Ukulele sprachen, dann meinten sie allerdings zuallererst die Banjo-Ukulele (Banjuke), die um 1916 entstanden war und in England durch die Keech Brothers populär gemacht wurde. Ab 1921 begannen die beiden in Honolulu geborenen Brüder Alvin und Kelvin, ihre sogenannten Banjuleles zu produzieren.

DIE MACHT DER NOTEN

Die Roaring Twenties sind musikgeschichtlich untrennbar mit dem Tin Pan Alley-Phänomen verbunden. Es bezeichnet ursprünglich eine Reihe von Musikverlagen in New York am Rand des Union Square in der East Fourteenth Street, wo sich um 1900 die dem amerikanischen Showbusiness zuarbeitende Musikbranche konzentrierte. 1914 wanderte die ganze „Song and Fun Factory" näher an den „Theatre District" heran und residierte jetzt in Gebäuden zwischen Broadway und Fifth Avenue. Hier richteten sich amerikanische Musikverleger ihre Büros ein, wo Komponisten, Texter, Produzenten, Journalisten und sogenannte „song pluggers", die Kaufinteressierten gerade erst geschriebene Lieder vorführten, ein und aus gingen.

Während Mitte des 19. Jahrhunderts die Urheberrechte an Musik und Text in der populären Musik noch relativ lax gehandhabt wurden und Musikverleger oft eigene Versionen eines bekannten Stücks auf den Markt brachten, fingen Komponisten, Texter und Verleger an, ihre Zusammenarbeit zu intensivieren, als sich das Urheberrecht zum Schutz des geistigen Eigentums Ende des 19. Jahrhunderts in den USA zu etablieren begann. Durch enge Kooperation versprachen sich alle Beteiligten an der Wertschöpfungskette populärer Musik wechselseitige finanzielle Vorteile. Dieser strategische Zusammenschluss wurde Anfang des 20. Jahrhunderts bis Ende der fünfziger Jahre zur treibenden Kraft der Schlager-, Musical- und Filmmusik-Szene. In diesen Jahren hing das Einkommen eines Songschreibers wesentlich vom Verkauf seiner Musiknoten (sheet music) ab. Mit dem Aufkommen von Rockabilly und Rock 'n' Roll wandelte sich dann das Musikgeschäft und der Einfluss der Verleger, der Komponisten und der Texter nahm ab, während die Schallplattenindustrie mit ihren Produzenten immer mehr Einfluss gewann. Der zuvor arbeitsteilig organisierte Produktionsprozess wurde jetzt stärker vom Musiker kontrolliert, der zumeist Komponist, Texter und Arrangeur in einer Person war.

Die Ursprünge des Namens Tin Pan Alley sind unklar: Angeblich soll der Begriff erstmals im New York Herald aufgetaucht sein, als ein gewisser Monroe H. Rosenfeld über die „song plugger" in den vielen Verlagsbüros

schrieb, all die ganzen billigen Klaviere, die allesamt verstimmt seien, würden klingen, „als schlage man in einer kleinen Gasse auf Blechpfannen."
Andere Deutungsvarianten führten den Begriff darauf zurück, dass viele
„song pluggers" ihre Klaviere bewusst blechern, perkussiv klingen lassen
wollten und zu diesem Zweck Papierstreifen zwischen die Saiten klemm-
ten. Parallel zu diesem Spitznamen für die Konzentration amerikanischer
Musikverleger in New York wurde in den 1920er Jahren der Begriff in
England für die Londoner Denmark Street im West End wegen ihrer hohen
Dichte an Firmen der Musikbranche benutzt.

Zwischen 1920 und 1930 rauschte eine „hawaiianische Welle" durch
Tin Pan Alley in Manhattan und alle Komponisten und Texter versuchten sich an pseudo-hawaiianischen Hits. Alberne Phantasienamen wie
„My Honolulu Ukulele Baby", „Under the Ukulele Tree" oder „Yaaka Hula
Dickey Dula" waren die Regel. Wenn ein Hawaiianer von einem amerikanischen Touristen nach der Bedeutung von parodistischen Textzeilen
wie „Oh, How She Could Yacki Hacki Wicki Wacki Woo" gefragt wurde,
musste er hilflos antworten: „Sorry, aber ich spreche keine Fremdsprachen!".
Schon im Jahr 1915 war der obskure Song „When Old Bill Bailey Plays
the Ukalele" (sic!) entstanden. Bald folgte ein Lied über ein langes Fern-
gespräch „Hello, Hawaii, How Are You?". Viele der Lieder reimten Ukulele
auf daily oder gaily. Während hawaiianische Künstler wie David Kaili oder
Pale K. Lua immerhin auf Platten von Columbia oder Victor vertreten
waren, klang die Mehrzahl der Lieder aus der Produktionsmaschinerie
von Tin Pan Alley bald standardisiert ohne jeden echten Bezug zur hawaiianischen Musik.

Mitte der zwanziger Jahre wurden mehr Schallplatten im Hawaii-
Stil als in jedem anderen veröffentlicht. Selbst Stars wie Al Jolson, der nach
großen Broadway-Erfolgen mit seiner Titelrolle in dem Film *The Jazz
Singer* von 1927, dem ersten abendfüllenden Tonfilm der Geschichte, nach-
haltig berühmt wurde, setzten auf die Breitenwirkung von Hawaii-Hits.
Ein Geschäft auf Gegenseitigkeit entwickelte sich: Während sich Tin Pan
Alley-Songschreiber durch hawaiianische Musik inspirieren ließen, halfen
sie, die hawaiianische Musik zu popularisieren.

Ursprünglich nur für Gesang und Klavier notierte Songs wurden jetzt
obligatorisch auch mit Ukulele-Akkorden versehen: Jeder konnte die Stücke

Sheet Music mit Ukulele-Griffbildern © Bosworth Music GmbH

dann am heimischen Klavier, auf der Violine oder Ukulele spielen. Ein Hit wurde beispielsweise das Lied „Ukulele Lady" von Gus Kahn aus dem Jahr 1925, vom Paul Whiteman Orchestra eingespielt und später von so unterschiedlichen Interpreten wie Arlo Guthrie, Kermit, der Frosch zusammen mit Miss Piggy oder 1997 von Bette Midler neu eingespielt: „If you like a ukulele lady, Ukulele lady like a you; If you want to linger where it's shady, Ukulele lady linger too." Im sogenannten Jazz Age – die Dekade wurde nach dem gleichnamigen Buch des Schriftstellers F. Scott Fitzgerald häufig so genannt – entwickelte sich die Ukulele zum unverzichtbaren Bestandteil der neuen Mode. Und der Vaudeville-Star Frank Lane wurde in Zeitungen als „einer der wenigen übrig gebliebenen Entertainer, der ohne die Unterstützung einer Ukulele auskommt" vermarktet. *Nicht* Ukulele zu spielen galt jetzt im amerikanischen Showgeschäft schon als Distinktionsgewinn.

VIERSAITIGE IDENTIFIKATIONSFIGUREN

Die Roaring Twenties waren auch das Jahrzehnt der medialen Verehrung von Stars, ob in der Musik, im Film oder im Sport. Berühmtheit galt jetzt als sozialer Wert. So wird auch die Blütezeit der Ukulele bis heute mit einer Reihe von Hauptfiguren assoziiert:

Cliff Edwards (1895 – 1971) besser als „Ukulele Ike" bekannt, hat – obwohl er nicht eine Note lesen konnte – in den zwanziger Jahren mehr für die Popularisierung der Ukulele getan als jeder andere. Geboren wurde er am 14. Juni 1895 auf einem Hausboot in Hannibal, Missouri – ebenfalls die Heimatstadt des Hawai'i-Fans Mark Twain. Edwards Vater arbeitete bei der Eisenbahn, seine Mutter war Hausfrau, die dem kleinen Cliff regelmäßig die neuesten Schlager in der Küche vorträllerte. Als sein Vater erkrankte, begann der Zehnjährige in einer Schuhfabrik zu jobben und unterhielt die Kollegen mit A-cappella-Gesängen im Stil von „A Woman is only a woman, but a good cigar is a smoke." Im Alter von vierzehn Jahren, nachdem er die Schule abgebrochen hatte, trampte er nach St. Louis, der Wiege des Ragtime, wo er schon als Teenager in Filmtheatern und Saloons auftrat und die gerade gängigen Hits sang: Im People's Palace zwölf Stunden am Tag für vier Dollar. Nebenbei lernte er in einem der Filmtheater, Stummfilme durch Soundeffekte mit seiner Stimme live zu begleiten: Vom Rat-tat-tat-tat der Pistolenschüsse in Western bis zum Muhen der Kühe und dem Wiehern der Pferde. Später sollte er diese Sounds in seinen Gesang einbauen.

Cliff Edwards alias Ukulele-Ike

Während dieser Zeit entdeckte er die Ukulele als sein ideales Begleit-instrument, da oftmals Klaviere in den Etablissements fehlten, und die Ukulele im Musikladen das preiswerteste Instrument war. Zunächst begann er jedoch auf einer Mandoline, die ihm seine Vermieterin geliehen hatte. Er entfernte vier der acht Saiten und begann verbissen zu üben. Niemand hatte ihm bis dato eine Spieltechnik beigebracht: „Ich verstehe mein eigenes Spiel bis heute nicht", bekannte er später einmal. Gleichzeitig kultivierte Edwards einen Gesangsstil, den er als „effin" bezeichnete: Mit engelsgleicher Stimme, die über drei Oktaven reichte und schon im nächsten Moment nach einem gackernden Huhn klingen konnte, improvisierte er Trompeten-, Posaunen- oder Kazoo-Soli, die er wie ein Jazzmusiker in die Songs einbaute. Seine Aufnahmen mit dem Hot-Jazz-Quintett Ladd's Black Aces und mit dem Bandleader Sam Lanin in der Platten-reihe *Baileys Lucky Seven* im Jahr 1922 gelten noch heute vielen Fans als die ersten Scat-Aufnahmen. Edwards wurde damit zum Wegbereiter des modernen Jazzgesangs.

Zwischen 1913 und 1918 konnte er sich – ein großer, fescher Kerl mit glänzenden, treuherzigen Hundeaugen – durch Auftritte in Saloons oder auf Jahrmärkten mehr schlecht als recht über Wasser halten. Mal fuhr er einen Milchwagen, lackierte Autos, trug Zeitungen aus oder arbeitete als Kassierer in einem Restaurant. In dieser Zeit erhielt er von einem Club-besitzer, der sich seinen Namen nicht merken konnte, den Spitznamen „Ukulele Ike", den er fortan als sein Markenzeichen nutzte. Nachdem er 1918 nach Chicago, der damaligen Jazz-Hauptstadt, gegangen war, fand er im Arsonia Café Arbeit, wo er gegen ein geringes Trinkgeld von Tisch zu Tisch ging und mit seiner Ukulele die Liedwünsche der Gäste erfüllte. Der Pianist des Clubs, Bob Carleton, hatte gerade einen Song namens „Ja Da" geschrieben, den Edwards umgehend adaptierte und zusammen mit dem stotternden Komiker Joe Frisco zu einem Hit machte. Die beiden entwickelten daraus einen Vaudeville-Act, der es immerhin bis in das New Yorker Palace Theatre, dem Mekka des Vaudeville am Broadway, schaffte. Später erzählte Edwards gern: „Sie warfen mich im Palace von der Bühne, weil ich es gewagt hatte, einen Witz darüber zu machen, dass es sich bei den Saiten meiner Ukulele um Katzendärme handelte." Sein Nachfolgeprojekt mit dem Sänger und Tänzer Pierce Keegan trug den umständlichen Namen *Pierce Keegan Jazz Az Iz and Cliff Edwards Ukulele Ike*. Das Duo avancierte trotzdem zu einer Vaudeville-Sensation und nahm 1919 für Columbia Records fünf Songs auf, die aber leider nie veröffentlicht wurden. Mitte der zwanziger Jahre tat sich Edwards dann mit einem weiteren Vaudeville-Star, dem Sänger und Tänzer Lou Clayton zusammen.

In den Musikverlagen von Tin Pan Alley ging „Ukulele Ike" ein und aus und schnappte sich die vielversprechendsten neuen Stücke, unter ihnen solche Erfolgssongs wie „California, Here I Come" und „I'll See You In My Dreams". In George und Ira Gershwins erstem Broadway-Erfolgsmusical *Lady Be Good* – der ersten Bühnenversion des Jazz Age mit Fred Astaire – sang Edwards dann den Erfolgstitel „Fascinatin' Rhythm" und stahl dem begnadeten Tänzer damit die Show. In zahlreichen Broadway-Produktionen verkörperte „Ukulele Ike" anschließend den Prototypen des Crooners, der nebenbei mit seiner Stimme ebenso gut eine Posaune imitieren konnte wie eine Klarinette. Und das, obwohl er sich seine musikalischen Kenntnisse rein autodidaktisch beigebracht hatte. In einem Interview von 1946 gestand er: „Jedes Mal, wenn ich ein neues Stück erlernen wollte, musste ich mir einen Pianisten suchen, mit dem ich es dann auswendig lernte."

Sein Leben lang spielte Edwards Martin-Ukulelen, zuerst ein Sopran-, später ein Tenor-Modell, das mit seiner größeren Tonfülle besser zu seinem Crooner-Gesangs-Stil passte. Seine brillante Technik erlaubte es ihm, aus der Akkordbegleitung auf der Ukulele immer exakt jene Ankertöne herauszudestillieren und hörbar zu machen, die seinen Gesang melodiös begleiten konnten. In den zwanziger Jahren nahm „Ukulele Ike" Schallplatten mit vielen aufstrebenden Talenten der damaligen Jazz-Szene auf, wie dem Kornettisten Red Nichols oder dem Posaunisten Miff Mole – die Platten erschienen unter dem Titel *Cliff Edwards and his Hot Combination*. „Die Öffentlichkeit hat sich nie um meinen Background geschert – ich hatte ja nie ein College von innen gesehen – so lange ich die Ukulele spielte und dazu grinste", erklärte Edwards einmal leicht frustriert einem Interviewer.

In dem Musicalfilm *The Hollywood Revue* 1929 konnte er dann zwei Hits landen: „Singing In The Rain" sang er allein zur Ukulele – ein gut gelaunter Einzelgänger im Regenmantel mit Hut. Der zweite Song „Nobody

But You" zeigte ihn dagegen in einer Minstrel Man-Verkleidung als alt-modischen Charmeur. Diese Rolle ebnete ihm den Weg zum Filmstar. Während der dreißiger und frühen vierziger Jahre war Edwards in mehr als hundert Hollywood-Produktionen zu sehen und zu hören. Immer wieder wurde er in dieser Zeit von Fans belagert, die ihn um eine seiner alten Ukulelen als Souvenir baten. Mit dem Slapstick-Star Buster Keaton verband ihn eine tiefe Freundschaft und im Film *Doughboys* sang er in der Nummer „You Never Did That Before" mit Keaton sogar ein Scat-Duett. Während Keaton zu der Zeit mit einem Alkohol-Problem zu kämpfen hatte, war Edwards süchtig nach Kokain und Heroin: Beide Laster sieht man dem Film an.

Bekannt bis heute ist Edwards, weil er 1940 der Jiminy Cricket-Figur seine Sprechstimme in der Walt Disney-Produktion *Pinocchio* lieh und das anrührende „When You Wish Upon A Star" in dem Film sang – ein Titel, mit dem Edwards 1940 den *Oscar* für den besten Filmsong gewann. Nicht zufällig machte die Disney Corporation das Lied später zu ihrer Firmenmelodie: Edwards Stimme entführt den Hörer hier sanft in die Erinnerungen an eine wunderbare Kindheit, an unschuldige Träume von dem, was da noch kommen mag. Es ist ein Lied, das man – einmal gehört – nicht mehr so leicht vergisst. Ein Jahr später übernahm Edwards eine weitere Sprecherrolle: Er gab den Jim Crow in Disneys *Dumbo* und war mit „When I See An Elephant Fly" zu hören.

Laut seines Biografen Larry Kiner soll Edwards zeitlebens insgesamt 74 Millionen Schallplatten verkauft haben. Doch trotz seiner Erfolge und Millionen-Einnahmen war er mehrmals in seinem Leben pleite, weil er Unterhaltszahlungen an seine drei geschiedenen Ehefrauen und Steuernachzahlungen zu leisten hatte. „Nennen Sie mich nicht Mister und auch nicht Clifford. Ich bin einfach ‚Ukulele Ike' und obwohl ich via Radio in den besten Häusern zu Hause bin, genieße ich kein großes Ansehen", bekannte er einmal selbstkritisch. Oft besaß er nur noch seine zwei Ukulelen und 200 Dollar zum Leben. Früher war er für seine großzügigen Partys berühmt – und nicht selten hatte er arbeitslose Musiker eingeladen, kostenlos in seinem Hollywood-Appartment zu wohnen. 1941 schrieb die Los Angeles Times mitleidig über ihn: „Er kann zwar noch singen und tanzen, aber die Gelegenheiten dazu werden rarer." Sein Alkoholismus und seine Drogensucht taten ein Übriges. Die 1950er und 1960er Jahre waren dann keine gute Zeit für ihn, sein Ruhm verblasste und Edwards lebte von der Wohlfahrt. Als er 1971 im Alter von 76 Jahren als gebrochener Mann starb, war er längst in Vergessenheit geraten. Immerhin erinnerte sich die Disney Corporation seiner Verdienste und übernahm generös die Begräbniskosten. Gleichwohl bleibt Edwards als eine feste Größe der Popkultur in Erinnerung.

Der Ukulele-Boom der zwanziger Jahre war in erster Linie eine Männerangelegenheit. Dennoch machten auch zwei Frauen damals von sich reden: **May Singhi Breen (1895 – 1970)**, in New York geboren, wurde zur unermüdlichen Vorkämpferin der Ukulele, obwohl sie zunächst als Kind Klavier und später Banjo lernte. Ihre erste Ukulele bekam sie 1922 als Weihnachtsgeschenk und war davon gar nicht begeistert. Vergeblich versuchte sie zunächst, das billige Sopran-Instrument gegen einen Bademantel umzutauschen. Als das nicht funktionierte, entschloss sie sich – jetzt von einem störrischen Ehrgeiz gepackt – dem Instrument eine Chance zu geben. Bald machte sie sich als „Ukulele Lady" einen Namen und begründete im Alter von 27 Jahren ein rein weiblich besetztes Ukulele-Ensemble namens *The Syncopators*. Zusammen mit ihrem Mann, dem Songschreiber und Pianisten Peter De Rose, präsentierte sie von 1923 bis 1939 eine eigene Radio-Show, die sich *Sweethearts of the Air* nannte: Ein Ehepaar kommunizierte über Klavier und Ukulele miteinander. Darüber hinaus besaß May Singhi Breen pädagogisches Talent und gab regelmäßig Ukulele-Unterricht. Von ihren Lehrbüchern wurde *The Peter Pan Uke Method* am bekanntesten. Sie versuchte darin mit missionarischem Eifer, das Instrument als Melodie-Instrument zu etablieren, das mehr kann, als nur Schrummel-Akkorde zu generieren. Demonstrieren konnte sie dies immer wieder auf ihren drei Custom-Made-Martin-Ukulelen*, bei denen ihr Name mit Perlmutt in der Kopfplatte und die Worte „Ukulele Lady" im Griffbrett eingelegt waren. Dennoch verweigerte sich ihr Haupt-Ukulele-Lieferant Martin einem „endorsement deal", der sie mit Gratis-Instrumenten für ihre Werbetätigkeit unterstützt hätte. Der Instrumentenhersteller

---

* Custom-made = Von einem einzigen Instrumentenbaumeister handgebautes individuelles Instrument

May Singhi Breen, als „Ukulele Lady" auf einem ihrer Lehrbücher

ISLANDER uke

Self-teaching Method

by
MAY SINGHI BREEN
"The Ukulele Lady"

FRENCH AMERICAN REEDS MFG. CO., Inc.
3050 Webster Avenue, New York 67, N. Y.

P'mico ließ sich dagegen die Promotion-Chance nicht entgehen: Er ehrte seine berühmteste Repräsentantin mit einer „May Singhi Breen Signature Banjo Ukulele".

Als Breens größte Kompositionsleistung gilt die 16-minütige „Rhapsody For Uke", die sie mit dem Orchester von Paul Whiteman in der New Yorker Aeolian Hall uraufführen konnte. Doch neben ihren musikalischen Ambitionen machte sich Breen vor allem um die gesellschaftliche Akzeptanz der Ukulele verdient: Zusammen mit ihrem Mann brachte sie die Noten-Produzenten von Tin Pin Alley dazu, jedem Song obligatorisch Ukulele-Akkorde beizufügen, und zwar in derselben grafischen Form gesetzt wie die heutigen Ukulele-Griffbilder. Ihren größten Kreuzzug aber startete Breen ab 1931 gegen die ignorante American Federation of Musicians. In jahrelangen Auseinandersetzungen und mit zahlreichen Schreiben und Eingaben setzte sie schließlich durch, dass die Ukulele offiziell als vollwertiges Instrument anerkannt wurde und ihre Spieler gleichrangig wie z. B. Pianisten in dem Musikerverband behandelt wurden.

Später nahm sie auch den ersten Ukulele-Demokurs auf Schallplatte auf. In ihrem Buch *New Ukulele Method* (1950) wiederholte sie nicht nur ihr zentrales Motto „Uke Can Play The Melody!", sondern forderte zugleich: „Die Ukulele sollte an erster Stelle jedes Freizeitprogramms in Schulen, Camps, Jungen- und Mädchen-Clubs und Bildungszentren stehen – das Zusammenspiel in einer Gruppe führt zu einer großen Bereicherung für Jung und Alt." Sie war eine frühe Vordenkerin jener Community-Idee, die die Ukulele als ein fröhliches, geselliges Instrument etablieren sollte, das Bekanntschaften, Freundschaften, ja sogar Ehen vermitteln kann.

Auch **Jennie Durkee (1877–1941)**, Tochter des Zweigstellenleiters der angesehenen Lyon & Healy's Ukulelen-Fabrik in Chicago, konnte sich als Musikerin und Musiklehrerin nationale Reputation erwerben: Sie versuchte, die Mandoline-Spieltechnik auf die Ukulele zu übertragen. Diesen Ansatz entwickelte sie in ihrem im Selbstverlag erschienenen Lehrbuch *The American Way of Playing Ukulele Solos*, wo sie auch den Gebrauch eines Filz-Plektrums propagierte. Nach zahlreichen Konzerten in der Lyon & Healy-Niederlassung siedelte Durkee 1923 nach Los Angeles über. Hier konnte sie sich für die nächsten acht Jahre als beständige Größe in der Musikszene etablieren und mit einem klassischen Repertoire im lokalen Radio den bis dahin unterschätzten Stellenwert der Ukulele werbewirksam unterstreichen.

Als „The Red-Headed Music Maker" aus Kansas wurde **Wendell Hall (1896 – 1969)** bekannt. Im Unterschied zu Frühvollendeten wie Cliff Edwards oder Roy Smeck begann er erst Mitte Zwanzig mit dem Ukulele-Spiel. Zunächst arbeitete er als „song plugger" in Theatern und Radiostationen des Mittleren Westens. Bald wechselte er in die Vaudeville-Szene, wo man ihn neben der Ukulele auch am Xylofon erleben konnte. Da die Ukulele jedoch wesentlich leichter zu transportieren war, entschied sich der umtriebige Hall schließlich für den kleinen Viersaiter, häufig auch für die Banjolele – die Kombination aus Banjo und Ukulele. Später verliebte er sich noch in das achtsaitige Taropatch-Modell von C. F. Martin. Wie viele andere auch versuchte er vergeblich, einen Werbevertrag für Martin-Instrumente zu ergattern. Der Instrumenten-Hersteller bot ihm lediglich die üblichen zwanzig Prozent Rabatt für professionelle Musiker an und die Möglichkeit, seinen Namen in die Kopfplatte von Ukulelen einzugravieren.

Das war Hall aber entschieden zu wenig, denn er mischte inzwischen ganz oben in der Hitparade mit. Von seinen vielen Songs wurde 1923 „It Ain't Gonna Rain No Mo'" auf Victor Records ein Riesenhit – zwei Millionen Schallplatten gingen davon über den Ladentisch. Das Lied bezieht sich auf einen alten Folk-Song, für den Hall ein paar neue Textzeilen beisteuerte: „How in the heck can I wash my neck / If it ain't gonna rain no more?" Eine Zeitung beschrieb den Erfolg des Stücks mit süffisanter Metaphorik: „Eine ansteckende Ukulele-Seuche ist ausgebrochen, alle Anstrengungen sie einzudämmen waren bisher erfolglos. Mediziner warnen, wenn die Epidemie nicht bis zum Winter überwunden ist, wird es wohl nie mehr regnen."

Doch zuallererst lebte Hall von den Möglichkeiten, die ihm der sich jetzt ausbreitende Rundfunk bot: In New York übernahm er im November 1924 die Radioshow *Every Hour*. Mit seinem modischen Hillbilly-Stil wurde er zum Vorkämpfer des Country and Western-Genres, das in den frühen zwanziger Jahren als solches noch gar nicht existierte. Überforderung der Zuhörer war für Hall eine Todsünde: „Ich wollte den Leuten zu Hause genau das bieten, was sie wollten, nämlich das, was sie schon kannten." Als Selfmade-Cowboy beglückte Hall im kleinen Chicagoer Sender KYW die Farmer und ihre Familien mit hausbackenen Songs über blaue Berge, fruchtbare Ebenen und goldgelbe Felder. Hall galt als Workaholic: Zwischen 1929 und 1936 war er mit Old Time

Southern Songs in drei Varieté-Shows auf regelmäßigen Sendeplätzen gleichzeitig zu hören. Selbst seine Hochzeitszeremonie ließ Hall live im Radio übertragen.

Von seinen Songbooks wurde vor allem die *Famous Collection for the Ukulele* ein Erfolg. Auch sein eigenes Ukulele-Modell namens Redhead verkaufte sich gut; bald folgte unter gleichem Label eine Banjo Uke. Als Musiker war Hall ein klassischer Allrounder mit untrüglichem Gespür für schlichte Ohrwurm-Melodien. Man schätzte an ihm als Sänger die raffinierten Wechsel zwischen Bariton und Falsett – immer mit der richtigen Dosis Scat-Gesang garniert. Seine Karriere reichte von Vaudeville über Radio und Film bis ins TV-Zeitalter. Zwar konnte Hall sich in den späten dreißiger Jahren nur durch Produktionen von Werbespots im Radio über Wasser halten, doch nach dem neuerlichen Ukulele-Boom, den Arthur Godfrey in den fünfziger Jahren in Radio und Fernsehen lostrat, verkauften sich auch Redhead-Ukulelen und Redhead-Songbooks wieder und Hall bekam erneut eine tägliche TV-Show in Chicago angeboten. Seine Hoffnung auf einen veritablen Hit vom Kaliber „It Ain't Gonna Rain No Mo'" hatte er bis zu seinem Tod im April 1969 nie aufgegeben.

War Wendell Hall der bodenständige Vertreter einer genuin amerikanischen Ukulele-Kultur, passte **Johnny Marvin (1897 – 1944)** mit seiner polierten Freundlichkeit – bar jeder Irritation – perfekt zu einem Zeitgeist, der anstelle von Bier und Sägemehl in Saloons jetzt Cocktails und Canapés in Bars bevorzugte. In einem Güterwaggon in Oklahoma zur Welt gekommen, wuchs Marvin in einer musikalischen Familie auf. Weil er sich mit seinem Gitarre spielenden Vater, der nach der anstrengenden Arbeit als Farmer an den Abenden Entspannung in lockerer Hausmusik auf der Veranda suchte, über die geringen Einnahmen auf Nachbarschaftsfesten zerstritt, riss Klein-Johnny schon mit 16 von zu Hause aus, um im Zirkus und auf der Kirmes sein Glück zu versuchen. Er schloss sich den Royal Hawaiians an, da diese „Fake-Islanders" nach einem Todesfall eine Vakanz in ihrer Band hatten. Auch Marvin färbte sich seine Haare schwarz, schminkte sich das Gesicht braun, lernte ein paar Brocken Hawaiianisch und ging fortan als waschechter Inselmusiker durch. Neben Steel-Gitarre, singender Säge und Maultrommel spielte er leidenschaftlich gern Ukulele.

Hier vor allem das zehnsaitige Martin-Tiple-Style-Modell, das er 1922 während eines Werkstattbesuchs bei Martin kennengelernt haben soll.

Nach seinem Dienst bei der Marine arbeitete er zunächst in einem Friseurladen, bevor er als Vaudeville-Musiker mit seiner einschmeichelnden Stimme und im Dinner-Jacket zu einer sentimentalen Attraktion wurde. Im Jahr 1924 nahm er mit „You Know Me, Alabam'" seinen ersten Ukulele-Song auf und konkurrierte fortan mit dem gleichzeitig populären „Ukulele Ike" Cliff Edwards. Doch auch Marvin konnte mit einem markanten Spitznamen glänzen: Er machte als „The Ukulele Ace" Furore – obwohl er auch unter Pseudonymen wie „Ukulele Luke" oder „Honey Duke and his Uke" für das Label Harmony Schallplattenaufnahmen machte. Großen Erfolg hatte er, als er 1926 zu für die Broadway-Show *Honeymoon Lane* den Song „Half A Moon" beisteuerte. Durch ihn erwarb er sich seinen Ruf als ein Hauptexponent des späten Jazz Age – vielleicht nicht zuletzt, weil er mit dem Mund Kazoo-ähnliche Geräusche erzeugen konnte und dabei wie ein Plastiksaxofon klang.

Zahlreiche Schallplatten-Einspielungen mit Hits wie dem späteren Evergreen, dem Nick Lucas-Titel „Tiptoe Through The Tulips" waren die Folge, ebenso ein Werbevertrag für den Chicagoer Musikinstrumenten-Hersteller und Plattenproduzenten Harmony. Er kam mit einer Johnny-Marvin-Professional-Tenor-Ukulele auf den Markt, die mit ihrem Saitenhalter in Form einen Zeppelins überraschte. Auf einer seiner zahlreichen Werbetourneen für das eigene Ukulele-Modell kam Marvin auch nach London. Während seines Engagements im berühmten Kit Kat Club, wo er 10.000 Miniatur-Ukulelen als Werbegeschenke an das Publikum verteilt haben soll, zählte zu den Zuhörern eines Abends auch der Prince of Wales. Im Sommer 1924 – so war zumindest in der New York Times zu lesen – hatte der junge Edward VIII. Hawai'i besucht und zum ersten Mal eine Ukulele gehört. Er war davon begeistert und wollte „das einzige hawaiianische Instrument" sofort erlernen.

Von Kelvin Keech ließ er sich dann auf einer Banjolele die Grundgriffe beibringen und soll auf seiner ausgedehnten Afrika-Rundreise im Jahr 1925 die Ukulele immer dabei gehabt haben. Laut Aussage der US-amerikanischen Komödiantin und Sängerin Sophie Tucker brachte sie dem Prince of Wales in jenem Sommer den Song „Ukulele Lady" bei. Bei so viel royaler Wertschätzung ließ es sich die Firma Harmony nicht nehmen, ein spezielles, reich verziertes Prince of Wales-Modell aus Koa zu produzieren. Einen Prototyp soll Marvin bereits während seines Londoner Konzerts an Edward überreicht haben. Selbst die Great Depression nach dem New Yorker Börsenkrach von 1929 konnte Marvins Karriere nichts anhaben. Im Radio wurde er jetzt als „The Lonesome Singer of the Air" gefeiert. Mitte der dreißiger Jahre folgte eine weitere stilistische Kehrtwendung, als er sich mit seinem Freund Gene Autry, dem „Singenden Cowboy" in Hollywood verbündete. In der Folgezeit komponierte Marvin mehr als 80 Lieder für Autry-Filme – sein bekanntestes dürfte bis heute „Goodbye Little Darlin'" gewesen sein.

Als erster amerikanischer Ukulele-Hero vom US-Festland, der mit seinem Instrument kommerzielle Schallplattenaufnahmen machte, gilt **Frank Crumit (1889 – 1943)**. Geboren in Jackson, Ohio, war er schon Jahre vor Cliff Edwards mit seinem Instrument in Vaudeville-Shows und am Broadway unterwegs. Nebenbei hatte er als einziger Ukulele-Repräsentant des Golden Age einen College-Abschluss vorzuweisen. Wegen seines klassischen Backgrounds und der fehlenden „street credibility" pflegte er eine elegante, wenig riskante Spielweise auf der Ukulele, die perfekt zu gepflegten Cocktailpartys in einem Golfclub passen sollte. In eine reiche Familie hineingeboren – sein Großvater war Arzt und sein Vater Banker – wuchs Frank Crumit nach dem Tod seiner Mutter bei Tante Patsy auf. Sie war es auch, die ihm die alten Südstaaten-Geschichten erzählte und Lieder aus dem Bürgerkrieg vorsang, in dem sein Opa als genialer Wundchirurg zu einiger Berühmtheit gelangt war. Während seines Studiums – zunächst der Medizin, dann der Elektrotechnik – machte Crumit als Baseball-Spieler von sich reden, während er nebenbei in Mandolinen-Clubs und Gesangsvereinen amüsante Folk-Songs wie „Abdul Abulbul Amir" zum Besten gab und seine warme und freundliche Gesangsstimme dabei zunächst mit Banjo oder Gitarre begleitete. 1912 entdeckte er dann die Ukulele – damals gab es erst wenige Exemplare auf dem US-amerikanischen Festland. Nachdem er mit Erfolg für einen lokalen Vaudeville-Act eingesprungen war, machte er als „The One Man Glee Club" die Runde und trug dabei harmlos-lustige Eigenkompositionen wie „The Prune Song" oder „A Parlor Is A Pleasant Place To Sit In Sunday Night" vor.

1913 kam er nach London und sang seine Liedchen in Revuen und Music Halls – sofort wurde er als Protagonist der „American Ragtime Invasion" wahrgenommen, die, angeführt von Irving Berlin, die musikinteressierte britische Öffentlichkeit in jenen Jahren „überrollte". Kurz vor Ausbruch des Ersten Weltkrieges kehrte Crumit nach Amerika zurück. Nachdem er 1919 in New York bereits die Hauptrolle in der Broadway-Produktion *Smart Comedy With Smart Music* übernommen hatte, erfolgte kurz darauf sein Durchbruch, als die Broadway-Schönheit Julia Sanderson sich mit ihm zusammentat und Crumits Komposition „Sweet Lady" interpretierte. Die Öffentlichkeit war von der „magischen Chemie" zwischen den beiden Musicalstars fasziniert. Nach ihrer Heirat ließen sie sich in Massachusetts nieder und wurden im Radio bald als „Singing Sweethearts Of The Air" bekannt. Ihre abendliche Quiz-Show *Battle Of The Sexes* sorgte für beste Einschaltquoten. Daneben blieb dem Paar genügend Zeit für Golf- und Bridge-Runden im örtlichen Country-Club. Als Crumit dann 1935 zum Präsidenten des elitären Lambs Club gewählt wurde – einem Zusammenschluss von handverlesenen Showbiz-Größen wie Irving Berlin und Fred Astaire –, schien er den Höhepunkt seiner Karriere erreicht zu haben. Gerade als er mit seiner Frau eine neue Radio-Show konzipiert hatte, starb Crumit 1943 überraschend an einem Herzinfarkt. Bis dahin hatte er mehr als 250 Schallplatten eingespielt, die stilsitisch von Tin Pan Alley-Schlagern („My Little Bimbo Down On The Bamboo Isle") über Vaudeville-Nummern und schwarzen Folksongs bis zu tragisch-komischen Liedern („Abdul Abulbul Amir") reichten. Vor allem der letztgenannte Titel entpuppte sich als eine willkommene, mit sanfter Stimme vorgetragene Harmlosigkeit über ein tödliches Messer-Duell zweier russischer Adeliger – für die weiße Öffentlichkeit eine gefällige Alternative zum rauen Blues und Jazz. Doch am nachhaltigsten wirkt bis heute seine Interpretation – nur mit Gitarre und Ukulele – des Tin Pan Alley-Klassikers „Ukulele Lady" von Gus Kahn und Richard Whiting nach. In Großbritannien sollte der späte Crumit erfolgreicher werden als in den USA – für Leute, denen Hot Jazz einfach zu wild war, bot er eine konsensfähige, feinsinnigere Alternative. Nicht zufällig nennt ihn der Ukulele-Historiker und -Vorkämpfer Ian Whitcomb liebevoll „Mr. Croomit".

Ein gänzlich neuer Typus des Ukulele-Stars betrat mit **Roy Smeck (1900 – 1994)** die internationale Showbühne. Von Anfang an lautete seine Devise: Artistik und Perfektion. Er war nicht nur ein virtuoser Musiker, sondern auch ein versierter Showman, der über eine ganze Palette von Music Hall-Tricks verfügte: Mal ließ er die Ukulele in seinen Armen rotieren, dann nutzte er sie wie ein Perkussions-Instrument, indem er damit Stepptanz-Klänge imitierte, spielte sie verkehrt herum, hämmerte Melodien mit einer frühen Form des Tapping aus dem Griffbrett, blies in das Instrument hinein, pendelte sekundenschnell zwischen fünf, sechs verschiedenen Schlagtechniken, schlug die Ukulele hinter seinem Rücken oder zupfte sie mit den Zähnen – Jimi Hendrix lässt grüßen! Ein anderes Mal wischte er lautmalerisch über die Saiten, dann ließ er seinen rechten Arm wie einen Windmühlenflügel durch die Luft kreisen – angeblich hat sich Pete Townshend von The Who später diese spektakuläre Schlagtechnik von Smeck abgeschaut – oder warf die Ukulele während des Spiels hoch in

die Luft. Trotz aller zirkusreifen Gimmicks, den sogenannten „Smeckisms", und seinem Markenzeichen, einem etwas dümmlich-unschuldigen Grinsen im Gesicht, blieben seine Virtuosität, Spieltechnik und sein Tempo überragend.

Da er nicht singen konnte, musste er aus seinem Ukulele-Spiel eben einen eigenen Show-Act kreieren, in dem er als musikalischer Akrobat im Mittelpunkt stand. Sein Spitzname *Wizard of the Strings* – so auch der Filmtitel einer preisgekrönten Dokumentation aus dem Jahr 1983 von Alan Edelstein und Peter Friedman über Smecks aufregende Karriere – dürfte hier einmal mehr gerechtfertigt sein.

Geboren am 6. Februar 1900 in Reading, Pennsylvania, zog er im Alter von vierzehn Jahren mit seiner Familie nach Binghamton, New York. Nachdem ihm sein Vater drei Akkorde auf der Gitarre beigebracht hatte, war es um Smeck geschehen. Mit fünfzehn schmiss er die Schule und arbeitete zunächst in einer Schuhfabrik, wurde jedoch bald gefeuert, weil er ständig auf der Toilette Ukulele übte. In diesen Tagen eiferte er seinem Vorbild Johnny Marvin nach und versuchte sich an dessen Komposition „The 12th Street Rag". Als er wenig später in einem Musikgeschäft spielte, fiel er mit seiner stupenden Technik einem Geschäftsmann auf, der sich gern als Manager in der Musikszene versuchen wollte. Im Jahr 1926 verdiente Smeck mit seinem Ukulele-Spiel bereits 250 Dollar die Woche (was einem heutigen Einkommen von ungefähr 3.000 Dollar entspricht), als er im New Yorker Hamilton Theatre auftrat. Im selben Jahr war seine Ukulele in einem der ersten Tonfilme zu hören: *Don Juan* mit John Barrymore. Ein neu entwickeltes Vitaphone-Sound-System synchronisierte dabei die Geschwindigkeit des Filmprojektors mit einer laufenden Schallplatte.

Später trat Smeck mit seiner eigenen Radioshow bei der New Yorker Rundfunkstation WOR auf und gab seinen Hörern jeden Tag 15-minütigen Unterricht auf ganz verschiedenen Saiteninstrumenten – er war nämlich auch ein großartiger Gitarre- und Banjo-Spieler. Zeitlebens nahm er mehr als 500 Titel auf Schallplatte auf und veröffentlichte nicht weniger als dreißig Ukulele-Songbooks. Von seinen vielen denkwürdigen Auftritten ist einer besonders in Erinnerung geblieben: In dem Film *That Goes Double* von 1933 ist die Leinwand in vier Quadrate unterteilt und Smeck gleichzeitig auf der Gitarre, der Ukulele, dem Banjo und der Steel Guitar zu erleben.

Auch Smeck lieh seinen Namen einer Signature-Modellreihe des Ukulele-Herstellers Harmony in Chicago – Millionen wurden davon verkauft: die birnenförmige Vita Uke, 1927 auf den Markt gebracht, war ein Riesenrenner und wird heute wieder nachgebaut! Neben der ungewöhnlichen

Korpusform besitzt diese Ukulele Soundlöcher in Form von dressierten Seehunden. Smeck reiste auf zahlreichen Tourneen um die Welt und spielte 1936 sogar während der Krönungsfeierlichkeiten von König George VI. Schon vier Jahre zuvor widerfuhr ihm die Ehre, vom amerikanischen Präsidenten Franklin D. Roosevelt eingeladen zu werden, mit seiner Ukulele bei den Feierlichkeiten zu dessen Amtseinführung aufzutreten. Im Jahr 1998 – vier Jahre nach seinem Tod – wurde Roy Smeck in die „Ukulele Hall of Fame" aufgenommen. In der Laudatio hieß es: „Als ‚Wizard of the Strings' eroberte er in mehr als sechs Dekaden unsere Seelen und Herzen."

Von gänzlich anderem Kaliber war **Richard Konter (1882 – 1979)**, ebenfalls einer der großen „Ukaholics" der Roaring Twenties. Er galt weder als begnadeter Performer noch als herausragender Sänger. „Ukulele Dick", wie er genannt wurde, war einfach ein Ukulele-Süchtiger. Und dieser Abhängigkeit war es zu verdanken, dass er mit der Ukulele Geschichte schrieb. Denn als langjähriger Angehöriger der US-Navy und Kriegsveteran des Spanisch-Amerikanischen Krieges und des Ersten Weltkrieges erhielt Konter Gelegenheit, 1926 an der ersten Nordpol-Expedition von Admiral Richard Evelyn Byrd teilzunehmen. Natürlich nahm er seine Martin-Ukulele aus Koa-Holz als unverzichtbares „Überlebensmittel" mit an Bord der dreimotorigen Fokker. Schon im Jahr zuvor hatte Konter seine *Dick's Improved Ukulele Method* herausgegeben. Er plante ernsthaft, den Eskimos auf seinem Instrument das Ukulele-Spielen beizubringen und damit einen Beitrag zur Zivilisierung der arktischen Ureinwohner zu leisten – bis er merken musste, dass in diesem eisigen Teil der Welt gar keine Eskimos lebten.

Immerhin ging Konters Instrument in die Geschichte ein, weil es die erste Ukulele war, die den Nordpol im Flugzeug überquerte. Der Co-Pilot der Pol-Expedition, Floyd Bennett, hatte dankenswerterweise auf eindringliches Bitten von Konter dessen Instrument in Felle verpackt und in der Maschine versteckt. Bei seiner Rückkehr nach New York soll Konter dann von zwanzig Ukulele-spielenden jungen Frauen empfangen worden sein. Noch heute ist Konters geschichtsträchtige Ukulele im Martin Museum in Nazareth, Pennsylvania, zu bestaunen. Sie trägt die Autogramme aller Expeditionsteilnehmer sowie Unterschriften von Roald Amundsen und Umberto Nobile. Selbst Charles Lindbergh hat sich auf der geschichtsträchtigen Ukulele verewigt.

ANFANG VOM VORLÄUFIGEN ENDE

Mitte der zwanziger Jahre wurden pro Jahr mehr als vier Millionen Ukulelen in den USA hergestellt, der „kleine Floh" hüpfte immer weiter von seinem Geburtsort weg. Renommierte Instrumentenfirmen wie Martin, Gretsch, Gibson oder Lyon & Healy waren jetzt voll ins Ukulele-Geschäft eingestiegen. In Hollywood gehörte es längst zum guten Ton Ukulele zu spielen, und Schauspieler wie Buster Keaton, Gary Cooper, Gloria Swanson, Harold Lloyd, Greta Garbo und Joan Crawford ließen sich stolz mit dem kleinen Instrument ablichten. Die beliebten Comic-Charaktere Harold Teen und seine Freundin Lillums Lovewell waren ebenfalls Ukulelebesessen und verbreiteten zu dem Instrument tiefsinnige Botschaften wie „Music self played – is happiness self made".

Die Botschaft blieb nicht ungehört, denn überall in den USA entstanden Ukulele-Clubs in Schulen und Vorschul-Einrichtungen, um die Kleinsten spielerisch mit Musik vertraut zu machen – allein in Los Angeles gab es 1927 in 14 Kindergärten Ukulele-Gruppen. Bei aller Popularität unter der weißen Mehrheit der Amerikaner fand die Ukulele aber nur sporadisch ihren Weg in die Musikszene der Afro-Amerikaner: Beispielsweise durch die beiden schwarzen „Ukulele Boys", Danny Small und Harry Mays, die in den Jahren 1926 und 1927 an der West- wie auch an der Ost-Küste in den Vierteln der schwarzen Bevölkerung auftraten. „Ukulele Bob" Williams, ein afro-amerikanischer Blues-Sänger, entdeckte ebenfalls Mitte der zwanziger Jahre die Ukulele und soll sogar Cliff Edwards Unterricht erteilt haben. Sein Motto ist jedenfalls noch immer aktuell: „Don't bore your audience, leave them in a wanting mood." Doch die vielleicht bekannteste afro-amerikanische Verfechterin der Ukulele dürfte Ella Jenkins aus Chicago gewesen sein, die sich den Ehrentitel „The First Lady of Children's Music" verdiente.

In den Ukulele-Fabriken auf dem amerikanischen Festland setzten sich zunehmend teilautomatisierte Fertigungstechniken der Massenproduktion durch, die erst durch die vollständige Elektrifizierung der Fabriken möglich wurden. Die neuen Regeln sahen auch eine Standardisierung der verschiedenen Modelle und eine ökonomische Wiederverwertung des Holz-Abfalls vor. Am oberen Ende des Ukulele-Markts rangierten die

Mahagoni-Modelle 1, 2 und 3 von C. F. Martin, die für 10, 15 und 25 Dollar angeboten wurden. Erst 1919 hatte sich Martin wegen der steigenden Nachfrage nach hochwertigen Instrumenten entschlossen, neben den beliebten Mahagoni-Modellen auch Ukulelen aus Koa-Holz anzufertigen. Das inzwischen legendäre und heute kaum noch bezahlbare Top-Modell 5K mit reichen Perlmutt-Verzierungen wurde 1921 für 50 Dollar angeboten – heute kosten diese Originale mehr als das Zweihundertfache!

Auch Firmen wie Lyon & Healy oder Schulz & Moenning begannen Mitte der zwanziger Jahre, Ukulelen im Hochpreissegment zu entwickeln. 1926 fühlte sich dann das Standardization Committee of the National Association of Musical Instrument and Accessoires Manufactures berufen, die Größen (Mensurlängen) für die vier Ukulele-Typen (Sopran, Concert, Tenor und Bariton) verbindlich festzulegen. Wer gegen die Bestimmungen verstoße, verliere das Anrecht auf das Prüfsiegel des Verbandes. Eine Drohung, die kaum einen der kleineren Ukulele-Hersteller zu beeindrucken schien. Allein C. F. Martin konnte die immense Nachfrage nach hochwertigen Ukulelen trotz ausgeweiteter Produktionskapazitäten nicht befriedigen. Während im Jahr 1924 rund vier Millionen Instrumente nachgefragt wurden, konnten nur rund 11.000 Exemplare die Werkstätten verlassen. Während andere Hersteller wie Lyon & Healy, Harmony, Regal oder Gretsch, die ohnehin ihr Hauptstandbein im Gitarrenbereich hatten, sich auf die Bedürfnisse der Ukulele-Freunde schnell einzustellen suchten, setzte die hochangesehene Firma Gibson zunächst gegen den Trend weiter auf die Mandolinen-Produktion und konnte sich erst 1924 dazu durchringen, die erste Ukulele – eine Banjo-Ukulele für dreißig Dollar – herzustellen.

Von den Festland-Produzenten dominiert, taten sich die Ukulele-Hersteller auf Hawai'i noch schwerer, auf die steigende Nachfrage zu reagieren. Ernest Kaai hatte schon 1916 resigniert festgestellt: „Es stimmt, Hawai'i kann den Bedarf an Ukulelen in keiner Weise mehr decken." Als im Oktober 1922 auch noch ein Großbrand die Werkstätten des renommierten Instrumentenbauers Jonah Kumalae vernichtete und dabei mehr als 4.000 Ukulelen dem Feuer zum Opfer fielen, ging der Produktionsausstoß Hawai'is noch weiter zurück. Man suchte dort sein Heil jetzt in einer Diversifizierung des Angebots: Heraus kamen die Niu'Kani'Ukulele mit einem Kokosnuss-Korpus, ein spezielles Banjo-Modell von Kumalae, die berühmte Ukulele in Ananas-Form von Kamaka und ein Belltone-Modell, das noch in einer halben Meile Entfernung zu hören sein sollte. Um effektiver produzieren zu können, schlossen sich im April 1927 fünf große hawaiianische Hersteller zur Ukulele Manufacturing Association of Hawaiʻi zusammen – mit dem Ziel, durch Kooperation eine Steigerung der Exporteinnahmen von 50.000 Dollar auf rund 500.000 Dollar zu erreichen: Bei einem Gesamt-Marktvolumen für Ukulelen in den USA von rund zwölf Millionen Dollar.

Natürlich war die Ukulele in den Roaring Twenties auch immer wieder Gegenstand von Hohn und Spott – die Kehrseite ihrer zunehmenden Beliebtheit. Komiker wie Joe Cook oder Karikaturisten wie Bud Fisher machten sich über die „jaulende ukelai" (!) lustig. Selbst die ehrwürdige New York Times fühlte sich 1916 bemüßigt, in einem Gedicht über die hawaiianische Musik herzuziehen: „It certainly is more than queer / That I should journey over here / To advertise my passion / And be irrevocably bent / On twanging this freak instrument / But, maiden, it's the fashion!".

Von anderem Kaliber waren da schon die Anfeindungen des selbsternannten Klassik-Verfechters Waldemar Lind, der 1916 vor der Oregon Federation of Women's Clubs junge Frauen vor einer Gefährdung warnte: „Lassen Sie uns jetzt nicht rückschrittlich werden und billige und vulgäre Instrumente wie die Ukulele oder das Banjo unterstützen. Ihre Musik – die keine ist – kann nichts weniger als Körper und Geist der jüngeren Generation vergiften. Das wird dann zwangsläufig dazu führen, dass Männer und Frauen in Amerika sich in der Zukunft verstärkt in ärztliche Behandlung begeben müssen." Ein New Yorker Richter, der 1923 den Fall von fünf gestohlenen Ukulelen zu verhandeln hatte, erklärte dem Angeklagten mit seltener Offenherzigkeit: „Ich weiß nicht, ob ich Sie als Übeltäter oder als Heilsbringer sehen soll. Am liebsten würde ich Ihnen meine Adresse geben, anstatt Sie ins Gefängnis zu schicken. Denn in meinem Nachbarhaus lebt ein junger Mann, der auch eines von diesen Instrumenten spielt."

Dennoch machten sich Ende der zwanziger Jahre erste Anzeichen einer Identitätskrise der Ukulele bemerkbar: Lange Zeit als ein „original hawaiianisches Instrument" beworben und vermarktet, kam jetzt langsam die Wahrheit ans Licht. Aufgestachelt durch einen Artikel im Everybody's Magazine von 1917, in dem die Ukulele als eine „verkleinerte spanische Gitarre" entlarvt wurde, die vor rund vierzig Jahren durch ein paar Portugiesen auf Hawaii eingeführt worden war", schlugen bald auch andere Zeitungen in diese Kerbe und beklagten, dass die beliebtesten Ukulelen ohnehin in Chicago, Nazareth und New Jersey gebaut würden und mit Hawai'i nicht mehr das Geringste zu tun hätten. Im Übrigen sei es ein Deutscher gewesen, vielleicht aber auch ein Studienabbrecher von der Yale University, der die Ukulele erfunden habe. Der Legendenbildung waren publizistisch keine Grenzen mehr gesetzt.

Die seltene Harp-Ukulele (hier der Nachbau eines Chris-Knutsen-Modells von Duane Heilman) war schon in den zwanziger Jahren populär. © Brigitte Grossmann/Peter Kemper

George Formby während eines Konzerts für Soldaten und Krankenschwestern im Norden Englands
1939 © Fox Photos / Getty Images

5
Modernisten versus Traditionalisten – Verwirrspiele auf den Saiten: George Formby und Eddie Kamae

ABSCHIEDSSTIMMUNG

So wie das Jazz Age mit seinem herrlichen Optimismus die Ukulele gefeiert hatte, so ging in den dreißiger Jahren mit der Weltwirtschaftskrise der Ukulele-Verkauf massiv zurück. Die Leute hatten jetzt andere Sorgen und selbst das Gute-Laune-Instrument par excellence konnte die allgemeine Depression nicht mehr vertreiben. 1929 war der Aktienmarkt zusammengebrochen und die Musikindustrie insgesamt nahm in der Folge schweren Schaden. Noch im Jahr 1921 hatten die Amerikaner 110 Millionen Schallplatten gekauft, 1933 waren es gerade noch zehn Millionen. Während der bisherige Top-Seller Johnny Marvin für jede neue Plattenaufnahme nur noch eine kleine Pauschale und keinerlei Tantiemen aus den Verkaufserlösen mehr erhielt, hatte sein Kollege Cliff „Ukulele Ike" Edwards schon im Oktober 1930 erklärt, er sei es leid, als „Song and Dance Man" mit Ukulele gehandelt zu werden und wolle sich stattdessen lieber der ernsthaften Schauspielerei widmen.

Auch nach seiner Rückkehr ins Radio im Jahr 1935 – nach längerer Abwesenheit – war Wendell Hall auf seiner berühmten Ukulele nur noch selten zu hören. Während die Schallplattenverkäufe, die in den zwanziger Jahren explodiert waren, jetzt zurückgingen, wuchs der Markt für Musikboxen – die mit ihren Platten nicht nur den einzelnen Konsumenten, sondern eine ganze Gruppe bedienen konnten. Neue Songs wurden jetzt fast ausschließlich über das Medium Film an den Mann und die Frau gebracht. 1935 stammten sieben von zehn Top-Ten-Titeln aus Kinofilmen.

Jetzt waren Gitarren, Klarinetten, Saxofone, Trompeten und Posaunen angesagt – alles Instrumente, die die Jazz-Entwicklung nachhaltig befeuern sollten. Während die angesehene C. F. Martin Company zur Hochzeit des Ukulele-Booms im Jahr 1925 mehr als 15.000 Sopran-Ukulelen verkaufte, waren es im Jahr 1929 gerade noch 2.000 Instrumente. Gibson machte aus der Not eine Tugend und stellte die gesamte Produktion für zwei Jahre auf die Fertigung von Spielzeug um. Martin musste 1933 einen Rückgang des Ukulelen-Verkaufs von mehr als achtzig Prozent verkraften, teure Import-Ukulelen von Hawai'i waren kaum noch gefragt – im ganzen Jahr 1931 wurden nur noch Instrumente für rund 2.000 Dollar aufs Festland verkauft. Der Ukulele drohte ein ähnliches Schicksal wie es zuvor schon der Mandoline widerfahren war: Nach einem beängstigenden Höhenflug schien die „College-Leier aus den F. Scott Fitzgerald-Tagen" in Vergessenheit zu geraten.

EIN BOOM IN GROSSBRITANNIEN

Während in den USA die Ukulele um ihr Überleben kämpfte, feierte sie auf der anderen Seite des Atlantiks fröhliche Urständ. In England kam ihr Boom in den dreißiger und vierziger Jahren erst richtig in Schwung. Ein Mann ist dafür in erster Linie verantwortlich gewesen: **George Formby.**

Bis heute spaltet er die Ukulele-Fans in Großbritannien: Die einen sehen in ihm ein politisch-unkorrektes, Banjulele spielendes Unikum mit dünner Stimme, nervig-breitem Grinsen und abgestandenen Witzen, die andere Fraktion feiert ihn als „das Beste was England zu bieten hatte", als einen unverschämten Kerl aus dem dreckigen Norden, einen Underdog, der alle Klassenschranken überwand, der den britischen family humour repräsentierte wie kein Zweiter und es mit seiner Ukulele und augenzwinkerndem Schulterklopfen bis ins britische Königshaus geschafft hat.

Ian Whitcomb beschreibt Formby in seinem lesenswerten Buch *Ukulele Heroes* liebevoll als einen „fish-faced banjo-uke player with an amazing world-beating strum and a thick-accented voice". Sein breites Grinsen mit oft kumpelhaft zugekniffenem Auge, sein offensiv ausgestellter Überbiss mit den überlangen Schneidezähnen, seine bewusst biedere, kleine Erscheinung – all das schien nicht gerade eine Showstar-Karriere nahe zu legen. Gleichwohl verkörperte George den freundlichen, einfachen Jungen, er kombinierte Music Hall-Slapstick mit der flotten Leichtfertigkeit englischer Seebad-Besucher – und das alles während der schweren Jahre der Depression und des Krieges. Er ermutigte Großbritannien mit seinem unerbittlich optimistischen Motto „It's Turned Out Nice Again!".

Am 26. Mai 1904 kam er als George Hoy Booth, das vierte Kind von James Booth, zur Welt. Sein Vater war einer der erfolgreichsten Music Hall-Komiker zu Zeiten Edwards VII. und trat unter seinem Künstlernamen George Formby auf. Georges Geburtsort Wigan, Lancashire, im Norden Englands galt um 1904 als industrieller Schandfleck mit hässlichen Baumwollspinnereien und hoher Luftverschmutzung durch den Kohlestaub der Minen – im Volksmund gern auch „The Arsehole of England" genannt. George Orwell beschrieb die Kleinstadt nach einem Besuch in den dreißiger Jahren als eine „wüste Mondlandschaft voller Schlackehaufen, eine Welt, aus der man die Pflanzen verbannt hat; hier gibt es nichts außer Rauch, Schiefer, Eis, Dreck, Asche und Brackwasser."

Kein Wunder, dass George Formby senior in seinen Bühnenprogrammen an Wigan gern ironisch den „klaren, blauen Himmel und die tollen Fische, die man dort im glasklaren Wasser fangen kann" feierte. Sein Sohn sollte später die sarkastischen Späße über seine hässliche Heimatstadt in dem Song „The Wigan Boat Express" übernehmen. Während der Vater in der Kunstfigur des „John Willie" in zerschlissenem Anzug und ausgelatschten Schuhen nie zweideutige Texte sang – ganz in der Tradition des vermeintlich hilflosen Einfaltspinsels, wie sie im Norden Englands gern kultiviert wurde – wurde sein Sohn zu einem Virtuosen anzüglicher Anspielungen.

Damals liefen die Auftritte der Music Hall-Stars für gewöhnlich nach dem Muster Song – Jokes – Song ab. Formby senior galt als Meister einer sich langsam steigernden Tölpelhaftigkeit, mit der er damals pro Auftritt immerhin fünfzig Pfund am Tag verdiente – nach heutigen Maßstäben mehr als 4.000 Pfund. Nicht zufällig war auch Charlie Chaplin ein großer Fan seiner choreografierten Bewegungsabläufe und guckte sich beispielsweise ab, mit welch lässiger Eleganz Formby senior seinen Spazierstock schwang, wenn er demonstrativ über die Bühne flanierte.

VOM JOCKEY ZUM JOKER

Seinem Sohn hatte Formby senior streng untersagt, ins Theater zu gehen und dem Vater bei der Bühnenarbeit zuzusehen: „Ein Depp in der Familie reicht!" Gerne hätte er aus George junior einen Jockey gemacht – zumal er selbst einige Rennpferde besaß – doch der Junge interessierte sich mehr für Musik, für die Plattenaufnahmen seines Vaters und blies schon als Kind gern auf der Mundharmonika und dem Kamm. Dafür blieb seine Schulbildung lückenhaft, er lernte nie richtig Lesen und Schreiben. Als Kind fühlte sich George meistens sehr einsam. Vielleicht flüchtete er sich deshalb am liebsten in die Rolle eines dreisten, raubeinigen Straßenjungen. Gleichwohl ergattere er 1915 eine erste kleine Rolle als Kinder-Jockey in dem Stummfilm *By the Shortest of Heads*.

Manchmal nahm sein Vater ihn in diesen Tagen mit nach London zu den Musikverlagen in der Denmark Street und stellte ihn dort den Songschreibern vor. Einer der Verleger, ein gewisser Lawrence White, hatte einen Narren an dem kleinen Formby gefressen. Doch mit der Musikerkarriere wurde es zunächst mal nichts: Während des Ersten Weltkrieges wurde der Junge auf ein Gestüt nach Irland verschickt, wo er als Stallbursche arbeitete und auch sein erstes Pferderennen absolvierte – er wurde Zweiter. Doch weil er sich dort ständig schikaniert fühlte, überlegte George mehrfach, einfach auszubüxen und nach Hause zu trampen. Im Oktober 1918 war es dann so weit; nach einem heftigen Streit mit dem Verwalter schlich er sich am Rande eines Pferderennens in Baldoyle davon und fuhr nach England zurück. Doch der Vater gab seinen Plan, aus seinem Ältesten einen veritablen Jockey zu machen, nicht so schnell auf. Schon einen Monat später schickte er ihn auf ein anderes Gestüt in Middleham, wo er seine Ausbildung abschließen sollte. George blieb dort bis Ende 1920.

Das folgende Frühjahr begann mit einer Katastrophe: Während eines Engagements im Empire Newcastle wurde der Vater auf der Bühne von einem minutenlangen Hustenanfall geschüttelt. Er kehrte zwar noch für ein paar Wochen nach Hause zurück, doch am 8. Feburar 1921 starb er völlig überraschend im Alter von 45 Jahren an den Folgen einer Tuberkulose.

Obwohl der Vater ein Millionenvermögen hinterlassen hatte, geriet seine Frau Eliza bald in Geldnöte. Deshalb steckte die Mutter ihren 16-jährigen Sohn schnell in das Bühnenkostüm des Vaters und besorgte ihm dank ihrer guten Geschäftskontakte ein paar Auftritte. Später sollte Formby junior wiederholt bekennen, dass er in jenem schlimmen Jahr 1921 mehrmals Hunger leiden musste. Wo war das ganze Geld hin? War Formby senior ein Bigamist und hat alles einer anderen Frau namens Martha vermacht? Das Rätsel ist bis heute ungelöst. Jedenfalls war der Junior jetzt in der Spur und seine Mutter brachte ihm die Songs und Comedy-Sprüche des Vaters bei. Zunächst konnte sie ihn unter seinem Geburtsnamen George Hoy mit dem Untertitel „Son of the Late George Formby" in Theatern unterbringen und getreu der Devise „ganz der Vater" vermarkten. Doch schon bald firmierte er nur noch als „George Formby Jr." Das Publikum ließ sich allerdings nicht so leicht überrumpeln und buhte den Sohn zunächst aus. Ja, es verübelte ihm regelrecht, dass er jetzt mit den Liedern und Späßen seines berühmten Vaters hausieren ging. Es kam soweit, dass George sich für eine Weile mit schwarz-geschminktem Gesicht in einer Minstrel-Show verstecken musste, um nur ja nicht erkannt zu werden. Hier soll er auch erstmals sein neues Spielzeug, eine Keech-Banjulele getestet haben.

George Formby hatte das Instrument 1923 für fünfzig Schilling in einem Trödelladen in Manchester erstanden. Und obwohl er keine Noten lesen konnte, verstand er doch die neuen Griffbilder für Ukulele, die mittlerweile in all den Songbooks mit jazzigen Popsongs verzeichnet waren. Schnell merkte er, dass sein Gesangsstil völlig natürlich mit dem Klang der Banjulele harmonierte – sie klang trocken und knallig wie ein Banjo, wurde aber wie eine Ukulele gespielt, während sich seine Stimme mit ihrem schnörkellosen Timbre und dem leicht näselnden Unterton wie selbstverständlich darüber legen konnte. Formby hatte jetzt endlich sein Alleinstellungsmerkmal als Comedian gefunden und fühlte sich zunehmend sicherer. Das Jazz Age war inzwischen auch in England angekommen, Dixielandbands eroberten die Music Halls und die Keech-Brüder hatten in London einen Ukulele-Laden eröffnet, wo sie ihre patentierten Banjuleles verkauften. Nach und nach sollten die handlichen Instrumente mit ihrem perkussiv-harten Ton ihren Weg in die englischen Revuetheater finden.

Obwohl seine Kollegen zunächst mit ihm wetteten, dass er nicht die Courage besitze, ein Spielzeug-Instrument wie die Banjulele in sein Bühnenprogramm einzubauen, kannte George keine Skrupel und trat mit ihr erstmals im Alhambra Theatre in Barnsley, England, auf – das Publikum raste. Zunächst sang er sich brav durch das inzwischen schon etwas anachronistisch wirkende Repertoire seines Vaters, hier eine Mörderballade im Walzertakt, da ein paar Papageien-Witzchen und dazwischen eine Tennessee-Parodie zur Ukulele. Alles wie gehabt – bis er die Frau kennenlernte, die seiner Karriere den entscheidenden Impuls geben sollte.

DIE BESSERE HÄLFTE?

Beryl Ingham, ein hübsche, wohlgeformte, etwas ältere Steptänzerin, trat mit Formby im gleichen Programm auf und war von dem hilflosen Durcheinander seines Auftritts wenig begeistert: „Wenn ich eine Tüte mit faulen Tomaten gehabt hätte, ich hätte sie alle auf ihn geworfen!" Seine Scherze wirkten auf sie schal und abgestanden, die glorreichen Zeiten der Music Hall-Witze waren gezählt. Von seiner Ukulele-Nummer aber war sie begeistert. Auch die ungezogene Art und der durchtrainierte Jockey-Körper von Formby gefielen ihr. Am meisten mochte sie aber seine strahlenden Augen, die Unschuld und Durchtriebenheit zugleich verhießen.

Im September 1924 heirateten die beiden, Formbys Mutter blieb der Hochzeit demonstrativ fern. Formbys Frau nahm nun gleich die Karriereplanung ihres Gatten in die Hand – er kümmerte sich wenig um die Geschäfte – und wachte mit Argusaugen über sein Wohlergehen. Schnell wurde Beryl zu seiner erfolgreichen Managerin, eine liebende Ehefrau wurde sie ihm nicht – angeblich sollen die beiden nie Sex miteinander gehabt haben. Dass sie ihn bemutterte und schon fast entmündigte, gehörte zu ihrem Programm: „Wenn ich George nur für eine Minute allein lasse, kauft er sich gleich einen neuen Pullover oder ein Auto." Die neuesten, jetzt auch in England erhältlichen Platten der Ukulele-Stars Frank Crumit oder „Ukulele Ike" durfte er sich natürlich anschaffen. Denn die beiden US-Sänger galten ihm und Beryl als Vorbilder: „Du musst nur so gut werden wie sie und dann hast du es geschafft", trichterte Beryl ihrem George immer wieder ein und Formby übte, übte und übte.

Eine erste Plattenaufnahme für das kleine Label Winner mit alten Songs seines Vaters und Musikern aus seiner Band floppte jedoch und auch die Aufritte seiner John Willie's Jazz Band auf dem Pier von Wigan klangen so fürchterlich, dass der Inhaber eines nahe gelegenen Restaurants meinte, seine „schwarzen Puddings würden vor Angst weiß werden." Doch 1927 studierte Formby Johnny Marvins „12th Street Rag" ein und entwickelte dabei erstmals seinen speziellen Rhythmusstil, bei dem er das Strumming der rechten Hand mit einem schnellen Wechsel von gegriffenen und offenen Tönen synchronisierte. Gleichwohl kannte Formby sich nicht mit den verschiedenen Stimm-Möglichkeiten der Ukulele aus und musste deshalb für seine Songs immer mehrere unterschiedlich gestimmte Banjuleles auf der Bühne liegen haben, um seine Tricks auch in jeder Tonart meistern zu können.

Mit dem Geld seiner Mutter und der Unterstützung seiner Frau konnte Formby zwei Jahre später für das Label Dominion erneut ein paar Stücke einspielen, darunter jenes „All Going Back" mit dem herrlich sarkastischen Refrain: „But there's only one thing worries me: when they all get back to Tennessee there'll be no one left in Wigan but me". In der letzten Strophe legte Formby plötzlich mit einem Akkord-Solo auf der Ukulele los, das erstmals seine neue synkopierende Schlagtechnik demonstrierte, eine Mischung aus dem sogenannten split stroke und einem triple stroke (Dreierschlag), die nur schwer nachzuahmen war. Der „neue" George Formby war gerade zur Welt gekommen. Er kannte zwar nur wenige Akkorde, aber die Bewegungen seiner rechten Hand waren so kraftvoll und präzise, dass sie als Formby-Style in die Musikgeschichte eingehen sollten. Unter dem strengen Kontrollblick seiner Frau trug Formby jetzt schicke Anzüge und Krawatten. Sein stark pomadisiertes Haar glänzte nicht selten wie eine schwarze Schellackplatte. Die Tourneen mit Titeln wie *Formby's Road Show* oder *Formby Seeing Life*, in denen er die Rolle des sympathischen Dorftrottels virtuos ausfüllte, liefen immer erfolgreicher und wurden durch seine wachsende Radio-Präsenz zusätzlich befeuert. In Nordengland hieß er bald nur noch „Our George".

EINDEUTIG ZWEIDEUTIG

Obwohl die Dominion-Schallplatten zunächst wie Blei in den Regalen lagen, hatten Mutter und Gattin jetzt Blut geleckt und hetzten ihren George durch Revuen, Musik-Komödien und Weihnachts-Pantomimen, wo er lernen konnte, mit dem Publikum zu schäkern und seine Bühnenpräsenz zu perfektionieren. Es fehlten nur noch die richtigen Songs für Georges rhythmische Banjulele-Eskapaden. Als der Kollege Billy Goose ihm 1932 eines Tages in der Garderobe den „Chinese Laundry Blues" vorsang, mit ein paar modernen Blue Notes garniert und gleichzeitig voll lokaler Bezüge zu den „fremdländischen" (den chinesischen) Bewohnern des Limehouse-Viertels in Liverpool, war Formby von der Geschichte sofort begeistert: Der Wäschereibesitzer Mr. Wu hat sich in ein chinesisches Mädchen verguckt und vernachlässigt deshalb seine Wäscherei-Aufgaben, so dass der Sänger einen „Limehouse-Chinese-Laundry-Blues" bekommt: die Hemden haben Löcher, die Hosen werden plötzlich fadenscheinig. Formby baute gleich noch ein Akkord-Solo auf der Banjulele in das Arrangement ein und nachdem er die Nummer zusammen mit dem Bandleader Jack Hylton für eine Decca-Schallplatte als B-Seite aufgenommen hatte – die A-Seite enthielt die Nonsens-Nummer „Do De O Do" – ging die Post ab: Der Ohrwurm mit Georges perfektem Rhythmus-Solo wurde ein Hit. Und es sollten noch viele Wu-Songs folgen – er entwickelte sich zur Lieblingsfigur in frühen Formby-Songs. Während seiner vierzig Jahre im Showgeschäft sollte er mehr als 300 komponieren. Ein weiterer Hit folgte auf dem Fuße: Die Decca-Veröffentlichung „I Told My Baby With The Ukulele". Ein Jahr später legte Jack Cottrell mit „With My Little Ukulele In My Hand" nach, einem Song mit unverhohlen phallischer Symbolik:

„I felt so shy and bashful, sitting there,
'Cause the things she said I didn't understand,
She said: ,Your love just turns me dizzy,
Come on, big boy, get busy!'
But I kept my ukulele in my hand"

Und nach der Geburt ihres Kindes heißt es dann:

„My heart did jump with joy,
I could see he was a boy,
For he had a ukulele in his hand."

Viele der erfolgreichsten Lieder Formbys luden in der Folgezeit harmlose Alltagsbegriffe wie Glühbirne, Wasserhahn, oder Haarbürste durch den erzählerischen Kontext mit sexuellen Bedeutungen auf. Auch sang Formby kaum verschlüsselt von Masturbation, Abtreibung oder Aufputschmitteln – allerdings immer mit einem Lächeln auf den Lippen, oft mitten im Wort glucksend, und mit gänzlich unschuldiger Miene. Überhaupt war Formby nicht zimperlich, was die Themen seiner Songs anging. Selbst vor einer für einen Comedian so abwegigen Sache wie Nekrophilie machte er in dem Lied „I Went All Hot And Cold" nicht halt.

Seine oft zweideutigen Texte waren in der sexuell unterdrückten, von latenter Prüderie bestimmten britischen Öffentlichkeit hochwillkommen. Während die Reichen sich eine Doppelmoral leisten und ihre sexuellen Vorlieben locker ausleben konnten, blieb dem einfachen Mann auf der Straße nur der Ausweg in dunkle Gassen, Parks oder billige Etablissements. In diese graue, bleierne Realität brachten die witzig-schlüpfrigen Formby-Songs ein wenig Licht der Aufklärung. Vor allem die Ladies liebten ihn wegen seines Lausbubengesichts und der frechen Texte.

Um 1935 galt Formby als der bestverdienende Unterhaltungskünstler und als erster einheimischer Popstar Großbritanniens. Allerdings bekam er immer wieder Ärger mit den selbsternannten Sittenwächtern der BBC und ihrem Dance Music Policy Committee unter Leitung des Calvinisten John Reith. Bedenkliche Neuproduktionen bekamen einen Sticker „Not for broadcast" verpasst. Natürlich wurde auch Formbys „With My Little Ukulele In My Hand" zunächst Opfer der Zensurmaßnahmen. Erst eine leicht bereinigte Version schaffte es dann in den Äther und die Hitparade.

Auf seinem neuen Label Regal Zonophone brachte er ab 1936 weitere skandalträchtige Songs heraus, wie z. B. „When I'm Cleaning Windows" über die Tagträume eines Voyeurs und seine herben Enttäuschungen:

„The blushing bride she looks divine,
The bridegroom he is doing fine,

I'd rather have this job than mine
(...)
Pyjamas lying side by side,
Ladies ‚nighties' I have spied,
I've often seen what goes inside,
When I'm cleaning windows!"

Wie zu erwarten, wurde auch diese Platte mit einem BBC-Bann belegt, verkaufte sich aber trotzdem oder gerade deshalb mit mehr als 200.000 Exemplaren im ersten Monat. Die Pressereaktionen waren gespalten: Während die einen Formbys Unverfrorenheit feierten, sahen andere in ihm einen „kleinen, schmutzigen Möchtegern-Casanova aus dem Norden." Formbys virtuoses Verwirrspiel zwischen den Attitüden eines prüden Oberlehrers und eines ungezogenen Gassenjungen funktionierte auch noch in den ersten Kriegsjahren bestens: 1939 veröffentlichte er den ziemlich unverblümten Hit „With My Little Stick of Blackpool Rock" und im nächsten Jahr „On The Wigan Boat Express" mit einigen zweideutigen Textzeilen.

Die Wut der BBC-Bosse wuchs: „Dieser Mensch ist durch und durch vulgär und scheint unfähig zu sein, etwas zu produzieren, was nicht anstößig ist." Ein anderer Broadcasting-Direktor ergänzte: „Alle Künstler sind eigensinnig, aber George Formby ist geradezu eine renitente Person." Der Oberzensor Reith sah sich einmal mehr bestätigt: „Wenn die Leute unbedingt hören wollen, wie er seine abscheulichen Liedchen singt, dann können sie das gern im Kino tun – aber nicht im Rundfunk der Nation." Gleichwohl kassierte Formby im Jahr 1939 rund 100.000 Pfund im Jahr – das entspricht heute einem Einkommen von rund fünf Millionen Pfund. Er war damit Großbritanniens bestverdienender Unterhaltungskünstler – auch wenn ihm seine geizige Ehefrau nur fünf Schilling Taschengeld pro Tag zubilligte. Sowohl George als auch Beryl hatten während ihrer Ehe zahlreiche Affären, dennoch fühlte sich Formby im Alltag fast immer gelangweilt. Eine seiner Filmpartnerinnen befand sogar: „Er war privat eher ein öder Typ."

CLEVERER KLAMAUK AUF DER LEINWAND

Bereits 1934 war Formby in dem Stummfilm *Boots! Boots!* auf der Leinwand erschienen, einem gewalttätigen Streifen mit beschwichtigenden Steptanz-Szenen und Ukulele-Songs – 21 weitere, zumeist höchst erfolgreiche Filme sollten noch folgen. *Boots! Boots!* war zwar im Norden Englands ein Erfolg, im Westen ignorierte man ihn jedoch geflissentlich. Da war der Film *No Limit* (1935) mit seinem verrückten Motorradrennen auf der Isle of Man schon erfolgreicher. Von 1938 bis 1942 führte Formby die Beliebtheitsskala im englischen Motion Picture Herald an. Sein Biograf John Fischer schrieb später: „Von 1935 bis zum Kriegsende dürfte wohl keine einzige Sekunde vergangen sein, in der nicht irgendwo in England die Stimme von George Formby zu hören war."

Trotz der Erfolge, die Formbys Lieblingsautor Jack Cottrell in den Vorjahren erzielt hatte, wurde er jetzt von Beryl rüde vor die Tür gesetzt. In Zukunft beschäftigte sie nur noch Songwriter, die bereit waren, ausschließlich im Dienste des Markennamens „Formby" zu arbeiten. Mit dem Film *Feather Your Nest* kam 1936 auch Formbys erfolgreichster Banjulele-Song auf den Markt: „Leaning On A Lamppost" von Noel Gay, einem Komponisten aus der Londoner West End-Szene, der nicht bereit war, sein Copyright dem Markennamen „Formby" zu opfern. Die unbarmherzige Beryl belegte ihn für diese Weigerung mit einem Fluch und schwor Rache – dabei hatte Gay mit seinem Millionenhit ihrem Mann und ihr doch gerade den Weg in eben jenes Londoner West End geebnet.

Im Jahr 1940, dem ersten schlimmen Kriegsjahr für Großbritannien, kam Formby dann mit seinem Ermutigungsfilm *Let George Do It* in die Kinos: Er spielt einen Ukulele-Virtuosen in einer norwegischen Hotel-Band, die sich auf Formby-Stücke spezialisiert hat, aber von einem Nazi geleitet wird, der die Radioübertragungen der Band für die Übermittlung geheimer Botschaften missbraucht. Aber letztlich kann George es richten und den Bandleader besiegen – nicht wenige sahen in dieser Parabel eine der größten moralischen Unterstützungen während des Krieges. Eine Kopie des Streifens, die es bis nach Moskau schaffte, sorgte dort ebenfalls für volle Häuser. Daheim war Formby drei Jahre hintereinander der König der Kinokassen, weit vor amerikanischen Stars wie Bing Crosby,

Der lächelnde Lausbub George Formby © Silver Screen Collection / Hulton Archive / Getty Images

Gary Cooper oder Errol Flynn. Auf dem Höhepunkt seines Ruhms an-
gelangt, dominierte er unangefochten alle britischen Medien, denn er galt
als die fröhliche weiße Alternative zu den klagenden Blues-Tönen von
Bessie Smith oder King Oliver. Auf englischen Bildschirmen gab Formby
in den frühen vierziger Jahren den modernen, quietschvergnügten Popstar.

DIE STUNDE DER MORALISTEN

So war es nur folgerichtig, dass er seine Popularität jetzt auch für die Truppenbetreuung einsetzte: Unterhaltung, Ablenkung und Aufmunterung
waren ja sein Metier. Zusammen mit seiner Frau Beryl wurde er an die

Front nach Frankreich geschickt. Mit Mut, Feuereifer und Georges Banjulele widmeten sich beide ihrer neuen nationalen Aufgabe und traten beispielsweise 1940 vor 40.000 Soldaten in der Bretagne auf. Ob anschließend im Nahen Osten, in der Wüste oder auf Kriegsschiffen – Formbys Lieder über „Frank on His Tank" oder die Abenteuer von „Mr. Wu" brachten die Soldaten zum Rasen. Auch die königliche Familie outete sich als Formby-Fan und lud ihn 1941 in den Buckingham Palace ein, wo er zur Erbauung von George VI. und seiner Tochter Elizabeth eine unbereinigte Fassung vom „Window Cleaner" zum Besten gab. Als Dankeschön erhielt Formby ein Paar goldene Manschettenknöpfe, während sich die eifersüchtige Beryl mit einer silbernen Puderdose zufriedengeben musste.

Nur wenige Tage nach dem D-Day 1944 trat Formby in einer Kirche in Amiens auf und brachte mit „I'm A Froggie" sogar die gebeutelten Franzosen zum Schmunzeln. 1945 nach Kriegsende teilten die Behörden der Öffentlichkeit mit, dass Formby rund drei Millionen verbündete Soldaten mit seinen Ukulele-Songs unterhalten habe. Für diesen Einsatz wurde er prompt mit dem Orden „Order of the British Empire" ausgezeichnet. Und George zeigte sich außerordentlich dankbar, „weil ich jetzt etwas bekommen habe, dass ich nicht mit Beryl teilen muss."

Sein Starruhm verwirrte dagegen die Zeitgenossen in Amerika nachhaltig – wie aus einer Rezension von *Let George Do It* in der Los Angeles Times von 1940 unzweifelhaft hervorgeht: „George ist eine sonderbare Persönlichkeit, die weder gut aussieht noch anziehend wirkt". Der Rest der vierziger Jahre verlief eher enttäuschend für ihn: Nach dem Krieg galt er als „yesterday's hero". Sein letzter Film *George in Civvy Street* von 1946, den er für Columbia Pictures drehte, zeigte noch einmal ganz deutlich, dass Formby ein reines Insel-Phänomen war und keine Chance hatte, in Hollywood Fuß zu fassen. Die Amerikaner konnten mit seinem britischen Humor herzlich wenig anfangen. Formby, der seine Selbstzweifel trotz aller Erfolge sein Leben lang nie ganz ablegen konnte und sich seines Talents nie ganz sicher war, sah sich nach dem Krieg zunehmend als nutzloser Clown, der kein bisschen besser war als sein Vater. Er bekam einen Nervenzusammenbruch und verbrachte mehrere Monate in der Psychiatrie.

Doch die Bankkonten wollten wieder aufgefüllt werden, zumal die regierende Labour Party die Reichen jetzt massiv besteuerte. Der aufwändige

Lebensstil der Formbys mit Villen, Luxuskarossen und Vergnügungsjachten ließ sich nur sichern, wenn George wieder auf Tournee gehen würde. Auftritte seien ohnehin die beste Therapie, sagte sich Beryl und buchte mehrere Konzertreihen im Commonwealth. Die erste fand in Südafrika statt, wo George – wie in allen britischen Kolonien – durch seine Filme und Schallplatten äußerst populär war. Trotz einer Warnung der Behörden arrangierte Beryl eine Show bei freiem Eintritt nur für schwarze Südafrikaner. Als sie dann im Publikum auch noch ein Kind hochhob und küsste, weil es ihr für George als Geschenk eine Schachtel Schokolade überreicht hatte, war der Skandal da. Die Schwarzen jubelten den beiden zwar zu, doch die Poliktiker waren „not amused".

Vor allem ein gewisser Daniel François Malan, Chef der ultrarechten National Party und radikaler Verfechter der Apartheid, machte Formbys Frau heftige Vorhaltungen. Die – noch nie auf den Mund gefallen – bedachte den anmaßenden Politiker mit dem Satz: „Why don' you piss off, you horrible little man?" Beryls Zivilcourage machte es allerdings notwendig, dass die Formbys umgehend das Land verließen. George war dabei ganz auf der Seite seiner Frau und unterstützte ihre Forderung nach Rassengleichheit. Deshalb juckte ihn die Warnung von Malan „Kommt bloß nie wieder her!" auch nicht sonderlich. Zumal er 1955 wieder in Südafrika auftreten sollte – Malan hatte inzwischen abgedankt und Beryl konnte ihrer Anti-Apartheid-Überzeugung jetzt in Interviews freien Lauf lassen: „Was soll der ganze rassistische Quatsch? Wir haben innen alle dieselbe Farbe, also warum sollte man auf Leuten herumhacken, nur weil sie äußerlich verschiedenfarbig sind?"

RUHM UND NACHRUHM

Im Jahr 1951, ohne neue Filme, aber mit einer Reihe erfolgreicher Comedy-Shows, in denen er noch einmal die alten Witzchen aufwärmen konnte, bekam er endlich seine erste Einladung ins prestigeträchtige Londoner West End. Die Autoren seines Musicals *Zip Goes a Million* waren Absolventen der Cambridge University und deshalb wirkte Formby in einem Song wie „Ordinary People" fast wie ein philosophierender Intellektueller. Doch mit der Ukulele in seiner Hand gelang es ihm, den Draht zum

Publikum aufzubauen und das Stück wurde zu einem Renner. Die Theater-kritiker schätzten Formbys „piercing, sunny little singing" mit dem über-deutlichen North Country-Akzent, bemängelten aber die flache Handlung des Stücks. Nach einer Laufzeit von sechs Monaten erlitt Formby einen Herzinfarkt. Dem gleich herbeigerufenen Arzt war es zu verdanken, dass George – obwohl er nicht mehr in sein Erfolgsmusical zurückkehrte – dennoch hin und wieder in skurrilen Revuen und Pantomimen, sowie in Radio- und Fernsehsendungen auftauchte. Doch George blieb bei schlechter Gesundheit, zumal seine Lungen durch den Konsum von vier-zig Zigaretten täglich, seitdem er zwölf war, nachhaltig geschädigt waren. Exzessiver Alkoholkonsum hatte darüber hinaus seine Leber ruiniert.

Als die führende englische Musikzeitschrift Melody Maker ihn Anfang der sechziger Jahre bat, seinen eigenen Pop-Status zu umschreiben, ant-wortete Formby: „Ich nehme an, ich war das, was Cliff Richard heute ist: nicht besonders gut, aber so, wie die Leute es wollten." Im März 1961, nur wenige Monate nach dem Krebstod seiner Frau Beryl, starb auch George Formby im Alter von 56 Jahren an einem neuerlichen Herzinfarkt – zwei Tage, bevor er erneut heiraten wollte. An seiner Beerdigung sollen 100.000 Menschen teilgenommen haben – während sich beim Begräbnis von Beryl nicht eine einzige Showbiz-Größe gezeigt hatte. Schon wenige Monate nach seinem Tod gründete sich die George Formby Society (mit ihrem eigenen Club-Magazin The Vellum), die alljährlich in Blackpool, Lancashire, ihre Jahrestagung abhält, dort, wo George seine glücklichsten Jahre verbrachte.

Sein Erfolgsrezept hatte darin bestanden, auf jeden Glamour und alle Starallüren zu verzichten und sich wie der Junge von nebenan zu geben, ohne besonderen Sex-Appeal, dafür aber mit viel Witz. Formbys Bühnen-präsenz glich, wie es eine Zeitung besonders blumig ausdrückte, dem „Lächeln eines immerwährenden Staunens über die fröhliche Unbegreif-lichkeit des Universums". Zeitlebens umgab ihn eine Aura sympathischer Harmlosigkeit, eine Art bodenständige Begeisterung, die unmittelbar zu den Herzen seiner Landsleute sprach. Noch 1974 konnten die Formby-Biografen Randall und Seaton behaupten: „Für einen Alleinunterhalter ist es in England gänzlich unmöglich, mit einer Ukulele unterm Arm auf die Bühne zu gehen, ohne beim Publikum – ob jung oder alt – die Erwartung auszulösen, jetzt Formby-Songs zu hören."

EIN WEIBLICHES PENDANT

Als Formbys „Schwester im Geiste", wenn auch wesentlich exaltierter auf der Bühne, machte sich **Tessie O'Shea** ebenfalls als Ukulele-Interpretin in Großbritannien einen Namen. Zu ihrem Signature-Song avancierte „Two Ton Tessie From Tennessee", mit dem sie in den fünfziger Jahren in Fernsehsendungen der BBC auftrat. Ihre rasend schnellen Akkord-Soli standen der Virtuosität von Formby in nichts nach. Bekannt war sie auch als *The Girl That Came To Supper*, dem gleichnamigen Musical von Noël Coward, in dem er ihr eine Hauptrolle als Fish-and-Chips-Verkäuferin und Sängerin von Cockney-Traditionals zugedacht hatte. Ihre übergewichtige Attraktivität und ihr hausbackener Charme machten sie zu jedermanns Liebling.

Obwohl sie in ihrem Song augenzwinkernd behauptete, aus Tennessee zu stammen, verwies schon ihr Name auf die irische Herkunft. Geboren am 13. März 1913 in Cardiff, Wales, als Theresa Mary O'Shea, galt Tessie als hochmusikalisches Kind, das schon mit drei Jahren bei Geburtstagsfeiern auf den Tisch sprang und losträllerte. Ein Jahr später gewann sie ihren ersten Wettbewerb und mit sechs Jahren trat sie als „Wonder of Wales" öffentlich in Konzerten als Sängerin auf. Inzwischen hatte sie die Banjulele lieben und spielen gelernt. Mit fünfzehn stand sie in Blackpool – dem Badeparadies der nordenglischen Arbeiterklasse – damit auf der Bühne. Anschließend konnte man sie in Bristol mit selbstironischen Songs wie „I Wish I Was Thinner" oder „Nobody Loves A Fat Girl" erleben. Auch im Londoner West End hatte sie sofort Erfolg – ganz im Gegensatz zum frühen George Formby. Vielleicht lag es daran, dass Tessie O'Shea den Cockney-Akzent so authentisch bringen konnte.

Als der Musikverleger Lawrence Wright ihr die Tin Pan Alley-Nummer „Two Ton Tessie" über ein 400 Pfund schweres Tennessee-Mädel andiente, hatte er die perfekt-ironische und gleichzeitig amüsante Parade-Nummer für sie gefunden. Denn Tennessee-Tessie wird trotz ihres Übergewichts von den jungen Männern umschwärmt, weil sich gleichzeitig „zehn von ihnen auf ihr Knie setzen und auf ihrem Doppelkinn Tennis spielen können." Tessie O'Shea liebte die Nummer auf Anhieb und sie musste sie während ihres Engagements auf dem North Pier in Blackpool – nicht zuletzt wegen der dynamischen Ukulele-Soli – immer und immer wieder singen. Im Juli 1939 spielte sie den Song für das Parlophone-Label ein, das mehr als zwanzig Jahre später unter der Ägide von George Martin die Beatles verpflichten sollte.

Während des Krieges setzte auch Tessie ihre Pfunde zur Unterhaltung und Ermutigung britischer Truppen ein. Ihr Ruhm war 1944 so groß, dass sie nach einer Show im Londoner Palladium von einer Limousine abgeholt und auf direktem Weg nach Windsor Castle gebracht wurde, wo sie vor den Prinzessinnen Elizabeth und Margaret auftrat. Auch im Kino eiferte sie George Formby nach, drehte im selben Studio in Manchester, in dem auch er seine Karriere begann und hatte 1950 mit dem Film noir *The Blue Lamp* Erfolg, in dem sie sich selbst als einen der letzten Music Hall-Stars inszenierte. Heute kennt man außerdem Lieder wie „Nobody Loves A Fairy When She's Forty" oder „Live And Let Live" von ihr.

DESASTER BEI ED SULLIVAN

In den USA konnte sie nach ihrem Musical-Erfolg von *The Girl That Came To Supper* (1963) auch in Film und Fernsehen Fuß fassen. Als sie allerdings – aufgetakelt wie ein Filmstar aus den dreißiger Jahren – am 9. Februar 1964 die *Ed Sullivan Show* vor dem Auftritt der Beatles – deren TV-Premiere in den USA – eröffnete, wurde die Kluft zwischen den Generationen mit Händen greifbar: Hier die aufgedonnerte Diva mit Schmuck und Federboa dekoriert, mit exaltierten Show-Routinen, einem penetrant einstudierten Lächeln und dem vermeintlich „wilden" Ukulele-Solo – dort die coolen Jungs aus Liverpool, mit ihrem hämmernden Beat, klirrenden elektrischen Gitarren, lässigen Jokes und einer authentischen, undomestizierten Ausstrahlung. Spätestens an diesem Abend fand in der Popmusik – für 74 Millionen Zuschauer an den Fernsehgeräten in den USA sichtbar – ein Generationswechsel statt. Die Unterhaltungskünstler, die sich in ihrem Glamour sonnten und ehrlichen Ausdruck längst durch überspannte Posen ersetzt hatten, waren endgültig passé. Hatte nicht schon Noël Coward in seinem Tagebuch über Tessie O'Shea treffend bemerkt, sie verströme „synthetisch-netten Humor aus jeder Pore".

The Beatles mit Tessie O'Shea in der *Ed Sullivan Show* am 9. Februar 1964
© CBS/Getty Images

Der Beat als „das Herzklopfen von zwei Verliebten über eine Verstärker-anlage" (Paul McCartney) sollte in der Folgezeit all die Stars, die noch nostalgisch aus der Music-Hall-Tradition, aus Operette, Vaudeville, Revue oder Pantomime schöpfen sollten, von den Bühnen fegen. Die Beatles waren „der Stoff, aus dem Schreie gemacht wurden", wie ihr Biograf Bob Wooler einmal treffend bemerkte. Es war Tessie O'Sheas Pech, dass sie in der *Ed Sullivan Show* mit dem überwältigenden „Yeah, Yeah, Yeah"-Hedonismus der Liverpooler Jungs einfach nicht konkurrieren konnte.

Im direkten Kontrast zu den Beatles und der Unbekümmertheit ihres Auftretens wirkte Tessie O'Shea jedenfalls uralt – wie aus der Zeit gefallen. Nun liegt eine besondere Ironie der Popgeschichte darin, dass ausgerechnet die Beatles eine allseits beliebte Ukulele-Virtuosin demonstrativ als lebenden Anachronismus entlarven sollten – waren doch zumindest George Harrison und John Lennon zu jener Zeit selbst bekennende Ukulele-Liebhaber und in ihrer Kindheit Fans sowohl von George Formby als auch von Tessie O'Shea gewesen. Und doch kündigten sie mit ihrem Auftritt in der *Ed Sullivan Show* vom Februar 1964 unwiderruflich den Beginn einer neuen Zeitrechnung an: Von jetzt an wurde die Geschichte der Unterhaltungsmusik in eine Phase vor und nach den Beatles unterteilt. Darüber kann auch nicht jenes ikonografische Foto hinwegtäuschen, auf dem Tessie O'Shea – von den lächelnden Beatles umringt – ihre Banjulele wie eine zukunftweisende Novität präsentiert. Für das nächste Vierteljahrhundert sollten elektrische Gitarren der Ukulele zunächst den Rang ablaufen und sie wie ein Instrument von vorgestern erscheinen lassen.

TRIO DER HERZEN

Das britische Ukulele-Triumvirat wird aber erst durch **Billy „Uke" Scott** komplettiert: 1923 – im Jahr als Formby seine erste Ukulele bekam – in Sunderland, im Norden Englands geboren, war auch Scott ein echter Fan des Ukulele-Hybrids Banjulele, obwohl er den Bekanntheitsgrad von Formby oder O'Shea nie erreichte. Dabei galt er allgemein als hervorragender Musiker, der als Kind zunächst eine klassische Klavierausbildung genoss und Noten sowohl lesen als auch schreiben konnte. Mit diesen Kenntnissen arbeitete er als Pianist für Music-Hall-Stars wie Gracie Fields oder Max Miller.

In seinem skurrilen Film-Debüt *A Night of Magic* von 1944 über die wieder zum Leben erwachte Mumie einer ägyptischen Prinzessin ist er als Sänger mit „Between You And Me And The Lampost" erstmals mit seiner Ukulele zu erleben. Er hatte sich in die Mini-Gitarre verguckt, nachdem ihm einer seiner Bandleader eine geschenkt hatte. Fortan beschränkte sich Scott jedoch nicht auf das beliebte Strumming, sondern lernte, Melodien zu zupfen und diese gleichzeitig harmonisch zu unterfüttern.

Als Paradebeispiel für seine elaborierte Technik kann sein Instrumental „Lady Of Spain" – ganz in der Tradition großer Flamenco-Gitarristen – gelten. Er spielte diese Nummer gern auf den Treffen der George Formby Society und wurde später sogar Präsident der Ukulele Society of Great Britain.

Die Angehörigen des britischen Ukulele-Triumvirats haben – bei allen Unterschieden im Stil und im kommerziellen Erfolg – gemeinsam, dass sie sich als Publikumslieblinge inszenierten, die ihre Wurzeln im typisch englischen Humor der Music-Hall-Tradition hatten – ein wenig rau, bodenständig und nah am Herzen der Leute. Während sich später amerikanische Rockmusiker auf ihre Wurzeln in Blues und Countrymusik berufen sollten, galt britischen Rock- und Pop-Exponenten wie John Lennon, George Harrison, Paul McCartney, David Bowie, Brian May, Pete Townshend und Ian Whitcomb – vermittelt über die Skiffle-Bewegung – die Formby-Ukulele-Schule als frühe Quelle der Inspiration. Dennoch sollte es in England Jahre dauern, bis die Ukulele ihr Comic-Image ablegen konnte, das sie unter Formby gewonnen hatte. Für ihn war das „little instrument" zeitlebens ein modisches Spielzeug geblieben, das sich schon wegen seiner lustigen Form hervorragend für einen Comedy Act eignete.

VIER SAITEN KÄMPFEN UMS ÜBERLEBEN

Während sich Formby und O'Shea mit ihren Ukulele-Songs während des Zweiten Weltkrieges um die mentale Truppenbetreuung verdient machten, stellte sich die Situation in Hawai'i und auf dem amerikanischen Festland verworren dar. Während des Krieges, als Holz und alle anderen Bauteile für Ukulelen auf Hawai'i nur schwer erhältlich waren, hatte beispielsweise Sam Kamaka senior seine Werkstatt in der South King Street in Honolulu vermieten müssen. Er züchtete zunächst Blumen, arbeitete dann auf dem US-Truppenstützpunkt Pearl Harbor und später auf einer Mango-Farm in Waianae, während die Firma Gibson auf dem Festland ihre Produktion auf den Zusammenbau von Radar-Anlagen und Maschinenpistolen umgestellt hatte.

Auf den Inseln selbst sah man in hawaiianischer Musik gleichwohl noch immer das wirkungsmächtigste Marketing-Instrument für den Tourismus.

Schon 1935 war hier mit *Hawaii Calls* eine Radioshow gestartet, die sich in den nächsten vierzig Jahren zur wichtigsten Werbesendung für den Archipel erweisen sollte. Bei den Live-Auftritten bekannter hawaiianischer Musiker aber ging es – in der verräterischen Sprache des Programmchefs Webley E. Edwards – schon nicht mehr „um die Songs, sondern allein um die Atmosphäre." Auch in der neu erbauten Touristenattraktion Lalani Hawaiian Village in Honolulus Stadtteil Waikiki dominierten die Hawaiʻi-Fantasien aus der Schlagerfabrik Tin Pan Alley und es war klar, dass die neue hawaiianische Musik nicht länger die Musik der Hawaiianer war. Die „haoles" hatten längst die Geschäfte übernommen.

Als Bing Crosby 1937 in dem Film *Waikiki Wedding* den schmachtenden Harry Owens-Titel „Sweet Leilani" – voll von wimmernden Steel-Gitarren – sang, schuf er damit einen Millionenhit, der für die nächsten acht Jahre zur bestverkauften Schallplatte Amerikas emporstieg, den Notenverkauf wieder nachhaltig ankurbelte und Owens sogar einen *Oscar* für den besten Film-Song einbrachte. Dieser Hit sorgte auch für ein wiedererwachendes Interesse an hawaiianischer Musik, die vor allem in Kalifornien in neu eröffneten Tiki Bars und Tropical Ins zu hören war. Nach dem Erfolg von *Waikiki Wedding* kamen zwischen 1938 und 1941 fünf weitere Hawaiʻi-Filme aus Hollywood in die Kinos.

Aufs Ganze gesehen hatte der Zweite Weltkrieg einen ähnlich unvorhersehbaren Effekt für die Geschichte der Ukulele wie schon der Erste Weltkrieg – unabhängig von den Einschränkungen in den Produktionsstätten. Denn wieder einmal verschickte das U.S. War Department Tausende von Ukulele-Songbooks mit den dazugehörigen Instrumenten an die Truppen in Übersee. Es kam sogar zur paradoxen Situation, dass die U.S. Navy Ukulelen zur moralischen Unterstützung der Soldaten nach Honolulu verschiffen musste.

Als der Krieg zu Ende war, schien auch die Erfolgsgeschichte des kleinen Saiteninstruments zunächst einmal an ihr Ende gekommen zu sein: „Die Ukulele ist heute außerhalb von Hawaiʻi mausetot. Ihre Popularität geht praktisch gegen Null. Was erstaunlich ist, denn sie ist noch immer das preiswerteste und am leichtesten zu lernende Instrument". Dieser Nachruf auf die Ukulele von Emerson Strong, dem Vizepräsidenten der in Brooklyn beheimateten Firma Gretsch Manufacturing Co., erschien im

November 1948 im Honolulu Advertiser. Er bezog sich vor allem auf die unbefriedigenden Verkaufszahlen des aktuellen Nachkriegsmodells von Gretsch, das mit Koffer und Spielanleitung zwei Jahre zuvor zum relativ hohen Preis von neun Dollar auf den Markt gekommen war.

In ihrer „Todesanzeige" hatte die renommierte Firma Gretsch allerdings die Bedeutung von zwei neuen Technologien – Plastik und Fernsehen – komplett unterschätzt. Zusammen sollten sie im kommenden Jahrzehnt einen neuen Ukulele-Boom mit Millionen verkaufter Instrumente auslösen.

HÜTER DER FLAMME

Dass es während der Kriegsjahre dennoch nicht so desolat um den kleinen Viersaiter bestellt war, ja, dass sich in dieser Zeit – fernab von den stagnierenden Märkten im amerikanischen Mutterland – auf Hawai'i eine regelrechte Renaissance der Ukulele und ihrer Bedeutung für die traditionelle hawaiianische Musik entfalten konnte, liegt vor allem an einem Mann: **Eddie Kamae.**

Eddie Kamae wurde am 4. August 1927 in eine kinderreiche Familie hineingeboren. Seine Mutter Alice, eine sanftmütige Hawaiianerin, hatte ihren Mann Sam in der kleinen Walfängerstadt Lahaina auf Maui kennengelernt. Sam stammte von der Nordküste Big Islands und war stolz auf seine indianischen Wurzeln: Sein Vater war das Kind einer Cherokee und eines Hawaiianers. Mit seiner Größe und den hervorstechenden Wangenknochen war Sams Vater eine imposante Erscheinung. Und er war eigensinnig: Er wollte weder als Fischer noch als Farmer oder Arbeiter auf den Zuckerplantagen leben und ließ sich stattdessen als Drucker ausbilden. Mit seiner jungen Frau suchte er sein Glück bald in der Hauptstadt. Er liebte Ringkämpfe, vor allem wenn indianische Kämpfer wie Chief Thunderbird oder White Cloud beteiligt waren und nahm gern einen seiner Söhne mit ins Civic Auditorium in Honolulu. Am meisten freute er sich, wenn Eddie ihn begleitete.

Der verbrachte seine Kindheit zusammen mit neun Geschwistern in einer Siedlung nahe des Hafens. Im Sommer fuhr er mit seinen Geschwistern oft nach Maui, um die Großmutter zu besuchen. Sie war Ende des

Eddie Kamae während eines Konzerts in Naʻalehu, Hawaiʻi, 2008
© Alvis Upitis / Getty Images

19. Jahrhunderts als Hula-Tänzerin am Hof von König Kalakaua aufgetre-
ten. Mit seinen acht Jahren wusste Eddie nicht, dass seine Oma an heißen
Tagen in einem Verschlag hinter ihrem Haus noch immer zu Laka, der
Göttin des Hula betete. Und er wusste auch noch nichts darüber, dass die
Berge Puʻu Kukui, die man im Osten sehen konnte, in der hawaiianischen
Mythologie eine zentrale Rolle spielten – waren sie doch der Geburtsort
von Moʻo, der heiligen Göttin Kihawahine, die den Ozean überquerte und

Hawai'i mit den polynesischen Inseln Tausende von Kilometern entfernt verband. Für diese alten Geschichten sollte sich der junge Eddie Kamae erst dreißig Jahre später zu interessieren beginnen.

An der Ferrington Highschool legte er keinen großen Ehrgeiz an den Tag. Er wollte lieber durch zahlreiche Nebenjobs ein bisschen Geld verdienen und Musik machen. Im Alter von 15 Jahren bekam er seine erste Ukulele von seinem Bruder Sam geschenkt, der als Busfahrer bei der Honolulu Rapid Transit arbeitete. Er hatte das Instrument am Ende einer Schicht hinten in seinem Fahrzeug gefunden. Und anstatt es im Fundbüro abzugeben – es war abends geschlossen –, nahm er es mit nach Hause. Eddie, der sich sofort in den Plinky-Sound des Instrumentes verliebt hatte, schaute sich die Spieltechnik und erste Song-Akkorde zunächst bei seinem Bruder Joe ab, der mit seiner Gitarre schon auf Partys und bei lokalen Varieté-Veranstaltungen auftrat. Bald besorgte er sich weitere Tipps und Spielmaterial von Freunden. Alles, was er an Ukulele-Musik hörte, saugte Eddie auf. Das waren zu Hause vor allem traditionelle hawaiianische Stücke, die sein Vater am meisten schätzte. Doch die erschienen Eddie mit ihren zwei, drei simplen Akkordfortschreitungen bald zu simpel. Da klangen „hapa-haole"-Songs, hawaiianisch-englische Zwitter wie „Sweet Leilani" oder „Lovely Hula Hands" schon spannender. Im Radio suchte er sich am liebsten die Klassik- und Swing-Programme mit Benny Goodman oder Glenn Miller heraus. Und immer wieder versuchte Kamae, deren Jazznummern auf seiner Ukulele zu begleiten.

In dieser Zeit fand er auch heraus, dass sein Vater nebenbei gutes Geld im Wettgeschäft verdiente: Er sammelte in der Nachbarschaft die Wetten für ein chinesisches Glücksspiel namens Chi-fa ein und kassierte von jedem Einsatz zehn Prozent Gebühr. Der junge Eddie war tief beeindruckt. Mit 18 Jahren musste er 1945 zunächst für zwei Jahre seinen Militärdienst ableisten. Er wurde nach Neukaledonien, auf eine zu Frankreich gehörende Inselgruppe im südlichen Pazifik abkommandiert, wo es während des Zweiten Weltkrieges zu einigen heftigen Gefechten gekommen war. Dort verbrachte Kamae Monate damit, Kriegsmaterial für die Verschiffung in die USA zu verpacken.

Nebenbei fand er allerdings noch genügend Zeit, auf der Ukulele zu üben und seine Spieltechnik zu perfektionieren. Hier puzzelte er sich auch

Arrangements von Hoagy Carmichaels Evergreen „Stardust" und seiner Lieblings-Latin-Nummer „Tico Tico" zusammen. Zurück auf Hawai'i, nach einem gescheiterten Versuch, seinen Schulabschluss nachzuholen, lernte er 1948 dann in Downtown Honolulu, am Taxitreff von Charlie's Cap Stand – der Schuppen nahe des königlichen Iolani Palace war ein beliebter Musikertreffpunkt mit einer Open Mic Session jeden Samstagnachmittag – den gleichaltrigen Shoi Ikemi kennen, einen weiteren talentierten Ukulele-Spieler. Sie begannen, gemeinsam zu üben und komplexe zweistimmige Arrangements zu schreiben: Einer übernahm die Leadstimme, der andere die Akkordbegleitung – und das in ständigem verwirrenden Wechsel. Als The Ukulele Rascals konnten sie schon bald in Restaurants, auf Privatpartys oder bei Benefiz-Veranstaltungen auftreten. In diesem Instrumental-Duo spielte sich Kamae in den nächsten Jahren durch alle Stilrichtungen – von traditioneller hawaiianischer Musik über Latin- und Jazztitel bis zu amerikanischen Folk- und Popnummern. Selbst der Gypsy-Swing eines Django Reinhardt war aus dem interessanten Repertoire-Mix herauszuhören.

UKE GOES SOLO

Die freche Mixtur der Ukulele Rascals transformierte die viersaitige „Bonsai-Gitarre" von einem bloßen Rhythmus-Instrument in ein vollwertiges Melodie-Instrument mit unendlichen Möglichkeiten. Zu dieser Zeit spielte Eddie eine Martin-Standard-Tenor-Ukulele. Doch schon bald wechselte er zu einem Instrument aus Koa-Holz vom lokalen Hersteller Kamaka. Er belegte jetzt Kurse in Musiktheorie an der University of Hawai'i bei der frisch berufenen Professorin Barbara Smith, die gerade ein spezielles musikethnologisches Studienprogramm entwickelte. Eddie lernte Noten lesen und begann jetzt ebenfalls, Klassiker der traditionellen Musik Hawai'is in seinem „jazz picking style" neu zu arrangieren.

Schon Jahre zuvor war es **Jesse Kalima (1920 – 1980)** auf Hawai'i gelungen, die Ukulele als Solo-Instrument stark zu machen. Mit 15 Jahren nahm Kalima erstmals am Territorial Amateur Hour Contest in Honolulu teil und gewann den Wettbewerb auf Anhieb mit seiner Version des Sousa-Marsches „Stars and Stripes Forever"– wahrlich kein hawaiianisches Stück

Musik. Aber von einem Hawaiianer auf dem Lieblingsinstrument der Inseln gespielt, wurde es bereitwillig in den Kanon hawaiianischer Klassiker aufgenommen. Das eigenwillige Arrangement ebnete Kalimas weiteren Karriereweg. Er war der erste, der die Ukulele elektrisch verstärkte und das etwas größere Tenor-Modell populär machte. Kalima bevorzugte es wegen seines volleren Klangs und wegen des größeren Griffbretts, – da er recht kurze Finger besaß. Berühmt geworden ist Kalima darüber hinaus mit seiner Arrangiertechnik, die er „chord soloing" nannte: Melodie und Harmonien eines Songs werden dabei gleichzeitig gespielt, in dem die Grundtöne der Akkorde für die Melodielinie genutzt werden. Mit seinen beiden Brüdern und einem Cousin gründete Kalima 1938 die Kalima Brothers, die mit so unterschiedlichen Hits wie „Jalousie", „Dark Eyes" oder „Under The Double Eagle" Erfolge hatten. In all diesen Stücken kam Kalimas Markenzeichen des „chord soloing" besonders gut zur Geltung. Doch Kalima, wie auch sein Kollege Eddie Kamae spielten zunächst keine hawaiianischen Traditionals auf ihren Instrumenten, sondern bevorzugten europäische Orchesterstücke wie Ravels „Bolero", amerikanische Märsche und Latin-Nummern.

Da er sich eine brillante Technik angeeignet hatte, schaffte es Eddie Kamae, Kalimas „chord soloing" noch weiter zu perfektionieren, indem er alle vier Saiten des Instrumentes zusammen zupfte und so Melodie und Harmonie gleichzeitig hörbar machte. Als weiteres Markenzeichen kultivierte Eddie das sogenannte Rasgueado – eine rasante Anschlagtechnik, wie man sie von der spanischen Flamenco-Gitarre kennt, bei der alle Finger der rechten Hand nacheinander abwärts in einem perlend-rollenden Rhythmus mit den Nägeln die Saiten anschlagen – beispielhaft hörbar in der Rascals-Version von „Malagueña". Auch Stücke wie „Granada" oder Teile von Ravels „Bolero" erschienen jetzt wie für die Ukulele komponiert. Der erst 21-jährige Kamae hatte ein Terrain erobert, das bisher noch kein Ukulele-Spieler auf Hawai'i betreten hatte.

Ihr Ruf eilte ihnen voraus und bald unternahmen die Ukulele Rascals zusammen mit dem bekannten Orchesterchef Ray Kinney eine ausgedehnte Tour durch die USA. Ausgehend von San Francisco zogen sie in diesen „letzten Vaudeville-Tagen" (Kamae) weiter nach Los Angeles, San Diego und Seattle bis nach Vancouver. Obwohl viele ihrer Shows ausverkauft waren, fand Kamae das Leben on the road nur nervig: die langen Bus-fahrten, die billigen Hotels, die karge Verpflegung, das geringe Taschen-geld. Je länger die Tour dauerte, umso weniger Publikum kam auch zu den Konzerten. Als ihm dann noch in den Rocky Mountains wegen der bitteren Kälte die Fingernägel abbrachen, war Eddie es endgültig leid: Ohne Fingernägel konnte er keine Ukulele zupfen. „Ich musste mir also falsche Fingernägel kaufen und sie ankleben – das war's dann für mich."

HINTER DEN MAUERN DER STRAND

Konzertreisen solcher Art empfand Kamae eindeutig als zu anstrengend und so machte er nach seiner Rückkehr nach Hawai'i erst einmal schnelles, leicht verdientes Geld. Seine Kontakte zur Glücksspielszene des Vaters, in der auch seine Brüder zwischenzeitlich kräftig mitgemischt hatten, machten sich jetzt bezahlt. Doch leider ließ er sich immer stärker in krimi-nelle Machenschaften hineinziehen: von der Ausrichtung illegaler Hahnen-kämpfe bis zu Betrügereien mit Speisestärke als „garantiert wirksamer Haushalts-Medizin". Im Alter von 27 Jahren wanderte Eddie für drei Jahre ins Gefängnis. Als sein Vater, ein Mann, der nicht viel redete, ihn zum ersten Mal hinter Gittern besuchte, sagte er nach langem Schweigen nur: „Tja mein Sohn, mach das Beste draus!". Also wandte sich Kamae im Gefängnis wieder seinem Lieblingsinstrument zu. „Meine Uke war während dieser harten, aufreibenden Zeit mein treuester Begleiter und die einzige Möglichkeit, ein bisschen Seelenfrieden zu finden." Nach seiner Frei-lassung erhielt er sofort ein Engagement im Biltmore Hotel in Waikiki, wo er zunächst dem Konzept der Rascals treu blieb und vor allem west-europäische Stücke spielte. Denn noch immer galt Eddie als einfluss-reichster Ukulele-Stilist auf den Inseln. Entgegen seiner musikalischen Modernisierungsbestrebungen der Vorjahre entschloss sich Kamae aber bald zu einer stilistischen Kehrtwendung: Ab 1959 konzentrierte er sich ausschließlich auf die hawaiianische Musiktradition.

Der Grund für diese Veränderung war seine Bekanntschaft mit dem legendären Slack-Key-Gitarristen und Sänger Gabby Pahinui im Jahr 1959. Der spielte gerade mit der Eddie Spencer Band in der Barefoot Bar, wo

Kamae nach seinen Auftritten im Biltmore gern noch einen Absacker nahm. Eines Abends erhielt Eddie die Einladung zu einer der legendären Jamsessions, die Pahinui am Wochenende oft in seinem Haus veranstaltete. „Es war immer rappelvoll, Kinder tollten herum, jeder, der ein Instrument dabei hatte, konnte mitspielen, manchmal dauerten die Sessions drei Tage und drei Nächte lang." Auf einer dieser Partys lernte Kamae von Pahinui den alten Song „Ku'u Pua I Paoakalani", den Queen Lili'uokalani während ihres Hausarrests 1893 geschrieben hatte. Paoakalani bedeutet hier „königlicher Duft" und meint die Blumengärten der Queen in Waikiki. Und wie immer in der Tradition hawaiianischer „oral poetry" gibt es auch hier eine Geschichte hinter der Geschichte. Queen Lili'uokalani war es nämlich während ihres Hausarrests verboten, Tageszeitungen zu lesen oder irgendwelche Nachrichten zu empfangen. Der Sohn einer engen Freundin fand jedoch einen pfiffigen Weg, das Verbot zu umgehen. Er schickte Queen Lili'uokalani jeden Tag frische Blumen aus ihren Paoakalani-Gärten – eingewickelt jeweils in die neueste hawaiianische Tageszeitung.

Eddie jammte jetzt regelmäßig mit Pahinui und spürte plötzlich etwas in ihrem Zusammenspiel, auf das er zuvor nicht geachtet hatte. Es lag in Gabbys speziellem Saitenanschlag, in seinem Rhythmusgefühl – Kamae meinte das Echo uralter Hula-Trommeln zu hören. Und es lag in Gabbys Stimme. Pahinui kannte Hunderte von Songs, darunter auch viele populäre „hapa-haole"-Stücke wie „Beyond The Reef" oder „My Little Grass Shack". Doch die Songs, die ihm wirklich am Herzen lagen, waren alte hawaiianischen Nummern wie „He'eia" oder „Ka Ua Loku". Hier dehnte er genüsslich die Noten, ließ seine Stimme zwischen Melancholie und Überschwang oszillieren und traf immer wieder jenes unsagbare Gefühl, das sowohl im Blues wie im Flamenco den „Augenblick der Wahrheit" ausmacht. „Hier hörte ich zum ersten Mal den unverfälschten Gesang der Seele und mir wurde schlagartig klar, was mein Vater mir über die alte hawaiianische Musik vergeblich zu sagen versucht hatte." Für Kamae schwang in Pahinuis Gesang die ganze hawaiianische Geschichte mit: „Für mich war es wie eine religiöse Umkehr".

Plötzlich sahen die beiden Musiker gänzlich neue Perspektiven ihrer Zusammenarbeit: „Wir wachten um fünf Uhr morgens auf, gingen auf den

Hof oder an den Strand und spielten den ganzen Tag alte hawaiianische Songs. Wir tranken ein paar Biere, lehnten uns zurück und machten Musik, bis es dunkel wurde." Bald stießen der Bassist Joe Marshall und der Steel-Gitarrist David „Feet" Rogers zu dem Duo. Im Frühjahr 1960 gab die neue Band ihre ersten öffentlichen Konzerte im Sandbox-Club in der Nähe des Flughafens von Honolulu. Schon in der zweiten Woche ihrer Konzertreihe standen die Leute Schlange, junge Studenten, Taxifahrer, Rechtsanwälte, Bankangestellte, Surf-Boys, Lastwagenfahrer und Seeleute. Sie alle spürten, dass hier etwas Ungeheuerliches im Gange war, dass hier eine Band mit ihrer Mischung aus traditionellen und neuen Elementen die zeitgenössische hawaiianische Musik revolutionierte. Ihr erstes Album firmierte noch unter *Gabby Pahinui with the Sons of Hawai'i*, doch schon bald hießen sie nur noch Sons of Hawai'i und spielten weitere sechs, überaus erfolgreiche Schallplatten ein.

Sie markierten den Beginn der sogenannten „Hawaiian Cultural Renaissance." Mit zahlreichen Schallplattenproduktionen betrieb das Ensemble in seinen typischen rot-weiß-karierten Hemden (ihr Palaka-Druck war ein symbolisches Relikt aus der Zeit der Zuckerrohr-Plantagen) in den sechziger und siebziger Jahren eine Art spiritueller Traditionspflege. Eddie suchte jetzt in Plattenläden, Archiven und Bibliotheken nach alten, vergessenen Songs. Er sammelte vergilbte Notenblätter, Texte, die längst vergriffen waren und konnte nicht selten in den überlieferten Liedern fehlende Verse ergänzen. So wurde er zu einer Art Archäologe der hawaiianischen Musik. Seinen Spitznamen „Woody Guthrie von Hawai'i" trug Kamae wie einen Ehrentitel. Nach seiner Inspirationsquelle gefragt, legte er gern die Hand aufs Herz und sagte: „Es kommt alles aus dem ‚Aloha'. Es geht nicht um die Finger, um die Saiten, um die Griffe auf der Ukulele. All das kommt später. Es kommt aus dem Herzen und alles Weitere folgt, wenn du dem ‚Aloha' Raum gibst." Neben seinen archivarischen Forschungen erteilte Kamae regelmäßig Ukulele-Unterricht und machte sich als Mentor und Lehrer um einen weiteren Virtuosen, seinen Lieblingsschüler Ohta-San, verdient.

ANCIENT TO THE FUTURE

Angeregt durch die hawaiianische Dichterin und Historikerin Pīlahi Pākī, begann sich Eddie Ende der fünfziger Jahre ernsthaft mit dem kulturellen Erbe und der Sprache der Alten zu beschäftigen. Er traf sich auf den kleineren Inseln des Archipels mit vergessenen Songschreibern und Musikern wie Sam Li'a oder Luther Makekau. In den achtziger Jahren entdeckten Eddie und seine Frau Myrna dazu noch die Möglichkeit, als Filmemacher den letzten lebenden Hawaiianern, die noch eine Brücke in das vormoderne Leben auf den Inseln schlagen konnten, Gesichter und Stimmen zu verleihen. Mit preisgekrönten Filmdokumentationen wie *Listen to the Forest* (1991) oder *Hawaiian Voices: Bringing Past to Present*

Joan Blackman und Elvis Presley im Film *Blue Hawaii*, 1961 © picture alliance

(1999) wandte sich Kamae immer wieder beharrlich gegen das Vergessen der kulturellen Überlieferungen in den Köpfen der heutigen Menschen auf Hawai'i.

Schon 1959, als er gerade mit Gabby Pahinui die Keimzelle der späteren Sons of Hawai'i formte, war Hawai'i zum 50. Bundesstaat der USA geworden. Im selben Jahr landete der erste Düsenjet aus San Francisco auf dem Flughafen von Honolulu und verkürzte die Reisezeit von der Westküste von bisher 13 auf nur fünf Stunden. Obwohl diese Entwicklung wirtschaftlich für Hawai'i zweifellos von Vorteil war – Handel und Tourismus florierten, Hawai'i wurde zum lukrativen Investment – sahen viele Einheimische diese ökonomische und politische Vereinnahmung durch die USA mit gemischten Gefühlen: Sie waren jetzt auf dem besten Weg zu einer kulturellen Entmachtung.

Die hawaiianische Sprache und mit ihr die alten kulturellen Praktiken, die Gesänge, die heiligen Hula-Rituale, die Kunst des Kanu-Baus – all das geriet jetzt immer mehr in Vergessenheit. Traditionen wurden schrittweise entwertet. Kein Wunder, dass das Interesse an hawaiianischer Musik Anfang der sechziger Jahre an einem Tiefpunkt angekommen war. Der Rock 'n' Roll hatte auch auf den Inseln die Herrschaft übernommen. Sinnbildlich für diese zwangsweise Akkulturation sollte für viele Hawaiianer Elvis Presleys Film *Blue Hawaii* stehen. Erschienen im Jahr 1961, degradierte er die Ukulele zu einem bloß modischen Accessoire, das man noch nicht einmal mehr spielen musste. Hauptsache, man konnte im Hawaii-Hemd und mit Blumenkette auch eine Ukulele in den Händen halten.

Kamaka Ukulele auf der NAMM Show 2016 in Anaheim, Kalifornien
V. l. n. r. (1. Reihe sitzend): Chris Kamaka, Sam Kamaka jun., Fred Kamaka sen., Casey Kamaka, (dahinter:) Fred Kamaka jun. © Kamaka Hawaii, Inc.

6
The 4 K's:
Von singenden Saiten und
schwingenden Hölzern

EINE VIRTUELLE DISKUSSION ZWISCHEN DEN VIER
FÜHRENDEN UKULELE-HERSTELLERN AUF HAWAIʻI*

Nachdem die Ukulele spätestens seit der Jahrtausendwende zu einem globalen Phänomen avanciert ist, haben sich überall auf der Welt – von Großbritannien, Deutschland und Frankreich über Japan und China bis Thailand – Werkstätten gegründet, die sich auf die Produktion des kleinen Instruments spezialisiert haben. Obwohl auch auf dem US-amerikanischen Festland ein Fülle hochqualifizierter Firmen entstanden sind, kehrte das Instrument an seine Ursprünge zurück: Die vier führenden Ukulele-Hersteller sitzen heute wieder auf Hawaiʻi. Da die Namen dieser Premium-Werkstätten allesamt mit einem K beginnen, spricht man in der Szene auch von den berühmten „4 K's" – Kamaka, Kanileʻa, KoAloha und Koʻolau. Alle vier Firmen sind auf der Insel Oʻahu beheimatet, oft nur wenige Kilometer voneinander entfernt und produzieren Ukulelen in allen Formen und für die verschiedensten Stilrichtungen: Von der glockenförmigen Soprano bis zur handgeschnitzten Archtop-Tenor-Ukulele. Ihre Preise reichen von rund hundert bis zur mehr als 10.000 Dollar.

Die älteste und bekannteste Firma der „4 K's" ist zweifelsohne **Kamaka**, die 2016 ihr 100-jähriges Firmenjubiläum feierte. Ihr Gründer Samuel K.

---

* Alle Gesprächspassagen stammen aus Interviews mit den Beteiligten und wurden vom Autor in Form einer Diskussion zusammengefügt.

Kamaka, einst Gehilfe von Manuel Nunes, bot seine Instrumente erstmals 1916 für fünf Dollar das Stück an. Zwölf Jahre später gelang ihm dann mit der Patentierung der ovalen Pineapple-Ukulele ein genialer Wurf. Mit Hilfe seiner beiden Söhne Samuel junior und Frederick gelang es Kamaka, die Firma auch über schwierige Zeiten am Leben zu erhalten. Nach dem Tod des Gründers im Jahr 1953 übernahm Samuel junior die Leitung des Unternehmens und sorgte in den nächsten Dekaden für rapides Wachstum. Seinen noch immer gültigen Standort an der 550 South Street, Honolulu, bezog die Firma im Jahr 1959. Nach seiner Pensionierung bei der US-Armee stieß auch Frederick 1972 wieder zu dem stetig prosperierenden Familienbetrieb. Doch die nächste Kamaka-Generation stand schon in den Startlöchern: Frederick junior übernahm die Geschäftsführung, während Samuel juniors Söhne Chris und Casey für Herstellung, Vertrieb und den Bau von speziellen Custom-Shop-Instrumenten (u. a. für Jake Shimabukuro) zuständig wurden.

Heute beschäftigt Kamaka rund dreißig Mitarbeiter – davon sind mehr als die Hälfte gehörgeschädigt, denn es gehört seit Jahrzehnten zur Firmenpolitik, Menschen mit einer Behinderung bei der Einstellung zu bevorzugen. Was zunächst wie ein Handicap klingt, entpuppt sich in der Praxis als Vorteil: Diese Ukulele-Bauer sind wegen ihres höher entwickelten Tastsinns in der Lage, durch bloßes Abklopfen die notwendige Dicke des Koa-Holzes exakt zu bestimmen, indem sie die Vibrationen mit ihren Fingern erspüren. Zu den mehr als 3.000 Ukulelen, die Kamaka jedes Jahr produziert – die meisten davon aus Koa –, zählen spezielle Modelle wie die Ohta-San-Concert oder das sechs- bzw. achtseitige Liliʻu-Instrument (nach Queen Liliʻuokalani benannt). Unter den bekanntesten Kamaka-Kunden und -Spielern sind neben Laurel & Hardy, Tiny Tim und Arthur Godfrey auch der Astronaut Scott Carpenter, der Beatle George Harrison und die „Rainbow"-Song-Ikone Israel „IZ" Kamakawiwoʻole. Alle Mitarbeiter stehen zu dem Grundsatz des Gründers Samuel senior: „Wenn ihr Instrumente baut und dafür den Familiennamen verwendet, dann baut keinen Schrott."

Die Gründung von **Kanileʻa ʻUkulele** ist wesentlich jüngeren Datums: Erst 1998 starteten Joe Souza und seine Frau Kristen die Firma in Kaneohe, 46216 Kahuhipa Street. In weniger als zwei Dekaden konnten sie mit ihren

Joe Souza in der Kanile'a-Werkstatt © Peter Kemper

innovativen Produktionsmethoden und rigider Qualitätskontrolle in die erste Liga der hawaiianischen Ukulele-Hersteller aufsteigen. Als gebürtiger Hawaiianer war Joe seit seinen Kindertagen mit dem Instrument aufgewachsen. Auf der Schule musste er dann als Mitglied der Hawaiian Language Class auch Ukulele-Unterricht nehmen. Nach Jahren bei der Berufsfeuerwehr ging Joe dann 1991, im Alter von zwanzig Jahren, bei dem Instrumentenbaumeister Peter Bermudez in die Lehre und lernte die Ukulele-Konstruktion von der Pike auf. Nachdem er sich selbstständig gemacht hatte, überraschte er seine Kollegen bald mit einem neuartigen Beleistungssystem (TRU) und einer innovativen Lackierung von nie zuvor gekannter Perfektion. Auch war Joe Souza einer der ersten, die das computergestützte CNC-Fertigungsverfahren im Ukulele-Bau auf Hawai'i einsetzten. Heute beaufsichtigt er in seiner Firma eine Belegschaft von rund 25 Mitarbeitern, die fünf bis sechs Ukulelen von professioneller Qualität am Tag herstellen – im Jahr sind das rund 1.500 Exemplare, wobei die Preise von rund 700 bis 4.000 Euro für das fünfsaitige Willie K.-Modell reichen. Erst kürzlich wurde die hochpreisige Kanile'a-Produktlinie durch preiswertere, in Fernost gebaute Instrumente der Marke Islander ergänzt. Zu den bekannten Künstlern, die auf Kanile'a-Instrumenten zu hören sind, zählen Aldrine Guerrero, Kamuela Kimokeo oder Bruddah Sam. Da Joe Souza in seinem Familienstammbaum auch auf Vorfahren aus Portugal zurückblicken kann, wird verständlich, warum die Ukulele für ihn eine große Herzensangelegenheit ist.

Wie sich aus einer Fabrik für Plastik-Kleinteile über die Herstellung von handtellergroßen Mini-Ukulelen als Touristen-Mitbringsel einer der renommiertesten Hersteller des hawaiianischen Nationalinstruments entwickeln konnte, zeigt die Firma **KoAloha**, die in der 744 Kohou Street, Honolulu, – nur unweit der

Kamaka-Werkstatt – beheimatet ist. Der Name lässt sich entschlüsseln, indem man das Wort „Koa" mit „Aloha" kombiniert. Aber wie immer besitzen hawaiianische Wörter eine tiefere Bedeutung, die man „kaona" nennt. In diesem Fall heißt „Kou" dann „deine" und „aloha" lässt sich mit „Liebe" übersetzen.

Alvin Okami mit seiner Frau Pat
© KoAloha Ukulele

Der Firmengründer Alvin „Pops" Okami gilt als moderner „Renaissance-Mensch", der nicht nur als Erfinder, Innovator, Komponist, Arrangeur, Sänger und brillanter Oboist von sich reden machte, sondern ebenso ein erfolgreicher Grafiker und Industriedesigner ist. Wiederholt war er mit dem berühmten Ukulele-Virtuosen Ohta-San senior aufgetreten und der war es auch, der Okami ermunterte – nachdem dessen Plastikfabrik in finanzielle Schwierigkeiten geraten war –, es doch einmal mit der Herstellung von Mini-Ukulelen als Geschenkartikel zu versuchen. Die nur etwa zehn Zentimeter großen, aber dennoch stimm- und voll bespielbaren Instrumente waren ein so durchschlagender Erfolg, dass sich Alvin Okami 1995 mit seiner Frau Pat und den beiden Söhnen Alan und Paul – heute leiten die beiden das Unternehmen – an die Produktion „richtiger" Ukulelen wagte, die durch ihre zahlreichen Neuerungen wie beispielsweise ein neues Bracing System oder ein Musubi-Schall-Loch schnell von sich reden machten. Ausgefallene Modelle wie Pineapple Sunday, Sceptre oder die Juke-A-Lele in Form einer alten Musikbox festigten den Ruf von KoAloha als origineller und zugleich seriöser Ukulele-Werkstatt. Jüngere Künstler wie Herb Ohta junior, Brittni Paiva oder Victoria Vox schätzen den kräftigen und gleichwohl subtilen Klang ihrer Instrumente.

Erst durch die **Ko'olau** Guitar & 'Ukulele Company wird das Quartett der „4 K's" komplettiert. Es handelt sich bei diesem Unternehmen nicht einfach um eine weitere Ukulele-Firma, sondern um eine relativ kleine, dafür hoch spezialisierte Werkstatt für Custom-Order-Ukulelen. Der Kunde kann hier also sein Instrument bis in alle Details zusammen mit den beiden Instrumentenbaumeistern Noa Kitakis und Ryan Condon planen und wird von ihnen über den Bau seines personalisierten Instruments ständig auf dem Laufenden gehalten. Gegründet wurde Ko'olau von John Kitakis Mitte der neunziger Jahre, nachdem er sich in den achtziger Jahren nach einer Ausbildung zum Möbelschreiner auf die Reparatur von Gitarren solch renommierter Hersteller wie Martin, Gibson oder Taylor konzentriert hatte. Seine Söhne Noa und Andrew halfen bald in der Produktion und im Vertrieb mit. Es war von Anfang an das erklärte Ziel des Kitakis-Clans, aus der Ukulele ein High-End-Instrument zu machen, das auch den Vergleich mit den bestklingenden Gitarren nicht zu scheuen braucht. Am

V.l.n.r.: Ryan Condon, Noa Bonk, John Kitakis von Ko'olau Guitar & Ukulele Co.
© Ko'olau Guitar & Ukulele Co.

Firmensitz in der 401 North Cane Street in Wahiawa – gelegen zwischen dem Ko'olau- und dem Wai'anae-Gebirge auf O'ahu – wird mit allen nur erdenklichen Tonholz-Kombinationen experimentiert. Jedes Instrument, das hier die Werkstätten verlässt, ist ein kleines Kunstwerk, einmalig in seiner Art. Nur rund 300 Exemplare dieser „State-of-the-Art"-Instrumente gelangen jährlich in den Verkauf. Die Preise reichen von 1.000 bis zu mehr als 10.000 Euro. Neben einem halbakustischen Tenor-Modell und einer Bariton-E-Ukulele hat Ko'olau auch ein handgeschnitztes Archtop-Modell auf den Markt gebracht, das mit seinem lebendigen Klangvolumen und seinem Sustain alles bisher Gehörte hinter sich lässt. Mit der preisgünstigeren, in Indonesien gebauten, aber auf Hawai'i konstruierten und kontrollierten Pono-Produktlinie erschließt Ko'olau seit Jahren neue Käuferschichten. Nicht wenige Ukulele-Stars – von Lyle Ritz und Benny Chong über Chino Montero und Troy Fernandez bis zu Abe Lagrimas – haben über die Jahre den hohen Qualitätsanspruch der Ko'olau-Manufaktur schätzen und lieben gelernt.

In der folgenden Diskussion geht es um die Geheimnisse der Ukulele-Herstellung, um Unternehmens-Philosophien und zukünftige Herausforderungen des Instrumentenbaus.

Gesprächsteilnehmer:
Casey Kamaka (Kamaka Hawaii, Inc.)
Joe Souza (Kanileʻa ʻUkulele)
Alvin Okami (KoAloha Ukulele)
John Kitakis (Koʼolau Guitar & ʻUkulele Company)

FRÜH ÜBT SICH

Joe Souza: „Wir wachsen hier in der hawaiianischen Kulturtradition mit bestimmten Wertvorstellungen auf, schon als junger Mensch versuchen wir respektvoll und freundlich zu sein, möglichst wenig zu fluchen, uns gegenseitig zu helfen und zu unterstützen, Sorge für unsere Umgebung zu tragen und wir kümmern uns nicht nur um unser Haus und unseren Garten, wir kümmern uns um die Gemeinschaft. Als Erwachsener bin ich heute sehr dankbar für diese frühe Wertorientierung, für die sozialen Verpflichtungen, mit denen ich erzogen wurde. Hier auf Hawaiʻi wurde ökologisches Denken, die Sorge um die Umwelt schon immer groß geschrieben."

Casey Kamaka: „Auch für uns war es immer sehr wichtig, die hawaiianische Tradition zu bewahren, weil sie uns sagt, wer wir sind, woher wir kommen. Ich komme nun mal aus einer Familie von Musikern und Instrumentenbauern und die Geschichte der Ukulele gehörte zu unserem Familienverständnis wesentlich dazu. Familie ist für uns ein ganz großer Wert, ebenso die heimatliche Verbundenheit, die Wurzeln."

John Kitakis: „Ich wurde nicht in der hawaiianischen Musiktradition sozialisiert, meine Wurzeln lagen eher in Folk- und Rockmusik. Als ich dann aber mit zwanzig Jahren nach Hawaiʻi kam und meine Frau kennenlernte, die hier geboren und aufgewachsen war, fand ich sehr schnell zur Ukulele. Sie ist hier einfach ein integraler Bestandteil der Musikkultur."

Alvin Okami: „Wir haben bei KoAloha als Familienbetrieb begonnen und sind bis heute einer geblieben. Ich hoffe, dass wir diese Werte nie verleugnen werden. Unsere Firma baut auf Beziehungen auf, mit allen unseren Angestellten, unseren Kunden und Freunden. Wenn der Ukulele-Bau auch unsere Herzensangelegenheit ist, gibt es doch nichts Wichtigeres als die Lebensgeschichten, an denen wir partizipieren durften. Oft fragen mich die Leute, ob es in einem Familienunternehmen nicht leicht zu Konflikten kommen kann. Aber das ist bei uns nicht der Fall, denn wir haben alle Aufgaben nach den jeweiligen Talenten und Fähigkeiten verteilt, sodass wir uns nicht ins Gehege kommen. Dazu kommen die kleinen Nischen, die jeder für sich gefunden hat und in denen er glücklich ist."

Casey Kamaka: „Wenn ich mich an meine Kindheit erinnere – mein Vater arbeitete jeden Tag, auch mein älterer Bruder, sodass ich buchstäblich in unserer Werkstatt aufwuchs –, wenn ich daran zurückdenke, dann denke ich zunächst mal an eine Menge Staub! Wir bei Kamaka wuchsen mit Ukulelen auf, sie lagen in unserem Haus überall herum. Wir waren damals fünf, sechs Jahre alt und lernten sie mit derselben Selbstverständlichkeit spielen, mit der wir jeden Morgen gefrühstückt haben. Aber ich war eigentlich immer mehr daran interessiert, Ukulelen zu bauen, als sie perfekt zu beherrschen."

Joe Souza: „Da ich auch hier auf Hawaiʻi aufgewachsen bin, war die Ukulele im Alltag für mich immer präsent, ob auf einer Familienfeier, wo jemand spielte, oder dann in der vierten Klasse auf der Schule: Meine Musiklehrerin war die Zwillingsschwester meiner Mutter und sie hat mich nach vorne geholt und gesagt: ‚Du lernst jetzt anständig Ukulele spielen.‘ Sie hat da wirklich etwas in mir angesprochen, eine geheime Leidenschaft. Zunächst habe ich auf einer Kunststoff-Ukulele gespielt, auf einem billigen Einsteiger-Instrument. Zu Hause hatten wir dann eine Martin-Sopran-Ukulele, die meiner Mutter gehörte. Es fühlte sich sofort gut und richtig an, es war bequem, das Instrument passte perfekt zu mir und meinem Körper. Der Sound hatte für mich immer etwas Fröhliches, Glückliches, etwas Ermutigendes. Und dann habe ich die Songs gelernt, mit denen ich aufgewachsen war, die damals

Casey Kamaka © Kamaka Hawaii, Inc.

gerade populär waren, und ich konnte sie plötzlich spielen, zumindest die
Akkordbegleitung."

Casey Kamaka: „Ich arbeitete in unserem Laden seitdem ich zehn, elf Jahre
alt war, ich habe anfangs die Böden gewischt, sauber gemacht und auf-
geräumt. Aber ich wollte mehr und so habe ich schrittweise gelernt, ‚hier
kleb' das mal an, hier mach das mal fest'. Als Schüler und Student wollte
ich dann jeden Sommer in den Ferien hier sein, auch nach der Highschool noch. Natürlich habe ich mich auch in anderen Werkstätten um-
gesehen, um zu verstehen, wie wir es hier machen, was in unserem Laden
das Besondere ist. Die Ukulele-Bauer hier auf Hawai'i gleichen ja einer
großen Familie, in der man sich gegenseitig unterstützt und in beständi-
gem Erfahrungsaustausch steht."

DEN UNTERSCHIED MACHEN

John Kitakis: „Bei mir ist es etwas anders gelaufen: Ich habe mich, nachdem ich in den achtziger Jahren ein paar Gitarren gebaut hatte, dafür entschieden, keine weitere Gitarren-Manufaktur zu gründen, sondern mich auf Restaurierung und Reparatur von Gitarren zu konzentrieren. Danach gab es damals eine ungeheure Nachfrage. Ich hatte Verträge mit allen großen Herstellern. Und das war eine weise Entscheidung, denn die Reparatur einer Gitarre gleicht der Sanierung eines alten Hauses. Ein neues zu bauen ist viel einfacher. Bei einem alten musst du die Architektur begreifen, vieles ist kaputt, hängt aber irgendwie zusammen, du musst die ganze Konstruktion erst einmal rekonstruieren.

Meine Söhne Andrew und Noa lernten auch das ganze Reparatur-Geschäft. Aber sie wollten natürlich lieber Instrumente bauen. Und da unser aller Herz an Ukulelen hing, sagte ich, okay, warum bauen wir dann nicht Ukulelen, aber nicht solche, die es schon auf dem Markt gibt. In den frühen neunziger Jahren wurde die Ukulele noch nicht als professionelles Musikinstrument verstanden, sondern vor allem als ein Spaßfaktor. Ein zweites Problem bestand zu der Zeit darin, dass niemand bereit schien, viel Geld für eine professionell gebaute Ukulele auszugeben. Die Leute haben sie einfach nicht ihrem Wert entsprechend geschätzt, als den Orchesterinstrumenten ebenbürtig."

Casey Kamaka: „Da Kamaka ja für ein bestimmtes Aussehen, für einen bestimmten Sound berühmt ist, musste ich mir keine eigene Identität als Instrumentenbaumeister zulegen, sondern konnte in dieser Tradition weitermachen, wobei ich immer die natürlichen Werkstoffe und Materialien bevorzugt habe. Wir versuchen dabei einen Spagat, mit den neuesten Hightech-Fertigungsmethoden die Werte der Tradition aufrecht zu erhalten. Unsere Ukulelen sind ja nach wie vor handgebaut. Mit Hightech versuchen wir unser Old-School-Ideal zu verwirklichen."

Joe Souza: „Ich habe durch Peter Bermudez gelernt, Ukulelen zu bauen, von ihm habe ich auch meine erste Ukulele, eine viersaitige Tenor-Ukulele gekauft. Er hat mich die totale Freiheit in Bezug auf den Ukulelen-Bau ge-

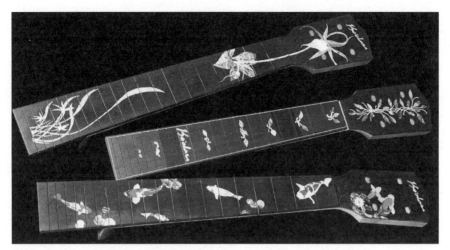

Aufwändige Inlays in Koʻolau-Griffbrettern © Koʻolau Guitar & Ukulele Company

lehrt: Du kannst sie so bauen, wie du es für richtig hältst. Es gibt keine festen Regeln, denen du dabei folgen musst. Die erste Ukulele, die ich mit ihm zusammen gebaut habe, war eine Super-Concert, mit Tenor-Hals, das war vor 25 Jahren und damals völlig ungewöhnlich, niemand baute so etwas. Aber es gab keinen Grund, es nicht zu tun."

Alvin Okami: „Zunächst haben wir unsere Ukulele-Produktion mit normalen, kreisrunden Schall-Löchern begonnen. Aber wir wollten ein unverwechselbares Design für unsere Instrumente und deshalb haben wir das sogenannte Musubi-Schall-Loch entwickelt, das weder ganz rund noch oval oder dreieckig ist, sondern von allem ein bisschen und dennoch symmetrisch."

Casey Kamaka: Ich habe eine ganz klare Priorität: Ich baue jetzt seit mehr als dreißig Jahren Ukulelen und mein Ziel war immer, Ukulelen zu bauen, die nicht wie ein Spielzeug, sondern wie ein vollwertiges Musikinstrument wirken. Unsere Instrumente sind dafür gebaut, dass sie von einer zur nächsten Generation weitergegeben werden können: Vom Vater an den Sohn, vom Sohn an den Enkel usw. Deshalb müssen unsere Ukulelen ein Leben lang halten."

John Kitakis: „Anfangs hatten wir schon zu kämpfen, denn auch ich wollte partout keine billigen Ukulelen bauen. Wir konnten sie natürlich preisgünstiger produzieren, indem wir auf Verzierungen und das ganze Zeug verzichteten, aber wir wollten sie nicht billiger hinsichtlich ihrer Qualität machen. Ich würde niemals laminierte Plywood-Hölzer verwenden, deshalb haben wir bis heute auch keine große Fertigung. Als ich mit meinen Söhnen anfing, die ersten Prototypen zu fertigen, benutzten wir fast nur einheimische Hölzer wie Kamani, Koa oder auch das teure Cuban Mahagony. Denn das Klima hier auf Hawai'i ist perfekt für fast alle tropischen Hölzer – Ahorn oder Kirsche, die in Deutschland zu Hause sind, gedeihen dagegen hier nicht."

HOLZ DER HÖLZER

Casey Kamaka: „Für uns ist Koa die erste Wahl, denn es prägt den traditionellen Sound der Ukulele. Aber wir probieren auch alle anderen Tonhölzer aus. Koa ist vielleicht das schönste Tonholz, dass es auf Erden gibt, wegen seiner Farben, wegen der oft unglaublichen Maserung. Natürlich gibt es auch hier verschiedene Qualitäten, was Aussehen, aber auch was Gewicht und Dichte angeht. Innerhalb des Koa-Spektrums kann man eine Fülle verschiedener Tonschattierungen erzielen. Es sorgt für einen hellen,

Kanile'a-Kopfplatten und -hälse warten auf ihre Lackierung
© Kanile'a 'Ukulele

strahlenden Ton, aber auch die Basis ist breit genug. Für mich besitzt Koa die ideale Wärme eines Tonholzes, rein und klar."

Joe Souza: „Bei meiner ersten Ukulele habe ich Ahorn mit Fichte kombiniert, dann Koa mit Fichte, und dann eine Ukulele ganz aus Koa gebaut. Heute verwenden wir eine Vielfalt von Hölzern. Koa ist dabei immer noch die erste Wahl, daneben Palisander, Ebenholz, Fichte, Zeder und Rotholz, Myrte – und alle produzieren einen anderen Klang, den man sich vorher aussuchen kann. Koa ist ja ein Hartholz, es fällt ungefähr zwischen Mahagoni und Palisander. Mit Koa kann man einen etwas helleren Sound erzielen als mit Palisander und ein weiches Sustain, ähnlich dem bei Mahagoni. Man muss ja zunächst mal zwischen härteren und weicheren Tonhölzern unterscheiden. In der Regel verwendet man für den Boden und die Zargen härtere Hölzer und für die Decke muss man dann genau überlegen: Wenn ich ein Instrument haben will, das stabil ist und einen sanften, warmen Ton produziert, dann muss die Decke so elastisch sein, dass der ganze Resonanzkörper des Instruments schwingt. Gleichzeitig muss es aber eine gewisse Strukturfestigkeit haben, damit es die Spannung und die Schwingungen der Saiten aushält, wenn ich z. B. harte Akkorde schlage. Für die Decke eignen sich besonders gut Fichte, Zypresse und Rotholz. Dagegen sind Koa, Palisander, Mahagoni und andere Hölzer besser für Boden und Zarge geeignet. Die härteren, dunklen Koa-Hölzer produzieren einen etwas helleren, strahlenden Ton, die weicheren und helleren Hölzer neigen zu einem weicheren Klang."

John Kitakis: „Mein Lieblingsholz für eine Ukulele ist eindeutig Mahagoni, am liebsten Honduras-Mahagoni, obwohl es auf Honduras kaum noch etwas davon gibt, aber es ist in der ganzen Karibik verbreitet und wurde in der Vergangenheit extensiv genutzt, beispielsweise auch im Bootsbau. Das beste Mahagoni ist aber das Cuban Mahagony – auf Kuba selbst gibt es kaum noch etwas davon und die Bestände in Florida sind durch die vielen Tropenstürme größtenteils vernichtet worden. Hier auf Oʻahu gibt es zwar noch einige große Cuban-Mahagony-Bäume, aber es ist hier auf Hawaiʻi verboten, Bäume einfach so zu schlagen, man muss eine Erlaubnis beantragen. Auch Koa ist mittlerweile sehr streng limitiert. Man kann natürlich umgestürzte Bäume nutzen. Aber nicht alle Koa-Bäume haben dieses wunderschöne Koa-Holz, diese lockige blond-braune Maserung mit den vielen Farbwechseln. Das Cuban Mahogany hat auch diese unverwechselbare Maserung. Ich mag natürlich Koa, aber das Problem ist, dass jeder auf der Welt Koa-Holz liebt und man deshalb all unser Koa-Holz aufgekauft hat, so dass die Nutzung jetzt auf Hawai'i streng reglementiert ist.

Es gibt noch einen weiteren interessanten Aspekt: Bei den alten, dunkelbraun gefärbten Martin-Ukulelen aus Mahagoni wird ihr dunkler, warmer Ton ja auch immer mit der Farbe ihres Holzes assoziiert – so, als könnte man den Ton schon in der Holzfärbung sehen. Ich glaube, dass Martin in den dreißiger und vierziger Jahren des vorigen Jahrhunderts das übriggebliebene Holz seiner Gitarren für den Ukulele-Bau genutzt hat – in einer Art Resteverwertung. Und dadurch, dass man das Holz ganz bewusst dunkel eingefärbt hat, konnte man kleine Unregelmäßigkeiten und Unsauberkeiten im Holz überdecken. Und alle haben sich daran gewöhnt."

Alvin Okami: „Es eignen sich natürlich viele Hölzer für den Ukulele-Bau: Fichte, Zeder, Mahagoni, Sapele oder Rotholz, um nur ein paar zu nennen. Dennoch ist Koa das Holz der Wahl für die meisten hawaiianischen Hersteller, denn es bewahrt die Identität des hawaiianischen Klangs und der Konstruktion wie kein anderes. In dieser Hinsicht schafft Koa auch den kleinen Unterschied zu den Ukulelen, die auf dem Festland oder in Übersee gebaut werden. Das soll nicht heißen, dass sie keine Koa-Instrumente bauen könnten, aber für uns gehört Koa eben zu unserer natürlichen Umgebung."

EIN INTERAKTIVES SYSTEM

John Kitakis: „Das ist natürlich richtig: Palisander, Mahagoni, Ahorn – diese Hölzer sehen fast alle gleich aus. Koa hat dagegen einen ganz eigenen Charakter, jedes Stück sieht anders aus, hinsichtlich der Farbe, der Wellenstrukturen im Holz, Koa ist einzigartig. Aber wenn mich Kunden bitten, ihnen eine Ukulele ganz aus Koa zu bauen, dann erkläre ich ihnen, dass die zwar toll aussieht, dass aber eine Decke aus Ahorn oder Rot-

Holz, wohin man schaut: In der Werkstatt von KoAloha Ukulele in Honolulu © KoAloha Ukulele

holz viel besser klingen würde. Denn die ist ja zum allergrößten Teil für den Sound der Ukulele verantwortlich. Ungefähr neunzig Prozent der Ton-erzeugung stammen vom sogenannten Soundboard. Boden und Zargen des Instruments runden den Ton allenfalls ab. Wenn man die Saite an-schlägt, dann wird die Decke in Schwingung versetzt und presst den Ton durch das Schall-Loch, in einer Art Pumpbewegung. Dabei ‚schwimmt‘ der Ton innerhalb des ganzen Systems einer Ukulele, auch der Rücken und die Seiten-Hölzer werden von ihm angeregt. Palisander beispielsweise addiert zu einer Ahorndecke noch einen Anteil dunkler Resonanzen hin-zu, während Mahagoni einen etwas helleren Sound beisteuert, etwas mehr Glitzern in den Höhen.“

Casey Kamaka: „Ganz klar, die Decke ist am allerwichtigsten, weil sie die ganze Spannung und den Druck der Saiten auffangen muss. Bei einer Sopran-Ukulele liegen etwa 25 Kilogramm auf der Brücke. Aber alle Teile – Decke, Boden, Zargen, Hals, Brücke und so weiter – bilden ein interaktives System. Der Boden bewegt sich zusammen mit der Decke, man spürt ja die Vibrationen, wenn man das Instrument in Händen hält.“

Joe Souza: „Ich würde sagen, die Instrumentendecke, ihre Beleistung, ihre Stärke, all das ist mit 75 bis achtzig Prozent für den Sound verantwortlich. Sicher, Boden und Zargen haben auch ihren Anteil an der Klangerzeugung, man kann das gut an verschiedenen Holzkombinationen ausprobieren. Eine fantastische Verbindung ist in dieser Hinsicht eine Fichtendecke mit Boden und Zargen aus Koa – das ist zwar nicht traditionell, das wäre ganz aus Koa oder ganz aus Palisander."

John Kitakis: „Ich liebe nun mal den Ton, der durch Mahagoni produziert wird. Koa ist auch ein einzigartiges Tonholz, mit vielleicht etwas geringerer tonaler Bandbreite als Mahagoni, das eben durch seine knackige Klarheit fasziniert und durch sein funkelndes Sustain. Dazu kommt ein starkes Bass-Fundament, Mahagoni altert auch am besten. Koa besitzt mehr dunkle Eigenfrequenz. Es sorgt für einen absolut eigenständigen Klang. Trotzdem glaube ich, dass Koa nicht unbedingt als das beste Tonholz so berühmt geworden ist, sondern vor allem wegen seiner Schönheit."

Casey Kamaka: „Wir versuchen – wann immer es geht – luftgetrocknetes Holz zu verwenden, wie es schon mein Vater und mein Großvater getan haben. Das Holz muss sich aus sich selbst heraus entwickeln und trocknen können. Wenn man das in einem Trockenraum durch Trockenöfen forciert, um die Feuchtigkeit rauszutreiben, dann kann das sehr heikel sein, das Holz kann reißen. Wenn ich dagegen natürliche Lufttrocknung praktiziere, habe ich die volle Kontrolle über den Prozess. Ich kann sehen, wie sich das Holz verändert, wie es arbeitet, sich verformt, verdreht. Es ist nun mal der natürliche Weg und er ist natürlich teurer, weil er viel Raum und Zeit in Anspruch nimmt."

John Kitakis: „Wir kombinieren die beiden Verfahren: Zunächst trocknen wir unser Holz ein Jahr lang in natürlicher Umgebung, dadurch wird der Feuchtigkeitsgehalt auf etwa zwanzig Prozent reduziert, dann bringen wir es in einen Trockenraum, um es auf fünf bis sechs Prozent Feuchtigkeit herunter zu trocknen. Da bleibt es dann für weitere sechs Monate. Dann können wir sehen, ob sich das Holz verändert hat, ob es anfällig für Risse und Verbiegungen ist, ob es stabil bleibt."

Joe Souza: „All diese Faktoren und Maßnahmen, die wir bisher angesprochen haben, dienen doch nur einem Ziel: Ein Instrument mit einzigartiger Sound-Charakteristik herzustellen: Schon als Jugendlicher habe ich mir die Frage gestellt: Wie produziert eine Ukulele überhaupt ihren Klang? Das war meine Frage. Ich war schon immer so. Als ich mal zu Weihnachten einen Sony Walkman bekam, habe ich ihn gleich am nächsten Tag in seine Einzelteile zerlegt, um zu schauen, wie er funktioniert. Warum produziert eine Ukulele überhaupt einen Ton, was ist dafür verantwortlich? Es war eine Art ‚forschende Neugier‘, mit der ich anfing, Ukulelen zu bauen.“

John Kitakis: „Das sehe ich ganz ähnlich: Die Stärke der Decke und des gesamten Korpus, seine Beleistung und das Holz selbst – das sind alles sehr kritische Faktoren beim Ukulele-Bau, weil das Zusammenspiel dieser Faktoren mit den Saiten letztendlich den Ton des Instruments definiert. Bei einer großen Gitarre mit voluminösem Korpus kann man sich kleine Fehler und Ungenauigkeiten bei der Stärke der Hölzer durchaus erlauben und sie klingt immer noch gut. Wenn man aber diese Größe auf das reduziert, was wir bei einer Ukulele ‚die Box‘, den Korpus nennen, dann wird die Fehlertoleranz schon sehr klein. Wenn die Hölzer zu dick sind, klingt das Instrument grob und bullig, ohne guten Ton und gute Lautstärke. Wenn du die Decken zu dünn machst und eine ganz leichtgewichtige Ukulele baust, klingt sie zwar sehr laut, ein bisschen wie eine Trommel, oftmals aber zu laut und nicht genügend fokussiert. Oder die Hölzer sind so dünn, dass sie auseinanderfallen und die Decke sich unter der Spannung zu verbiegen beginnt. Wenn du anderseits die Decke zu kräftig baust, verlierst du an Ton und Lautstärke. Man muss schon lange experimentieren, um hier die optimale Mischung zu finden. Deshalb halte ich es auch grundsätzlich für schwieriger, eine hervorragende Ukulele zu bauen als eine Top-Gitarre.“

STABILITÄT UND SCHWINGUNG

Joe Souza: „Um noch mal auf die wichtige Frage nach der richtigen Beleistung zurückzukommen: Für viele Jahre war ja das traditionelle X-Bracing der industrielle Standard. Es geht auf das Torres-System zurück. Bei der

Gitarre wie bei der Ukulele muss die Instrumentendecke schwingen können, um Töne zu produzieren. Und lange Zeit waren die Instrumentenbauer der Überzeugung, dass das Soundboard nur vor und zurückschwin-
gen muss. Aber es wurde schon vor längerem festgestellt, dass die Decke
auch hoch und runter schwingt. Als wir uns bei Kanileʻa über die Beleistung Gedanken machten, wollten wir beide Bewegungsrichtungen
miteinander kombinieren. Deshalb schufen wir unser symmetrisches
‚touch-release-touch'-System, eine Art kleinteiliges Gerippe, das sowohl
die Saitenspannung als auch die Saitenvibration garantieren sollte. Im
Ukulele-Bau gibt es ja zwei Philosophien: Die erste möchte die Beleistung
weitgehend reduzieren, um das Schwingungsverhalten der Decke zu
optimieren und so einen besseren Klang zu erzielen. Man opfert dafür
aber die Stabilität des Korpus, das Ganze wird sehr fragil. Die andere
Philosophie besagt, dass man das Instrument ruhig stark beleisten soll,
aber an den strategisch richtigen Punkten, damit Vibration und Strukturfestigkeit keine Gegensätze mehr sind. Man könnte unser TRU-Bracing
als eine Version des sogenannten Kasha-Bracings begreifen. Dr. Michael
Kasha hat ja schon in den sechziger Jahren das Beleistungsverfahren nach

In der Werkstatt von KoAloha Ukulele © KoAloha Ukulele

physikalischen Kriterien völlig neu durchdacht. Natürlich klingt das traditionelle Bracing nicht schlecht, es klingt nur anders."

Alvin Okami: „Auch wir haben, bevor wir unser eigenes Unibrace-System entwickelten, die traditonelle Beleistung angewandt, mit einzelnen, getrennt aufgeleimten Leisten, die Decke und Rücken der Ukulele stabilisiert haben. Dann haben wir allerdings bemerkt, dass nicht nur bei alten Instrumenten die mittlere Leiste oft ein Schwachpunkt ist, weil sich das Holz über die Jahre ausdehnt und wieder zusammenzieht. Dazu kommen die Alterung des Klebstoffs und die dauernde Vibration durch die Saiten. Nach vielen Experimenten sind wir schließlich bei unserem patentierten Unibrace-System gelandet, das den oben genannten Schwachpunkt weitgehend eliminiert. Dabei verwenden wir keine ‚Reifchen' mehr, mit denen man normalerweise die Zargen an Boden und Decke leimt. Wir benutzen stattdessen etwas dickere Zargen und können so Boden und Decke direkt aufleimen. Dann benutzen wir noch eine Art Rahmen, der nicht nur die Decke stützt, sondern auch an den Zargen und am Boden angeleimt wird – das führt zu einer erheblich höheren Stabilität des Instruments. Und schließlich versiegeln wir vor der Lackierung die Poren des Holzes nicht vollständig und tragen den Lack nur sehr dünn auf. Dadurch kann das Holz ungehindert schwingen und atmen. Alles in allem macht das unsere Ukulelen ein ganzes Stück lauter."

John Kitakis: „Bei einer Top-Ukulele müssen zunächst einmal die Hölzer richtig geschnitten sein. Viele kennen ja den Ausdruck quartersawn (Radialschnitt), das bedeutet zunächst mal, dass der runde Holzstamm in vier gleiche Teile zersägt wird. Dann wird in einem bestimmten Winkel, der sich nach der Maserung richtet, daraus das Holz in Bretter geschnitten. Man sieht also am Ende die Maserung rauf und runter laufen, nicht in einem Winkel. Bei flatsawn (Tangentialschnitt) kann die Maserung auch sehr schön sein, man kann mehr Holz nutzen, hat dabei weniger Abfall, aber das Holz wölbt sich leicht und der Ton ist nicht so gut wie bei einem Radialschnitt. Dazu kommen die exakt richtigen Stärken des Holzes, die für ein herausragendes Instrument von extremer Bedeutung sind. Jedes Stück Holz muss ja ein bisschen unterschiedlich zugeschnitten werden. In der Massenproduktion wird alles gleich zurechtgeschnitten. Für die meisten Massenhersteller ist es einfach zu aufwändig, jedes einzelne Holzteil nach seiner Schwingungsfähigkeit zu beurteilen und dementsprechend zu bearbeiten (tap-toning). Bei hochpreisigen Ukulelen wird dagegen jedes Holzteil speziell für das einzelne Instrument zurechtgeschnitten. Gerade in Bezug auf die Tondecke muss man berücksichtigen, dass hier jedes Holz unterschiedlich reagiert, unterschiedlich dicke Fasern besitzt und ein unterschiedliches Schwingungsverhalten an den Tag legt. Nur durch das stetige Abklopfen des Holzes kann ich dessen Resonanzfähigkeit genau erspüren. Bei Custom-Shop-Instrumenten wird – auch nachdem die Decke schon beleistet ist – durch endloses Tapping das optimale Schwingungsverhalten herausgekitzelt, da und dort ein bisschen weggehobelt. Das Ganze dauert ein paar Tage, und dann akklimatisieren wir das Holz erneut. So ein aufwändiges Verfahren ist natürlich sehr kostenintensiv."

Joe Souza: „Alles an einer Ukulele, vom Steg über den Hals bis zur Kopfplatte, entscheidet über den Klang. Nach meiner Meinung sorgt beispielsweise ein sogenannter Slotted Headstock – also eine durchbrochene Kopfplatte – für ein bisschen mehr Saitenspannung, du kannst die Saite wirklich unter deinem Finger spüren. Er bringt also auch ein bisschen mehr Saitenenergie auf den Steg, bringt ein bisschen mehr Klarheit in den Ton."

DER TRAUM VOM PERFEKTEN SOUND

John Kitakis: „Jeder hat wahrscheinlich sein spezielles Tonideal: Ich bevorzuge einen tief-warmen, schwingungsreichen Ton auf der Ukulele. Und ich versuche, das bei der Auswahl und Bearbeitung der Hölzer zu berücksichtigen, egal ob bei einer Fichten-, Zedern- oder Rotholz-Decke. Entscheidend ist die Balance der einzelnen Saiten. Auch die Abstrahlung, die Projektion der einzelnen Töne muss gleich bleiben, je höher ich auf dem Griffbrett gehe. Das Sustain, die Tondauer, ist ebenso wichtig. Nicht zu fette Mitten, ein bisschen hohl klingend, dann spritzig in den Höhen. Manche Leute sagen, der Ton hat zu viel Tiefe, die Ukulele klingt ja wie eine Gitarre. Dann sage ich: ‚Genau das ist es, was mir gefällt: die Ukulele als eine Miniaturausgabe der Gitarre zu begreifen.'"

Fred Kamaka sen. mit neuer Uke © Peter Kemper

Casey Kamaka: „Bei uns ist das etwas anders: Die meisten Kunden wollen den spezifischen Charakter einer Ukulele gewahrt wissen. Die Leute wollen sie nicht als Mini-Gitarre begreifen, sondern als Ukulele, mit traditionellem Sound."

Joe Souza: „Der perfekte Sound muss für mich ganz warm sein, fast ein bisschen sanft, damit er meine Seele beruhigen kann. Früher habe ich immer die Sopran-Ukulele mit ihrem etwas perkussiveren Klang bevorzugt, heute gefällt mir die Tenor-Ukulele mit ihrem runden, ausgewogenen Sound besser."

John Kitakis: „Ganz anders ist das bei unserer Archtop-Ukulele. Sie geht auf das Konzept der Archtop-Gitarre zurück und die wurde ja entwickelt, um in einem Jazz-Orchester ohne Verstärkung genügend Projektion und Lautstärke zu entwickeln. Auch die Archtop-Uke sollte deshalb aus

Ko'olau Archtop-Ukulele
© Brigitte Grossmann / Peter Kemper

dem Soundgeschehen herausragen, keine resonanten Obertöne haben, sonst verwässert das in einem Orchester den Sound und die Ukulele ist nicht mehr gut zu identifzieren. Ihr Sound säuft dann im Gesamtklang ab. Sie muss eine sehr schnelle Ansprache und einen knalligen Sound haben, die Töne müssen geradezu aus dem Soundboard herausspringen, ohne dabei dünn und blechern zu klingen. Unser Instrumentenbaumeister Ryan Condon schnitzt dabei Decke und Boden aus zwei massiven, fast zwei Zentimeter starken Blöcken von Koa und europäischer Fichte auf eine Stärke von zwei bis drei Millimetern heraus, bis die beiden Tondecken ihr optimales Schwingungspotential entfalten können. Das ist die ganze Kunst und sie ist sehr langwierig."

Joe Souza: „Im Prinzip gibt es im Ukulele-Bau keine Grenzen: Hauptsache, die Instrumente hängen später nicht als Schaustücke oder Kunstwerke an der Wand. Am allerwichtigsten ist mir, dass jede unserer Ukulelen auch benutzt und von dem jeweiligen Spieler geliebt wird."

Alvin Okami: „In jenen Tagen, als Amerika sich vom 9/11-Schock zu erholen begann, habe ich unzählige Stunden überlegt, wie wir uns gegenseitig ermutigen könnten. Es gab ja ein starkes Bedürfnis nach Patriotismus und Stolz auf unser Land. Meine Gedanken haben mich dann in eine Zeit zurückgetragen, als es unserem Land gut ging, als ‚Made in USA' ein Qualitätssiegel war, als unsere Musik ihren Siegeszug um die Welt antrat. Damals haben sich die Menschen um Musikboxen versammelt, um zu singen, zu tanzen oder sich ein Sodawasser zu teilen. Und so bin ich zu der KoAloha Juke-A-Lele gekommen, die im Design einer alten Musikbox aus den fünfziger Jahren nachempfunden ist und an eine gute Zeit von Amerika erinnert, in der die Menschen noch ihren Gemeinschaftssinn ausleben konnten."

ZUR ZUKUNFT DES UKULELE-BAUS

Casey Kamaka: „Wir leben ja immer noch in goldenen Zeiten. Der Ukulele-Markt wächst zwar nicht mehr ganz so schnell, wie er das vor fünf Jahren noch tat, aber Kamaka kann immer noch Zuwächse verbuchen. Man muss ja auch bedenken, dass es inzwischen viel mehr Konkurrenz gibt, wenn ich nur an die vielen Ukulele-Firmen in den asiatischen Ländern denke, die sich in den letzten Jahren gegründet haben. Auch die wachsende Vielfalt an Modellen führt zu einer Markt-Verbreiterung."

John Kitakis: „In den frühen neunziger Jahren, als wir unsere Instrumente zum ersten Mal in Musikgeschäften anboten, dachte noch jeder, eine Ukulele dürfte nicht mehr als maximal 99 Dollar kosten. Wir boten unsere Instrumente zunächst für 500 Dollar an, doch die Verkäufer – obwohl sie unsere Arbeit schätzen – blieben skeptisch: ‚So viel Geld gibt doch niemand für eine Ukulele aus!' Ich sagte dann immer: ‚Aber die bezahlen ja auch 2.000 für eine Gitarre.' ‚Ja,' hieß es dann, ‚aber die Ukulele hat nun mal nicht das Image eines wertvollen Instruments.' Heute sieht das ganz anders aus: Es gibt zwar immer noch viele Menschen, die nur wenig Geld für eine Ukulele ausgeben wollen, aber es wächst die Anzahl der Leute, die den Wert eines High-Quality-Instruments schätzen. Viele, die mit einer preiswerten Uke anfingen, kommen langsam auf den Geschmack und kaufen sich dann ein teureres Instrument. Ich glaube auch, dass die Menschen langsam wieder lernen, handwerklich hochwertige Produkte zu schätzen. Wir leben ja in einer Wegwerfkultur: ob Waschmaschinen oder

Autos, alles hält maximal acht bis zehn Jahre. Wenn ich den Kunden sage, unsere Ukulelen kosten vier- bis fünftausend Dollar, dann schlucken sie erst einmal. Aber wenn ich ihnen dann erkläre, dass ein solches Instrument mindestens fünf Generationen lang hält, dann verstehen sie unser Anliegen."

Alvin Okami: „Bevor wir eine Ukulele als ‚fertig' deklarieren und in den Verkauf geben, mache ich immer noch einen letzten Check: Diese Prüfung ist am allerwichtigsten und auch am sensibelsten, denn sie macht letztlich den Wert unseres Namens aus: Man kann gar nicht oft und lange genug ein Instrument durchchecken, denn nur so lassen sich Fehler und Ungenauigkeiten wirklich ausschließen. Ich probiere ein paar Strummings aus und zupfe aber auch einzelne Saiten, damit ich auch sicher sein kann, dass ich den typischen KoAloha-Sound, die besondere KoAloha-Resonanz erhalte – und zwar über das ganze Griffbrett, bis in die höchsten Lagen. Ich muss hier ganz meinem Gehör vertrauen, aber ich weiß inzwischen ganz genau, wonach ich suche. Ich habe ja längst den Punkt erreicht, wo ich sofort spüre, ob ein Instrument schnell anspricht, ob es singt, ob es unmittelbar auf das reagiert, was ich mit ihm ausdrücken will – wenn all das stimmt, dann ist es für mich okay."

Joe Souza: „Die Zukunft der Ukulele-Industrie wird ganz wesentlich davon abhängen, wie verantwortungsvoll wir hier auf Hawai'i mit der Natur, beispielsweise mit den Koa-Bäumen und allen anderen Hölzern umgehen, die wir verwenden. Wir müssen uns für die Wiederaufforstung der Wälder hier auf Hawai'i stark machen, denn die Bestände an hochwertigem Koa-Holz gehen langsam zur Neige. Ich glaube dennoch, es ist unheimlich wichtig, dass man sagen kann, diese Ukulele ist ‚Made in Hawai'i'. Das heißt dann aber für mich auch, sie ist auf Hawai'i von Hawaiianern gebaut. Nichts kann echter und unverfälschter sein als ein im traditionellen Stil auf Hawai'i von Hawaiianern gebautes Instrument. Deshalb stellen wir auch alles – außer den Stimm-Mechaniken und den Saiten – in unserer Werkstatt her. Wir fräsen die Hälse selbst mit Hilfe der CNC-Technologie aus dem rohen Holzstück, bauen die kompletten Instrumentenkörper, machen alles selbst – vom gefällten Baum bis zur fertigen Ukulele. Dadurch unterscheiden wir uns von einigen anderen Firmen, die einzelne Teile ihrer Instrumente aus Kalifornien, Mexiko oder China importieren."

John Kitakis: „Wir haben zwar mal versucht, unsere Produktionskapazität zu erhöhen, aber das funktionierte nicht, weil es so wenig gute Ukulele-Bauer mit entsprechendem handwerklichen Geschick gibt. Es sieht fast so aus, als möchte sich die jüngere Generation nicht mehr die Hände schmutzig machen. Am liebsten hätten die jungen Leute einen sauberen Computer-Job. Meine Söhne Andrew und Noa haben in ihrer Ausbildung zunächst mal die Böden in unserer Werkstatt gewischt und Staub weggefegt. Sie haben das Handwerk von der Pike auf gelernt, sind ihren Verpflichtungen nachgekommen. Ich glaube, in Europa hat das Handwerk als solches noch eine bessere Tradition: Man wird einfach kein Instrumentenbaumeister in einem Jahr, es dauert ein lange Zeit, bis man entsprechende Erfahrungen gemacht und dadurch Meisterschaft erlangt hat. In Deutschland gibt es in dieser Hinsicht eine lebendige Geigenbaumeister-Tradition, die Weltspitze ist. Du musst das Handwerk eben selbst von einem Instrumentenbaumeister lernen, und zwar in allen seinen Facetten."

DAS FREUNDLICHE INSTRUMENT

Alvin Okami: „Bei einer Ukulele geht es mir zuallererst darum, sie als ‚Gabe' zu verstehen und erst in zweiter Linie als ‚Ware', die ich verkaufen möchte. Etwas zu geben, gehört ganz wesentlich zu unserem Selbstverständnis als Hawaiianer und zur Unternehmensphilosophie von KoAloha dazu. Deshalb haben wir auch ein Programm gestartet, Ukulelen mit Kindern aus Armenvierteln zu bauen. Wir verschenken mehr Ukulelen an Kinder als irgendjemand sonst auf den Inseln und das machen wir nicht, um etwas anderes dafür zu bekommen, sondern aus reiner Menschlichkeit. Ohne anderen etwas abzugeben, können wir nicht überleben."

John Kitakis: „Kimo Hussey, der bekannte hawaiianische Ukulele-Virtuose, der auch ein begnadeter Lehrer ist, wurde vor ein paar Jahren von einer Delegation von Lehrern und Erziehern aus Europa, Südamerika, Asien und den USA konsultiert, die herausfinden wollte, was man tun muss, um die Leistungsfähigkeit von Schülern zu steigern, um ihre Lernleistungen zu verbessern. Sie arbeiteten gerade an einer Studie. Brauchen wir dafür mehr Computer, Smartphones, Tablets usw.? Kimo Hussey brachte die Delegation von 25 Leuten aus dem Bildungssektor hier in unsere Werkstatt und ich habe ihnen erklärt, was wir hier machen. Nach ihrer abschließenden Konferenz in Honolulu ist die Delegation dann zu einem Ergebnis gekommen: Die innovativste neue Entscheidung wäre es, Ukulelen in den Schulen als verbindliches Musikinstrument einzuführen. Für die Behörden und die Regierungen war das zunächst mal ein frustrierendes Ergebnis. ‚Was, wir haben jahrelang versucht, neue didaktische Modelle zu finden, um die Lernleistung von Schülern zu verbessern. Und jetzt kommt ihr und sagt, man braucht dazu vor allem eine Ukulele?‘ Aber es funktioniert: Die Regierung in Korea hat den Ukulele-Unterricht an allen Grundschulen verpflichtend gemacht. Sie hatte nämlich festgestellt, dass die Schüler plötzlich gern in die Schule kommen, wenn sie dort Ukulele spielen.“

Casey Kamaka: „Es gab ja plötzlich überall junge Leute, die auf der Ukulele die verschiedensten Musikstile spielten. In Hawai‘i ging der Ukulele-Boom mit einer kulturellen Renaissance einher, die in den siebziger, achtziger Jahren ihren Anfang nahm. Hier stärkt die Ukulele das kulturelle Selbstbewusstsein der Menschen. In dieser Hinsicht ist beispielsweise Jake Shimabukuro auch als eine Art Botschafter der Ukulele zu sehen, der das Instrument weltweit bekannt gemacht hat und den Leuten zeigt, was man alles damit machen kann. Er ist sicherlich ein Stück weit für diesen verrückten Ukulele-Hype mitverantwortlich. Aber es ist eine sympathische Form von Verrücktheit, für die die Ukulele steht.“

Alvin Okami: „Die Ukulele ist zwar ein simples viersaitiges Instrument, aber sie kann jeden ermuntern, zum Lachen bringen, ihm auch eine Form von Hoffnung geben – egal ob er drei oder neunzig Jahre alt ist. Ich kenne jedenfalls kein anderes Instrument mit diesen Fähigkeiten. Bei all den Zwängen und Zumutungen in unserem Alltag hat heute doch jeder ein starkes Bedürfnis nach Ausgleich, nach Entlastung, nach Entgrenzung, Befreiung und Trost. Wenn man dann nach Hause geht und sich eine Ukulele schnappen und ein paar Akkorde spielen kann, sieht die Welt gleich wieder ganz anders aus."

Joe Souza: „Die Ukulele will immer dein Freund sein, egal was das Leben auch bringt, ob Regenbögen und Schmetterlinge oder graue Tage, die dich fordern. Deine Uke wird immer bei dir sein. Du kannst nach Hause gehen, das Instrument zur Hand nehmen, spielen und dein ganzer Körper wird sich entspannen und besser fühlen, dein Herz weitet sich. Du kannst mit der Ukulele eins werden und dann geht es dir gut!"

Kamaka © Kamaka Hawaii, Inc.

Kanile'a © Brigitte Grossmann / Peter Kemper

KoAloha © KoAloha Ukulele

Ko'olau © Brigitte Grossmann / Peter Kemper

Das Maccaferri-Islander-Modell – im TV empfohlen von Arthur Godfrey

7
Medienspektakel, Plastik-Moderne und eine Ein-Mann-Show

Nach dem Zweiten Weltkrieg hielt die Produktionsflaute für Ukulelen zunächst an, bis kurz vor dem Thanksgiving Day 1945 der Instrumenten- und Musikbox-Händler Wurlitzer Music in Chicago erstmals eine „plastikummantelte" Ukulele anbot, „die sich auch in feuchtem Klima nicht verzieht und wasserdicht ist", komplett mit Filzplektrum, Ersatzsaiten und Lehrbuch, alles für 7,75 Dollar. Ein paar Monate später veranstaltete die Society of Plastics Industries eine Messe in Chicago, wo mehr als 200 Firmen ihre neuesten Errungenschaften ausstellten: neben Gliedmaßen und Booten aus Kunststoff auch eine transparente Ukulele.

Während des Krieges hatte die amerikanische Regierung die chemische Industrie ermutigt, in die Entwicklung von Kunststoffen zu investieren, um dringend benötigten Ersatz für die knapper werdenden natürlichen Rohstoffe zu bekommen. Das neu entwickelte Polystyrene – ein thermoplastisches Polymer – fand sofort Anwendung im Cockpit von Flugzeugen, bei Pilotenhelmen und bei Zündschnüren. Nach dem Krieg kam auch die zivile Kunststoffproduktion richtig auf Touren, denn die neuen synthetischen Materialien waren billig, beliebig formbar, hart, elastisch, bruchfest und temperaturbeständig – alles Eigenschaften die sich durch die Wahl der Makromoleküle, durch unterschiedliche Herstellungsverfahren und in der Regel durch Beimischung von Additiven variieren und so auf die Konsumentenbedürfnisse perfekt abstimmen lassen.

Gleichzeitig avancierte Kunststoff zum Inbegriff der Modernität, des synthetisch Machbaren, dem das Versprechen innewohnte, dass auch die

Zukunft entsprechend der grenzenlosen Formbarkeit des neuen Werkstoffes durch menschlichen Erfindergeist beliebig modellierbar sei. Klar, dass zu den neuen, fortschrittlichen Plastikprodukten auch bald Spielzeug und Musikinstrumente zählten. Schon 1941 hatte der Folksänger Woody Guthrie weitsichtig prognostiziert: „Bald wird alles aus Plastik sein."

So wie sich die Historie der Ukulele als Materialgeschichte erzählen lässt – vom Koa-Holz über die ab 1927 hergestellten Steel Ukulelen der Firma National mit eingebautem Resonator bis zur Plastik-Ukulele ab 1945 – so lässt sich die Erfolgsgeschichte der Ukulele auch als Mediengeschichte erzählen: Vom Radio Anfang der zwanziger Jahre über den Hollywood-Film in den dreißiger und vierziger Jahren bis zum aufkommenden Fernsehen Anfang der fünfziger Jahre: Denn im Jahr 1952 besaßen 15,3 Millionen amerikanische Haushalte bereits einen TV-Anschluss, während es vier Jahre zuvor gerade mal 350.000 waren. Fernsehen setzte sich schneller als jedes andere Massenmedium zuvor in der Bevölkerung durch.

THE OLE REDHEAD

Von einem einzigen Mann hing es ab, dass sich die Ukulele nach ihrer kurzen Popularitätsflaute in den USA während der späten dreißiger und frühen vierziger Jahre im darauffolgenden Jahrzehnt erneut zu einem nationalen Phänomen entwickeln sollte: Von **Arthur Godfrey (1903–1983)**, einem populären Radio- und TV-Entertainer, der mit seinem unprätentiösen Stil die beiden Medien in den Nachkriegsjahren dominierte. Geboren in New York als Sohn eines adligen, aber verarmten Briten, aufgewachsen in New Jersey, konnte Godfrey nicht einmal einen Highschool-Abschluss vorweisen, da er mit vierzehn von zu Hause ausgerissen war. Er jobbte als Laufbursche, schlief in Zeitungen eingewickelt auf der Straße, verdingte sich als Holzfäller, arbeitete für kurze Zeit in einer Gummifabrik, wurde Tellerwäscher und veranstaltete nebenbei Würfelspiele. Nach seiner Einberufung zur Armee ging er zur Navy und wurde zum Funker ausgebildet. Während dieser Zeit begeisterte er sich zunächst für den knallig-perkussiven Sound des Banjos und lernte die ersten Griffe auf diesem Instrument.

Arthur Godfrey mit
Plastik-Ukulele und dem
Chord Master, der auf
den Saiten aufliegt.
© DeSoto Brown Collection

Wieder an Land, entdeckte Godfrey seine Fähigkeiten als Verkaufstalent und handelte zunächst mit Friedhofs-Parzellen. Seine Tour als Banjospieler in einer Vaudeville-Kompanie endete bald im finanziellen Desaster und er musste als Wanderarbeiter auf Güterzügen durchs Land reisen – einer von vielen sogenannten Hobos. Endlich fand Godfrey einen festen Job bei der Küstenwache und ließ sich in einer dreijährigen Lehrzeit im United States Naval Research Laboratory zum Funker ausbilden. Hier ermunterten ihn ein paar Kameraden, die von seiner warmen, volltönenden Bariton-stimme angetan waren, es doch mal bei einer Radiostation in Baltimore als Sänger zu versuchen. 1928 gab der rothaarige Tausendsassa unter seinem Künstlernamen „Red Godfrey – The Wabling Banjoist" beim loka-len Sender WFBR sein Rundfunk-Debüt. Dank der klaren, akzentuierten

Ausdrucksweise und seines britischen Akzents beeindruckte er die Chef-
etage des Senders. Doch man riet ihm, auf das Banjo zu verzichten und
stattdessen Radiosprecher zu werden. Bald schon rekrutierte ihn der
größere NBC-Sender in Washington. Doch Godfrey war mit sich selbst
unzufrieden.

Als er nach einem Autounfall für ein paar Wochen im Krankenhaus
lag, hatte er die Erleuchtung. Er hörte während dieser Zeit viel Radio und
seine Sprecherkollegen kamen ihm jetzt nur noch steif, gönnerhaft und
bevormundend vor – meilenweit entfernt vom Alltagsjargon des Durch-
schnitts-Amerikaners. Wie künstlich musste da erst sein Upper-Class-
Akzent auf dem Sender klingen! Das ganze selbstgefällige und wichtig-
tuerische Geschwätz der Radiomoderatoren war Godfrey plötzlich zuwider. Zurück bei NBC änderte er seinen Sprachstil. Er ging jetzt ganz
dicht ans Mikro, um einen intimen Ton zu treffen und verlegte sich auf
kumpelhaften Small Talk.

Die anonymen, einsamen Hörer da draußen sollten ihn als einen der
ihren akzeptieren und in den eigenen vier Wänden willkommen heißen.
Zu seinem neuen „natürlichen" Stil gehörte auch, dass Godfrey sich live
auf dem Sender die Nase putzte, rülpste oder hustete. Er suchte jetzt die
unverstellte Nähe zum Publikum. Ein befreundeter Seemann von Maui
hatte ihm zwischenzeitlich die Grundbegriffe des Ukulele-Spiels beigebracht. Dabei wollte Godfrey zunächst viel lieber die Steel-Gitarre lernen, die sein Kumpel so schön schmalzig wimmern lassen konnte. Doch
der korrigierte ihn gleich mit den Worten: „Nein, nein, du lernst jetzt
Ukulele spielen, damit du mich begleiten und wir zusammen ein bisschen
hawaiianische Musik machen können."

Schon bald beherrschte Godfrey das Instrument so gut, dass er es in
seinen kommerziell höchst erfolgreichen Werbesendungen im Radio einsetzen konnte. Die Ukulele passte mit ihrer naiv-spielerischen Anmutung
wunderbar zu seinem Enthusiasmus und dem unbekümmerten Ton, mit
dem er seine Ansagen improvisierte. Schon während seiner NBC-Zeit
streute er in seiner frühmorgendlichen Show immer mal wieder live für
15 Minuten Ukulele-Soli ein, anstatt Schallplatten zu spielen. Als er sich
aber eines Tages live auf Sendung über eine hauseigene *Wilhelm Tell*-Auf-
nahme amüsierte: „Ist das nicht der größte Mist, den ihr je gehört habt?",

war Schluss mit lustig. Die Hörer hatte er zwar mit seiner Unverfrorenheit entzückt, doch NBC feuerte ihn wegen mangelnder Loyalität.

CBS (Columbia Broadcasting System), damals eines der größten Hörfunk- und Fernseh-Networks in den USA, nahm ihn daraufhin mit Kusshand unter seine Fittiche. Hier durfte er der sein, den der Komiker Fred Allen einmal als „the man with the barefoot voice" charakterisierte: ein Moderator, der redete, wie ihm der Schnabel gewachsen war – ein gutgelaunter Stammtisch-Philosoph. Ob er nun für Chesterfield-Zigaretten oder für Lipton-Tee warb, immer machte er sich auch ein bisschen über das jeweilige Produkt lustig und klang dadurch nur umso authentischer!

UKE GOES TV

Als seine Karriere im April 1945 mit der werktäglichen Sendung *Arthur Godfrey Time*, die landesweit jeden Morgen um 9.15 Uhr im CBS-Radioprogramm zu hören war, richtig auf Touren kam, war natürlich auch Godfreys Ukulele im Spiel. In knallbuntem Hawaii-Hemd und immer bester Stimmung, okkupierte er mit Songs wie „Making Love Ukulele Style" die Wohnzimmer der Nation. Sein Schlachtruf, mit dem er die Hörer begrüßte, lautete immer gleich: „Ha-whya, ha-whya, ha-whya!"

In den kommenden fünf Jahren konnte er seine Zuhörerschaft mit Erfolgsformaten wie *Arthur Godfrey's Talent Scouts* (1946), der Varieté-Show *Arthur Godfrey Time* (1948), den Live-Übertragungen beider Sendungen im amerikanischen Fernsehen im selben Jahr und schließlich der TV-Show *Arthur Godfrey and His Friends* ab Januar 1949 beständig vergrößern. Einer seiner Freunde wurde dabei der hawaiianische Musiker Haleloke, der die Brücke von der ersten Uke-Welle um die Jahrhundertwende bis zu jener zweiten schlug, die gerade durch den Äther rauschte. Daneben kamen regelmäßig Tony Bennett, Patsy Cline oder Lenny Bruce als prominente Gäste in die Show. Einen Nachwuchssänger namens Elvis Presley wollte der selbsternannte „Uke Messias" allerdings nicht dabei haben, der wurde schnöde abgelehnt.

Godfrey zählte zu den ersten Radio-Stars, die den Wechsel in das neue Medium Fernsehen problemlos geschafft hatten. Ja, er avancierte sogar innerhalb von Monaten zur bekanntesten Persönlichkeit des Bildschirms:

Arthur Godfrey in der TV-Show *The Hollywood Palace* des amerikanischen Fernsehsenders ABC im Jahr 1964 © ABC Photo Archives / ABC / Getty Images

In seiner besten Zeit war er täglich 90 Minuten im CBS-Radio und gleichzeitig eine Stunde täglich im CBS-Fernsehen zu erleben. Auf dem Höhepunkt seiner Popularität konnte er allein 40 Millionen Hörer beziehungsweise Zuschauer verbuchen. Damit generierte er allein rund zehn Millionen Dollar jährlich, rund zwölf Prozent der Werbeeinnahmen des

V. l. n. r.: Sam Kamaka jun., Fred Kamaka sen. © Kamaka Hawaii, Inc.

Fred Kamaka sen. mit Koa-Block © Peter Kemper

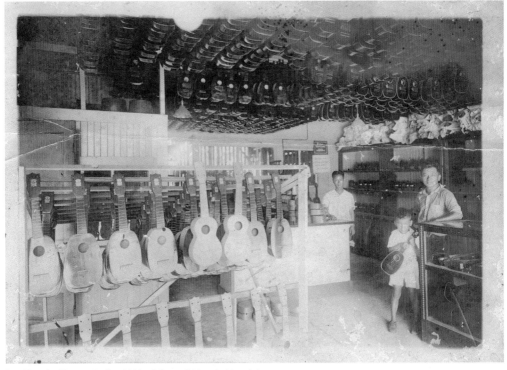

Die Kamaka-Factory in den 1930er Jahren © Kamaka Hawaii, Inc.

Das Lager von Kamaka Hawaii, Inc. heute © Peter Kemper

Kanile'a-Jubiläums-Modell © Kanile'a 'Ukulele

Kunsthandwerk bei Kanileʻa © Kanileʻa ʻUkulele

Die Werkstatt von Kanileʻa ʻUkulele © Kanileʻa ʻUkulele

Ukulele-Saiten aus den 1930er Jahren © DeSoto Brown Collection

KoAloha Ukulelen © KoAloha Ukulele

V. l. n. r.: Alan, Pat, Alvin und Paul Okami von KoAloha Ukulele © KoAloha Ukulele

Queen Liliʻuokalani

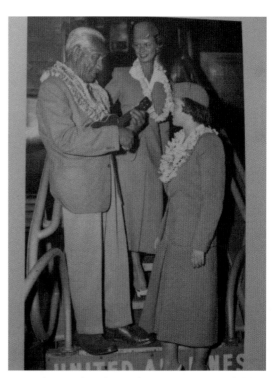

Der Surf-Star Duke Kahanamoku mit einer Martin-Ukulele

Ukulele Aloha ooooooh!

Alle Bilder auf dieser Seite: © DeSoto Brown Collection

Ukulele-Lehrbuch aus den 1930er Jahren

Hula Girl, Postkarte, ca. 1925 © DeSoto Brown Collection

Senders. Dazu kamen sechs Top Twenty-Hits, die er in diesen Jahren für Decca Records einspielte.

Und die Ukulele war das Vehikel seines Erfolgs. Wahrscheinlich haben seine viertelstündigen Unterrichtssendungen, die im Frühjahr 1950 drei Monate lang unter dem Titel *Arthur Godfrey and His Ukulele* jeweils dienstags und freitags im amerikanischen Fernsehen liefen, mehr für das Ukulele-Revival in der Nachkriegszeit getan, als jede andere Werbemaßnahme. Später machte Godfrey sich noch um die Entwicklung der Bariton-Ukulele verdient, indem er den Banjo-Virtuosen und Designer Eddie Connors bat, ihm ein übergroßes, gitarrenähnliches Modell zu entwerfen. Diese Vega-Bariton-Ukulele sollte Godfrey auf seinem Album *Jazz For The People* (1960) verewigen, einem eklektischen Sammelsurium von Tin Pan Alley-Hits und Broadway-Standards. Auf dem Cover des Albums erläutert er – nicht frei von Häme – sein musikalisches Credo: „Vielleicht habe ich in meinem Leben zu viel musikalische Massenware gehört, zu viel schmalzigen Sound mit Hunderten von Geigen. Ich habe aber auch schon zu viel Rock 'n' Roll gehört mit seiner tödlichen Gleichförmigkeit, dem elektrisch schwerfälligen Beat, dem eingebauten Drang nach Konformität und einem schrecklichen Mangel an Gesundheit und Humor. Stattdessen konnte ich mich plötzlich für den Jazz begeistern. Er wurde zu einem richtig guten Freund, der es mit seinem Humor immer wieder schafft, eine alte, müde Melodie aus irgendeinem längst vergessenen Musical in ein frisches, pikantes Meisterwerk musikalischer Erfindungsgabe zu verwandeln."

Immer darauf bedacht, in der Öffentlichkeit das Bild eines gutmütigen, onkelhaften „Ole Redhead" zu kultivieren, soll Godfrey laut Ian Whitcomb – in den siebziger Jahren selbst ein Ukulele-Star und Buchautor – privat ein unberechenbarer Tyrann gewesen sein, der ständig an der Loyalität seiner Mitarbeiter zweifelte und nicht selten seine engsten Freunde mit Beleidigungen vor den Kopf stieß. Die Leute, die er aus unerfindlichen Gründen feuerte, lassen sich nicht an zehn Fingern abzählen. Für jedermann erkennbar wurde Godfreys cholerischer Charakter, als er 1953 während einer laufenden Fernsehsendung den Sänger Julius La Rosa, beliebtes Mitglied seines Ensemble, von der Bühne warf. Er neidete La Rosa zu diesem Zeitpunkt offensichtlich dessen zwei Schallplatten-Hits und die Menge an Fanpost. Als Erklärung für sein skandalöses Verhalten gab Godfrey später zu Protokoll: „La Rosa mangelte es mir gegenüber an Demut!".

Gleichwohl schützte Godfrey in dieser Zeit noch sein Ruf als unantastbarer „Ukulele Hero". Die Schlager, die er sang, verkündeten dagegen Botschaften für eher schlichte Gemüter. Sein Hit „Too Fat Polka" enthält die unvergesslichen Zeilen: „I don't want her, you can have her, she's too fat for me." Überhaupt war Godfrey ein bekennender Erzkonservativer und Fan altmodischer Musikstile wie Walzer, Polka oder Barbershop-Gesänge. Am liebsten spielte er einfache, schmalzige Balladen mit drei, vier Akkorden. Godfrey beherrschte die Kunst, sich als Erfolgsgarant eines bodenständigen, bewusst kleinbürgerlichen Lebensstils zu inszenieren.

Mattels Uke-A-Doodle
© DeSoto Brown Collection

IM PLASTIK-PARADIES

Als die aufstrebenden Spielzeughersteller Elliot und Ruth Handler in Los Angeles mitbekamen, welches neuerliche Ukulele-Interesse Godfrey mit seiner Medienpräsenz anfachte, brachten sie im Januar 1947 mit Mattels Uke-A-Doodle – einem Sopran-Modell in blauer, grüner oder korallenroter Farbe, mit Blumenmotiven dekoriert und in einer bunten Pappbox verpackt – die erste landesweit verfügbare Plastik-Ukulele für 1,49 Dollar auf den Markt. Mehr als ein Jahrzehnt vor ihrem Topseller Barbie geriet die Uke-A-Doodle zu Mattels erstem großen Verkaufsschlager. Er war so überwältigend, dass er – in den Worten von Ruth Handler – den „Ukulele-Krieg von 1947" anzettelte. Denn als ihr Mann im März zur alljährlichen Spielzeugmesse nach New York fuhr, musste er feststellen, dass die konkurrierende Kunststoff-Firma Knickerbocker Plastics eine exakte Kopie der Uke-A-Doodle (allerdings ohne den Markennamen Mattel) für dreißig Cent weniger annoncierte. Nur einen Monat später zog die Firma American Plastic Products in Los Angeles mit dem eigenen Modell Uke-A-Tune nach. Bis Weihnachten 1947 hatte der Wettbewerb zwischen den Herstellern den Preis auf 59 Cent für eine Ukulele aus Kunststoff gedrückt. Konnte Mattel in diesem heftig umkämpften Markt zunächst nur geringe Gewinne einfahren, so sollte das Unternehmen im Laufe der nächsten Jahre rund elf Millionen Exemplare der Uke-A-Doodle und ihrer synthetischen Nachfahren verkaufen.

Für Millionen von Baby-Boomern war dies der erste Kontakt mit einer Ukulele: ein billiges Plastikspielzeug, das man im Drugstore um die Ecke bekam. Kein Wunder, dass die Hersteller nicht müde wurden, zu betonen, dass es sich dabei um ein richtiges Musikinstrument handelte, das echte Töne produzieren konnte. Und doch machten Kinder mit achtzig bis neunzig Prozent den Hauptanteil im Ukulele-Markt Ende der vierziger Jahre aus. Die Ukulele hatte erst einmal ihr Image eines infantilen Spielzeugs weg.

Gleichwohl stand sie auf der Beliebtheitsskala wieder ganz oben – neben Godfreys Werbefeldzug sorgte auch das neue, überaus erfolgreiche Musical *South Pacific* mit seinen sehnsüchtigen Ukulele-Klängen in sechsjähriger Laufzeit für neuerliche Nachfrage. Auf der Jahrestagung der National Association of Musical Merchandise Manufacturers (NAMMM) konnte ihr Präsident im Herbst 1949 stolz verkünden: „Bis Ende des Jahres werden die Ukulele-Verkäufe die 300.000er-Marke überschritten haben – sechs Mal mehr als der Durchschnitt während der Kriegsjahre".

Eine Begegnung am Swimmingpool des exklusiven Kenilworth Hotel in Miami sollte noch im selben Jahr zur bekanntesten Kreation der Plastik-Ära führen. Arthur Godfrey kam hier zufällig mit dem in Italien geborenen, zum Instrumentenbauer ausgebildeten klassischen Gitarristen Mario Maccaferri ins Gespräch. Dieser umtriebige Unternehmer und Erfinder, nebenbei Freund von Andrés Segovia, Benny Goodman und Les Paul, hatte im Musik-Geschäft bereits mit der Maccaferri-Selmer-Gitarre Geschichte geschrieben. Die zusammen mit dem Pariser Instrumentenhersteller Henri Selmer entwickelte Stahlsaiten-Gitarre war nicht zuletzt wegen ihres lauten, durchsetzungsfähigen Klanges zum Lieblingsinstrument des Gypsy-Swing-Genies Django Reinhardt geworden. Nach einem geschäftlichen Zerwürfnis mit Selmer konzentrierte sich Maccaferri auf die Herstellung von hochwertigen Blättchen (reeds) für die Mundstücke von Holzblas-Instrumenten. Kurz vor Ausbruch des Zweiten Weltkrieges konnte er in die USA flüchten, wo er bald mit Werbeunterstützung von Goodman und renommierten Kollegen in der New Yorker Bronx die French American Reed Manufacturing Company aufbaute.

Als während des Krieges der Material-Nachschub an natürlichem Schilfrohr unterbrochen wurde, stellte Maccaferri seine Produktion kurzerhand auf Kunststoff-Blättchen um. Wegen seiner guten Kontakte zu Militärkapellen bekam er problemlos Zugang zu den neuen synthetischen Herstellungsverfahren. Und er hatte Blut geleckt: Bald warf er Wäscheklammern aus Plastik auf den Markt, die sich sofort besser verkauften als die Ausführungen in Holz. Die kapitalaufwändige Gründung seiner Mastro Plastic Corporation – sie produzierte jetzt Kunststoff-Kacheln, Kleiderbügel und Toilettensitze – kam 1945 leider zur Unzeit, denn ein gnadenloser Nachkriegswettbewerb, der zu einer Neuaufteilung der Märkte führen sollte, ließ ihn auf einem Haufen Schulden sitzen.

DER ISLANDER-COUP

Godfrey und Maccaferri wurden sofort Brüder im Geiste und trafen sich noch am selben Tag im Hotelfoyer, um ein paar Songs zusammen zu spielen, ein paar Drinks zu nehmen und ein bisschen zu reden. Während dieser Gespräche gestand Godfrey seinem neuen Kumpel seine lebenslange Liebe zur Ukulele und meinte: „Wenn nur jemand eine gut spielbare, gut klingende Ukulele für unter zehn Dollar bauen könnte, dann könnte ich bestimmt eine Million davon verkaufen." Zurück in New York gingen dem inzwischen vom Bankrott bedrohten Maccaferri die Worte des berühmten TV-Entertainers nicht mehr aus dem Kopf und er beschloss das Wagnis einzugehen und 25.000 Dollar in Maschinen zur Massenproduktion einer Plastik-Ukulele zu investieren. Heraus kam das Maccaferri-Islander-Modell – eine Art Stradivari unter den Kunststoff-Instrumenten, da es dem berühmten Martin-Modell Style 0 nachempfunden war, aus acht Einzelteilen bestand und über ein sorgfältig konstruiertes Griffbrett mit abgerundeten Bünden verfügte.

Laut der Werbeanzeigen brauchte diese Ukulele für 5,95 Dollar den Klangvergleich mit wesentlich teureren Holz-Instrumenten nicht zu scheuen. Dazu kam noch der futuristisch klingende Name „Styron", der das Plastikmaterial bezeichnete und irgendwie nach „Space Age" klang. Maccaferri erweiterte nach und nach sein Angebot und stellte bald Ukulelen in allen Größen her. Als besonders bizarres Produkt kam aus seiner Fabrik auch der Chord Master, ein kleines Kunststoffkästchen, das man auf den Ukulele-Hals klemmen und das nach Drücken eines entsprechend gekennzeichneten Knopfes mechanisch einen bestimmten Akkord auf den Saiten greifen konnte. Man musste ihn jetzt nur noch zupfen.

Auch andere Kunststoff-Hersteller wie George Finder in San Diego, die Chris Kraft Instrument Company in New Jersey, BW Photo Utilities im kalifornischen Pasadena oder Lapin Products Inc. in Newark versuchten mit Diamond Head-, Flamingo-, Mauna Loa- oder Happy Tunes-Ukulelen auf den Zug aufzuspringen und bemühten sich nach Kräften, das Instrument vom Image eines bloßen Spielzeugs zu befreien.

Doch mit der Tagesproduktion von 2.500 Islander-Ukes im März 1950 konnte kein Konkurrent mithalten. Ende des Jahres hatte Maccaferri mehr als 350.000 „Belege seiner Schnapsidee" verkauft, nachdem Godfrey das Instrument in einer seiner Fernsehsendungen enthusiastisch beworben hatte. Maccaferri reagierte prompt und warf schnell noch die etwas preisgünstigere Mastro's T.V. Pal Uke auf den Markt – die Abbildung eines Fernsehbildschirms auf der Kopfplatte zeigt einen spielenden Godfrey. Eine noch günstigere Sparkle Plenty Ukette – benannt nach einer Figur aus dem damals beliebten Dick Tracy-Comic-Heft – wandte sich speziell an Kleinkinder und kostete nur noch 2,98 Dollar.

Musikhändler im ganzen Land stöhnten bald über die langen Lieferzeiten der Islander, die Firma von Maccaferri hatte bereits einen Rückstand von 100.000 Bestellungen. Und das alles nur wegen der paar Fernsehauftritte eines jovialen Moderators: „Arthur Godfrey ist das Größte, was der Ukulele je widerfahren ist" jubelte der NAMM-Präsident C. Frederik Martin. Dank „Papa With the Plastic Uke" beliefen sich im August 1950 die landesweiten Verkäufe des kleinen Instruments bereits auf 1,7 Millionen Exemplare. Insgesamt sollten noch weitere sieben Millionen Islander-Ukulelen über die Ladentische gehen.

Und „King Arthur" blieb sich als unerschrockener Uke-Missionar treu, als er dem Branchenblatt Billboard diktierte: „Ich habe meine Hörer wiederholt gewarnt, kein Geld für schlecht gebaute Instrumente zu verschwenden, die niemand richtig spielen kann. Als mir dann ein paar dieser Billighersteller mit einer Klage drohten – ich würde die übrigens sehr begrüßen! –, wurde mir klar, dass ich irgendetwas richtig gemacht haben musste."

Während eines Besuchs auf Hawai'i im Juli wurde Godfrey wie ein Held gefeiert, denn natürlich hatte sein Werbefeldzug auch positive Auswirkungen auf das Geschäft der Instrumentenbauer auf den Inseln. Im Kielwasser der Plastik-Uke gingen plötzlich auch die Koa-Holz-Modelle wieder gut. Qualitativ hochwertige Martin-Ukulelen aus Mahagoni erzielten 1950 Verkaufszahlen von 11.722 Exemplaren – die zweithöchste Zahl nach dem Rekord mit 14.000 Stück im Boom-Jahr 1926.

Einen neuerlichen Karriereschub erhielten auch die fast vergessenen Uke-Entertainer der Roaring Twenties, die, wie Cliff Edwards oder Wendell Hall, plötzlich mit eigenen Musikshows im Fernsehen zu sehen waren. Doch neben den alten Heroen wie Roy Smeck, der für einen spektakulären

Auftritt zum 100. Geburtstag der Kaufhauskette Macy's verpflichtet wurde, kamen auch neue Ukulele-Darsteller wie die frühere Stummfilm-Schauspielerin Carmel Myers oder der abgehalfterte Westernheld Art Fowler zu neuen Ehren.

SYMBOL TRÖSTLICHER HEIMELIGKEIT

Ohne eine voreilige Verbindung zwischen den politischen Verhältnissen und dem überraschenden Wiederaufleben der Ukulele-Begeisterung in Amerika herstellen zu wollen, fällt doch auf, dass die tröstliche Sehnsucht nach einer vermeintlich besseren Vergangenheit immer dann massenwirksam wird, wenn die Zeiten schwierig sind: Die neue Nachkriegsordnung der internationalen Staatengemeinschaft wurde Anfang der fünfziger Jahre zunehmend vom Kalten Krieg zwischen den Westmächten und dem Ostblock beherrscht, China war ein kommunistisches Regime geworden, der Korea-Krieg schürte die Angst vor einem Dritten Weltkrieg, zumal Amerikas Monopol auf Atomwaffen unwiderruflich beendet war. In dieser Ära wuchs das Bedürfnis nach beruhigender Nostalgie und privater Heimeligkeit. Hatte nicht May Singhi Breen in ihrem Lehrbuch *New Ukulele Method* gerade den Befund verkündet: „Dank des einzigartigen Arthur Godfrey wird die Ukulele jetzt das typische ‚Familieninstrument Amerikas' genannt.“

Neben dem Ukulele-Boom hatten bald auch der Dixieland-Jazz der zwanziger Jahre zusammen mit Modetänzen wie Charleston, mit Flapper-Partys und Kleidermode aus den wilden Zwanzigern neuerlich Konjunktur. Den deutlichsten Hinweis auf die vermeintlich tröstliche Aura und optimistische Wirkung, die man damals der Ukulele zuschrieb, mag vielleicht jener Vorfall geben, von dem die New York Times im November 1956 berichtete: Flüchtlinge, die nach dem gescheiterten Ungarn-Aufstand ihr Land verlassen hatten und in die USA emigriert waren, fanden bei ihrer Ankunft in Fort Kilmer nahe New Brunswick, New Jersey, als Willkommensgruß erst einmal 200 Ukulelen vor. „Keiner kann sich hier recht erklären, warum man den Ungarn gerade diese Instrumente geschenkt hat“, orakelte die Zeitung.

Auch in amerikanischen Klassenzimmern hielt die Ukulele Anfang der fünfziger Jahre Einzug. Ein Lehrer vermeldete im einflussreichen Music

Educators Journal stolz: „Ich habe 52 Jahre gebraucht um herauszufinden, dass das nützlichste Instrument für den Musikunterricht – fallen Sie jetzt bitte nicht in Ohnmacht – die Ukulele ist. Denn sie kann rhythmisch, harmonisch und melodisch eingesetzt werden – das sind nun Mal die drei wichtigsten Funktionen von Musik. Und man kann zum Ukulele-Spiel auch singen. Zeigen Sie mir bitte ein anderes Instrument mit diesen Vorzügen!" Andere Pädagogen feierten die Ukulele als „Sprungbrett" zu anspruchsvolleren Instrumenten, als freundliche „Einstiegsdroge" in den Bannkreis der Musik. Da gründeten sich schon mal 100-köpfige Ukulele-Orchester in der Grundschule, die dann Konzerte in Highschools gaben – wie beispielsweise in Paris, Texas, geschehen.

Bei aller Begeisterung für das hawaiianische Nationalsymbol blieb der Erfolg der Ukulele in den fünfziger Jahren dennoch zwiespältig: Im Unterschied zu den Roaring Twenties, wo das Instrument ein modisches Accessoire von Erwachsenen war, konzentrierte sich der Markt jetzt vor allem auf Kinder. Als Spielzeug in Kaufhäusern, Drugstores und Tankstellen angeboten, wurde die Ukulele in der ernsthaften Musikwelt kaum für voll genommen. Da die meisten Instrumente in jenen Jahren aus Kunststoff waren und Plastik trotz seiner anfänglich „fortschrittlichen" Reputation im Nachkriegsamerika schon bald mit Minderwertigkeit, billiger Qualität und Künstlichkeit assoziiert wurde, litt auch das Image der Ukulele unter diesen zweifelhaften Attributen.

Und billig war sie wirklich: In manchen Drugstores wurden drei TV-Ukulelen aus Kunststoff zusammen für 99 Cent angeboten. Tiefer konnte ein Musikinstrument mit Anspruch kaum sinken. Daneben zeigte sich, dass der neue thermoplastische Werkstoff doch nicht so unproblematisch war wie zuerst angenommen: Manche Plastik-Ukulelen waren sonnenlicht- und säureempfindlich. Die Werbebotschaft von Maccaferri, man könne die Islander auch problemlos unter Wasser spielen, war deshalb auch nicht mehr als ein Marketing-Gag.

Während seines Werbefeldzugs in den fünfziger Jahren war der Ukulele-Botschafter Godfrey nicht müde geworden zu betonen: „Wenn ein Kind eine Ukulele in der Hand hält, kann ihm nicht viel passieren." Dieses Versprechen wirkte jedoch auf Teenager, die bereits Elvis Presley, Bill Haley oder Chuck Berry gehört hatten, wie eine Drohung. Die Gitarre galt jetzt als das adäquate Ausdrucksmedium und Widerstandssymbol der Jugend. Vor allem die billigen Plastik-Ukulelen mussten im Vergleich mit elektrischen Gitarren einfach kindisch wirken. Den schlagkräftigen Beleg für die wachsende Irrelevanz des Viersaiters lieferte – wie oben schon beschrieben – die *Ed Sullivan Show* vom 9. Februar 1964, als die Beatles mit dem jubelnden Hedonismus von „She Loves You" und „I Saw Her Standing There" die Music Hall Queen Tessie O'Shea mit ihrem altmodischen Ukulele-Spiel einfach von der Bühne fegten.

Der clevere Geschäftsmann Mario Maccaferri erkannte die Zeichen der Zeit. Er sicherte sich die notwendigen Lizenzen und lieferte schon zwei Monate später seine Kunststoff-Instrumente mit aufgedruckten Gesichtern der Beatles aus. Auch andere Hersteller wehrten sich durch Design-Maßnahmen verzweifelt gegen den Siegeszug der Gitarre im Rock 'n' Roll. Ein Carnival-Modell aus weißem Kunststoff etwa warb mit aufgedruckten Sprüchen wie „Rock 'n' Roll", „Play It Cool", „Crazy Man Crazy", „Daddy-O" oder „Shake, Rattle & Roll" – ironischerweise aber stand im Zentrum des Soundboard Designs dieser Ukulele eine Rock 'n' Roll-Tanzszene mit einem Gitarristen! Das Ende der Ukulele-Mode schien besiegelt.

Aus der Erfolgsserie der Marke Maccaferri: die Islander-Bariton-Ukulele
© DeSoto Brown Collection

Im Nachtzug auf Tournee: Die „Mädchenband" mit Marilyn Monroe an der Ukulele in *Manche mögen's heiß* © akg-images/Album/United Artists

8
Beat Boom Kills The Radio-Uke: Endzeitstimmung trotz vieler Anfänge

CELLULOID HEROES

Bevor die Ukulele in den sechziger und siebziger Jahren weitgehend ein Schattendasein fristen sollte, erhielt sie Ende der fünfziger Jahre noch einmal einen kurzlebigen Auftritt im grellen Scheinwerferlicht: Obwohl sie sich bis dato noch keinen Namen als Musikerin gemacht hatte, sorgte **Marilyn Monroe** als Sugar Kane in Billy Wilders Filmkomödie *Some Like It Hot* (1959) für einen nachhaltigen Effekt: Das Bild der verführerischen Blondine, wie sie mit einer weißen Ukulele in der Hand durch den Mittelgang eines Zuges tanzt und singt, setzte sich im kollektiven Gedächtnis als ikonische Inszenierung des kleinen Viersaiters fest, der ein wildes, ungezügeltes Leben verhieß:

„Running wild, lost control,
Running wild, mighty bold.
Feeling gay, reckless too,
carefree mind all the time, never blue."

Nicht zufällig erinnerte diese Szene an den Uke-Boom der Roaring Twenties und verlieh der Ukulele ultimative Sexyness. Dazu dürften nicht zuletzt Marilyns betörende Sätze an Jack Lemmon beigetragen haben: „If it wasn't for you, they have kicked me off the train. I'd be out in the middle of nowhere, sitting on my ukulele." Marilyn Monroe simuliert hier allerdings in „Runnin' Wild" vor der „reinen" Mädchen-Band ihr Ukulele-

Spiel nur. Doch nach den Recherchen des Buchautors Will Grove-White hatte die Monroe im Vorfeld der Dreharbeiten Ukulele-Unterricht und auch später das Instrument immer mal wieder zur Hand genommen. Die L. A. Times berichtete 1958 zudem, dass Marilyn, nachdem ihr Ehemann Arthur Miller vom berüchtigten Komitee für unamerikanische Umtriebe von allen gegen ihn erhobenen Vorwürfen freigesprochen war, für die versammelten Pressevertreter eine etwas unmelodische Version von „Happy Days Are Here Again" zu ihrer weißen Ukulele vorgetragen habe. Bei dem Instrument handelte es sich um eine alte Martin-Mahagoni-Ukulele, die vom Filmstudio wegen der besseren Kontrastwirkung zu Marilyns schwarzem Kleid kurzerhand weiß angestrichen worden war.

Schon 36 Jahre zuvor hatten zwei andere Hollywood-Stars, die beiden Film-Komiker **Stan Laurel** und **Oliver Hardy** für großes Ukulele-Kino gesorgt. Ihr grandioser Auftritt in *Sons of the Desert* (1933), wo die beiden

Stan Laurel und Oliver Hardy in *Die Wüstensöhne* © akg-images

von einem heimlichen Treffen der „Wüstensöhne" in Chicago – ihre Frauen wähnten sie in Honolulu – nach Hause zurückkehren und ihre eifersüchtigen Ehefrauen mit einem Ukulele-Ständchen zu versöhnen hoffen, schuf unvergessliche Bilder. Leider stieß im Film ihr Duo-Gesang zu einer Sopran-Ukulele auf taube Ohren, da die Frauen nicht zu Hause waren:

„Honolulu baby, where'd you get those eyes
And that dark complexion, I just idolize
Honolulu baby, where'd you get that style
And the pretty red lips, and that sunny smile."

Man muss Stans elegantes Tänzchen mit einer Ananas im Arm gesehen und das Ukulele-Spiel seines Kumpels Oliver gehört haben, um sich mit der anschließenden Respektlosigkeit dem Requisit gegenüber versöhnen zu können: In einer typischen Slapstick-Stolperszene stürzt Olli über das Gepäck seines Freundes und fällt auf die Ukulele, die er in der Hand hält. Sie gibt noch einen hässlichen Ton von sich – wie von einem zuschlagenden Mülleimerdeckel – und ist damit als Instrument für den Rest des Films erledigt.

Eine Hauptrolle spielt der kleine Viersaiter dagegen in dem dritten Hollywood-Streifen, der die Ukulele in der globalen Erinnerungskultur fest verankern sollte. Mit seinem Film *Blue Hawaii* (1961) machte der 26-jährige **Elvis Presley** die Ukulele endgültig zum Requisit der Popkultur. Es war der erste von drei Streifen, die auf den Inseln spielten: 1962 folgte *Girls! Girls! Girls!* und 1966 erschien *Paradise, Hawaiian Style*. Elvis liebte Hawaiʻi und kam in seinen Urlauben immer wieder auf den Archipel. In seinem Domizil Graceland in Memphis hatte er den sogenannten Jungle Room sogar im polynesischen Stil eingerichtet und dekoriert.

Blue Hawaii war kommerziell äußerst erfolgreich und legte Elvis Presley für Jahre auf das Genre der Teenager-Musikkomödie fest, in der er meist einen charmanten und vor allem singenden Sonnyboy an einem möglichst exotischen Urlaubsort spielte, umgeben von vielen hübschen Mädchen. Der Produzent Hal B. Wallis wollte an ihm unbedingt demonstrieren, wie das Militär junge Menschen verändern kann. Presley spielt einen gerade aus der Armee entlassenen Soldaten, der von seinem Einsatz in der 3. US-Panzerdivision – der realen Diensteinheit von Elvis in Europa – in seine Heimat Hawaiʻi zurückkehrt und nach einigen Turbulenzen zu seiner alten Liebe zurückfindet. Neben seiner Gibson J-45-Gitarre spielt Presley in zahlreichen Filmszenen eine Martin-Ukulele, deren Markenlogo aber unkenntlich gemacht worden war – getreu der Devise seines Managers Colonel Parker, nach der keinerlei Markenwerbung umsonst zu haben sei. Obwohl Elvis im Film nur mit einem Sopran-Modell zu sehen ist, zeigen zahlreiche Werbefotos ihn auch mit einer Bariton-Ukulele, deren Herkunft jedoch ungeklärt ist. Seine Martin-Soprano aus Mahagoni-Holz fand übrigens im November 2015 auf einer Auktion mit Elvis-Devotionalien für 11.379 Dollar einen Käufer.

Während der Dreharbeiten wurde Elvis von dem hawaiianischen Musiker Bernie Kaai Lewis in die Grundlagen des Ukulele-Spiels eingeführt. An dem Soundtrack-Album von *Blue Hawaii* sollen dagegen sieben andere Ukulele-Spieler teilgenommen haben, Elvis selbst ist hier nur mit seiner Gesangsstimme zu hören. Die allerdings war Gold wert, denn die Filmmusik platzierte sich sofort auf Platz eins der Albumcharts und wurde zum bestverkauften Elvis-Album zu seinen Lebzeiten. Obwohl das Ukulele-Crescendo in seiner Version von „Aloha ʻOe" durchaus hörenswert ist, überlebten von den 14 Songs im musikalischen Gedächtnis nur „Rock-a-Hula Baby" und der Klassiker „Can't Help Falling In Love". Presley hatte den Song aus mehreren Vorschlägen ausgewählt und das getragene „Can't Help Falling In Love" erschien am 1. Oktober 1961 auf der Single zum Film als B-Seite zum schnellen „Rock-A-Hula Baby". In diesem Fall erwies sich die B-Seite der Single erfolgreicher als die A-Seite – unzählige Cover-Versionen von Bob Dylan über Bono bis Kenny Rogers oder Michael Bublé bezeugen bis heute die sentimentale Strahlkraft dieses Lieds.

Dass Elvis als programmatischer Ukulele-Spieler in Erinnerung geblieben ist, verdankt sich nicht zuletzt der erfolgreichen Vermarktung sogenannter Elvis-Presley-Plastik-Ukulelen. Die billigen Instrumente zeigten das Konterfei des Kings auf dem Soundboard und sollten helfen, die Ukulele für das Rock 'n' Roll-Publikum attraktiv zu machen. Zunächst nur ein frommer Wunsch! Dass das kleine Instrument im Blues dagegen nicht

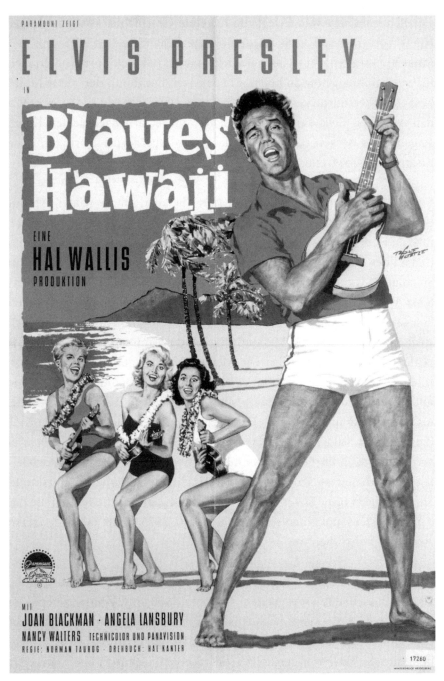

Elvis am Strand mit „Hula-Girls": Filmplakat *Blaues Hawaii*, 1963 © Rolf Goetze / Plakatsammlung der Wienbibliothek im Rathaus

gänzlich unbeliebt war, belegt die folgende Geschichte: Während seiner Highschool-Zeit soll Elvis wiederholt die Beale Street in Memphis mit ihren berühmten Blues-Clubs besucht haben, um sich dort Anregungen für seine Bühnenshow zu holen. Ein Musiker, der ihn in der „Gray Mule" besonders beeindruckte, war Charlie Burse alias „Ukulele Kid", der schon den typischen Elvis-Tanzstil drauf hatte: mit leicht eingeknickten Knien singend, das Becken schwingend, dabei den Oberkörper in rhythmische Zuckungen versetzend.

Charlie Burse, geboren 1901 in Decatur, Alabama, galt als wilder Typ mit unberechenbarem Charakter. Was ihm an sozialer Kompetenz fehlte, machte er durch außerordentliche Fähigkeiten an der Gitarre, am Banjo und an der Mandoline, aber vor allem an der Ukulele wett – deshalb sein Spitzname „Ukulele Kid". Er hatte Glück, dass sich der Multi-Instrumentalist **Will Shade** nicht von seinen rüden Umgangsformen abschrecken ließ und sich für fast vierzig Jahre mit Burse zusammenraufte. Zunächst spielten die beiden in der Memphis Jug Band zusammen, zu der zwischenzeitlich solche Blues-Größen wie Memphis Minnie oder Shakey Horton zählten. Als sich ihr Programm aus gutgelauntem Hokum-Blues, Ragtime und New Orleans-Jazznummern Mitte der dreißiger Jahre überlebt hatte, machten Burse und Shade als Duo weiter. Später gründete „Ukulele Kid" die Memphis Mudcats, die zwar auch noch ländliches Jug Band-Material verwendeten, ihren Gruppensound jetzt aber durch Saxofone anschärften, um urbaner zu wirken. Das eindringlichste Album von Burse und Shade namens *Beale Street Mess Around*, das die stilistische Bandbreite der beiden bestens dokumentiert, erschien erst 1975, zehn Jahre nachdem „Uke Kid" verstorben war.

Als der einzige echte Folk-Blues-Musiker ist **Lewis „Rabbit" Muse** in die Ukulele-Geschichte eingegangen. Geboren 1908 in Virginia, fand er zu dem kleinen Instrument, nachdem er es in einer Vaudeville-Show erlebt hatte. Als er sich als blinder Passagier den fahrenden Musikern anschloss, ließ ihn sein Vater von der Polizei zurückholen. Dennoch blieb Muse der Ukulele verfallen und eignete sich ein breites Repertoire aus Jazz- und Country-Blues-Nummern an, das er mit heller, sanfter Stimme vortrug.

Man höre sich nur einmal seine Version des „Jailhouse Blues" bei YouTube an. Er zupft hier seine Wendell Hall Teeviola Tenor-Ukulele, die er des durchsetzungsfähigeren Klanges wegen mit Stahlsaiten bespannt hatte, in bester Tradition von Mississippi-Delta-Blues-Barden wie Blind Lemon Jefferson oder Robert Johnson. Daneben galt Muse als ausgezeichneter Tänzer und begnadeter Kazoo-Spieler. Die beiden einzigen Platten, die er zeitlebens mit der Ukulele aufnahm, *Muse Blues* und *Sixty Minute Man* sind leider längst vergriffen, doch man kann noch ein paar der seelenvollen Stücke im Internet finden. Die unzertrennliche Liebe zwischen Muse und seiner Ukulele dokumentierte sich zuletzt bei seiner Beerdigung im Jahr 1982: Mit dem Instrument im Arm wurde „Rabbit" begraben.

HÖHENFLUG EINES PARADIESVOGELS

Obwohl die Ukulele es in den rockversessenen sechziger und siebziger Jahren schwer hatte, verschwand sie dennoch nicht vollständig von der Bildfläche. Unermüdliche Vorkämpfer wie Tiny Tim und Ian Whitcomb hielten noch für ein paar Jahre die Fackel hoch. Vor allem der Selfmade-Paradiesvogel **Tiny Tim** repräsentiert bis heute die vielleicht schrillste Episode in der langen Geschichte der Ukulele.

Geboren am 12. April 1932 als Sohn einer Arbeiterfamilie in Manhattan, flüchtete sich Herbert Buckingham Khaury schon als Kind in die Rolle des eigenbrötlerischen Einzelgängers, der sich früh für amerikanische Vaudeville- und Tin Pan Alley-Songs aus den zwanziger und dreißiger Jahren zu interessieren begann. Angeblich kam er auf den Geschmack, nachdem er im Anschluss an eine Blinddarm-Entzündung häufig allein zu Hause bleiben musste und sich in die Platten-Sammlung seines Vaters vertiefte. Als Jugendlicher lernte er bald Ukulele und Gitarre spielen und durchstöberte Bibliotheken und Trödelläden nach Noten alter Tin Pan Alley-Schlager und Jazznummern – nach eigener Aussage „wie ein Vampir, der Blut saugt." Es dauerte nicht lange, bis er sich ein enzyklopädisches Wissen über die verblasste Song-Ära angeeignet hatte und begann – angeregt durch die Fernsehauftritte von Arthur Godfrey – seine Lieblingsstücke auf einer Maccaferri Islander-Ukulele zu üben. Wie es sich gehörte, brachte er sich die ersten Akkordfolgen anhand des mitgelieferten

Godfrey-Übungsbuches bei. Ungewöhnlich blieb dabei, dass Tiny Tim als Linkshänder dennoch die reguläre Saitenbespannung für Rechtshänder beibehielt.

Obwohl noch ein blutiger Anfänger, stellte Tim seinen charmanten Dilettantismus offensiv zur Schau und trat mit seiner Ukulele auf, wo immer sich Gelegenheit dazu ergab: vom Friseurladen über Cafés und U-Bahn-Stationen bis zum Flohzirkus. Seine Eltern beobachteten zunächst äußerst skeptisch die musikalische Leidenschaft ihres Sohnes, zumal dieser die Highschool vorzeitig abgebrochen hatte. Sie waren erst dann ein wenig versöhnt, als nicht mehr jeder Auftritt in einem Fiasko endete und sich Tims Ausdauer bezahlt machte. Als Alleinstellungsmerkmal hatte er für sich nämlich eine Art manierierten Falsettgesang entdeckt, oft noch mit dramatischem Vibrato angereichert, der ihn bisweilen fast hysterisch klingen ließ. Zu diesem abgedrehten Gesangsstil war er nach eigener Aussage inspiriert worden, als er ein Lied im Radio mitträllerte und plötzlich bemerkte: „Mann, das ist ja verrückt, ich kann so hoch singen, wie ich will." Nur selten griff er noch auf seinen Bariton zurück, lieber sang er in wechselnden Tonlagen mit sich selbst im Duett.

Langsam, aber sicher erarbeitete er sich eine treue Gefolgschaft, für die die schillernde Gestalt einfach Kult war. Mitte der sechziger Jahre konnte man ihn in den Clubs von Greenwich Village in New York hören. Schon hier entwickelte er den Tick, seine Ukulele in einer Einkaufstasche mit sich herumzuschleppen: Weil er schon so oft ausgebuht worden war, wollte er möglichst schnell von der Bühne verschwinden können. Zunächst trat er noch unter den Pseudonymen „Larry Love – Der singende Kanarienvogel", „Julian Foxglove" oder „Derry Dover" auf, bevor der 1,85 Meter große Sänger seinen Künstlernamen selbstironisch in „Tiny Tim" änderte – benannt nach einer Nebenfigur aus Charles Dickens' *Weihnachtsgeschichte*. Groß und schlaksig, mit weiß gepudertem Gesicht, langen schwarzen, manchmal auch rot gefärbten Locken, einer Hakennase und etwas schiefen langen Zähnen war er nun wirklich keine Schönheit. Doch seine seltsame Erscheinung, die obskuren Songs einer verblassten Ära, dazu die überspannte Fistelstimme – all das ließ Jimi Hendrix, Allen Ginsberg und Donovan zu seinen Fans werden. Er gab ein Privatkonzert für Mick Jagger, zog mit Janis Joplin durch die Kneipen und war ein enger Freund von

Jim Morrison, der ihm den Doors-Song „People Are Strange" widmete. Sein grelles, fast geschmackloses Outfit lässt sich vielleicht am besten als „Haute Couture eines Penners" umschreiben.

1963 ergatterte er eine Filmrolle in *Normal Love* und fünf Jahre später noch einmal in *You Are What You Eat*. Hier kommen jetzt überraschenderweise **Bob Dylan & The Band** ins Spiel. 1967 engagierte John Simon die Hawks – wie sich die Gruppe um Robbie Robertson, Rick Danko und Levon Helm damals noch nannte –, um den Soundtrack für die „Rockumentary" *You Are What You Eat* aufzunehmen: Der halbdokumentarische Film von Peter Yarrow, bekannt durch seine Mitwirkung bei Peter, Paul & Mary, zeigt die Entstehung der amerikanischen Gegenkultur, wie sie sich in der Flower-Power- und Hippie-Szene von Haight-Ashbury in San Francisco manifestiert hatte. Mit den Hawks spielte Tiny Tim die vier Songs „I Got

You Babe", „Memphis, Tennessee", „Sonny Boy" und „Be My Baby" ein, die in ihrer ganzen grotesken Pracht erst 1996 auf dem Bootleg *The Band, Bob Dylan & Tiny Tim – Down in the Basement* erschienen. Bob Dylan kannte Tim noch aus den gemeinsamen Hungerjahren im Greenwich Village, wo die beiden sich zwischen Auftritten im Café Wha oder im Gaslight Cafe so manchen Hamburger mit Pommes Frites geteilt hatten. Als er hörte, dass der Falsett-Virtuose zu Aufnahmen mit den Hawks nach Woodstock gekommen war und mit der Band im Keller des berühmten Big Pink in Saugerties, New York, probte – Dylans eigene Einspielungen mit The Band in dieser Location erschienen später als die legendären *Basement Tapes* – lud er Tim unter größter Geheimhaltung sofort zu sich nach Hause ein. Der erinnert sich: „Zuerst holte mich eine riesige schwarze Limosine ab und brachte mich zu Bobs Manager Albert Grossman. Dort musste ich warten, bis es dunkel war, dann brachte mich die Limousine zu Dylans Haus, wo ich etwa elf Uhr abends eintraf." Tim hatte neben seiner Ukulele auch eine ganze Schminkausrüstung in seiner Plastiktüte dabei und machte sich in Dylans Badezimmer erst einmal frisch. Als die beiden sich dann trafen, lud Bob seinen Gast zunächst generös zum gemeinsamen Besuch eines Hockey-Spiels im Madison Square Garden ein, denn er wusste, das Tim ein leidenschaftlicher Anhänger dieser Sportart war.

Was dann folgte, zählt zu den amüsantesten Episoden der an Jokes nicht gerade armen Popgeschichte. „Ich sagte: ‚Mr. Dylan, Sie sind für mich das, was Rudy Vallée für die romantische Musik in den frühen Tagen des Radios der Jahre 1928 bis 1931 war.'" Denn als das Radio aufkam, war es für Schlagersänger zunächst schwer, mit der Technik des neuen Massenmediums umzugehen. Sie sangen zunächst viel zu laut in das Mikrofon hinein, weil sie glaubten, sie müssten sich wie bei einer Art primitivem Telefon über eine große Distanz verständlich machen. Für Tiny Tim war Rudy Vallée der erste, der 1928 bei einer Übertragung aus dem Hi Ho Club die neue Technik souverän meisterte, seine Stimme über das Mikrofon sexy klingen lassen konnte und Leidenschaft mit Romantik paarte. „Ich sang Dylan darauf hin Vallées ‚Main Stein Song' vor und erklärte ihm anschließend: ‚Mr. Dylan, wenn Vallée heute hier wäre, würde er ungefähr so klingen.' Und ich führte ihm im typischen Crooner-Stil Vallées ‚Like A Rolling Stone' vor. Dann sagte ich ihm: ‚Mr. Dylan, wenn Sie damals gelebt hätten, hätten sie wahrscheinlich so geklungen.' Und ich gab dann Vallées Song ‚My Time Is Your Time' im typischen Gesangsstil Dylans zum Besten. Und wissen Sie, was Dylan daraufhin machte? Er war so perplex, dass er mich nur fragte: ‚Tja, möchten Sie noch eine Banane, bevor Sie zu Bett gehen?' Und ich antwortete ihm: ‚Nein danke, ich habe mein eigenes Obst dabei.'"

Am nächsten Morgen kam es für Tim zu einer weiteren denkwürdigen Begegnung mit „His Bobness": Nachdem Tiny ihm ein paar Strophen aus dem Irving Kaufman-Song „What's Today Got To Do With Tomorrow (When Tomorrow's So Far Away)" von 1923 vorgeträllert hatte, schnappte sich Dylan seine Akustikgitarre und trug seinem Gast den gerade komponierten Song „Cool Water" vor – er findet sich später auf den *Basement Tapes* von Dylan & The Band wieder. Auf der später veröffentlichten Filmmusik zu *You Are What You Eat* ist Tim dann leider nur noch mit zwei Nummern, nämlich „Be My Baby" und seiner schrägen Version von Sonny and Chers „I Got You Babe" zu hören: Während er den Cher-Part singt, übernimmt seine Freundin Eleanor Baroshian Sonnys Bariton-Stimme.

Mit dieser Neufassung des Nummer 1-Hits drei Jahre zuvor gelang Tim 1968 dann das Entrée in die beliebte Comedy-Varieté-Show *Rowan and Martin's Laugh-In*. Immer auf der Suche nach neuen Talenten, bot ihm die TV-Unterhaltungssendung die perfekte Plattform für seine skurrile Performance: Mit der obligatorischen Einkaufstüte in der Hand, aus der er seine Sopran-Ukulele hervorkramte, betrat Tim die Fernsehbühne und legte gleich mit einem Medley aus „A Tisket A Tasket" und „On The Good Ship Lollipop" los. Der entgeisterte Moderator war vollends verblüfft, als Tiny Tim nach einer Serie von Handküssen und mit verführerischem Augenklimpern eine hinreißende Version von „Tiptoe Through The Tulips" hinlegte. Schon in der Version des „Crooning Troubadour" Nick Lucas war das Lied über das vorsichtige Hintrippeln zu einem Rendezvous 1929 ein Nummer 1-Hit. Für Tiny Tim bedeutete es den endgültigen Durchbruch. Das Album *God Bless Tiny Tim* (1968) mit dem „Tiptoe"-Ohrwurm verkaufte sich mehr als 200.000 Mal und sicherte dem exaltierten Entertainer einen bleibenden Platz in den Pop-Annalen: „15 Minuten Ruhm, die sein Leben lang andauerten" – wie die New York Times später treffend bemerkte.

Während auch das Nachfolgealbum *Tiny Tim's Second Album* (1968) noch ganz passabel lief, fand sein Kinderlied-Album *For All My Little Friends* (1969) kaum noch Anklang. Allein seine live in Johnny Carsons *Tonight Show* geschlossene Ehe mit Victoria Budinger brachte Tim im Dezember desselben Jahres noch einmal ein Stückchen Berühmtheit zurück und mit fast vierzig Millionen Zuschauern eine Rekord-Einschaltquote. Nach seiner TV-Hochzeit tänzelte er nicht nur erfolgreich „auf Zehenspitzen durch die Tulpen", sondern tourte durch die ganze USA. Trotz einiger lukrativer Auftritte in Las Vegas kam Tim nie zu Reichtum, da er aufgrund mangelnder Cleverness einfach nicht mit Geld umgehen konnte. Naivität war ja sein größtes Kapital. In den siebziger Jahren begann sein Stern zu sinken, bevor ihn dann in der nächsten Dekade eine neue Generation von Rockmusikern wieder zu entdecken begann. Tim scheute jetzt nicht davor zurück, sich mit dem Album *Tiny Tim: Rock* der Heavy-Metal-Gemeinde anzudienen – seine Version des AC/DC-Hits „Highway To Hell" bleibt dennoch hörenswert.

Unverwechselbar im Outfit mit der obligatorischen Einkaufstüte: Tiny Tim

© ullstein bild / mirrorpix

Er spielte – zumeist für kleine Labels – weiterhin Platten ein, trat auf Privatpartys auf und bekam Anfang der neunziger Jahre für 36 Wochen ein Engagement im Zirkus: Mit seiner Ukulele war er jetzt endgültig zu einer liebenswerten Witzfigur geworden. Dabei war das selbst ernannte Unikum zeitlebens eine getriebene Seele und ein hoffnungsloser Romantiker – von rigidem Reinlichkeitswahn besessen, zwischen sexuellen Exzessen und strikter Prüderie schwankend, Jesus-süchtig und zeitlebens darunter leidend, nicht als Frau geboren zu sein.

Joni Mitchell nannte Tiny Tim einen „echten Troubadour". Mit seinen exzentrischen Auftritten ermutigte er jedenfalls Popstars von Michael Jackson über Boy George und Alice Cooper bis zu Lady Gaga zu ihren gewagten Bühnen-Inszenierungen. Im September 1996 erlitt Tim – gesundheitlich durch Diabetes und Alkoholismus schon schwer angeschlagen – während des Ukulele Hall of Fame-Festivals in Massachusetts einen Herzinfarkt. Zwei Monate später, am 30. November, als er im Women's Club of Minneapolis gastierte, brach er während seines Songs „Tiptoe Through The Tulips" zusammen und verstarb eine Stunde später an einem neuerlichen Herzinfarkt. Er wurde zusammen mit seiner Ukulele im Sarg beerdigt.

Dabei war Tim zeitlebens kein besonders guter Ukulele-Spieler gewesen; seine Liebe galt den Songs, nicht dem Instrument. Er hat auch nie groß Werbung für den kleinen Viersaiter gemacht oder gar ein Tiny Tim Signature-Modell auf den Markt gebracht. Die Geschäftstüchtigkeit eines Arthur Godfrey oder eines Roy Smeck blieb ihm völlig fremd. Zu den Ukulelen, die er spielte, zählten neben einer alten Martin Style 0 von 1930 auch Sopran- und Concert-Modelle der Firma Favilla, sowie ein Metall-Resonator-Instrument von Johnson. Zwar hat Tim in den gitarreverliebten sechziger Jahren die Ukulele in der Öffentlichkeit präsent gehalten, doch zugleich ihren Ruf als obskures Instrument noch verstärkt. Tim blieb eine kurzlebige Comic-Episode. Die meisten Menschen nahmen ihn als Musiker ohnehin nicht für voll, sondern sahen in ihm allenfalls einen schrägen Clown. Manch ernsthafter Ukulele-Fan mutmaßt noch heute, Tiny Tim habe durch seine Lächerlichkeit das Image der Ukulele als seriöses Instrument nachhaltig beschädigt. Doch allen Kritikern trat Tim mit der Abgeklärtheit eines Heiligen entgegen, der zum Märtyrer gemacht wurde. Sein Glaube an die altertümlichen Lieder, die er zum Besten gab, hatte etwas Evangelikales. Er fühlte sich als ein Verkünder musikalischer Wahrheit – mochte sie auch unverstanden sein.

DU MACHST MICH AN

Tim war nicht der einzige, der mit seiner Ukulele in den rockigen Sixties gegen den Strom schwamm: **Ian Whitcomb**, geboren am 10. Juli 1941 in Surrey, England, war sogar noch ein knappes Jahr vor ihm da und hatte mit seinem New Vaudeville-Stil und Ragtime-Songs wie „A Lemon In The Garden Of Love" und „I'm Shy, Mary Ellen", die er an Piano und Ukulele begleitete, ebenfalls kurzzeitigen Einfluss auf die Entwicklung der Pop-musik. Auch im Falsettgesang, aber mit Klavierbegleitung konnte er im Sommer 1965 mit „You Turn Me On" einen Top-Ten-Hit in den USA lan-den, während er im darauffolgenden Jahr mit dem Remake des Al Jolson-Titels „Where Does Robinson Crusoe Go With Friday On Saturday Night" von 1916 seine Martin-Ukulele in Stellung brachte, die er zwei Jahre zu-vor in einer Pfandleihe in Los Angeles erstanden hatte, wo Whitcomb auch lebte. Die Single wurde in Kalifornien ein veritabler Hit und markierte den Anfang vom Ende von Whitcombs Rock 'n' Roll-Karriere.

Wie Tiny Tim machte auch Whitcomb die alten Tin Pan Alley-Songs zu seiner Herzensangelegenheit. Doch es war sein erklärtes Ziel – hier unter-scheidet er sich grundsätzlich von dem spleenigen Kollegen – „die Ukulele in der Rock 'n' Roll-Ära wiederzubeleben, aber in seriöser und nicht in veralbernder Art und Weise." Gleichwohl sang er den Beatles-Titel „You Won't See Me" in der TV-Sendung *Where The Action Is* von Dick Clark – aufgenommen am Strand von Malibu – so fahrlässig schief, dass die Treffer-quote seiner Intonation fast gegen Null ging. Ein großer Sänger war Whitcomb wirklich nicht und leider mangelte es ihm an jener mutigen Selbstironie, mit der Tiny Tim aus seinem stimmlichen Manko ein Mar-kenzeichen machte.

Seine erste Ausbildung in Richtung populärer Musik hatte Whitcomb von seinem Großvater erhalten, einem großen Whiskey-Kenner und Lieb-haber von Music Hall-Liedern. Ergänzt wurde der Unterricht in Popkultur durch einen professionellen Song-Komponisten, der eine Großtante von

Whitcomb geheiratet hatte und dem jungen Ian gern ein paar Song-writer-Kniffe verriet. Die konnte Whitcomb 1957 in seiner ersten Skiffle-Gruppe gut gebrauchen. Jetzt hatten es ihm Eddie Cochran und Elvis angetan. Nach seinem Schulabschluss formierte er eine Band namens The Ragtime Suwanee Six, mit der er durch die Pubs zog und Gartenfeste unsicher machte. Während er am renommierten Trinity College in Dublin Geschichte und Politikwissenschaft studierte, hob er die Warren Whitcomb & His Bluesmen aus der Taufe – Muddy Waters und Willie Dixon ließen schön grüßen!

Während seines ersten USA-Trips 1963 kaufte er sich aus einer Laune heraus in einem Pfandhaus für 25 Dollar eine alte Martin-Sopran-Ukulele und trat schon bald darauf mit alten Formby-Songs in einem Coffeehouse in Seattle auf, wo er seine Kusine besuchte. Im nächsten Jahr lud ihn das Coffeehouse zwar erneut ein, doch zwischenzeitlich hatte er die Rhythm and Blues-Band Bluesville Manufacturing gegründet, in der er sang und Piano spielte. Mit ihrer zweiten Veröffentlichung *This Sporting Life* gelang ihnen in den USA der Einstieg in die Top-100 der Billboard-Charts, während die nächste Single *You Turn Me On* es dann sogar bis auf Platz 8 schaffte.

Whitcomb hatte dem Song mit dem zufällig entstandenen Nonsens-Text bis dahin nie viel zugetraut und eher für „ein Stück Müll" gehalten. Von seinem eigenen Erfolg im Zuge der sogenannten „British Invasion" überrascht, verbrachte er daraufhin den Sommer 1965 in den USA, trat in TV-Sendungen wie *American Bandstand* auf, spielte in der Hollywood Bowl mit den Beach Boys und ging anschließend mit den Rolling Stones, den Kinks und Sam the Sham and The Pharaohs auf Tour. Während dieser Zeit spielte Whitcomb Klavier, elektrische Gitarre, Akkordeon und ab und zu aus Spaß auch eine Ukulele. Er fuhr jetzt zweigleisig, als Vaudeville-Vorkämpfer mit Ukulele und als britischer Rock-Export an Piano und Gitarre. Erst als sich seine Popstar-Karriere Ende der sechziger Jahre dem Ende zuneigte, konzentrierte er sich wieder ganz auf seine Ukulele.

Bis heute hat Ian Whitcomb 46 Alben eingespielt und drei Radio-Shows unter seinem Namen in London und in Los Angeles verantwortet – die meisten davon mit Ukulele und einer stilistischen Bandbreite, die von

Latin Music über Vaudeville bis zu Country Music reicht. Obwohl er sich zeitlebens darum verdient machte, die Uke im öffentlichen Bewußtsein nicht ganz in Vergessenheit geraten zu lassen, hat Whitcomb sich nie als Uke-Virtuose begriffen. Sein Strumming mit der linken Hand verzichtet fast ganz auf melodische Akrobatik.

Rückblickend definierte Whitcomb in einem Interview von 1996 die unnachahmlichen Qualitäten der Ukulele mit den Attributen „klangliche Durchschlagskraft" und „hervorspringender Ton". Zudem erlaube eine Ukulele im Gegensatz zum Klavierspiel, bei dem man ja auf dem Sitz festgeklebt sei, ein lockeres Herumwandern auf der Bühne. Auch eine Autofahrt lasse sich durch Ukulele-Begleitung im Wagen wunderbar auflockern – nur wenn der Beifahrer spielt! Neben seinen zahlreichen Live-Aktivitäten machte sich Ian zunehmend auch als Autor einen Namen. Seine beiden Songbooks *Ukulele Heaven* und *Uke Ballads* sollten ebenso erfolgreich werden wie die Porträtsammlung *Ukulele Heroes*. Daneben publizierte er 1972 unter dem Titel *After the Ball – Pop Music from Rag to Rock*, eine lesenswerte Studie über die Geschichte der Music Halls und des Vaudeville.

Ian Whitcomb zählte auch zu den markantesten Figuren des Music Hall-Revivals, das in den Jahren 1965 und 1966 mit Formationen wie der Nitty Gritty Dirt Band, Jim Kweskin & the Jug Band, der Bonzo Dog Doo-Dah Band und der New Vaudeville Band aufblühte. Doch nach knapp zwei Jahren war dieser Spuk schon wieder vorbei. Der Hit „Winchester Cathedral" dürfte den meisten heute noch als einzige Erinnerung an diese New Vaudeville-Bewegung im Bewusstsein geblieben sein.

Für Whitcomb galt Tiny Tim anfangs als ungeliebter Konkurrent: „Sein Erfolg war eine Behinderung für meine Ukulele und mich und für alle Ukulelen dieser Welt. Das stolze Instrument, das schon für so viel kulturellen Fortschritt gesorgt hatte, war jetzt in Verbindung mit ihm zu einer Lachnummer geworden." Erst nach dem Besuch von Tims triumphalem Konzert in der Royal Albert Hall im Jahr 1968, in dem der Exzentriker dieselben Tin Pan Alley-Schlager wieder aufleben ließ, die auch Whitcomb so sehr liebte, und nebenbei noch einmal Dylans „Like A Rolling Stone" zitierte, war der Engländer versöhnt: „Es war ein vergnüglicher, großherziger, vor allem sehr musikalischer Abend und ich war wie verwandelt."

KUNST DES KRACHMACHENS

Im Jahr 1968, der Blütezeit britischer und amerikanischer Rockbands, dem Jahr, als der Ukulele-Einzelkämpfer Tiny Tim seine TV-Premiere feierte und Whitcomb zum kleinen Viersaiter zurückfand, fiel die Jahresproduktion von Ukulelen bei dem Hersteller Martin & Co. auf einen historischen Tiefstand: Gerade noch 75 Instrumente verließen die Werkstätten in Nazareth.

Die **elektrische Gitarre** hatte sich in den sechziger Jahren zu dem Charakteristikum der aufstrebenden Rock- und Popmusik entwickelt. Obwohl schon Anfang der fünfziger Jahre mit der Fender-Telecaster (1951) und der Gibson-Les Paul (1952) die ersten E-Gitarren der Massenproduktion das Licht der Welt erblickten, avancierte sie erst in der nachfolgenden Dekade zum Sehnsuchtsobjekt par excellence für musikbegeisterte Jugendliche. Sie war mehr als nur die verstärkte Ausgabe der Akustik-Gitarre, sie wurde zur Inspirationsquelle eines eigenen Musikstils – ein gutes Beispiel für Marshall McLuhans vielzitierte These: Das Medium ist die Botschaft!

E-Gitarren sind Krachmacher, sie werden verstärkt und attackieren mit ihrer Lautstärke nicht selten die Gehörgänge. Gleichzeitig erlaubt die elektrische Verstärkung feinste Klangnuancen, da jetzt alles und jedes den Ton beeinflussen kann – vom zarten Fingernagelzupfen über den krachenden Schlag mit dem Plektrum bis hin zum Körper des Musikers, der gegen den Gitarrenkorpus stößt. Die E-Gitarre ist ein Bastard, sie vermittelt zwischen zwei Polen: dem Primitivismus einer im Arm gehaltenen Harfe und dem Hightech-Körper eines Synthesizers. Zugleich funktioniert sie als Machtsymbol: ihre Lautstärke gestattet es dem Spieler, die Führungsrolle in der Band zu übernehmen. Der Gitarrist braucht nie mehr Angst zu haben, von anderen Instrumenten übertrumpft zu werden.

Der Jugendliche mit seiner Gitarre entwickelte sich nicht nur in den USA zu einem nationalen Kultur-Phänomen. Das amerikanische Life-Magazin widmete ihm 1966 eine ganze Geschichte: „Mit einer elektrischen Gitarre kann ein Teenager heute nicht nur eine Menge Lärm veranstalten, sondern auch Geld verdienen. Und wenn er zunächst auch mit einem bescheidenen Instrument ‚just for fun‘ beginnt, findet er bald heraus, dass es Leute gibt – meistens Freunde –, die durchaus bereit sind, etwas dafür zu bezahlen, wenn er mit einer Band auf ihren Partys spielt. Teenager-Bands repräsentieren inzwischen die beliebteste Form musikalischer Unterhaltung in unserem Land und der Verkauf von elektrischen Gitarren hat sich – neben dem Lärmpegel im Land – in den letzten drei Jahren jeweils verdoppelt.“

Obwohl ihr Lärmpotenzial der offenkundigste Aspekt einer E-Gitarre ist, so kommt hinzu, dass eine echte elektrische Gitarre – nicht eine elektrisch verstärkte Akustik-Gitarre – immer auch ein ganzes Arsenal an elektronischer Ausstattung beinhaltet. Da die Saitenschwingungen über magnetische Tonabnehmer in Spannungssignale umgewandelt werden, die dann über einen Verstärker hörbar gemacht werden, öffnet sich der Sound-Manipulation – Lautstärke, Höhen und Bässe lassen sich zumeist direkt am Instrument einstellen – Tür und Tor. Zur Symbolik der E-Gitarre gehört demnach immer auch das Effektgerät – vom Verzerrer über Echo und Hall, Chorus und Flanger bis zum WahWah. Entscheidend ist, dass das sogenannte Sustain – die Schwingungsdauer eines Tons – mit einer

E-Gitarre im Unterschied zu einem akustischen Instrument beliebig verlängert werden kann. Es lassen sich also regelrecht „singende Melodielinien" darauf erzeugen.

Dazu kommen noch die unendlichen Möglichkeiten, den Sound durch Feedback, also durch die Rückkopplung der Tonabnehmer mit dem Verstärker zu beeinflussen. Die Bandbreite des Ausdrucks – vom Wimmern und Weinen über drahtiges Knurren bis zum jubilierenden Gesang oder brachialen Brüllen – ist auf einer E-Gitarre ungleich größer als auf einem akustischen Instrument. Die E-Gitarre erschien in den sechziger Jahren wie eine dreidimensionale Sound-Maschine: Massiv und überwältigend, vielfarbig, aggressiv oder betörend, schlicht und rein. Ihre Fülle tonaler Ausdrucksmöglichkeiten hatte sich ins Unermessliche erweitert. Die beste Vorstellung davon, was man mit einer E-Gitarre alles machen kann, dürfte bis heute Jimi Hendrix ab Mitte der sechziger Jahre gegeben haben, obwohl Chuck Berry schon in fünfziger Jahren das elektrische Instrument als ultimatives Werkzeug des Rock ’n’ Roll etabliert hatte. Sie glich jetzt einem neuen Körperteil, mit ungeahnten physischen Möglichkeiten. Sie konnte andere Körper in Schwingung versetzen, sie agitieren, liebkosen, verletzen und beruhigen. Mit ihren Schallwellen konnte eine E-Gitarre die Zuhörer beinahe körperlich berühren. Der Sound mit seinen kalkulierten Ober- und Differenztönen „fasste" sie an, löste im Idealfall mit seinen Schwingungen im Einzelnen eine „Körperverwandlungskraft"(Klaus Theweleit) aus.

Seine Rock-Religion, die für die ganze Dekade symptomatisch war, brachte Hendrix am 7. Juli 1969 in der *Dick Cavett Show* auf den Punkt: „Wir benutzen die elektrische Gitarre, weil heute alles elektrifiziert ist. Deshalb kommt Glauben durch Elektrizität zu den Menschen. Deshalb spielen wir so laut. Wir wollen aber nicht nur die Trommelfelle attackieren, wir planen mit unserer Klangintensität in die Seele der Menschen vorzudringen, um zu sehen, ob wir ihren Geist etwas aufwecken können. Denn es gibt so viele schlafende Menschen." Insofern reiht sich die Symbolik der E-Gitarre in die sozialpsychologische Programmatik der Sixties ein, die Gesellschaft aufzurütteln und die Verhältnisse aufzubrechen. Vielleicht lässt sich sagen, dass die E-Gitarre bis heute das inspirierendste aller Instrumente ist.

ÜBERRASCHENDE UKULELE-BEKENNTNISSE

Doch auch ein Gitarrengott wie **Jimi Hendrix** hat – Überraschung! – auf vier Saiten angefangen. Als er 13 Jahre alt war und unbedingt das Gitarrenspiel lernen wollte, schenkte sein Vater ihm zunächst eine alte, kaputte Ukulele („half-dead ukulele") mit nur einer Saite. Al Hendrix erinnert sich: „Er hat immer auf dieser alten Ukulele geklimpert. Ich habe sie bei meiner Arbeit gefunden, als ich für Kunden einen Keller ausräumen sollte. Dabei habe ich sie entdeckt und später Saiten dafür besorgt. Er hat darauf geklimpert, bevor er die Gitarre bekam." Jimi versuchte sofort, auf dem kleinen Instrument die Melodien nachzuahmen, die er von den Blues- und Rhythm and Blues-Platten seines Vaters schon kannte.

Es ist allerdings unklar, ob Al Hendrix wirklich die fehlenden Saiten ersetzt hat. In den meisten Schilderungen von Jimis Kindheit ist davon die Rede, dass es bei der einen Saite blieb. Wie auch immer – Hendrix befindet sich mit diesem erzwungenen Minimalismus in guter Gesellschaft, denn auch Blues-Größen wie Elmore James oder B. B. King machten als Kinder ihre ersten gitarristischen Erfahrungen mit einem Draht, der meistens von einem Reiser-Besen stammte. Er wurde mit einem Stein geglättet und mit Nägeln an der Holzwand eines Schuppens befestigt. Mit einem Flaschenhals konnte man jetzt über den straff gespannten Draht gleiten und mit dieser primitiven Slide-Technik erste jaulende Noten produzieren, wenn man gleichzeitig am Draht zupfte. Vielleicht hat Jimi Hendrix auf seiner einsaitigen Ukulele ja Ähnliches versucht. Zumindest musste das primitive Instrument als universelle Klang-Apparatur seine ganze Imaginationskraft ausfüllen.

Harry Shapiro und Caesar Glebbeek vermuten in ihrer Hendrix-Biografie *Electric Gypsy*, das sich unter Jimis ersten Übungsstücken auf der Ukulele auch das berühmte „Peter Gunn"-Thema von Henry Mancini befand – Titelmusik der gleichnamigen Fernsehserie, die im September 1958 auf Sendung ging und die Hendrix sicherlich kannte. Die eingängige Instrumentalnummer sollte nach der Twang-Version von Duane Eddy in den Rang eines Klassikers für elektrische Gitarre erhoben werden.

In seinen Erinnerungen *Jimi Hendrix: A Brother's Story* berichtet Jimis Bruder Leon: „Die Ukulele war für ihn wie ein Schlüssel, der ihm die Tür

Jimi Hendrix © ullstein bild / dpa

zu einer anderen Welt öffnete. Damit begann seine Suche nach radikalem
Ausdruck und er ist diesen Weg bis zum bitteren Ende gegangen." Nach
Leons Version haben er und Jimi die alte Ukulele mit nur einer Saite selbst
gefunden, als sie ihrem Vater halfen, eine alte Garage in Seattle auszuräu-
men. „Als er zum ersten Mal einen Ton zupfte, legte sich ein Lächeln über
sein Gesicht. Zu Hause übte er stundenlang auf dem kleinen Instrument.
Und obwohl er nur einzelne Töne darauf spielen konnte, versuchte er sich
an Elvis Presley-Songs, die er im Radio hörte." Mit 15 Jahren bekam Jimi
dann endlich von seinem Vater eine lädierte Akustik-Gitarre geschenkt und
revolutionierte mit dem Sechssaiter in den Folgejahren die Rockmusik.

Angeblich sollen sich Hendrix und Tiny Tim auf dem Weg zum Monterey Pop Festival 1967 – das Jimi durch seine spektakuläre Gitarrenverbrennung den endgültigen Durchbruch in den USA brachte – in einem Flugzeug sogar einmal begegnet sein. Tim sei während des Fluges plötzlich aufgestanden und habe auf der Ukulele sein berühmtes „Tiptoe Through The Tulips" angestimmt. Jimi konnte sich vor Lachen kaum halten und war von Tims spontaner Performance begeistert – vielleicht weil sie ihn an seine eigenen Anfänge auf der Uke erinnert hat. Und noch etwas verband die beiden: Tim und Hendrix waren – wie übrigens auch Paul McCartney und Dick Dale Linkshänder.

Ein Blues-Bruder im Geiste, der weiße Bottleneck-Virtuose **Johnny Winter**, hatte schon im Alter von acht Jahren auf der Ukulele seines Vaters begonnen. Nachdem der ihm einige Akkorde beigebracht hatte, übte sich Winter in den nächsten drei Jahren neben typisch amerikanischen Barbershop-Songs auch Rock-Nummern wie „Ain't She Sweet" oder „Bye-Bye Blackbird" ein, die er im Radio hörte. Mit elf Jahren wechselte der spätere „Brandstifter des Griffbretts" dann – wieder auf Empfehlung seines Vaters – zur Gitarre. „Mein Daddy brachte mir das Ukulele-Spiel bei, bis meine Hände groß genug waren, um Gitarre zu lernen", erinnert sich der Blues-Berserker später an seine Anfänge.

Auch **Neil Young** hatte mit der Ukulele ein musikalisches Aha-Erlebnis: Kurz nach seinem zehnten Geburtstag im Jahr 1955, während er jeden Tag im örtlichen Top-40-Radiosender CHUM 1050 nach den neuesten Hits von Elvis Presley, Fats Domino, Chuck Berry und Little Richard suchte, entdeckte er sein eigenes Interesse: „Ich wusste jetzt, dass ich selbst Musik machen wollte, dass mich die Sache gepackt hatte." Dazu kam, dass er sich – immer wenn seine Eltern nicht im Haus waren – ein paar Scheiben aus ihrer Platten-Sammlung aussuchte, um sie mit voller Lautstärke auf einem kleinen, portablen Plattenspieler der Marke Seabreeze abzuspielen. An einem solchen Tag bekam er 1958 von seinen Eltern sein erstes Instrument geschenkt: Eine Arthur Godfrey Plastic Ukulele, auf die Neil im Schaufenster des nächstgelegenen Musikgeschäftes in Pickering schon länger ein Auge geworfen hatte.

Arthur Godfrey, Auslöser des Ukulele-Booms in den fünfziger Jahren und Werbeträger der Plastik-Ukulele, war in diesem Jahr 1958 auch persönlich im kanadischen Ontario zu Gast. Denn seine Leidenschaft galt neben der Ukulele den Pferden. Er war Dressur-Reiter und trat Ende der fünfziger Jahre oft zu Wohltätigkeitszwecken in Pferde-Shows auf. Mit der *Royal Horse Show* gastierte er im November in Toronto. Eine Zeitungsanzeige für diese Show erschien am 24. Oktober 1958 auch in The Pickering News, der Lokalzeitung des damaligen Heimatstädtchens von Neil Young. Gut möglich, dass Neil sich auch durch diese Werbung zum Kauf seiner ersten Plastik-Ukulele verleiten ließ. Denn das Glück der Erde liegt ja bekanntlich auf dem Rücken der Pferde.

Nach den Recherchen des Young-Forschers Ralf Böllhoff dürfte es sich sich dabei um eine Maccaferri Islander gehandelt haben. „Der Laden hatte eine Ukulele im Angebot, sie war zwar billig, kostete 2,35 Dollar, doch das war immer noch außerhalb meines Finanzrahmens, denn ich besaß damals nur 25 Cent. Als wir eines Tages in dem Laden waren, muss mein Vater aber gesehen haben, wie ich nach dem kleinen Instrument schielte, denn ein paar Tage später brachte er es mir mit nach Hause. Eigentlich war die Uke als Weihnachtsgeschenk gedacht, doch ich bekam sie schon Monate vor dem Fest. Sie war mit einem Bild von Arthur Godfrey versehen, eine kleine Plastik-Ukulele. Und dann setzte sich mein Vater hin und spielte darauf. Ich war völlig baff, ich hatte ihn nie singen oder spielen gehört. Aber da saß er jetzt mit der Ukulele und spielte dieses kleine Liedchen für mich. Die Töne, die aus dem Instrument kamen, haben mich umgehauen." Sein Vater Scott zeigte Neil die ersten einfachen Griffe und der konnte schon bald „Clementine" oder „Oh! Susanna" aus dem beiliegenden Songbook nachspielen. Neils Onkel Bob war sehr musikalisch und er zeigte dem Jungen, wie man seine Technik auf der Ukulele verbessern konnte. Die simple Plastik-Ukulele hat jedenfalls geholfen, Neil in seinem Entschluss zu bestärken, Musiker zu werden. Und die ersten traditionellen Folk-Songs, die er auf dem Instrument lernte, sollten auf seinen Stil lebenslang prägenden Einfluss haben.

Mit seinem Schulfreund Comrie Smith gründete Young sein erstes Rock-Duo: er an der Ukulele, Smith an den Bongos. Sein Vater erinnerte sich später: „Wenn Neil sich nachmittags auf sein Zimmer im ersten Stock zurückzog, dauerte es nicht lange und wir hörten ein erstes Plunk, dann nach einer kurzen Pause, während er seine Finger zum nächsten Akkord bewegte, hörten wir das nächste Plunk. In einem Interview von 1968 erinnerte sich Neil Young an seine ersten Erfahrungen mit der Ukulele: „Ich lernte zunächst drei Akkorde, mit denen konnte ich Songs wie ‚Blueberry Hill‘ oder ‚On Top Of Old Smokey‘ problemlos spielen. Nach kurzer Zeit hatte ich mir eine bessere Ukulele besorgt, zunächst eine Banjo-Uke, dann eine Bariton-Ukulele – alles, aber noch keine Gitarre.“

Um was für eine Bariton-Ukulele es sich dabei genau handelte, ist bis heute ungeklärt. Welche Wirkung sie 1959 auf ihn hatte, beschreibt Neil Young allerdings in seinem Buch *Special Deluxe* genauer: „An diesem Weihnachten schenkte mir meine Mutter Rassy eine Bariton-Ukulele, die ich im Musikladen gesehen hatte. Sie hatte einen richtigen Folksound. Ich hörte eine Kingston Trio-LP, die mein Bruder Bob gekauft hatte, und versuchte dazu zu spielen. Es gab einen Song namens ‚They Call The Wind Maria‘, den ich halbwegs lernte. Er hatte eine Menge Moll-Akkorde und ich mochte ihren Klang. Das war wohl meine erste Berührung mit den Moll-Akkorden, die ich so sehr mag und mein ganzes Leben lang benutzt habe.“

Nicht nur erinnert sich Young mit seiner Band Crazy Horse auf dem Album *Americana* (2012) an einige der Songs, die er in den fünfziger Jahren auf der Plastik-Ukulele gelernt hat; im hohen Alter ist die Rocklegende noch einmal in das Plastik-Zeitalter der kanadischen Kindheit zurückgekehrt. Den Song „Tumbletweet“ spielte er im Jahr 2014 für die De-luxe-Version seines Album *Storytone* auf einer Sopran-Ukulele ein. Endlich hatte sich hier ein Kreis geschlossen.

Wie bei Neil Young, so begann auch eine andere Weltkarriere mit der Ukulele. Nicholas Jennings schreibt in seinem Buch *Before The Gold Rush* über die Anfänge der kanadischen Rockmusik, dass auch **Joni Mitchell** einst auf dem kleinen viersaitigen Instrument begann. Auch sie entdeckte – genau wie Neil Young – die Ukulele im Jahre 1958 für sich, ebenfalls in der kanadischen Provinz. Allerdings gestaltete sich Joni Mitchells musikalischer Start auf einem ausgewachsenen Bariton-Modell erheblich entschiedener als der ihres späteren Kollegen Young. Mit einem Kaufpreis, den

Jennings mit 36 Dollar angibt, investierte die junge Joni in ihr Instrument ein Vielfaches dessen, was Neil Youngs Eltern einst für die Plasik-Ukulele in Pickering ausgaben. Ihren ersten Auftritt im kanadischen Fernsehen hatte Mitchell 1961 jedenfalls in Begleitung ihrer neue Liebe. „Ich spielte dort mein Repertoire von sechs Liedern auf meiner Bariton-Ukulele in dem halbstündigen TV-Special runter. Am nächsten Tag erkannten mich die Leute auf der Straße."

Schon als Kind hatte sich Joni in eine Karriere als klassische Pianistin oder große Malerin hineingeträumt, Sängerin wollte sie damals nicht werden. Das änderte sich jedoch, als sie sich nach einer schmerzhaften Zahnoperation – „noch immer mit den blutigen Fäden im Mund" – mit dem Kauf der Ukulele belohnte. Von jetzt an – so schilderten es später ihre Highschool-Freundinnen – verwandelte sich die zuvor fröhlich-extrovertierte Joni Mitchell (damals hieß sie mit Mädchennamen noch Joni Anderson) in eine zurückhaltende Jugendliche, die ihre adoleszenten Sehnsüchte jetzt vor allem mit dem Instrument auslebte: „Die Ukulele ging mit ihr überall hin, sie übte ständig darauf, selbst wenn sie in einer Schlange vorm Kino wartete."

Mitchell brachte sich die ersten Akkordfolgen selber bei. Während Neil Young die Griffe nach Zetteln mit Cowboy-Liedern lernte, die seiner Plastik-Ukulele beilagen, ging Joni nach einem Schallplattenkurs der Folk-Legende Pete Seeger vor. Sie stieg aber – anders als Young – erst viel später auf Gitarre um. Ihre ersten Auftritte bis ins Jahr 1964 hinein absolvierte Joni Anderson noch immer mit der Bariton-Ukulele. Neil Young war da längst bei der E-Gitarre gelandet.

Die Wege der beiden Uke-Starter kreuzten sich später in Winnipeg, als Joni schon die verheiratete Mrs. Mitchell war. Sie war damals im Jahr 1965 mit ihrem Folksong-Programm auf Tour und trat in Winnipegs 4D Coffeehouse auf. Neil Young, zu jener Zeit mit seiner Instrumentalband The Squieres nur eine lokale Größe, begann gerade seine Stimm- und Songwriter-Qualitäten zu entdecken. Nach Jonis Auftritt im 4D spielte er ihr auf der Gitarre sein gerade geschriebenes „Sugar Mountain" vor. Ihre Ukulelen hatten beide zu diesem Zeitpunkt schon längst hinter sich gelassen.

Eine weitere Folk-Ikone der sechziger Jahre, **Joan Baez**, blickt ebenfalls auf einen Karrierestart mit der viersaitigen Mini-Gitarre zurück. Ihren ersten öffentlichen Auftritt bei einem Talentwettbewerb auf der Highschool in ihrer kalifornischen Heimatstadt Redlands absolvierte Joan im Alter von 14 Jahren mit einer Ukulele, die ihren glockenhellen Sopran in dem Song „Earth Angel" perfekt umspielte. In einem Interview mit der Columbia Daily Tribune von 2009 erinnert sie sich rückblickend: „Als ich ungefähr 13 war, drückte mir jemand eine Ukulele in die Hand und ich merkte plötzlich, dass ich Lieder schreiben und sie auch singen konnte. Innerhalb eines Jahres gelang es mir, einen eigenen Ton – als Jugendliche wohlgemerkt – zu finden. Ich fühlte mich damals nicht besonders glücklich, vor allem nicht in der Schule. Deshalb verbrachte ich mehr und mehr Zeit mit meiner Ukulele und spürte, wie sich meine Stimme langsam entwickelte. Dabei hatte ich nie irgendwelche festen Pläne. Ich wurde Sängerin, einfach weil es mir Spaß machte."

Eine preisgünstige Mahalo-Ukulele mit Pickup im „Fender-Telecaster"-Stil
© Brigitte Grossmann / Peter Kemper

Auch der Sänger, Gitarrist und Pianist **Bob Seger**, bekannt durch elegische Rock-Hymnen wie „Turn The Page"oder „Against The Wind", war ein musikalischer Autodidakt. Geboren 1945 in Detroit, Michigan, nahm seine Rock-Leidenschaft ihren Anfang, als sein Vater eines Tages die Elvis-Singles „Hound Dog" und „Don't Be Cruel" mit nach Hause brachte. Er hatte jahrelang eine Big Band geleitet, bevor er der besseren Verdienstmöglichkeiten wegen in die Autoindustrie wechselte. Seine musikalischen Fähigkeiten reichten aber immer noch aus, um seinem Sohn die Elvis-Nummern auf einer Bass-Ukulele beizubringen: „Schon vor meiner Geburt spielte er an den Wochenenden in verschiedenen Bands Saxofon und Klarinette. Als ich dann neun Jahre alt war und anfing, Elvis, Buddy Holly und Little Richard zu hören, zeigte er mir, wie man die Hits auf den vier Saiten einer Ukulele spielen konnte. Am meisten hat mich damals Little Richard gepackt."

Jemand, von dem man seine Ukulele-Begeisterung wohl am wenigsten erwartet hätte, war **Dick Dale**, „King of the Surf Guitar". Doch auch er unternahm seine ersten musikalischen Gehversuche auf dem kleinen Viersaiter. Aufgewachsen in Boston, als Kind eines libanesischen Vaters und einer polnischen Mutter, träumte er schon früh davon, als Gitarrespielender Cowboy in die Fußstapfen seines Vorbilds Hank Williams zu treten. Da sein Taschengeld für eine Gitarre aber nicht reichte, sammelte er genug Cola-Flaschen, um sich von dem Pfand eine Plastik-Ukulele für sechs Dollar kaufen zu können. Eine Grifftabelle war natürlich auch dabei und Dick übte verzweifelt seine ersten Griffe: „Ich versuchte, meine Finger in die entsprechenden Positionen zu bringen, die das Buch zeigte – es war fast unmöglich. Deshalb habe ich mir manchmal vor dem Schlafengehen die Finger mit Heftpflaster auf dem Griffbrett in der richtigen Akkordstellung festgeklebt in der Hoffnung, eine gütige Fee möge nachts kommen und meine Finger verzaubern, damit sie am nächsten Tag die Akkorde automatisch greifen können."

Irgendwann hatte er den Dreh raus und konnte seinen ersten Song auf der Ukulele spielen: die populäre Country-Nummer „Tennessee Waltz". Jetzt wollte er schnellstmöglich zur Gitarre wechseln. Doch auch hier ergaben sich sofort wieder Schwierigkeiten mit den Akkordgriffen, weshalb er sich Rat in der örtlichen Musikszene holte. Ein älterer Gitarrist verriet ihm folgenden Trick: „Tu einfach weiter so, als würdest du Ukulele spielen, benutz die vier hohen Saiten und dämpf die beiden anderen ab. Das merkt kein Mensch! Ich habe die Gitarre ohnehin immer als eine aufgeblasene Version der Uke gesehen." Dass Dick Dale dann sehr wohl mit den sechs Saiten der Gitarre zurechtkam, beweist nicht zuletzt sein Surf-Klassiker „Miserlou", der alle Tugenden dieses einflussreichen E-Gitarristen versammelt: Das Spiel mit arabischen Skalen, rasend schnelle Melodielinien, eine perfekte Staccato-Picking-Technik – all das sollte Griffbrett-Virtuosen wie Jimi Hendrix oder Eddie van Halen nachhaltig beeinflussen.

Es zählt zu den charmanten Anekdoten der Ukulele-Historie, dass ausgerechnet „Miserlou" zu einer Parade-Nummer für Uke-Virtuosen im Internet-Zeitalter werden sollte: Vom Ukulele Orchestra of Great Britain über Taimane Gardner bis zu Bruce Shimabukuro – dem Bruder von Jake – reichen die mitreißenden Interpretationen dieses rockigen, ursprünglich ägyptischen Tanzstücks.

Dass auch Jazz-Gitarristen durch die kleine Holzbox inspiriert wurden, beweist **George Benson**. „Schon als Kind sang, tanzte und spielte ich Ukulele in einem Nachtclub." Als eines von sechs Kindern in eine arme Familie hineingeboren, begleitete er schon im Alter von sieben Jahren seinen Stiefvater Thomas Collier bei Konzerten im Little Paris Nightclub in Pittsburgh.

Erste Auftrittserfahrungen hatte er zuvor schon in einem Drugstore in der Nachbarschaft gemacht, wo er mit seinem Ukulele-Spiel sein Taschengeld aufbesserte. „Für mich war es das perfekte Einsteiger-Instrument. Es hat mich für die Gitarre präpariert. Manchmal wünsche ich mir, ich hätte meine Ukulele-Studien fortgesetzt." Was daraus noch hätte werden können, kann man auf Bensons Album *Inspiration: A Tribute To Nat King Cole* hören, wo der achtjährige „Lil" Georgie Benson sich in einer historischen Aufnahme mit einer alten Ukulele an Nat King Cole's „Mona Lisa" versucht. „Ich dachte anfangs, die Uke sei ein reines Modephänomen. Aber als ich mir dann einige hawaiianische Spieler anhörte, habe ich meine Meinung geändert. Es ist ein ehrliches, wunderbar klingendes Musikinstrument."

Und was hat es in der Post-Punk-Ära verloren? **David Byrne**, Spiritus Rector und Vorsänger der New Wave-Band Talking Heads gibt die Antwort. Schon in seinen Highschool-Tagen hatte er zur Ukulele gegriffen und mit fünfzehn seinen ersten selbstgeschriebenen Song „Bald-Headed Woman" damit begleitet. Wegen seiner rhythmischen Prägnanz erschien ihm das kleine Instrument ideal zu sein. Auch seine Lieblingshits von Chuck Berry oder Eddie Cochran ließen sich auf den vier Saiten nachspielen, sodass er mit diesem Song-Programm auf Schulveranstaltungen wiederholt sein Taschengeld aufbessern und die weibliche Zuhörerschaft beeindrucken konnte.

Als er Jahre später auf der Kunsthochschule mit seinem Akkordeon spielenden Freund Mark Kelhoe das Duo Bizadi gründete, griff Byrne erneut auf die Ukulele zurück, um darauf Standards wie „Pennies From Heaven" oder „The Glory Of Love" zu spielen. In seinen Erinnerungen *How Music Works* gesteht er, dass ihn sein Ukulele-Spiel auf der Straße zu jenen eckigen, marionettenhaften Tanzbewegungen animiert habe, die in Talking Heads-Tagen zu seinem Markenzeichen wurden. Byrnes Biograf David Bowman vermutet gar eine symbiotische Beziehung zwischen dem Musiker und seinem Mini-Instrument. Byrne habe ihm gesagt: „Ich habe immer die Vorstellung geliebt, ein mobiles Musikinstrument bei mir zu haben, das ich überall mit hinnehmen kann und das immer bereit ist."

Und nicht nur in den USA, sondern auch in England, dem Beat-Zentrum und Pop-Mekka der sechziger Jahre, griffen Dutzende von Heranwachsenden zu der dort in der Nachkriegszeit weitverbreiteten Ukulele – bevor sie als Rock-Heroen Geschichte schreiben sollten.

Seine im Jahr 2007 veröffentlichte Autobiografie beginnt **Eric Clapton** mit einem Kinderfoto, das ihn mit einer weißen Plastik-Ukulele zeigt. Er dürfte damals etwa acht Jahre alt gewesen sein und hält das Instrument bereits in der lässigen Pose eines Gitarristen. Das Bild wurde auf der Dorfwiese von Ripley aufgenommen, wo Clapton bei seinen Großeltern aufwuchs. Eric steht hier breitbeinig über seinem Hund Prince, einem schwarzen Labrador. Fast sieht es so aus, als würde er in Cowboy-Manier, Ukulele spielend auf dem Hund reiten. Gerade hatte er sich wieder –

wie er später gestand – in seine Kunstfigur „Johnny Malingo" hinein-geträumt, einen „weltgewandten Draufgänger, der rücksichtslos jeden überrannte, der ihm in die Quere kam." Vor diesem Hintergrund er-scheint Claptons Plastik-Uke wie ein Symbol der Stärke und kindlichen Souveränität.

Erst ein paar Jahre später bekam er dann von seinen Großeltern eine sechssaitige Elvis Presley-Guitar geschenkt. Diese Spielzeug-Gitarre in der Größe einer Tenor-Ukulele hatte ebenfalls ein weißes Plastik-Soundboard und diente dem Rock 'n' Roll-begeisterten Teenager vor allem dazu, vor ei-nem Spiegel die Posen seines Helden Cliff Gallup, dem Lead-Gitarristen von Gene Vincent and His Blue Caps zu imitieren. Claptons späterer Arbeitgeber bei den Bluesbreakers, der Gitarrist und Sänger **John Mayall** hat ebenfalls immer wieder betont: „Angefangen hat bei mir alles mit dem Lehrbuch *Teach Yourself Ukelele* von George Formby."

Nicht nur kam im Februar 2011 eine wunderschöne, rot-glänzende Resonator-Ukulele, die Clapton gehörte, auf einer Auktion unter den Hammer – die britische White Boy Blues-Legende hatte schon im August 1974 noch einmal unfreiwilligen Kontakt mit dem Instrument seiner Kindheit aufgenommen. Während der Tournee anlässlich Claptons Album *461 Ocean Boulevard* traf die Band des Gitarristen am 1. August 1974 in Atlanta ein, um abends im Omni Coliseum aufzutreten. Das Publikum erwartete, neue Songs wie „Let It Grow", „Give Me Strength" oder „I Shot The Sheriff" im Konzert zu hören. Als größte Überraschung des Abends entpuppte sich aber, dass Claptons Kumpel Pete Townshend und Keith Moon von The Who miteinstiegen, um Lieder wie „Layla" und „Baby Don't You Do It" zu verstärken. Keith Moon sang sogar in „Little Queenie" lauthals mit. Clapton dürfte nicht wenig überrascht gewesen sein, als sich Townshend nach dem gemeinsamen Konzert plötzlich eine kleine Plastik-Ukulele schnappte, die dem Drummer Larry Smith gehörte und sie Eric freundschaftlich über den Schädel zog und zertrümmerte.

Wenn Eric durch diese Attacke verärgert war, dann zeigte er es jeden-falls nicht. Denn er lud das Duo Townshend/Moon am nächsten Tag in Greensboro erneut zu sich auf die Bühne ein: „Heute Abend, zu ihrem Vergnügen und zu meiner schmerzlichen Qual als einer von zwei Gästen, der große Pete Townshend."

Pete Townshend zählt zu jenen Ausnahme-Musikern, die schon Gitarre spielen konnten, bevor sie zur Ukulele kamen. „Meine Großmutter kaufte mir meine erste Gitarre als ich zwölf war. Es war eine sehr billige, sehr schlechte Gitarre und mir sind sofort ein paar Saiten gerissen. Ich hatte nur noch die D-, G- und H-Saiten zu Verfügung. Aber immerhin habe ich darauf meine ersten Griffe gelernt. Denn die meisten Akkorde zentrieren sich ohnhin um diese drei Saiten. Also probierte ich fast sechs Monate lang damit herum und lernte eine Menge. Als ich dann endlich genug Geld gespart hatte, um mir die fehlenden Saiten zu kaufen, hatte ich es plötzlich drauf: ich konnte spielen! Es war verrückt, aber ich bekam das Gefühl, meine Finger sind immer am richtigen Platz. Im selben Jahr bekam ich auch eine Banjo-Ukulele, die mir eine Zeit lang Riesenspaß machte. Danach besorgte ich mir noch ein Tenor-Banjo und konnte in die traditionelle Jazzband von John Entwistle einsteigen."

Laut den Recherchen des Musikers und Autors Will Grove-White soll Townshend während des alljährlichen Sommerurlaubs der Familie auf der Isle of Man Mitte der fünfziger Jahre auch einen Auftritt von George Formby erlebt haben. Während des Konzerts schlich er sich mit einem Freund hinter die Bühne und ließ mitten in Formbys Performance einfach den Vorhang herunterrauschen. Später erinnerte sich Townshend zerknirscht: „Es war eine typische Form jugendlicher Verachtung, denn er ärgerte uns, weil er mit seiner kleinen Banjo-Ukulele so überglücklich wirkte."

Kurze Zeit später nahm er seine im elterlichen Trödelladen Miscellanea neuentdeckte Banjulele selbst mit in die Ferien, um darauf in Ruhe üben zu können. In seiner Autobiografie *Who I Am* erinnert sich Townshend: „Im Sommer begleitete ich Dad für die paar Wochen, die er dort immer auftrat, auf die Isle of Man. Als ich nach Hause kam, stellte ich fest, dass ich zwar meine Banjo-Fertigkeiten weiterentwickelt hatte, die anderen Jungs aber mit ihrer Musik auch weitergekommen waren. John Entwistle, Chris Sherwin, Phil Rhodes und Rod Griffiths probten regelmäßig mit Alf Maynards Jazzband. Alf war ein großartiger Bursche, aber er spielte Banjo, was mich überflüssig machte, obwohl ich mich erinnern kann, mich mit Alf an Weihnachten am Banjo duelliert zu haben." Man darf annehmen, dass es sich bei dem hier beschriebenen Banjo um die damals in England von George Formby popularisierte und weit verbreitete Banjulele gehandelt hat.

Und Townshend blieb der Ukulele auch noch in den lärmerfüllten Who-Zeiten verbunden: Im Jahr 1968 versuchte er, nachdem er in New York einen Auftritt von Tiny Tim erlebt hatte, den bizarren Künstler für das Who-Label Track Records zu verpflichten, wurde dabei aber von einer größeren Plattenfirma ausgebootet. Angeblich soll Townshend später sogar überlegt haben, Tiny Tim die Rolle des Pinball Wizard in der *Tommy*-Verfilmung anzubieten.

Verbürgt ist, dass sich Pete 1971 eine Mahagoni-Ukulele von Martin & Co. kaufte und sie in der Folgezeit oft dabei hatte, um Song-Skizzen auszuprobieren oder neue Akkordfolgen zu kreieren. Besonders hatte es ihm dabei die sogenannte Re-entrant-Stimmung angetan: „Ich benutze die Ukulele, um darauf regelrecht zu komponieren. Beim Fingerpicking produziert die hohe G-Saite jede Menge unerwarteter funkelnder Arpeggien." Wie produktiv Townshends Kompositions-Anstrengungen auf dem kleinen Instrument waren, dokumentiert der Song „Blue, Red & Grey" vom 1975er-Album *The Who By Numbers*. Hier begleitet sich Townshend auf einer Martin-Sopran-Ukulele: „Es ist ein nettes Ukulele-Liedchen. John Entwistle ergänzt es im verhangenen Mittelteil noch durch Bläser und es erinnert mich immer wieder an das alte Album *Smiley Smile* von den Beach Boys."

Auffallend ist in dem Song „Blue, Red & Grey", dass er im Gegensatz zu den meisten anderen Who-Stücken positiv gestimmt ist, was sich schon an der ständigen Wiederholung des Satzes „I like every minute of the day" zeigt. Inzwischen hat Townshend den Song schon mehrfach mit seiner Solo-Ukulele aufgeführt. In einem Interview mit der Zeitschrift Guitar Player vom Oktober 1989 erklärte Townshend auf die Frage nach den Wurzeln seines typischen Strummings im Flamenco-Stil auf der Gitarre: „Es hat seinen Ursprung in einer traditionellen Ukulele-Banjo-Technik, die auch sehr gut zur Gitarre passt. Man kann sagen, dass sich eigentlich mein ganzer Gitarrenstil aus dem Banjulele-Spiel entwickelt hat." Gleichwohl ist seine Beziehung zu dem Instument nicht ungetrübt: „Mich verbindet eine Art Hassliebe mit der Uke – eigentlich ist es ein armes Instrument. Ich hasse den etwas knalligen Plunk-Sound, den ihre Nylon-Saiten pro-

Roger Daltrey von The Who © Blaine Harrington III / Corbis / Getty Images

duzieren." Und dennoch nimmt Townshend seine Ukulele oft mit auf Reisen: „Du kannst sie sogar im Badezimmer spielen. Anstatt ein Buch zur
Hand zu nehmen, greifst du dir die Ukulele und klimperst ein bisschen
darauf herum." Derselben Meinung ist inzwischen sein Bandkollege, der
Who-Sänger **Roger Daltrey**.

Selbst *die* psychedelische Supergroup der sechziger Jahre, Pink Floyd, kam
nicht ganz ohne Ukulele-Unterstützung aus. Denn ihr Gründungsmitglied
Syd Barrett erprobte seine Trip-Szenarien zuerst auf dem kleinen Instrument mit Nylonsaiten. Als die Skiffle-Welle Anfang der sechziger Jahre

durch England schwappte, hatte Barrett zunächst ein wenig neidisch zu seinem älteren Bruder Alan aufgeblickt, der in einer Skiffleband Saxofon spielte. Durch dessen Beispiel ermuntert, entschied sich Syd mit zehn Jahren für eine Ukulele. Ein Jahr später wechselte er zur beliebten Banjulele und mit 14 bekam er dann die ersehnte Gitarre, ein Höfner-Akustik-Modell von seinen Eltern geschenkt. Erst ein Jahr später kaufte er sich dann vom gesparten Taschengeld eine E-Gitarre und baute sich selbst aus alten Radios einen kleinen Verstärker. Obwohl er die Ukulele zu diesem Zeitpunkt schon vergessen hatte, war sie doch Syds Entrée in die verführerische Welt der Saiten-Instrumente.

„Ukulele spielen zu lernen, war für mich wie Gitarre zu lernen. Die Akkordfolgen, die mir mein Vater beibrachte, ließen sich ganz leicht auf die Gitarre übertragen. Ich erinnere mich noch, wie ich dann mit sieben Jahren meine erste Gitarre bekam und meine Ukulele-Kenntnisse darauf übertrug." **Brian May**, Gitarrist von Queen, einer der wandlungsfähigsten britischen Bands der siebziger Jahre, bekennt sich heute freimütig zu seinen Ukulele-Wurzeln. Brians Vater war ein praktisch veranlagter Mann, der es liebte, mit Holz zu arbeiten und daraus Spielzeug herzustellen. Gleichermaßen kompetent agierte er aber auch als Musiker am Klavier und mit der Ukulele. Brian ist heute davon überzeugt, dass er seine Fingerfertigkeit von seinem Vater geerbt hat. Als er sechs Jahre alt war, entschied der Vater, Brian sei jetzt alt genug, um Ukulele zu lernen. Liebend gern wollte May senior seinen Sohn nämlich einmal auf einer alten George-Formby-Banjulele hören, die ihn schon durch den Zweiten Weltkrieg begleitet hatte. Als der Jüngste auf dem Viersaiter Talent bewies, war der Weg zu zwei weiteren Saiten nicht weit. Später bauten Vater und Sohn gemeinsam – wie sollte es anders sein – Brians berühmte Red Special-Gitarre, die zu einem Markenzeichen von Queen wurde und schneidend-singende Sounds produzierte.

Dass Brian May neben dem bombastischen Sound von Queen seine Ukulele-Leidenschaft nicht verheimlichte, dokumentierte er zuerst 1974 mit dem Song „Bring Back That Leroy Brown" vom dritten Album *Sheer Heart Attack*. Die in Japan hergestellte Shelton-Banjo-Ukulele, die Brian hier in bester George Formby-Manier schlägt, kam fast einem Sakrileg gleich: „Es hat mir unheimlich Spaß gemacht, sie in den Song einzubauen, denn es war definitiv das letzte, was man damals erwartete." Auf dem bis heute erfolgreichsten Queen-Album *A Night At The Opera* im darauf folgenden Jahr setzte May in „Good Company" seine Banjo-Uke erneut ein, denn er hatte den Song sogar auf dem kleinen Instrument komponiert: „Ich hörte damals viel traditionellen Jazz, das ganze Zeug aus dem Twenties Revival und mir schwebte ein Stück in diesem Stil vor. Und plötzlich, als ich mal wieder auf der Ukulele herumklimperte, entstand daraus die Song-Idee. Das Lied dann fertig zu schreiben, war ein Kinderspiel."

Inzwischen bietet Brian May seine eigene BMG Uke an – ein Modell in antikrot, das in Farbe und Korpusform ganz Brians Red Special-Gitarre nachempfunden ist. Da sie mit einem Tonabnehmer und einem Vorverstärker bestückt ist, kann man sie problemlos auch durch einen Gitarren-Amp jagen. Mays Schlagzeuger-Kollege bei Queen, **Roger Taylor**, hatte sich als Achtjähriger ebenfalls in die Ukulele verguckt und spielte sie dann später in einer Skiffleband namens The Bubbling Over Boys, die allerdings nur einen einzigen Auftritt bei einem Schulfest hatte, bevor die Mitglieder sich trennten. Doch einmal mehr ebnete die Ukulele auch hier den Weg zum Rockstar-Ruhm.

Ähnliches kann der Jethro Tull-Frontmann und Flötist **Ian Anderson** von sich behaupten: „Mein erstes eigenes Musik-Instrument war gelinde gesagt eine Enttäuschung. Es handelte sich nämlich um eine Elvis Presley-Plastik-Ukulele, die ich mir aus einem Versandkatalog bestellt hatte. Mit dem aufgedruckten Autogramm des Stars und mit verschiedenfarbigen Saiten war dieses bemitleidenswerte Stück Schrott kaum spielbar. Sie konnte maximal für dreißig Sekunden die Stimmung halten. Natürlich lag eine Stimmflöte bei und auch Akkord-Diagramme für Songs wie „The Campdown Races" oder „Yankee Doodle Dandy". Ich konnte mich aber beim besten Willen nicht erinnern, dass ausgerechnet diese Songs Elvis berühmt gemacht haben sollten. Aber mit meinen neun Jahren hatte ich jetzt Blut geleckt."

Peter Frampton, der Gitarrenvirtuose und Sänger, nicht zuletzt bekannt geworden durch den Song „Show Me The Way", wo er seinen Gitarrensound durch eine sogenannte Talkbox sprachähnlich verändert, verdankt seine

Musikerkarriere im Grunde seiner Großmutter, besser gesagt, ihrem Instrument: „Ich war sieben Jahre alt, als ich eines Abends mit meinem Vater in unseren Keller hinunterstieg, um die Koffer für unseren Sommerurlaub hervorzuholen. Und dabei stieß ich auf dieses kleine Instrument, das ich nicht kannte. Mein Vater erklärte mir, dass es sich um die Banjulele von meiner Oma handelte. Wir nahmen sie mit in die Wohnung und mein Vater spielte ein paar Akkorde, zwei, drei vielleicht. Am nächsten Tag schnappte ich sie mir, weil ich unbedingt „Michael Rowed The Boat Ashore" lernen wollte. Als ich dann auch noch „Mary Had A Little Lamb" darauf spielen konnte, fing meine Karriere als Songschreiber an, weil mir da plötzlich eigene Textzeilen einfielen."

Uke Goes Punk: **Joe Strummer**, Frontmann von The Clash, lernte im Jahr 1970, als er auf der Central School of Art and Design studierte, den Fiddler und Ukulele-Besitzer Tymon Dogg kennen. Der brachte Joe auch die ersten Griffe auf dem Mini-Instrument bei. Dann besorgte sich der Punk in spe ein eigenes Instrument: „Es war eine Ukulele, ohne Scheiß! Ich hatte etwas Geld gespart, 1,99 Pfund, und zog damit in die Shaftesbury Avenue mit ihren vielen Musikläden. Da kaufte ich mir die Ukulele, weil ich fand, sie war mit ihren vier Saiten einfacher zu spielen als eine Gitarre. Ich brachte mir dann ein paar Chuck Berry-Songs wie „Sweet Little Sixteen" bei. Genau so ging's bei mir los!"

In jenen Tagen nannte sich Joe noch Woody, nach seinem Vorbild Woody Guthrie, dem amerikanischen Protestsänger. Erst dank der kreativen Mischung aus LSD und Woody Guthrie-Songs fühlte Strummer sich stark genug, um nicht nur seine allgegenwärtige Langeweile zu besiegen, sondern seinem Kumpel Dogg als Straßenmusikant in die Londoner U-Bahnhöfe zu folgen. Dort gab der spätere Punk-Sänger in der Station Green Park sein erstes öffentliches Konzert – natürlich mit seiner Ukulele. Auch während der Clash-Zeiten nahm er später oft eine Bariton-Ukulele mit auf Reisen – ihre vier Saiten sind ja wie die oberen vier Saiten einer Gitarre gestimmt –, so dass Strummer damit das Beste aus zwei Welten hatte.

Selbst **David Bowie** soll seine Pop-Karriere mit der kleinen Soundbox begonnen haben. Da sein Vater John Jones – selbst ein unterkühlter, schweigsamer Typ – gern gesehen hätte, dass der Sohn im Showbusiness erfolgreich würde, schenkte er David mit acht Jahren eine Ukulele. Und der setzte sich gleich hin, um die Grundakkorde auf dem Instrument zu erlernen. Im darauffolgenden Jahr freundete sich David mit George Underwood an und die beiden Kumpel fuhren im Sommer 1958 zusammen in ein Club Scouts Summer Camp auf der Isle of Wight. Sie hatten eine Ukulele und einen selbstgebauten Teekistenbass dabei und übten sich aus dem Gedächtnis ein paar Skiffle-Nummern von Lonnie Donegan ein, wie „Puttin' On The Style" oder „Gamblin' Man". Im Schein des abendlichen Lagerfeuers wagten die beiden Freunde dann ihren ersten Auftritt – mit großem Zuspruch der Pfadfinder-Gemeinde, wie Underwood sich später erinnerte. Wer hätte gedacht, dass das spätere Rock-Chamäleon Bowie – Inbegriff aller theatralischen Kunstfiguren und Verweigerer jeglicher Authentizitäts-

Ansprüche – seine erste öffentliche Performance mit einem so bodenständigen, schlichten und ehrlichen Instrument wie der Ukulele absolvierte.

Eine knallrote RISA-E-Ukulele
mit Lipstick-Pickups
© Brigitte Grossmann / Peter Kemper

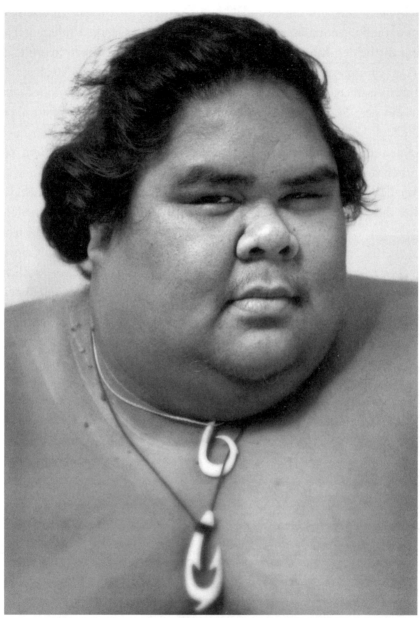

IZ – Israel Kamakawiwoʻole © Universal Music

9
Hawaiian Renaissance – Soundtrack des Widerstands: Peter Moon und Israel Kamakawiwoʻole

Hawaiianische Musik hatte es in den siebziger Jahren schwerer denn je und fand kaum noch Interessenten. Der Historiker George Kanahele beklagte gar im Honolulu Advertiser: „Sie liegt in Agonie, die Zeichen, dass sie stirbt sind so klar wie furchteinflössend." Doch die Geschichte macht, was sie will. Nur kurze Zeit nach Kanaheles Einschätzung sollte sich unter den Einheimischen auf den Inseln eine neue politische und kulturelle Bewegung formieren. Ermutigt durch die Erfolge des Civil Rights Movement auf dem amerikanischen Festland, durch die Protestaktionen gegen den Vietnam-Krieg, durch Entkolonialisierung früherer europäischer Besitzungen im pazifischen Raum – durch all diese Einflussfaktoren entwickelte sich die sogenannte Hawaiian Renaissance.

Die Historikerin und Kulturwissenschaftlerin Amy Kuʻuleialoha Stillman definiert sie als „energische Durchsetzung einer ursprünglichen, hawaiianischen ethnischen Identität." Politisch fand die Widerstandsbewegung eine ihrer Ursachen in dem massenwirksamen Protest des Jahres 1970, als hawaiianische Farmer von der Immobilienfirma Bishop Estate aus dem Kalama Valley auf Oʻahu vertrieben werden sollten, um Platz für neue luxuriöse Wohnanlagen zu schaffen. Die ursprünglich lokal begrenzten Auseinandersetzungen wurden zu einer Volksbewegung, die die Durchsetzung der Grundrechte von eingeborenen Hawaiianern zum Ziel hatte. 1971 gründete George Kanahele dann die Hawaiian Music Foundation, um auch die hawaiianische Musiktradition als wesentlichen

Faktor des hawaiianischen Selbstbewusstseins und des „Aloha"-Wertesystems vor dem Vergessen und der Ausbeutung zu schützen. Zwei Musiker entwickelten sich zu herausragenden Vorkämpfern des neuen hawaiianischen Selbstverständnisses: Neben Peter Moon sollte sich vor allem der in unseren Breiten lediglich als harmloser Schlagersänger rezipierte Israel Kamakawiwoʻole – auch IZ genannt – für die kulturellen Grundrechte auf den Inseln einsetzen.

In der Nachfolge von Eddie Kamae legte **Peter Moon** 1969 mit seiner Band Sunday Manoa und ihrem Album *Guava Jam* (1971) den Grundstein für eine neue, modernisierte Ukulele-Tradition auf Hawaiʻi. Schon der Eröffnungssong „Kawika", eine Komposition von König Kalakaua in neuem Arrangement, gab die ungewohnt selbstbewusste Richtung vor. Nicht allein der Musiker und Historiker Keliʻi Tauʻa misst Moons Band eine überragende Bedeutung zu: „Jeder hier weiß, dass Sunday Manoa die hawaiianische Musik revolutionierte. Nach dem Motto: Okay, ich bin Hawaiianer, ich bin anders, ich bin anders erzogen worden und es gibt keinen Grund für mich, nicht das zu sagen, was ich sagen will."

Mit seiner sozialen Vision entwickelte sich Moon zum Katalysator eines Aufbruchs der hawaiianischen Musikszene: Jeder, der ein Instrument dabei hatte, konnte an seinen an der University of Hawaiʻi veranstalteten Kanikapila-Konzerten teilnehmen – aus diesem brodelnden musikalischen Schmelztiegel ging eine Vielzahl neuer Bands hervor. Parallel dazu rief Moon mit Sunday Manona die illegale Regierungsübernahme durch die US-Marines in Erinnerung, die – angestiftet durch amerikanische Zuckerbarone – Queen Liliʻuokalani unter Hausarrest gestellt hatten. Auch ökologische Themen wie Wasserrechte und Naturschutz fanden sich im Repertoire der Band.

Während hawaiianische Lieder bisher meistens den Zauber des Ortes besungen und die Inseln zum Ersatz-Paradies verklärt hatten, handelten die Lieder jetzt von Unabhängigkeitsforderungen, ethnischer Diskriminierung und von Umweltzerstörung. Moon selbst – der nach der Auflösung von Sunday Manoa erst nach 1979 wieder regelmäßig auftrat und in den neunziger Jahren mehrere Instrumental-Alben und das Lehrvideo *The Magic of Ukulele* veröffentlichte – hat wiederholt Eddie Kamae, Herb Ohta und Lyle Ritz als seine prägenden Einflüsse genannt. Für Jake

Shimabukuro gehört Moons ungemein gefühlvolles Ukulele-Spiel in dem „Pua Lilia"-Song „unbedingt in die Hall of Fame aller Ukulele-Soli".

IZ – DIE ÜBERGEWICHTIGE IKONE

Seine seidenweiche, fast engelsgleiche Stimme, mit sanftem Schmelz und voller menschlicher Wärme stand in aufreizendem Kontrast zu seiner imposanten, um nicht zu sagen „gewaltigen" Erscheinung. Sein Laid-back-Stil atmet Entspanntheit und Wohlgefühl. Nicht zuletzt war er der lebende Beweis dafür, dass man keine kleinen, dünnen Finger braucht, um gut Ukulele spielen zu können. Darüber hinaus repräsentierte IZ wie kaum ein anderer jene breite Volksbewegung, die für die Unabhängigkeit der Inseln und für neuen Respekt gegenüber der originären hawaiianischen Kultur eintrat. Man war wieder stolz, als Hawaiianer geboren zu sein.

Am 20. Mai 1959, drei Monate bevor die USA Hawai'i als ihren 50. Staat proklamierten, kam Israel Kamakawiwo'ole zur Welt – in der hawaiianischen Sprache bedeutet Kamakawiwo'ole „das furchtlose Auge" und „das kühne Gesicht". Aufgewachsen in Palolo Valley, einem Vorstadt-Ghetto von Honolulu, als drittes Kind eines Lastwagenfahrers und einer Hausfrau, wurde Israel von seinem Opa vom ersten Tag an verzogen, zumal er den größten Teil seiner Kindheit bei den Großeltern verbrachte. Hausmusik mit Ukulele und Gitarren stand hier regelmäßig auf der Tagesordnung. Mit sechs Jahren nahm Israel selbst zum ersten Mal das kleine Instrument zur Hand. Schon früh galt er als schwieriges Kind, das schnell überreagierte und Ärger machte. Seine Aggression verstärkte sich noch, als sein Großvater 1968 starb – Israel war neun Jahre alt und fühlte sich wie am Boden zerstört.

Wurde er wegen seines Übergewichtes geneckt, setzte er sich mit seinen Fäusten zur Wehr. Fast jeden Tag verwies man ihn aus dem Schulbus. Die Sommerferien verbrachte er am liebsten bei seinen Großeltern mütterlicherseits auf der kleinen ländlichen Insel Ni'ihau, wo es nur Pferde als Transportmittel gab und wo er auch zum ersten Mal mit der hawaiianischen Sprache und den traditionellen Werten der heimischen Kultur in Kontakt kam. Ende der sechziger Jahre konnten die meisten Hawaiianer,

Israel eingeschlossen, ihre eigene Sprache nicht mehr sprechen und verständigten sich stattdessen in einer Art reduziertem Pidgin-Englisch. Israel war nicht von Kindesbeinen an übergewichtig, aber er fühlte sich immer hungrig und da ihn alle verwöhnten, bekam er immer, was er wollte. In seiner Familie aß man damals sehr viele kalorienreiche Gerichte mit hohem Fettanteil. Bald war klar, dass Israel unter einer Ess-Störung litt – ebenso wie sein Bruder Skippy. „Israel lebte, um zu essen und das tötete ihn. Am Ende wog er mehr als siebenhundert Pfund, obwohl er sein Leben lang darum gekämpft hat, abzunehmen", bekannte später sein zweiter Onkel Moe Keale. Israels ständiger Heißhunger verstärkte sich noch, als in den sechziger Jahren Fast-Food-Ketten wie McDonalds, Kentucky Fried Chicken und Pizza Hut auf Hawaiʻi eröffneten. Auch in Bäckereien wie der 9th Street Bakery oder der Tropic Bakery in Honolulu fühlte sich Israel zu Hause und stopfte sich dort regelmäßig mit Süßigkeiten voll.

Im Alter von sechs Jahren begann Israel, das Ukulele-Spiel zu erlernen. Beeinflusst wurde er dabei vor allem durch den Slack-Key-Gitarristen Gabby Pahinui, der zusammen mit Eddie Kamae und den Sons of Hawaiʻi die einheimische Folklore-Tradition wieder stark machte. 1971 erhielt dann sein Onkel Moe, ein begnadeter Sänger und Ukulele-Spieler eine Einladung der Sons of Hawaiʻi. Er sollte als Sänger und zweiter Ukulele-Mann bei diesen legendären Wegbereitern der Hawaiian Renaissance einsteigen. In der Folgezeit durfte auch Israel immer mal wieder mit der Band live auf der Bühne jammen. Eddie Kamae und seine Sons entwickelten sich gar zu einer Art Ersatzheimat für ihn. Mit elf Jahren trat der talentierte Israel schon in Harris Kaleikinis Steamboat Lounge, dem „heißesten Nachtclub" von Waikiki als Musiker und Sänger auf, wo sein Vater gerade einen Job als Rausschmeißer gefunden hatte. Natürlich konnte man hier auch die Sons of Hawaiʻi häufig erleben. Moe Keale erinnert sich: „Israel fühlte sich schon früh auf der Bühne wohl, genau wie sein Bruder Skippy. Die beiden spielten zunächst nicht für Geld, sondern nur um des Spaßes willen." Doch bald konnten sie mit ihren Auftritten bei touristischen Ausflugsfahrten auf Katamaranen auch ein paar Dollar verdienen. In jenen Jahren ging es mit der traditionellen hawaiianischen Musik bergab: mehr und mehr anglo-amerikanische Popmusik flutete die Inseln.

Ein hawaiianischer Buddha: IZ – Israel Kamakawiwoʻole © Universal Music

Als seine Familie 1973 in die ländliche Gegend von Makaha zog, wo der höchste Prozentsatz von Einheimischen auf Hawaiʻi zu finden ist, entwickelte sich Israel zu einem regelrechten Störenfried, der regelmäßig die Highschool schwänzte, um am Strand abzuhängen und Ukulele zu spielen. So lange es eben ging, hatte er sich gegen den Umzug aufs Land gewehrt, weil er partout nicht auf die Lichter der Großstadt, die endlosen Strandpartys mit Freunden, Drogen und Musik verzichten wollte. Und doch lernte er mit der Zeit seine neue Umgebung, das „wahre Hawaiʻi" lieben. Anfangs fand der Vierzehnjährige nur wenige Freunde in Makaha, bis er durch Zufall am Strand Jerome Koko kennenlernte, der ebenfalls eine Ukulele dabei hatte. Gemeinsam jammte man ein bisschen und merkte sofort, dass man auf der gleichen Wellenlänge groovte. Israels älterer Bruder Skippy (mit bürgerlichem Namen Henry Kamakawiwoʻole) war schon im Alter von drei Jahren in den Bannkreis der Ukulele geraten. Er war der ernstere und diszipliniertere der beiden Brüder: Während Israel gern den Clown spielte, konzentrierte sich Skippy voll und ganz auf die Musik.

IDENTITÄTSPOLITIK AUF VIER SAITEN

Zusammen mit den Freunden Jerome Koko, Louis „Moon" Kauakahi (Gitarre) und Sam Gray (Bass) gründeten die beiden 1976 die Band Makaha
Sons of Niʻihau. Seinen ersten professionellen Auftritt hatte das Quintett in
einem Nachtclub namens Uptown Yokos – bei einer Gage von zehn Dollar
für jeden. Vor allem Skippy und Israel propagierten von Anfang an, dass
diese Band auf ihre hawaiianischen Wurzeln stolz war und sich zu den
traditionellen Werten der Insulaner bekannte. Die Gruppe zog vor allem
ein hawaiianisches Publikum an und weigerte sich folgerichtig, in den
großen Touristenhotels von Waikiki aufzutreten. Stattdessen zogen die
Fünf durch die Clubs von Oʻahu. Ihre Popularität wuchs schnell, zumal
sie in Jacqueline „Skylark" Rosetti, DJane beim Radiosender KCCN in
Honolulu, eine überzeugte Fürsprecherin gefunden hatten. 1976 veröffentlichten die Makaha Sons ihr erstes Album *No Kristo*. Es ging gleich ab
wie eine Rakete und brachte der Band Auftrittsmöglichkeiten nicht nur auf
Oʻahu, sondern auch auf Maui und Big Island ein.

Anfangs orientierten sich die Makaha Sons noch stark an ihren Vor-
bildern, den Sons of Hawaiʻi. Erst mit ihrem dritten Album *Keala* von 1978
fanden sie zu ihrem eigenen Stil: hypnotische Harmoniegesänge, ein
pulsierender, ganz natürlich klingender Rhythmus der Gitarren und der
Ukulele – wie der ewige Wellenschlag des Pazifiks. Sie mischten englische
mit hawaiianischen Texten und fast schien es, als würden sie das Erbe
ihrer Vorfahren wie einen leichten Federmantel aus jenen mythischen
Tagen tragen, der ihnen aber dennoch genügend Bewegungsfreiheit für
Neues ließ.

Im Grunde seines Herzens fühlte Israel sich als Rebell. Dieses un-
berechenbare Image brachte ihm bei seinen Fans schon früh den Ruf eines
Widerständlers ein. Selbst als er sich zunehmend in Drogen und Alkohol
zu ertränken und unter Essen zu begraben versuchte, bewahrte er sein
Outlaw-Image. Gleichwohl machte sein manipulativer Charakter es seiner
Umgebung oft schwer, zwanglos und unbeschwert mit ihm zusammen zu
sein. Skylark erinnert sich: „Er besaß ein hitziges Temperament. Wenn er
meinte, man schaute ihn schief an, konnte er schon aus der Haut fahren."
Fast schien es so, dass nicht er den Ärger suchte, sondern der Ärger zu

ihm kam. Das alles aber konnte Israels Highschool-Freundin Marlene, die längst als Hula-Tänzerin erfolgreich war, nicht daran hindern, ihren Ukulele-Liebhaber am 18. September 1982 auf Kalihi zu heiraten. Schon bald darauf kündigte sich ein Baby an – das Mädchen wurde zwar mit dem zungenbrecherischen Namen Ceslieanne Wehekealake'alekupuna Ah Lo getauft, sollte aber kurz „Wehi" genannt werden. Obwohl die Ehe wegen Israels unberechenbarem Charakter von Anfang an schwierig war, blieb Marlene bei ihm, 15 Jahre lang, bis zum bitteren Ende. Sie ließ sich weder durch seine Eskapaden noch durch die notorische Geldknappheit in der Familie entmutigen. Ihren Hula-Tanz hatte sie aufgegeben und kümmerte sich nur noch um die Band ihres Mannes: „Mein Mittelpunkt war Israel. Meine Aufgabe bestand darin, ihn von A nach B zu bringen." Das war nicht immer einfach, oft driftete er von X nach Y ab. Auch als sich seine Platten über Hawai'i hinaus gut verkauften, kam mit dem neuen Geld gleich neuer Stress ins Haus. Er wollte Drogen und einen pompösen Van, sie liebte ihren alten Truck und plädierte für ein gesundheitsbewusstes Leben.

Schnell avancierten die Makaha Sons zur größten musikalischen Attraktion auf Hawai'i und bereisten in ihrem klapprigen Chevy bald alle Inseln des Archipels. Die Band begann jetzt, sich für den Erhalt der hawaiianischen Sprache stark zu machen. Ihre Mitglieder lernten sie zu sprechen und zu schreiben und verwiesen damit ausdrücklich auf das Erbe ihrer Vorfahren. Songs auf Hawaiianisch zu singen, galt damals schon als politisches Statement und Ausdruck neu erwachten Nationalstolzes. Denn seit der Zeit der Annexion der Inseln durch die USA war Hawaiianisch als Landessprache verboten und wurde offiziell erst 1978 neben Englisch im öffentlichen Leben auf den Inseln wieder zugelassen.

Nicht selten wirkten die Auftritte der Makaha Sons wie ausgelassene Partys, sie erschienen einem zufällig anwesenden Zuhörer eher improvisiert als gut geprobt. Und doch konnte dieser Eindruck von Frische und Spontaneität nur entstehen, weil sie genau wussten, was sie in ihrer Musik machten. Ein Medley aus „Cocaine" und „You're Sixteen" ging nahtlos in den Pidgin-Song „Lai Toodle" über. Bei Israels Größe von 1,88 Meter und einem Gewicht von rund 300 kg wirkte die Ukulele in seinen mächtigen Armen wie ein schutzbedürftiges, winziges Baby.

Während die Populariät der Makaha Sons zunehmend wuchs, entwickelte sich unter den Hawaiianern immer deutlicher ein neues Feindbild: Die Soldaten der US-Army und US-Navy führten sich mehr und mehr wie anmaßende Kolonialherren auf den Inseln auf. Niemand wunderte sich also, als 1978 der einheimische Songwriter Mickey Ioane von der Band Da Blahlas of Keaukaha den sanften Protestsong „Hawai'i '78" schrieb. Er spielte auf jene Widerstandsbewegung an, die sich in jenen Jahren konkret gegen die militärischen Manöver der US-Soldaten auf der kleinen hawaiianischen Insel Kaho'olawe und ihre sinnlosen Schießübungen und Bombenexperimente im Makua Valley auf der Westseite O'ahus wandte. 51 Aktivisten, die im Lichte dieser Vorkommnisse gegen die Annexion durch die USA und ihr imperiales Gehabe auf Hawai'i protestierten, waren bei ihrem erfolglosen Versuch, die Start- und Landebahnen auf dem Flughafen Hilo zu besetzen, in Auseinandersetzungen mit der Army National Guard verwickelt worden.

Seit dem Überfall auf Pearl Harbor 1941 hatte die U.S. Navy die Inseln immer wieder für militärische Übungen benutzt und dabei archäologische Stätten willkürlich zerstört. Die Wut auf die „amerikanischen Besatzer" – so die Sprachregelung der Aktivisten für ein selbstbestimmtes Hawai'i – entlud sich, als bei Schießübungen an heiligen Orten im Makua Valley auf O'ahu – der Legende nach der mythische Geburtsort der Kanaka Maoli, der Ureinwohner Hawai'is – Überreste von Tempeln mit Figuren, Gräber mit handgeschnitzten Grabsteinen und sogar die noch immer genutzte Makua Protestant Church dem Erdboden gleich gemacht wurden. „Sie bombardieren Mutter Erde", erklärte William J. Aila junior, ein Sprecher der hawaiianischen Souveränitätsbewegung. Ihr Schlachtruf „Stop the Bombing!" hallte damals über die ganze Inselkette. Entschädigungen sind den aus dem Makua-Tal vertriebenen Farmern nie gezahlt worden. George Helm junior, ein Sänger und Aktivist, der an der symbolischen Besetzung der immer wieder bombardierten kleinen Insel Kaho'olawe teilgenommen hatte, war überzeugt, das „jede Bombe, die fällt, unsere ohnehin schon verwundete Seele weiter verletzt." In den frühen Morgenstunden des 8. März 1977 verschwand der 26-Jährige dann zusammen mit einem Park-Ranger von Maui beim Surfen spurlos vor der Küste Kaho'olawes. Damit war der erste Märtyrer der Bewegung geboren.

Vor diesem Hintergrund fragt der Protestsong „Hawai'i '78", was König Kalakaua oder Queen Lili'uokalani wohl zu den radikalen Veränderungen in den Landschaften, zu den Autobahnen und Verkehrsampeln auf dem Boden heiliger Stätten, zur Entrechtung der Menschen, zu ihrem fortschreitenden Zweitklassigkeits-Status sagen würden. Wahrscheinlich hätten sie unmittelbar gespürt, „dass unsere Leute hier in großer, großer Gefahr sind." Schnell avancierte das Lied zu einer Art Signature-Song für die Makaha Sons, für Israel und eine ganze Generation selbstbewusster Hawaiianer – auch wenn der bittersüße Refrain eher resignativ klingt: „Weine um die Götter, weine um die Menschen, weine um das Land, das uns genommen wurde. Und doch findest du dann: Hawai'i". Eine Version dieses Songs erschien auf Israels Soloalbum *Facing Future* und wurde bis heute hunderttausendfach bei YouTube abgerufen. Bezogen auf sein aufmunterndes Ukulele-Spiel bekannte Israel: „Ich erziele hier mit geringstem Aufwand maximale Freude. Das gehört zum Wesen der Hawaiianer, Brah."

Die Makaha Sons verbrachten im Sommer 1979 viel Zeit am Makua Beach, einem wunderbaren Ort mit goldenem Sand, begrenzt von zwei markanten Felsformationen. Hier bereitete man – wenn man nicht gerade schwamm, fischte, kochte oder trank – das fünfte Album der Band vor. Es mischte erneut englischsprachige Lieder wie „Waimanalo Blues" oder „Kona Moon" mit fast vergessenen Kompositionen von Queen Lili'uokalani wie „Queen's Jubilee" oder „Sanoe" im hawaiianischen Idiom. Mit schöner Regelmäßigkeit brachte die Band jetzt jedes Jahr ein neues Album heraus und war zu einer festen Größe der Hawaiian Renaissance geworden: Das kulturelle Enteignungs-Trauma vieler Einheimischer auf Hawai'i fasste sie in poetischen Versformen. Denn nach ihrer Überzeugung lebten die Hawaiianer schon seit Jahren in der amerikanischen Version von Polynesien, in einer kommerziell konstruierten Kultur, die einzig und allein dazu diente, Touristen anzulocken. Auf den Inseln kannte inzwischen jeder die Gruppe und sie stand kurz vor dem Sprung aufs Festland, als das Schicksal zuschlug: Am 1. Oktober 1982 starb Skippy, Mitbegründer und Bandleader der Makaha Sons, im Alter von 28 Jahren an einem Herzinfarkt. Die Band war geschockt und wusste zunächst nicht, wie es weitergehen sollte. Nach einem feierlichen Begräbnis mit

Hula-Tribute-Tänzen von Skippys Witwe Donna am Makua Beach entschloss man sich, zu viert weiterzumachen. Da Israel mit dem Management der Gruppe aber sichtlich überfordert schien, übernahm der musikalisch gut ausgebildete Louis „Moon" Kauakahi die Leitung, während Israel mehr und mehr in die Rolle der Rampensau hineinwuchs – er wurde jetzt zur „Stimme" der Band.

Nach dem Tod seines Bruders verstärkte Israel sein Engagement im Hawaiian Movement. Obwohl die Inseln ab 1986 mit John D. Waihee einen ersten einheimischen Gouverneur bekamen, der mit symbolischen Aktionen, wie dem Einholen aller Sternenbanner von öffentlichen Gebäuden am Jahrestag des illegalen Sturzes von Queen Lili'uokalani im Jahr 1893, durchaus Sympathien für die Souveränitätsbewegung zeigte, ging Israel sofort auf Konfrontationskurs zu Waihee. Während eines Konzerts sprach er ihn in seinem Pidgin-Slang-Englisch unverblümt von der Bühne aus an: „Hey Gobernor, when you gonna give da land back to da Hawaiian people?". Der Angesprochene reagierte verstört. Viele sahen daraufhin in Waihee nur noch eine Marionette der US-Regierung.

HOWZIT, BRADDAH?

1990 erschien mit *Ka 'Ano 'i* Israels erstes Solo-Album – ein kurioser, gleichwohl süffiger Mix aus Rock 'n' Roll-Klassikern wie „Sea Of Love" im Reggae-Rhythmus und „I'll Be There" sowie drei hawaiianischen Traditionals. Am meisten aber dürften die Hörer durch das schlagzeugbetonte Medley aus Judy Garlands „Over The Rainbow" und Louis Armstrongs „What A Wonderful World" überrascht worden sein, obwohl der Song bei dieser ersten Veröffentlichung gar nicht besonders erfolgreich war. Es war fast eine Selbstverständlichkeit, dass Israel 1991 in der Kategorie *Bester Sänger* mit dem *Na Hoku Hanohano Award* gewürdigt wurde und sein Debüt-Album ebenfalls die begehrte Auszeichnung erhielt.

Der Sänger, inzwischen zu einem „Riesenbaby" mutiert, sang fast nur noch mit geschlossenen, scheinbar zugewachsenen Augen, die sich mitten in den Songs für Momente immer wieder schelmisch öffneten. Neben seiner Ess-Sucht begann er, Unmengen an Aufputschmitteln, Marihuana, Kokain und Crystal Meth zu konsumieren. Wenn er in den letzten Jahren

© Universal Music

irgendwo auftreten sollte, bekamen die Veranstalter logistische Albträume:
Sie mussten neben einem ganzen Team von Helfern auch eine kontinu-
ierliche Sauerstoff-Versorgung sicherstellen. Oft erschien Israel erst gar
nicht zu seinen Auftritten und düpierte wiederholt seine Mitmusiker. Sein
Hard Partying und seine Flatterhaftigkeit ließen ihn in der Bevölkerung
gleichwohl authentisch als echten hawaiianischen „Bruddah" erscheinen,
als jemand „aus dem Volk".

Zwar gab es damals auf Hawai'i viele übergewichtige junge Männer,
aber niemanden mit einer solch seelenvollen Stimme – wie von einem
Kind, das im Körper eines Giganten gefangen ist. Den Song „Hawai'i '78"
begann er jetzt in jedem Konzert seinem verstorbenen Bruder Skippy
zu widmen. 1993 unterzeichnete Bill Clinton zwar eine Kongress-Resolu-
tion, die sich für den illegalen Umsturz der hawaiianischen Monarchie
durch die Vereinigten Staaten von Amerika im Jahr 1893 entschuldigte,
doch den meisten eingeborenen Hawaiianern reichte ein solches Lippen-

bekenntnis nicht aus. Man forderte knallhart Reparationszahlungen von den USA. Im gleichen Jahr brachten die Makaha Sons ihr letztes Album heraus: *Ho'oluana* mit Israels melancholischer Ukulele-Ballade „White Sandy Beach". Obwohl sich die Platte direkter politischer Anspielungen enthielt, gilt sie bei vielen Fans als das beste Album der Band.

Weil er die geschäftliche Seite seiner Musik zumeist anderen überließ, ging es Israels Familie finanziell nie besonders gut. Trotz seines Erfolgs blieb sie meistens von der Sozialhilfe abhängig. Während einem seiner regelmäßigen Krankenhaus-Aufenthalte – er musste sich wiederholt wegen zu niedrigem Blutdruck, Erschöpfung, Herzproblemen, Lungenentzündung und chronischer Cellulitis in Behandlung begeben – überredete ihn schließlich 1993 der Plattenproduzent Jon de Mello, zu seinem Big Boy-Plattenlabel zu wechseln und sich auf eine einträgliche Solo-Karriere zu konzentrieren. Gleichzeitig änderte Israel Kamakawiwo'ole seinen Namen in das eingetragene Warenzeichen „IZ" – die Makaha Sons waren nach 17 gemeinsamen Jahren Geschichte. Viele Inselbewohner argwöhnten daraufhin, Israel habe die Gemeinschaft der „Bruddahs" verlassen und sich den cleveren Geschäftsleuten angeschlossen. Doch die drei verbliebenen Sons dachten nicht daran aufzuhören, zumal Auftrittsmöglichkeiten in der New Yorker Carnegie Hall und in Tokio lockten. Dass sie auch als Trio noch zu den Ikonen hawaiianischer Gegenwartsmusik zählten, dokumentierte ihr mit zahlreichen Preisen ausgezeichnetes nächstes Album *Ke Alaula*.

Durch die großzügige Unterstützung von zwei kulturpolitisch ambitionierten Geschäftsleuten aus Honolulu in Höhe von 50.000 Dollar konnte IZ – er besaß keinerlei Krankenversicherung – endlich die aufgelaufenen Arztrechnungen bezahlen und gleichzeitig die Produktion seines Solo-Albums *Facing Future* (1993) finanzieren. Das Cover-Foto mit der riesenhaften Rückenansicht von IZ neben einer Haifischhaut-Trommel unter einem leuchtenden Regenbogen hat inzwischen fast ikonografischen Charakter erlangt. Mit dem cleveren Mix aus hawaiianischen Songs und Hapa haole-Liedern („halbweißen" Liedern) wurde *Facing Future* ein durchschlagender Erfolg und mit weit mehr als einer Million verkaufter Tonträger das bis heute erfolgreichste Hawai'i-Album. IZ singt hier „Take Me Home Country Roads" im inseltypischen Jawaiian-Stil – einer Mischung aus Reggae und hawaiianischer Musik – und verzichtet auch nicht auf seinen Signature-Song „Hawai'i '78". Den größten Anteil an der sensationellen Wirkung dieses Albums überall auf der Welt hat aber zweifellos das Neu-Arrangement des „Over The Rainbow"-Medleys – jetzt durch Israels Ukulele-Spiel getragen und von einschmeichelnder Sanftheit und Wärme. Oder wie IZ es in seinem Pidgin-Englisch formulierte: „Dis music is feelingz dat goin' last fo'eva."

Das Nachfolgealbum *E Ala E* (1995) beginnt mit einer Art Präambel hawaiianischer Unabhängigkeit: „We, the voices behind the face / Of the Hawaiian nation, the Hawaiian race" und fordert im Refrain: „Give our children liberty". Je unbeweglicher IZ wurde, umso mehr zog er sich jetzt in seine Innenwelt zurück, fand zum Glauben und bekannte sich schließlich zu den „wiedergeborenen Christen". Bei seiner letzten Teilnahme an der Verleihungszeremonie der *Hoku*-Preise im Mai 1996 trat er als Superstar auf und der Moderator kündigte ihn mit den blumigen Worten an: „Look up on the stage. It's a bird, it's a plane, it's the Hawaiian Sup'pa Man." Komplett in Schwarz gekleidet, mit einer Muschelkette um den Hals, die geliebte Tenor-Ukulele im Arm und durch dünne Plastikschläuche in der Nase kontinuierlich mit Sauerstoff versorgt, saß IZ wie ein einsamer Buddha im Scheinwerferlicht und hielt eine letzte aufrüttelnde Rede: „Ich möchte eine Botschaft an alle Hawaiianer richten: Übernehmt Verantwortung und schützt unsere Rechte, denn unsere Kultur leidet." Den Drogen hatte IZ inzwischen komplett abgeschworen. Fast scheint es, als rechne er hier mit seiner eigenen verkorksten Kindheit und Jugend ab: „Unsere Kinder treiben sich nachts auf den Straßen, an Bushaltestellen und in Fast-Food-Lokalen herum. Die Eltern müssen sich um sie kümmern! Wacht auf! Ich spreche aus eigener Erfahrung. Ich rufe alle meine Bruddahs dazu auf, Crystal Meth aufzugeben. Hört auf zu dealen, stoppt die Nachfrage, verringert das Angebot. Hawaiianer sollen weiter leben."

Die herzzerreißende Ansprache des 350-Kilo-Kolosses wurde durch die spontane Verbrüderung und gemeinsame Performance der Makaha Sons an diesem Abend noch überboten. Anfang Oktober 1996 traf IZ nach einem strapaziösen, sechsstündigen Flug zu seinem letzten Konzert auf dem amerikanischen Festland in San Francisco ein, das am 19. Oktober im Marin Civic Center über die Bühne ging. Er eröffnete seinen

Schwanengesang mit „E Ala E" und beendete ihn mit „Hawai'i '78" – sein abschließendes Statement auf US-amerikanischem Boden.

Die aufgeschwemmte Massigkeit seines Körpers machte IZ jetzt schwer zu schaffen, sie drückte auf die Lungen und macht ihm das Atmen fast unmöglich. Seine Augen blieben jetzt fast immer geschlossen, die engelsgleiche Stimme war heiser geworden. Allen, die ihn am 11. April 1997 noch einmal im Castle Theatre auf Maui erlebten, war klar, das dies ein Abschied für immer sein würde. Oft schien er jetzt dem Kollaps nahe, machte immer wieder – nach Luft ringend – längere Pausen in seinen Songs. Manchmal schien er den Text auch einfach vergessen zu haben. IZ war sich über seinen Zustand im Klaren und begrüßte während seines Auftritts alte Freunde immer wieder mit den Worten „Hello, I love you, good-bye!". Einen Monat später, als sein drittes Album *N Dis Life* als *Bestes Album des Jahres* und er selbst in den Kategorien *Bester Sänger* und *Bester Entertainer* mit *Hoku*-Preisen überschüttet wurden, war IZ schon zu schwach, um an den Feierlichkeiten teilzunehmen – am 26. Juni starb er in Honolulu mit 38 Jahren an multiplem Organversagen – und eine Legende nahm ihren Anfang.

Die Regierung traf sofort eine mutige Entscheidung: Erstmals ordnete sie für einen gewöhnlichen Bürger Staatstrauer an, die Flaggen hingen auf Halbmast, und der Körper von IZ, der – wie es in der offiziellen Erklärung des Gouverneurs hieß – „die hawaiianische Nation verkörperte", wurde einen Tag lang im Hawaii State Capital Building aufgebahrt, wo ihm Zehntausende die letzte Ehre erwiesen. Fünfzig Familienmitglieder hatten IZ einen riesigen Sarg aus Koa-Holz gezimmert. Bei seiner Bestattung veranstalteten Hunderte von Fernfahrern auf O'ahu ein simultanes Hupkonzert. Der Bassist von *Facing Future*, Roland Cazimero, erinnert sich: „Vom Wasser aus klang es, als würde eine ganze Insel weinen." In einer feierlichen Zeremonie wurde Israels Asche vor O'ahu in den Pazifik gestreut.

Vier Jahre später erschien mit *Alone in IZ World* postum ein Live-Album der Ikone. Im Honolulu Advertiser fand sich eine Situationsanalyse, die manchem älteren Einheimischen wie eine verkehrte Welt vorkommen musste: „Es dürfte schwerfallen, heute noch einen Jugendlichen hier auf den Inseln zu finden, der es nicht cool findet, Ukulele zu spielen. IZ sei

Dank dafür." Sein „Ooooo oooooo ohoohohoo" zur Ukulele-Begleitung am Anfang von „Over The Rainbow" sollte in der Folgezeit zu einer der erfolgreichsten Werbemelodien überhaupt werden: Sie half in Italien, Autos zu verkaufen, Deodorants in Großbritannien, Spielzeug in Spanien, Wandfarbe in Australien, Zucker in Österreich und Lotto-Lose in Norwegen. Paul McCartneys damalige Frau, Heather Mills, wollte Israels Stimme unbedingt auf einer DVD vermarkten, die für eine schmerzfreie Krankenbehandlung bei Hunden und Katzen plädiert. Auch als Klingelton sind seine Vokalismen inzwischen äußerst beliebt. Die IZ-Version des Judy Garland-Songs entwickelte sich zum Hawai'i-Song schlechthin und verkaufte sich als digitaler Download allein in den USA bis heute fast fünf Millionen Mal. Er tauchte in 17 Hollywood-Filmen und 32 TV-Shows auf – ein Ende dieser Erfolgsgeschichte ist nicht abzusehen.

IZ gilt heute als eine Ikone, der es gelang, die Menschen auf Hawai'i zu einen und gleichzeitig die Ukulele wieder zu einem coolen Instrument zu machen. Kein Wunder, dass Martin & Co. längst eine IZ-Signature-Tenor-Ukulele aus geflammtem Mahagoni auf den Markt gebracht haben. Dabei war er gar kein besonders versierter Instrumentalist, vielmehr verkörpert IZ das Märchen, in dem ein übergewichtiger Außenseiter – ohne auf seinem schwierigen Weg jemals Kompromisse einzugehen – in den Herzen von Millionen fortlebt.

George Hinchliffe, Gründer des Ukulele Orchestra of Great Britain
© Ukulele Orchestra of Great Britain / Graham Hardy

10
Der Floh hüpft nach Europa: Das Ukulele Orchestra of Great Britain, Götz Alsmann, Stefan Raab, Andreas David und die Lucky Leles

„Als wir anfingen, assoziierten die Leute die Ukulele entweder mit George Formby oder mit Hawai'i. Wenn man etwas anderes darauf spielte, war das fast ein Sakrileg, die Leute wurden leicht sauer. Heute kümmert das niemanden mehr, du kannst mit der Ukulele machen, was du willst."

George Hinchliffe

Das Ukulele Orchestra of Great Britain (UOGB) schert sich weder um Stilgrenzen noch um nationale Traditionen. 1985, als sich seine Erstbesetzung formierte, war die Ukulele in Großbritannien wie im Rest Europas ein vergessenes Instrument – allein die kuriose Formby-Society huldigte noch dem kleinen Viersaiter. In dieser desolaten Situation, in der die internationale Popmusik gerade durch das Fegefeuer des Punk gegangen war, feierte die Ukulele plötzlich ein fulminantes Comeback, das ihr Image nachhaltig verändern sollte. Von Pub-Hinterzimmern in London bis ins Opernhaus von Sydney – das UOGB hat eine erstaunliche Erfolgsgeschichte hinter sich.

Obwohl längst ein korporatives Unternehmen, geht die Gründung des Orchesters auf eine fixe Idee des Musikologen und Multi-Instrumentalisten George Hinchliffe zurück: „Ich bin überzeugt, dass jede Beschränkung in der Kunst zu einer produktiven Herausforderung werden kann, neue Wege der Kreativität zu finden. Nimm nur mal den Vergleich einer

Bleistiftzeichnung mit einem Ölgemälde, Dürer und Picasso beispielsweise. In den richtigen Händen können auch Bleistift und Papier wunderbare Kunstwerke schaffen, sie verkörpern ganz andere Herausforderungen. In dieser Hinsicht gleicht die Ukulele einer Bleistiftzeichnung, auch hier verlangt die besondere Beschränkung der Technik, etwas ganz Neues daraus zu machen. Deshalb fand ich gerade die limitierten Ausdrucksmöglichkeiten der Ukulele besonders anziehend."

Aufgewachsen in Sheffield, hielt sich Hinchliffe nach seinem Studium in Leeds zunächst über Wasser, indem er eine Zeit lang Stücke für Kirmes-Orgeln arrangierte. Hin und wieder begleitete er mit seiner Hammondorgel auch amerikanische Soul-Künstler wie Martha Reeves oder Ben E. King, wenn sie nach England kamen. Doch erst nachdem er in London Fuß gefasst hatte, entdeckte er die Ukulele wieder, die er seit seinen Kindertagen kannte. Im Gespräch erinnert er sich:

„Als ich ein kleiner Junge war, vielleicht sechs Jahre alt, brachte mein Vater eines Tages eine Ukulele mit nach Hause. Er betrieb damals eine Spedition und arbeitete mit einer Firma zusammen, die pleite ging. Man sagte ihm, er könne sich aus der Konkursmasse mitnehmen, was er brauche. Und er kam mit einer ganzen Wagenladung voller Metallschrott an, der einiges wert war. Aber da waren noch andere Dinge dabei, es gab ein Paar Becken, eine Modelleisenbahn mit einer richtig dampfenden Lokomotive und eine Ukulele. Die lag länger als ein Jahr bei uns in der Ecke, bis ich sagte, lass uns doch mal ein paar Saiten aufziehen. Mein Vater fuhr mit mir zu einem Musikgeschäft, wo man sie fertig machte und mir auch gleich ein Lehrbuch, Mezz Mezzrows *Really the Blues*, verkaufte. Ich studierte die Broschüre und seitdem bin ich dabei. Zunächst versuchte ich, die Musik aus der TV-Serie *Popeye, der Seemann* zu imitieren. Dann lernte ich auf meinem Sopran-Modell ‚Ain't She Sweet' und Popnummern aus den dreißiger Jahren. Ich mochte beispielsweise Fats Waller, mein Vater hatte all diese Fats Waller-Platten. Mir gefiel diese Musik wohl deshalb gut, weil in bestimmten Popeye-Cartoons Jazz-Nummern im Hintergrund liefen. "

Obwohl er später auch noch Klavier und Gitarre lernte, ließ Hinchliffe die handliche Ergonomie der Ukulele nicht mehr los: Vier Saiten für vier Finger, das fand er überzeugend. 1985 war es dann soweit: Zusammen mit

George Hinchliffe © Ukulele Orchestra of Great Britain / Alli Burke

seinen College-Freunden Kitty Lux und Andy Astle gründete Hinchliffe das UOGB. Ursprünglich war es nur für einen Auftritt im Roebuck-Pub in Southwark, London, gedacht, aber das Orchester wurde sofort ein Hit. „Mir schwebte damals eine Gruppe vor, die das Amadeus-Quartett, Benny Goodmans Big Band und die Rolling Stones in sich vereinigte." Und es funktionierte auf Anhieb. Der New Musical Express schrieb: „Die meisten Menschen müssen sterben, bevor sie Superstars werden. Diese Ukulele-Superstars haben das Problem nicht." Eine Fülle von Auftritten schloss sich in den kommenden drei Jahren an. Das UOGB folgte ebenso einer Einladung von BBC 1 wie von Peter Gabriels WOMAD-Festival. 1988 nahm es dann endlich sein Debüt-Album *The Ukulele Orchestra of Great Britain* auf.

Wie aber kam es zu der Gruppen-Bezeichnung, die längst zu einem Markenzeichen britischer Musikkultur wurde? George Hinchliffe erklärt: „Ich suchte damals einen Namen für uns und kam auf Ukulele Orchestra, das war meine Idee und die anderen fanden sie gut und dann überlegten wir: Ukulele Orchestra of London, oder Ukulele Orchestra of Europe, oder of the World, oder of the Universe? Es war immerhin das erste auf der Welt. Of Great Britain klang zwar immer noch etwas prätentiös, aber nicht zu anmassend. Irgendwie hörte sich das Ganze ja schon bescheuert an, aber gerade deshalb haben wir den Namen dann genommen. Jetzt stört sich niemand mehr an dem Begriff Orchester – natürlich kann man Ukulele im Orchester spielen. Aber als wir anfingen, glaubte niemand daran. Wir haben uns natürlich schlau gemacht, haben in Bibliotheken, im Internet geforscht. Aber es gab auf der ganzen Welt kein Ukulele-Orchestra, nicht mal in Hawai'i. Ich glaube deshalb, wir waren die ersten, die den Orchester-Gedanken mit dem kleinen Instrument versöhnt haben."

AUTONOMIE UND GRENZGÄNGERTUM

Von Anfang an hat sich das UOGB als Selbstorganisation begriffen und inzwischen Konzerte rund um den Globus absolviert: Vom Polarkreis bis Australien und Neuseeland, von Nordamerika und Europa bis nach China und Japan. Und immer sorgte ihre gut gelaunte, von typisch britischem Humor getragene Show dafür, dass das Publikum sein Bild von der Ukulele als einem bloßen Kinder-Instrument ändern musste. „Wir managen uns selbst, haben unsere eigene Produktionsgesellschaft und sind bei keiner Plattenfirma oder Agentur unter Vertrag. Natürlich haben wir enge Beziehungen zu anderen Organisationen, aber wir gehören ihnen nicht." Die Mitglieder des UOGB begreifen sich – durchaus politisch motiviert – als Anarcho-Syndikalisten der Ukulele-Welt. Der Begriff des Anarcho-Syndikalismus umschreibt ja gerade die vom UOGB praktizierte Selbstverwaltung von Lohnabhängigen, ihre Selbstbestimmung und Solidarität. Doch neben der ganz bewussten Namensgebung nennt Hinchliffe noch ein weiteres Gründungsmotiv:

„Wir wollten uns von der zunehmend technischen Fixierung eines Rock-Konzerts absetzen und uns nicht mit solchen Künstlern gemein machen, die irgendwann nur noch auf ihren Laptop starren. Wir haben auch versucht, eine Art Gegengift für all das zu finden, was uns in der aktuellen Musikszene störte. Wir waren nämlich genervt von den Anmaßungen und Wichtigtuereien, wie man sie häufig in der Klassik, aber

Das Ukulele Orchestra of Great Britain © Ukulele Orchestra of Great Britain/Graham Hardy

auch im Rock findet. Obwohl wir uns in der Post-Punk-Ära befanden, gab es immer noch diese lange Tradition des Abzockens der Musiker. Wir spielten damals alle in Bands, sangen zum Teil auch, hatten also schon eine Menge Erfahrungen. Die Gitarristen machten immer einen auf Schau, die Schlagzeuger schüttelten ihre langen Mähnen, mit Musik hatte das wenig zu tun. Deshalb dachten wir uns, lasst uns zurückgehen zum Ursprungsmotiv des Musikmachens, nämlich Spaß zu haben. Dazu kam noch der Untertreibungsfaktor, der ja der Ukulele eigen ist und die Tatsache, dass sie damals total uncool war, sie schien am allerwenigsten geeignet zu sein, irgendeine Beziehung zur Rockmusik aufzubauen. Damit eröffnete sich aber ein ganz neues Spielfeld. Wir sehnten uns geradezu nach echten Auftritten, bei denen Menschen einfach nur Musik machen. Der heutige Ukulele-Boom erinnert an dieselben Back-to-the-Basics-Bewegungen, wie sie sich auch in der Skiffle-Musik oder im Punk manifestiert haben. Genau wie jene, ist er offen für alles. Das Publikum geht nach unseren Konzerten nach Hause und denkt ,Ey, das könnte ich sogar selbst machen.'"

Auch ein kulturelles Desiderat wollten die Vorkämpfer des UOGB mit ihrer Ensemble-Gründung füllen, wie Hinchliffe betont: „Man kann nach Irland, nach Schottland, nach Wales gehen und findet dort überall Leute, die ganz bewusst ihre Musiktradition pflegen, Dudelsack spielen, Harfe usw. Aber wer in einer englischen Industriestadt lebt, weiß nicht so ohne weiteres, worin die eigene Musikkultur besteht. Wir sind zwar alle mit Folk-Musik aufgewachsen, aber die kam ja hauptsächlich aus dem Ausland, aus Nord- oder Südamerika, also nichts, was unsere Großeltern schon gespielt hätten. Im Fernsehen dominierten ebenso die ausländischen Serien. Und deshalb sagten wir uns: Lasst uns eine Gruppe gründen, die genau diese, nämlich unsere vielfältigen musikalischen Einflüsse repräsentiert. Es musste zwangsläufig ein recht gemischtes Programm werden: ein bisschen Pop, ein bisschen Rock, ein bisschen Klassik, ein bisschen Punk."

Von Anfang an bestand das UOGB aus unverbesserlichen Grenzgängern. In schwarze Anzüge mit weißem Hemd und Fliege gekleidet – ganz wie ein seriöses Orchester – spielt sich das heute achtköpfige Ensemble durch ein Programm, das von Ennio Morricones Musik zum Film *The Good, the Bad and the Ugly* über Nirvanas „Smells Like Teen Spirit" und Rio Reiser, Kraftwerk, David Bowie, Steppenwolf, Sex Pistols, The Who, Lou Reed, Kate Bush, Johann Sebastian Bach, Ian Dury, George Formby, Serge Gainsbourg bis zu Tschaikowsky oder Isaac Hayes reicht. Kein Genre, kein Song, kein Ohrwurm-Stück ist vor ihrem Zugriff sicher. „Durch unsere schwarzen Anzüge wollten wir natürlich provozieren und deutlich machen, das ist hier ein richtiges Orchester. Durch die Uniformierung wurden wir als Ensemble ja identifizierbar. Jede Band braucht nun mal ein besonderes Unterscheidungsmerkmal, um unverwechselbar zu sein. Wir begreifen unseren Auftritt deshalb fast wie ein Theaterstück, das wir mit verschiedenen Charakteren aufführen. Es gleicht ein bisschen einem antiken Drama und da sind wir ja in guter Gesellschaft: nimm nur mal die Rolling Stones mit ihren ganzen Dramen!"

Zum 50. Jahrestag des V-E Day (Victory in Europe Day) am 8. Mai 1995 trat das Ensemble vor rund 170.000 Menschen im Londoner Hyde Park auf. Bei ihrem ausverkauften Auftritt in der Londoner Royal Albert Hall während der BBC Proms am 18. August 2009 hatten rund tausend Besucher ihre Ukulelen mitgebracht, um bei der UOGB-Version von Beethovens „Ode an die Freude" mit ihrem Instrument einzusteigen. Es folgten umjubelte Konzerte in der New Yorker Carnegie Hall 2010 und 2012, im Opernhaus von Sydney feierte man 2012 Triumphe, auf dem renommierten Glastonbury Festival machte man sogar Opernfans mit dem künstlerischen Projekt dieser Außenseiter bekannt.

„Psycho Killer" von den Talking Heads geht ihnen inzwischen ebenso leicht von der Hand wie Richard Wagners „Walkürenritt". Mit „Wonderful Land" von den Shadows erinnern sie gern an eine Gründungsszene der britischen Popmusik. Und wie steht es mit hawaiianischer Musik? Spielt das UOGB auch traditionelle Stücke von den Inseln? Hinchliffe hat eine klare Antwort parat: „Nicht wirklich, wir haben anfangs natürlich darüber nachgedacht, hawaiianische Stücke zu spielen, denn dort liegen die Wurzeln der Ukulele. Meine einzige Verbindung zu dem Archipel bestand aber darin, dass die Eltern meiner französischen Brieffreundin – ich war damals ungefähr 15 Jahre alt – Anthropologen waren und einige Platten mit hawaiianischer Ukulele-Musik besaßen, die aber in meinen Ohren sehr zahm und gefällig klangen – als würde der Südwind durch die Songs wehen. Interessant, aber ohne jeden Biss! Aber sie hatten auch Aufnahmen von Trommlern, die hölzerne Instrumente mit Haihaut spielten, das klang für mich schon eher nach Rock 'n' Roll. Ich denke, man sollte die Haihaut-Trommel, die Pahu, mal mit der Ukulele kombinieren, das würde sicher toll klingen. In den dreißiger Jahren besuchten hawaiianische Bands ja auch England und es entwickelte sich diese globale Hawai'i-Begeisterung. Ich erinnere mich noch an Felix Mendelssohn and his Hawaiian Serenaders. Der Typ, der in dieser Gruppe die Ukulele spielte, war ein alter Mann, so an die achtzig. Er trug zwar einen hawaiianischen Namen, aber in Wirklichkeit war er Engländer. Wir dachten uns deshalb, das ist nicht unsere Kultur, warum sollen wir hawaiianische Musik spielen? Das passt genauso wenig wie: ‚Ich bin der beste Bluegrass-Spieler in Bradford?‘ Was soll das?"

Die Konzerte des UOGB besitzen eine Authentizität und gleichzeitig eine Leichtigkeit, die heute nur noch schwer zu finden sind. Die Musiker machen gewöhnliche Sachen auf ganz ungewöhnliche Art und haben auch ihre Besetzung beständig variiert: „Wir waren zu viert, als wir anfingen, zwei spielen noch im Orchester, mit den anderen beiden bin ich noch gut befreundet", erinnert sich Hinchliffe und Kitty Lux, ebenfalls Gründungsmitglied des UOGB, ergänzt: „George hatte mir eine Ukulele zum Geburtstag geschenkt. Ich spielte dann mit ihm zusammen, bis einige Freunde kamen und meinten ‚Oh, das sieht gut aus!‘ und schon waren wir zu viert. Und ehe wir uns versahen, waren wir auf Orchestergröße angewachsen." George präzisiert: „Beim ersten Gig spielten wir zu siebt, dann waren wir zwölf, dann wieder weniger und dann haben wir uns bei acht Mitgliedern eingependelt. Acht Musiker, das ist ein guter Kompromiss. Für ein Show-Spektakel sind zwölf Leute toll, aber für so viele die Musik zu arrangieren, ist wiederum schwierig. Fünf ist musikalisch gesehen gut, sechs gibt dir ein bisschen mehr Freiheit, bei sieben oder acht Mitgliedern hat man dagegen noch Raum für ein paar theatralische Einlagen. Es gab ja keinen Masterplan bei uns, es war anfangs nicht mehr als ein Projekt, alles Freunde und Freunde von Freunden, so wie ein Stammtisch oder ein Bridge-Club. In den frühen Tagen – ich erinnere mich genau – schrieb ich mal einen Brief an Muff Winwood, einen Bassisten und Bruder von Steve. Muff war damals Chef einer großen Plattenfirma. Ich fragte ihn, ob sie uns nicht unter Vertrag nehmen wollten. Er antwortete mit einem sehr freundlichen Brief: ‚Das klingt zwar nach einer Menge Spaß, aber für uns ist das einfach zu verrückt.‘ In der Woche, als er pensioniert wurde, kam er dann mit seinem Sohn zu einem unserer Workshops und war ganz begeistert von der Performance. Ich erinnerte ihn daran, dass er uns 25 Jahre zuvor abgelehnt hatte. Es fiel ihm auch wieder ein und tat ihm jetzt natürlich schrecklich leid."

In seiner aktuellen Besetzung (2016) besteht das UOGB aus sechs Männern und drei Frauen. Der Bassist spielt selbstverständlich auch einen Ukulele-Bass. Sie nutzen alle Ukulele-Größen, von der Soprano bis zur

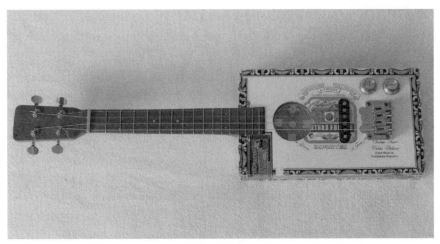

Marshall-Stapleton-Uke mit eingebautem Feedback © Brigitte Grossmann/Peter Kemper

Bariton und machen auch vor elektrifizierten Instrumenten nicht halt. Und wie steht's mit Effektgeräten? Da hat George Hinchliffe so seine Bedenken: „Das Problem dabei ist: Die Leute glauben sofort, es handele sich um eine E-Gitarre, weil sie diese Sounds mit der E-Gitarre assoziieren. In ein, zwei Stücken spielen wir aber in unserem Programm mit elektrischer Verzerrung. Wir benutzen dabei die Cigar-Box-E-Ukulele mit eingebautem Verstärker, Lautsprecher und Metallsaiten, die sofort übersteuert, wenn man sie anschlägt. Gebaut hat sie Marshall Stapleton, der früher auch bei uns gespielt hat und inzwischen ein renommierter Gitarren- und Ukulele-Baumeister in England ist. Diese Cigar-Box sieht auch noch so herrlich primitiv aus, sie besitzt den Charme des Unfertigen."

Das kontrollierte Feedback und die dröhnenden Verzerrungen, die mit dieser Wunderwaffe erzielt werden, würden selbst Jimi Hendrix vor Neid erblassen lassen. Bands wie Madness oder Kaiser Chiefs haben dagegen wiederholt mit dem UOGB zusammen gearbeitet, selbst Yusuf Islam alias Cat Stevens war von der eigenwilligen Kombination aus Tiefe und Trivialität hingerissen. Auf Ibiza haben einige DJs sogar Remixe von UOGB-Aufnahmen angefertigt. Und es funktionierte!

Was so leichthändig klingt, ist besonders schwer zu machen: Die anspruchsvollen Arrangements leben erst aus einem perfekten Zusammenspiel, aus traumwandlerischer Interaktion der einzelnen Ukulele-Stimmen.

Oft finden sich in den Stücken schöne Stellen, wo man sie am wenigsten vermutet hätte. Das Publikum hört bekannte Songs in den Ukulele-Arrangements ganz neu. Dekonstruktion als musikalische Methode funktioniert hier allerbestens. Dazu trägt nicht zuletzt der britische Humor des UOGB bei, der alle Ansagen und Moderationen unterwandert. Die renommierte englische Tageszeitung The Independent hat es mal so formuliert: „Sie mokieren sich über alles Heroische, ohne den Akt des Gespötts selbst heroisch wirken zu lassen."

Ihre Konzerte sind immer Gratwanderungen zwischen Spaß und Ernst, zwischen Komik und Seriosität. Locker eingestreute Jokes zwischen und in den Stücken gehören zum Programm: „Als wir anfingen, bei unserem ersten Gig, wollten wir gar nicht besonders lustig sein. Aber irgendetwas lief damals schief und wir fingen an, unsere Späße zu machen. Seitdem gehören ironische Dialoge und kleine Reibereien zu unserer Show dazu. Das betrifft aber nicht in erster Linie die Musik, die nehmen wir sehr ernst. Klar, auch da spielen wir mit Verfremdungseffekten, wenn wir beispielsweise in unserem Medley mehrere Songs gleichzeitig singen. Humor macht die Show ja erst unterhaltsam, für uns selbst und für das Publikum", gesteht George Hinchliffe freimütig. Dabei sind die Aufgaben auf jeden Musiker genau verteilt. Er muss selten hochkomplizierte Sachen machen, aber sich strikt an seine einfache Rolle halten. Erst im perfekten Zusammenklang der acht Instrumentalisten entsteht dann suggestive Komplexität.

HANK MARVIN MEETS HANNS EISLER

Getreu der Devise „Wir spielen nichts, was wir nicht auch mögen" sucht sich das UOGB in der Regel solche Songs aus, an denen man etwas zeigen kann. Denn oft machen ihre Interpretationen erst deutlich, wie die Songs funktionieren, zum Beispiel in Bowies Klassiker „Life On Mars" oder in „Wuthering Heights" von Kate Bush: Texte werden deutlicher und Strukturen klarer erkennbar. George Hinchliffe: „Bei einem neuen Stück arrangiert einer erst mal die verschiedenen Teile. Dann schauen wir uns das Ganze an, spielen die einzelnen Parts und überlegen: ‚Funktioniert das so, können wir das noch verbessern?' In der Originalversion von ‚Sugar Plum Fairy' gibt es beispielsweise einen Mittelteil mit rasend schnellen Arpeggien, die

wir unmöglich spielen können. Also haben wir uns die Akkordstrukturen angeschaut und lassen die jetzt ein bisschen harfenähnlich klingen, was dem Originalsound sehr nahekommt. Wir müssen uns die Stücke eben handhabbar machen. Dasselbe gilt für die Rock-Nummern: Wir haben ja kein Schlagzeug, hatten das zwar mal überlegt, aber die Drums würden die eher leisen Ukulelen allesamt übertönen. Deshalb mussten wir andere Wege finden, um die Songs zu rhythmisieren. Der Offbeat ist für uns das

Allerwichtigste in Rock und Jazz. Man kennt Freddy Green, den Gitarristen von Count Basie, so jemanden brauchte man in einem Ukulele-Orchester, seine Offbeat-Injektionen, nur jeweils zwei Noten, machen die Musik lebendig."

Die Kunst des UOGB besteht nicht zuletzt darin, die jeweiligen Stücke auf ihre drei musikalischen Bausteine herunterzubrechen: Melodie, Harmonie und Rhythmus. Dabei kann es auch schon mal passieren, dass bei dieser Skelettierung die Banalität eines Popsongs erst offenkundig wird oder sich der Pomp einer Klassik-Nummer unverhüllt zeigt. Der Daily Telegraph behauptet sogar, das UOGB nutze die Ukulele „als sensibles Spürgerät für musikalischen Müll." Doch all diese Entlarvungen geschehen mit einem Augenzwinkern, nicht selten mit selbstironischem Touch. Der

© Ukulele Orchestra of Great Britain / Nigel Barklie

Charme des Vertrauten federt alle Verfremdungen ab – von Monteverdi bis zu den Shadows, von Charlie Parker bis zu Velvet Underground, von den Rolling Stones bis Hanns Eisler. Und selbst wenn der „Funeral March For Queen Mary" von Henry Purcell aus dem Jahr 1695 bei ihnen zu einer Progressive-Metal-Hymne mutiert, bleibt diese Umdeutung respektvoll und radikal zugleich.

„Wir sind auch nicht so traditionell eingestellt, dass wir Darmsaiten benutzen würden. Heutzutage hat doch jeder Nylonsaiten. Trotzdem finden uns einige Ukulele-Enthusiasten schrecklich, weil wir Stimm-Mechaniken nutzen und keine Stimmwirbel. Für uns ist es aber am wichtigsten, die Instrumentenstimmung das ganze Konzert über zu halten. Letztlich geht es doch um einen guten Sound!"

Als Musik-Ethnologe interessiert sich George Hinchliffe natürlich auch für den Charakter der verschiedenen Stimm-Möglichkeiten einer Ukulele. Besonders hat es ihm die Re-entrant-Stimmung mit der hohen G-Saite angetan, die schon auf Renaissance-Gitarren üblich war. „In dieser Stimmung sind Akkordumkehrungen schwierig, aber man kann Sekunden und Septimen ganz einfach spielen. Die Ukulele erlaubt Dinge, die auf einer Gitarre technisch nicht möglich sind, weil man dann über zu viele Bünde greifen müsste." Was die Verstärkung der Instrumente betrifft, so setzt das UOGB auf konservative Maßnahmen: „Wir verstärken uns ganz traditionell über Mikrofone. Für ein Instrument mag eine Pick-up-Verstärkung funktionieren, aber nicht für sieben. Das Ganze klingt dann sehr klinisch und spitz. Wir haben einen ganzen Tag damit herumexperimentiert, aber es funktionierte nicht richtig: Mikrofone sind einfach am besten geeignet."

ANARCHY IN THE UKE

In ihrer mehr als dreißigjährigen Geschichte haben die Mitglieder des UOGB Theatermusiken geschrieben, Werbe-Jingles komponiert und Berühmtheiten wie Prinzessin Anne oder Paul McCartney als Fans gewonnen. Der Independent hat sie sogar als „Best Entertainers of Great Britain" geadelt. Kein Wunder, dass ihre 1994er Tour durch das traditionell ukulelefreundliche Japan das Revival des viersaitigen Instruments dort nachhaltig befeuerte. Sechs Jahre zuvor hatten sie in Chicago auf einem Festival für klassische Musik mit Philip Glass, dem Kronos-Quartett, Terry Riley und anderen noch durchwegs gemischte Kritiken erhalten: „Wir spielten damals ‚Born To Be Wild‘ und die Leute waren völlig schockiert. Immerhin konnten wir die Rezension eines renommierten Kritikers klassischer Musik fortan für unsere Werbung nutzen. Über meine Interpretation von Schuberts Lied ‚Die Forelle‘ schrieb er: ‚Mister Hinchliffe besitzt eine Baritonstimme von begrenzter Mittelmäßigkeit.‘ Wir haben das als Auszeichnung verstanden, ähnliches wurde ja auch über die Ramones gesagt: schlechteste Rockband der Welt, aber alle liebten sie.“

In den ersten Jahren gab das UOGB rund 200 Konzerte im Jahr. Inzwischen hat sich die Anzahl auf rund 120 Auftritte reduziert. Doch selbst damit verbringt jedes Orchestermitglied fast die Hälfte seiner Lebenszeit „on the road“. George Hinchliffe weiß, wovon er redet: „Wenn wir nicht gerade touren, haben wir naturgemäß wenig Zeit, sodass jedes bisschen Freizeit mit Kindern, Wäsche oder Wartezeiten beim Zahnarzt ausgefüllt ist – oder mit Schlafen. Seit 1999/2000 betreiben wir das Ukulele Orchestra ja als Fulltime-Job. Dazu hatten uns ein paar größere Tourneen durch Kanada, Japan und die USA ermutigt. Bis dato waren wir alle noch in anderen Jobs tätig. Ich habe zum Beispiel aus allen Nationalhymnen der Welt Klingeltöne für Mobiltelefone kreiert. Selbst aus Stücken von Bach und Charlie Parker habe ich Klingeltöne herausdestilliert. Mir war schon klar, dass die Ukulele ein voll-chromatisches Instrument ist. Und das bedeutet, du kannst wirklich jede Musik darauf spielen: Bach, Bartók, Jimi Hendrix – was auch immer. Wir hatten damals schon eine Einladung nach Edinburgh in einen Park, wo in der einen Ecke Punks herumlungerten und in der anderen Ecke alte Damen saßen. Beide Gruppen waren von unserem Auftritt begeistert, weil die Punk-Nummern plötzlich wie richtige Musik klangen und klassische Stücke einen ungewohnten Drive kriegten. Das lag aber nicht nur an den Arrangements, sondern vor allem an der Ukulele. Sie lässt uns die jeweiligen Stilrichtungen ganz anders wahrnehmen.“

Trotz seines weitgefächerten, undogmatischen Repertoires weigerte sich das UOGB zunächst standhaft, auch Stücke vom britischen Uke-Nationalhelden George Formby ins Programm aufzunehmen. Man wollte sich offensiv von dieser Tradition absetzen. Inzwischen sehen das George

Hinchliffe und seine Mitstreiter lockerer und haben „Leaning On A Lamppost" in ihr Repertoire und für das Album *The Secret of Life* aufgenommen – wenn auch in einem russischen Kasatschok-Stil. „Wir haben nie behauptet, George Formby wäre ein ärgerlicher, alter Dummkopf. Da wurden wir falsch zitiert. Wussten Sie beispielsweise, dass er aus Südafrika ausgewiesen wurde, weil er auf einem Publikum ohne Rassentrennung bestanden hatte? Und wussten Sie, dass er der erste britische Unterhaltungskünstler war, der durch die Sowjetunion getourt ist? Manche behaupten sogar, man hätte ihn für den Lenin-Orden vorgeschlagen. Heute kann man sich nur schwer an die Zeit vor dem Kalten Krieg zurückerinnern, als die UdSSR auf derselben Seite wie die USA und das Vereinigte Königreich standen. Vielleicht funktionierten die Botschaften der Formby-Songs in Russland ebenso gut wie in England. Aber wie mögen die Lieder in den Ohren der sowjetischen Zuhörer geklungen haben, die ja eher an Balalaika-Klänge als an Ukulele-Stücke gewöhnt waren? Lenin on a Lampost?" Die Mitglieder der Formby-Society hatten dagegen längst ihren Frieden mit dem UOGB gemacht, trug das Ensemble mit seinem frechen Programm doch unzweifelhaft zur Popularisierung des kleinen Instruments in einer breiten Öffentlichkeit bei.

MONOPOL-ANSPRÜCHE VERSUS MUSIKALISCHE FREIHEIT

Durch seinen Erfolg hat das UOGB die Gründung unzähliger Ukulele-Ensembles in Großbritannien initiiert. Mithilfe von Google Alert kann George Hinchliffe quasi in Echtzeit verfolgen, wie sich im Wochentakt auf der ganzen Welt vergleichbare Ensembles zusammenfinden. Das hat in letzter Zeit auch schon zu Unfrieden geführt: „Ich habe den Namen Ukulele Orchestra immerhin erfunden. Zuerst war er zwar ironisch gemeint, so ungefähr wie The Sahara Desert Sub Aqua Club. Inzwischen hat er sich aber als eine Art Standardbezeichnung für viele Ensembles von Ukulele-Spielern durchgesetzt, die eine Menge Spaß haben und tolle Musik machen. Aber er wird auch von Ensembles gebraucht, die sich als UOGB ausgeben und dabei unser Markenzeichen imitieren, unseren Stil, unsere Besetzung, unsere Show. Wir unterstützen jeden Ukulele-Musiker und natürlich vor allem jene, die durch uns inspiriert worden sind und ihr

eigenes Ukulele-Orchester starten, in welchem Land auch immer. Aber wir wollen keinen künstlerischen Diebstahl. Wir haben vom ersten Tag an auf der Bühne gesagt ‚Wir sind das Ukulele Orchestra of Great Britain‘. Unser Name ist ein eingetragenes Warenzeichen und wir sind nun mal das originale Ukulele-Orchester. Gruppen wie Ukulele Orchestra of Great Brooklyn sind lustige Tributes auf unsere Kosten. Das gefällt uns. Aber die Gruppe, die von trendbewussten Promotern zusammengestellt wurde und sich selbst The United Kingdom Ukulele Orchestra nennt, gibt sich für uns aus und versucht Konzertveranstaltern zu suggerieren, sie hätten uns gebucht. Das ist ein Fall für die Juristen.“

George Hinchliffe weiß natürlich, dass es völlig abwegig ist, sich inmitten der bunten Szene von Ukulele-Orchestern, die es inzwischen weltweit gibt, selbst zum alleinigen Original zu erklären und Monopol-Ansprüche durchsetzen zu wollen. Und dennoch ist hier Differenzierung angesagt: „Die Leute, die hinter dem United Kingdom Ukulele Orchestra stehen, sind ursprünglich mal auf uns zugekommen, um einen Ableger unserer Marke zu machen. Wir haben das abgelehnt, weil wir nicht die Blue Man Group sind. Für uns sind die einzelnen Musiker von zu großer Bedeutung.

Und dann haben sie eben ihre eigene Version gemacht. Stellen sie sich vor, man würde die Rolling Stones vervielfältigen. Das Beste, das man auf diese Weise erreichen könnte, wäre eine andere Gruppe, die das Original imitiert. Hier ist es ähnlich, wenn auch auf niedrigerem Level."

Inzwischen hat ein Londoner Gericht den Rechtsstreit zwischen dem UOGB (Ukulele Orchestra of Great Britain) und dem UKUO (United Kingdom Ukulele Orchestra) mit einem salomonischen Urteil beendet: Das United Kingdom Ukulele Orchestra darf nicht länger unter diesem Namen durch England und Wales touren. Dieses von dem deutschen Promoter Erwin Claussen 2009 ins Leben gerufene Ensemble stelle „für einen Großteil der Öffentlichkeit in diesem Land eine Täuschung dar, da diese das Ukulele Orchestra of Great Britain als Markennamen einer speziellen Formation versteht und annimmt, dass es sich bei UOGB und UKUO um ein und dieselbe Gruppe handelt." Die Werbung mit dem missverständlichen Namen müsse als „sittenwidrige Wettbewerbshandlung verstanden werden." Dem originalen UOGB sei dadurch „ein Schaden entstanden" und es habe einen „Kontrollverlust über seine Aktivitäten erlitten."

Richter Hacon unterstellte dem UKUO, die Beteiligten hätten bei der Gründung nur allzu gut gewusst, dass es das UOGB schon lange gebe und dass die eigene Performance im Aussehen wie im Programm dem Original täuschend ähnlich sei. Auch habe das UKUO 2013 und 2014 in der deutschen Presse Kritiken erhalten, die von einer „verdammt guten Kopie" des britischen Originals sprachen und vermuteten, die deutsche Gründung sei deshalb erfolgt, „um am Erfolg der britischen Formation" teilzuhaben. Zwei Ukulele-Fans in Großbritannien hätten darüber hinaus glaubhaft beteuert, sie seien durch den zum Verwechseln ähnlichen Namen des UKUO irre geführt worden und in das falsche Konzert gegangen. Auch hätten einige Veranstalter mit dem Promotext des UOGB geworben, um für Konzerte des UKUO Werbung zu machen.

George Hinchliffe begrüßte das Urteil ausdrücklich: „Wir haben dreißig Jahre lang hart gearbeitet, um eine einzigartige Show zu schaffen und das Gericht hat nun festgestellt, dass sich Nachahmer nicht mit der Reputation schon etablierter Gruppen schmücken dürfen. Das UKUO kann nicht nach Großbritannien kommen und Konzertkarten an Leute verkaufen, die glauben sollen, sie würden sich damit das UOGB anschauen."

Doch auch der beschuldige Erwin Claussen fühlt sich durch das höchstrichterliche Urteil vom 2. Juli 2015 bestätigt, da er nicht der Verletzung des Urheberrechts oder eines Markenzeichens für schuldig befunden wurde. Die Bezeichnung „Ukulele Orchestra" sei eben keine eingetragene Marke und deshalb dürften nach dem Richterspruch auch hunderte Ukulele-Ensembles in aller Welt (zum Beispiel das International Wellington Ukulele Orchestra aus Neuseeland, das New England Ukulele Orchestra oder das Ukulele Orchester Laubegast) aufatmen, da ihnen die Verwendung des Begriffs „Ukulele Orchestra" oder „Ukulele Orchester" jetzt erlaubt sei. Das Ukulele Orchestra of Great Britain habe seine Monopol-Ansprüche in diesem Punkt eben nicht durchsetzen können. Die bei der europäischen Markenregistratur eingetragene Registration auf den Namen „Ukulele Orchestra of Great Britain" sei demnach ungültig und müsse gelöscht werden. Daraus folge, dass auch das United Kingdom Ukulele Orchestra seinen Namen behalten und unter dieser Bezeichnung weiterhin durch Deutschland, Österreich oder die USA touren dürfe. Auch sei Hinchliffe mit seinem Versuch gescheitert, „die Präsentationsform seiner Show zu einem Unikat zu erklären." Es gebe nun mal keinen Copyright-Schutz für derart standardisierte Konzertauftritte: „Die Wiener Philharmoniker dürfen sich anziehen wie das London Philharmonic Orchestra!"

Wie auch immer – es kann jedenfalls nicht schaden, wenn sich in der freien Ukulele-Welt mit ihrer Vielzahl von Talenten möglichst viele Musiker auf vielen Kontinenten zu Ukulele-Orchestern zusammenschließen. Ohne kulturpessimistisch zu wirken, wittert Hinchliffe gegenwärtig dennoch Verluste in unserer Kommunikationspraxis: „Es scheint in der westlichen Kultur inzwischen eine Art Vakuum in familiärer oder gemeinschaftlich organisierter Kunst zu geben. Obwohl so viele tolle Musiker unterwegs sind, stirbt die Hausmusik langsam aus – die Leute schauen lieber Fernsehen, gehen ins Kino oder surfen im Internet. Vielleicht kann die Ukulele-Szene dieses Vakuum gemeinschaftlich praktizierter Musik ein wenig füllen. Denn Ukulele spielen gleicht in dieser Hinsicht einer Umgangssprache, die jeder beherrschen und verstehen kann. Es hat nicht diesen hohen Kunst-Anspruch und unterwirft sich auch nicht einer ritualisierten Form der Aufführung von klassischer Musik. Es ist lärmig, Jack Daniels gehört auch mal dazu, ‚Komm, wir jammen zusammen einen

Blues!' – das läuft alles ganz locker ab. Die Ukulele ist eine Art Fenster in diese vielleicht langsam aussterbende Art von ungezwungener Gemeinschaftlichkeit. Wir haben schon Leute getroffen, die über das Ukulele-Spiel ihre Ehepartner kennengelernt haben."

Was kann er einem Anfänger auf der Ukulele raten, welche Tipps hat er für den fortgeschrittenen Amateur? George Hinchliffe: „Beschäftige dich mit der Musik, die du wirklich magst, spiel nur die Sachen, die du auch gut kennst. Lerne die Grundlagen und wenn es dir dann Spaß macht, hast du auch die Energie, weiterzumachen. Du musst deinem eigenen Energiefluss folgen! Lerne drei Songs, einen mittelschnellen, einen ganz schnellen und einen langsamen. Aber lerne wirklich, sie ganz zu spielen. Die meisten wollen immer nur die spektakulär-schnellen Teile erlernen. Man sollte alles erstmal langsam spielen, und wenn man das drauf hat, kann man auch schneller werden. Man muss lernen, das Tempo exakt durchzuhalten. Wenn du das beherrscht, bemühe dich, die Stücke irgendwie interessanter zu machen, dich von anderen Versionen zu unterscheiden, ihnen deinen persönlichen Stempel aufzudrücken. Spiel sie in unterschiedlichen Tonarten und Tempi und versuche, sie so groovy wie möglich klingen zu lassen."

Trotz seines ganzen Enthusiasmus hält Hinchliffe die Ukulele aber keinesfalls für das Nonplusultra in der Welt der Musikinstrumente. „Ich denke, in gewisser Hinsicht ist eine Gitarre ein gediegeneres Instrument als eine Ukulele. Mir kommt die Ukulele oft wie ein kleiner Terrier vor, der herumrennt, sehr freundlich, aber manchmal auch ein bißchen lästig und vielleicht sogar bissig." Bezogen auf den Signature-Song „While My Guitar Gently Weeps" von George Harrison bringt Hinchliffe noch einen schönen Vergleich: „Die Ukulele würde einem einfach die Zunge rausstrecken und wie ein Hund hecheln, anstatt zu weinen."

PROFESSOR BOP: GÖTZ ALSMANN

Zu akademischen Ehren kam die Ukulele im westfälischen Münster. Die Rektorin sprach sogar von einem „historischen Ereignis in der Geschichte der Wilhelms-Universität". Anlass für so viel Enthusiasmus war die Antrittsvorlesung des Jazzmusikers, Schlagerforschers und Fernsehmoderators **Götz Alsmann**, der 2011 als Honorarprofessor an die Musikhochschule berufen worden war. Und wie es sich für einen Ukulele-Vorkämpfer wie Götz Alsmann gehört, handelte er sein Thema „Die ersten hundert Jahre des deutschen Unterhaltungsliedes" in der Aula seiner alten Alma Mater – hier war er 1985 zum Dr. phil. promoviert worden – nicht als trockene Vorlesung, sondern als „Vorsingung" ab. „Es gibt eine Welt jenseits des Gummiboots und der zehn nackten Friseusen" lautete sein Motto bei der Ehrenrettung des lange verkannten Schlager-Genres und mit Bully Buhlans „Ich könnte mich am Nordpol nicht verlieben" von 1949 oder dem Friedrich Hollaender-Song mit dem Text von Robert Liebmann „Ich laß' mir meinen Körper schwarz bepinseln und fahre nach den Fidschi-Inseln", den Willy Fritsch 1931 bekannt gemacht hatte, lieferte Alsmann auch gleich die launigen Belege für seine These. Nach 15 Liedern und drei Zugaben war auch den reserviertesten Würdenträgern klar, dass die Ukulele ein didaktischer Glücksgriff sein kann.

„Ich musste mich natürlich unangreifbar machen, denn ich wusste, dass da mindestens vier Klavier-Professoren saßen. Ich hatte ja schon viele Vorträge über Schlagergeschichte gehalten und fand es immer viel schöner, selber zu musizieren. Ein Klavier gibt es nicht überall, wo man einen Vortrag hält. Und Gitarre kann ich nicht wirklich gut spielen. Ich bin eher ein unambitionierter Gitarrist, aber ein durchaus ambitionierter Ukulele-Spieler und habe schon viel früher Ukulele als Gitarre gespielt. Ich glaube sogar, dass über die Jahrzehnte die Ukulele ein Teil meines Images geworden ist."

Aufgewachsen in Münster in einem musikbegeisterten Elternhaus, verlief seine musikalische Ausbildung zunächst ganz konventionell. Mit acht Jahren erhielt Alsmann Klavierunterricht, nachdem er sich anderthalb Jahre mit der Blockflöte abmühen musste – „um mal zu sehen, ob der Junge dabeibleibt und übt". Doch während andere in ihren Teenager-Jahren den Verheißungen der Rockmusik erlagen, wurde Götz schon früh vom Schlager-Virus infiziert. „Ich habe die ganzen siebziger Jahre über zu achtzig Prozent nur Musik der zwanziger Jahre gehört. Und da gehörte die Ukulele einfach dazu: Künstler wie Eddie Cantor, George Formby, Ukulele Ike, Roy Smeck – die waren mir alle schon Mitte der siebziger Jahre vertraut. Ich kannte auch Unmengen von Schlagern, bei denen ich

erst später gemerkt habe, dass sie Ukulele-basiert waren: Ob Johnny Rays „Yes Tonight Josephine" und „Just Walking In The Rain", Peter Kraus' „Sugar, Sugar Baby" oder von Gus Backus „Da sprach der alte Häuptling der Indianer" – überall wurde wie wild Ukulele gespielt, aber niemand hat das damals zur Kenntnis genommen."

Nachdem er schon auf Kinder-Karnevalsveranstaltungen Mitte der sechziger Jahre im Schlagerprogramm eines Duos namens Seidensticker erstmals eine Ukulele live erlebt hatte, nahm Alsmann 1972 das Instrument selbst in die Hand. „Ich hatte wahrscheinlich früher schon mal eine, die mir als Kindergitarre geschenkt worden war, grün-weiß aus Plastik. Aber ich weiß nicht mehr, ob die richtig besaitet war, das war wohl eher ein hübsches Spielzeug. 1972 lernte ich dann ein paar deutlich ältere Musiker

Götz Alsmann © Bill Douthart / Universal Music

kennen, die eine Jug-Band hatten, die modifizierte Version einer Skiffle-Gruppe, und da war auch eine Ukulele dabei. Damals, da war ich 15, fing ich an, mich ernsthaft mit dem Instrument auseinanderzusetzen."

Es sollte eine lebenslange Liebesbeziehung bleiben. Denn obwohl Götz Alsmann als Multi-Instrumentalist neben dem Klavier auch Akkordeon und Banjo spielt, avancierte die Ukulele zu seiner ständigen Begleiterin: „Ich mache ja viele Gala-Moderationen, die auch immer mal kippen können. Und da habe ich die Ukulele immer im Anschlag, die ist immer dabei. Sie kann auch manchmal Situationen retten. Wenn Sie das Gefühl haben, es läuft nicht richtig, oder jemand anderes hat sich viel besser vorbereitet als Sie, dann können Sie immer noch die Ukulele nehmen und singen ‚Mit ’nem Kuss vor der Haustür fing's an‘ und der Abend gehört Ihnen."

Wie reagiert das Publikum denn auf den kleinen Viersaiter? Verblüfft oder grundsätzlich positiv? „Eine Ukulele ist das, was früher unter den Autos der Mini war, als der Mini noch ganz klein war. Alle freuen sich irgendwie, alle finden sie schön, haben aber ein gewisses Problem, sie als Musikinstrument ernst zu nehmen. Sobald man die Ukulele zusammen mit einem anderen Instrument spielt, wird sie ja viel ernster genommen."

Schon seit Jahren bevorzugt Götz Alsmann – nach seinen Anfängen auf traditionsreichen Brüko-Ukulelen aus Kitzingen – die Instrumente der Firma RISA aus dem hessischen Groß-Umstadt. Rigk Sauer hat ihm verschiedene Electric-Ukulelen gebaut und eine davon sogar mit Swarovski-Steinen verziert. Die kommt natürlich in Alsmanns TV-Sendungen, wie *Zimmer Frei!* im WDR-Fernsehen, besonders gut zur Geltung. Doch auch auf zahlreichen Alben wie *Tabu* (2003), *Kuss* (2005) oder *In Paris* (2011) mochte der Entertainer auf das kleine Instrument nicht verzichten. „Auf vielen meiner Platten habe ich das Ukulele-Spiel, ähnlich wie mein Banjo-Spiel, immer in homöopathischen Dosen eingesetzt: innerhalb eines Stücks vielleicht mal für sechzehn Takte. Wenn man die Ukulele vorrangig als Klangfarbe benutzt, dann ist man in der Regel ein Strummer. Man will ja ein Rhythmus-Instrument haben, das akkordisch wirkt, das Stimmungen erzeugt. Ich spiele ohne Plektrum und weil ich die Ukulele hauptsächlich zur solistischen Gesangsbegleitung verwende, bin ich gezwungen, ein bisschen Strummer und ein bisschen Picker zu sein, also eine Mischung aus beidem."

Götz Alsmann war der erste Unterhaltungskünstler in Deutschland, der das hawaiianische Saiteninstrument in Hörfunk und Fernsehen wieder populär machte. „Ich habe sie zum ersten Mal im Fernsehen bei einer Moderation im Jahr 1987 eingesetzt. Seit 1986 war ich ja Moderator der WDR-Jugendsendung *Roxy* und da hab' ich dann ab und zu Ukulele gespielt – lange vor Stefan Raab. Schon als ich bei der Bundeswehr war oder im Zeltlager als Bursche – 'ne Ukulele hatte ich immer dabei. Ich hab's genossen, die Leute zu verblüffen, wenn dann durch die Überrumpelungsmethode der Moment der Belustigung nach wenigen Sekunden – bei entsprechend trickreicher Programmauswahl – in Staunen übergeht und sich die Stimmung komplett verändert."

„Professor Bop", wie Alsmann nach seiner ersten Radio-Show auch genannt wird, ist musikbesessen im besten Sinn des Wortes. Seine gut gelaunten Zeitreisen, bei denen er immer wieder unterhaltsame Fundstücke aus den Tiefen der Musikgeschichte zutage fördert, sind ihm stets eine Herzensangelegenheit. In seinem Programm *Am Broadway,* in altrosafarbenem Sakko und mit Band, lässt der „Mann mit der Tolle" einmal mehr vergessene Swing-Klassiker wieder aufleben und natürlich kommt auch die Ukulele nicht zu kurz. Einst hatte der niederländische Gospel- und Schlagersänger Bruce Low mit „Leise rauscht es am Missouri" seinen Durchbruch gefeiert, jetzt singt Götz Alsmann den Schmachtfetzen als Zugabe und als bestes Beispiel für „Weltmusik pur!". Erstmals benutzt er hier eine Banjulele der Firma Gretsch, die mit ihrem voluminös-knalligen Sound noch nicht mal ein Mikrofon benötigt.

Obwohl bekennender Uke-Maniac, ist Alsmann Realist genug, um die kommunikative Wirkung des Mini-Instruments nicht zu überschätzen: „Alles, was klein ist, erregt ja Mitleid und Wohlwollen – Mandolinenspieler kennen das, Piccolo-Flötisten wissen Bescheid. Das ist das Schicksal kleiner Instrumente. Ich glaube, dass die Ukulele ein sehr sympathisches, aber leider doch nur ein Effekt-Instrument ist. Deshalb ist der Erfolg dieser Ukulele-Orchester ja auch so groß, wegen des Verblüffungseffekts. Die spielen eine zeitgenössische Rock-Nummer und man denkt, mein Gott, die benutzen ja eine Ukulele. Es ist der Effekt, der hier zählt. Und ich meine das gar nicht abwertend: Es zeigt ja, dass das Instrument immer noch ein Exot ist. Wäre es kein Exot, würde auch niemand drauf achten."

BELEIDIGUNGEN MIT BLÖDEL-CHARME: STEFAN RAAB

Hier weiß sich Götz Alsmann durchaus mit **Stefan Raab** einig, denn auch der „King of Parody", der 2015 überraschend abdankte, entdeckte die Ukulele früh als sein Alleinstellungsmerkmal. 1993 übernahm er 27-jährig die Moderation der TV-Sendung *Vivavision* bei VIVA und veralberte schon bald seine Gäste, indem er ihnen mit seinen Raabigrammen zweifelhafte Ständchen brachte. Dabei wurden seine Respektlosigkeiten gegenüber sogenannten Stars durch das niedliche kleine Instrument mit seinem scheinbar naiven Charme perfekt abgefedert. Unvergessen etwa bleibt sein

Auftritt bei *Wetten, dass...?* vom Oktober 1999, als Raab – eingeklemmt zwischen den beiden Boxern Wladimir und Vitali Klitschko – nach verlorener Wette zur Ukulele sang:

„Vitali und Wladimir,
ich wär' gern so stark wie ihr.
Ihr habt Hände so groß wie Paddel
und einen Brustumfang wie Naddel.
Ich bin zwar nur ein Wicht,
doch ich bin schön und ihr ...

Drum frage ich euch nun,
könnt' ihr mir einen Gefallen tun.
Ein Klitschko-kleinen Gefallen.
Könnt ihr dem Dieter Bohlen
mal gepflegt den Arsch versohlen.
Denn er schreibt immer die gleichen Lieder,
drum brecht ihm alle Glieder."

Zuvor hatte Raab mit seiner freundlichen Dreistigkeit schon Rudi Carrell heimgesucht und auf die Melodie von Carrells Hit „Wann wird's mal wieder richtig Sommer" ein paar Spottverse intoniert:

„Jaaa, wann wirst du endlich wieder witzig,
so witzig wie du früher schon nie warst?
Ja, mit Lachern nur von August bis September
und höchstens einem guten Gag pro Jahr."

Schnell wurden die Raabigramme, mit denen er Prominente aufs Korn nahm, Kult. Vielleicht hatte Raab sich dabei sogar Carrell als Vorbild genommen, der schon in den achtziger Jahren in seiner Show *Verstehen Sie Spaß?* Otto-Normalbürgern kleine Ständchen vorspielte – die lokale Feuerwehr durfte sich schon mal über so ein „Rudigramm" freuen.

Nachdem der Mann mit dem „Charme eines Kölner Schiffschaukelschubsers" Ende 1998 VIVA verlassen hatte, komponierte er für Guildo Horn den Eurovisions-Song „Guildo hat euch lieb". Ein Jahr später ging Raab dann mit *TV Total* bei ProSieben auf Sendung – seinem Erfolgs-

Stefan Raab mit Uke und Leder © ullstein bild / Garnitz

format, das bis ins Jahr 2015 beständig zwischen Genialität und Bauern-schläue pendelte und bisweilen schamlos dem Motto „Raab loves to entertain you" huldigte.

Stefan Raab entpuppte sich im deutschen Fernsehen als Vollblutmusiker und nicht selten als „Unsympath aus Passion", der vor nichts und niemandem Angst hatte und vor keiner Blödelei zurückschreckte. Nach seinem Abitur am jesuitischen Aloisiuskolleg in Bonn-Bad Godesberg und einem Studium der Rechtswissenschaft sah es zunächst nicht nach einer Comedy-Karriere aus, denn Stefan absolvierte parallel dazu erst mal eine Metzger-lehre im elterlichen Betrieb. Doch das aufstrebende Privatfernsehen bot auch ihm ungeahnte Möglichkeiten: Nachdem Raab sich 1990 als Produzent von Werbe-Jingles selbstständig gemacht hatte und auch als Musikproduzent für Bürger Lars Dietrich oder Die Prinzen erfolgreich war, führte er im November 1993 dem Musiksender VIVA selbst produzierte Programm-Jingles vor. Und dort hatte man den richtigen Riecher: Nach einem Casting bot man ihm die Sendung *Vivavision* an, die er von Dezember 1993 bis Dezember 1998 zwischen skurrilen Sitzmöbeln moderierte und sich hier unter anderem über den Deutsch-Rapper Moses Pelham lustig machte. Im selben Jahr veröffentlichte Raab auf seinem Album *Stefan Raab & die Bekloppten* die dreißigsekündige Liebeserklärung „Meine kleine Ukulele (Tribute to Ricky King)".

Doch richtig auf Touren kam seine Fernsehkarriere erst mit *TV Total* und den Derivat-Formaten *Wok-WM, Turmspringen,* der *Pokernacht* und *Schlag den Raab.* Blödelergüsse wie der Spontan-Rap „Böörti Böörti Vogts" oder „Maschendrahtzaun" entwickelten sich zu bundesweiten Mitgröl-nummern – gleichzeitig lieferte Raab mit seinen TV-Sendungen Platt-formen für Newcomer und etablierte Stars aus der Rock- und Pop-Szene. Nach seinem eigenen Engagement beim *Eurovision Song Contest* mit „Wadde hadde dudde da" entdeckte er mit Lena sogar die Siegerin des Jahres 2010 in Oslo.

In all den Jahren war die Ukulele bei ihm in erster Linie ein Ulk-Ins-trument, das mit seinen großen Sympathiewerten die von Raab attackier-ten Kolleginnen und Kollegen unmittelbar versöhnen sollte. Meistens zielten die Knittelverse seiner Raabigramme unter die Gürtellinie (an ECHT: „Ihr habt noch keine Schambehaarung und seid noch nicht reif zur Paarung." / an Verona Feldbusch: „Doch manchen Männern ist das nicht genug. Denn für viele bist du eine Wichsvorlage, Wichsvorlage.").

Selbst sein Idol Angus Young von AC/DC konnte sich im November 2000 nicht vor Raabs elektrisch verstärkter Ukulele-Performance von „Highway to Hell" über einen Marshall-Mini-Amp retten und auch Will Smith („Schmitze Willi") machte zu Raabs Ukulele-Version von „Men In Black" notgedrungen gute Miene. 2002 trug er völlig überdreht Britney Spears den Titelsong ihres Films *Not a Girl* zur Ukulele vor. Zuvor erklärte er ihr: „I wrote a song for you and I put all my heart in the song. Do you want to hear it? But I'm a little bit nervous". Als Britney nichtsahnend einwilligte, musste sie sich folgendes anhören: „Kuckuck, Britney Spears. I love your sexy ears. The way you dance brings me joy, but never fuck a boy. I love your music cause you have a million hits, I love you so much, baby, and your silicon tits." Um die Wirkung dieser Verse ermessen zu können, muss man wissen, dass Britney Spears zu diesem Zeitpunkt in der deutschen Öffentlichkeit noch als unschuldiges junges Mädchen galt.

Am 28. Mai 2013 war dann das UOGB in der *TV Total*-Sendung zu Gast und jammte mit ihm zusammen „Johnny B. Good" auf einer speziell für Raab angefertigten „Wok-Ulele". Auch die Punk-Nummer „Should I Stay Or Should I Go" von Clash, die das Orchester auf Wunsch von Raab improvisierte, begeisterte ihn so sehr, dass er auf einer winzigen Mini-Ukulele, die ihm das UOGB ausgeliehen hatte, spontan „Release Me" von Engelbert Humperdinck anstimmte und enthusiastisch Werbung für den Viersaiter machte: „Die Ukulele ist für Kinder ein wunderbares Lerninstrument. Es ist wirklich nicht schwer. Sie brauchen eigentlich nur einen Akkord, der andere ist ja auf der Ukulele schon so gestimmt und schon können Sie ‚Mendocino' spielen. So einfach ist das."

Kein Zweifel, Stefan Raab hat in Deutschland gerade für Jugendliche die Ukulele wieder zu einem coolen Instrument gemacht – auch wenn sie bei seinen Raabigrammen oft nur sympathisches Mittel zum Zweck war.

In einem Interview mit ZDF online erklärte er seine Motivation einmal: „Mein Ziel ist es ja nicht, die Leute zu beleidigen und in tiefe Psychosen zu stoßen, sondern ich will den Zuschauern Spaß bereiten. Bei mir ist Hass nie ein Motiv. Ich würde mich nie über Leute lustig machen, die ich nicht leiden kann. Diese Leute haben die große Gnade, dass sie ihr Grundrecht auf Verarschung, das jeder Mensch hat, verwirkt haben. Das ist eine große Schande, wenn man nicht verarscht wird, denn dann macht das Leben keinen Spaß. Viele Aktionen, mit denen wir anfangs erfolgreich waren, schließen sich heute ja auch aus, weil meine Position nicht mehr dieselbe ist wie früher: Die Raabigramme haben funktioniert, weil ich damals als kleiner Ex-VIVA-Hansel zu einem wie Rudi Carrell ins Büro vorgedrungen bin und dem ein respektloses Ständchen gesungen habe. Heute geht so was nicht mehr, weil es uncool ist, anderen ans Bein zu pinkeln, wenn du's in dem Geschäft zu ein bisschen was gebracht hast." Auf die Nachfrage, ob er immer die Ukulele dabei habe, antwortet er im Brustton der Überzeugung: „Ja klar, die ist ja mein Maschinengewehr!"

BEKENNTNISSE EINER BERLINER UKE-WG

Als unermüdlicher Vorkämpfer und vielleicht profiliertester Ukulele-Virtuose in Deutschland gilt heute **Andreas David**, der nicht nur einen Shop namens Gute Ukulele in Berlin betreut, sondern mit dem Trio **Lucky Leles** zugleich die wohl aufregendste Ukulele-Band hierzulande leitet. Jahrgang 1964, kam er auf Umwegen zu dem kleinen Instrument, das heute seinen Alltag beherrscht. „Ich habe mit 14 zunächst auf der Gitarre angefangen, dann zwei Jahre später mit dem 5-String-Banjo, mit 18 kam die Mandoline dazu und später noch Dobro, Pedal-Steel-Gitarre – diese ganzen Slide-Geschichten – und dann fand ich erst zur Ukulele. Am Anfang war's ein Sopran-Modell, das dürfte im Jahr 2000 gewesen sein." Über Kontakte zu Rigk Sauer, dem Inhaber der RISA Musical Instruments GmbH in Groß-Umstadt und einem weiteren Pionier des Viersaiters, Mike Upton – im Jahr 2005 Gründer der Kala Brand Music Company mit seinen erschwinglichen und gleichzeitig gut funktionierenden Instrumenten –, wurde Andreas zum wichtigen Unterstützer der charmanten Holzbox, die um die Jahrtausendwende auch in deutschen Landen immer mehr Anhänger fand. Er drehte Produktvideos, absolvierte Messevorführungen, fuhr zur NAMM ins kalifornische Anaheim und lernte dort die renommiertesten Instrumentenbaumeister von Hawai'i kennen. Die luden ihn auf die Inseln ein, waren von Davids musikalischen Fähigkeiten begeistert, während er endgültig vom Ukulele-Virus infiziert war.

Dabei ist ihm seine Entscheidung, eine Profi-Karriere als Musiker einzuschlagen, nicht leicht gefallen: „Nach meinem Abitur habe ich bei der Kripo in Berlin angeheuert und kam dann gleich in den ‚gehobenen Dienst'. Ich spielte damals hobbymäßig in einer Bluegrassband mein geliebtes 5-String-Banjo und, wie der Zufall es wollte, nahmen wir 1997 an einer Audition für den gerade in Bottrop eröffneten Themenpark Warner Brothers Movie World teil – die suchten eine Band für die Country-Show in ihrem Saloon. Wir hätten nie damit gerechnet, dass wir den Job wirklich bekommen würden, aber dann bot man uns ein neunmonatiges Engagement an und das war finanziell wirklich unglaublich lukrativ. Aber ich hatte ja noch meine Beamtenstelle auf Lebenszeit bei der Berliner Kripo. Schließlich habe ich es geschafft, dort ein halbes Jahr unbezahlten Urlaub

Andreas David in seinem Berliner Shop „Gute Ukulele" © Andreas David / Thomas Rehbein

zu bekommen, aber danach musste ich mich entscheiden. Ich wollte – das war mir inzwischen klar geworden – hauptberuflich Musiker sein. Und ich habe diesen Schritt wirklich nie bereut."

Seine Karriere kam auch schnell auf Touren, er stieg bei dem schweizerisch-deutschen Musik-Kabarett Geschwister Pfister ein, bekam ein Engagement im Berliner Ensemble und bot bundesweit florierende Ukulele-Workshops an. „An eine eigene Ukulele-Band hatte ich anfangs überhaupt nicht gedacht. Aber Rigk hat mir immer in den Ohren gelegen: du musst eine Uke-Band machen, da ist hierzulande noch ganz viel Potenzial. Erst habe ich das dann mit einem Bassisten aus dem Rhein-Main-Gebiet versucht, das klappte aber nicht, weil der etwas unzuverlässig war. Ich hatte aber zwischenzeitlich schon drei Auftritte in Berlin organisiert, die ich nur ungern absagen wollte. Gerade hatte auch der Laden Leleland in Berlin eröffnet und die Uke-Welle rollte in der Hauptstadt langsam an. Das war im Jahr 2008 und dann lernte ich durch Zufall im Internet auf einer Vermittlungsbörse für Musiker Silke Breidbach kennen, die nur 500 Meter von mir entfernt wohnte. Sie ist eine professionell ausgebildete Sängerin und hat in Holland Jazz-Gesang studiert. Doch neben ihren Gesangsfähigkeiten besitzt sie auch ein ausgesprochen komödiantisches Talent. Einem der besten Jazz-Bassisten in Berlin habe ich dann noch diesen Kala-U-Bass in die Hand gedrückt und schon konnten wir unsere drei Auftritte absolvieren."

Doch dann stellte sich heraus, dass der passionierte Kontrabassist mit den Gummisaiten auf dem Ukulele-Bass nicht gut klar kam und Andreas fragte den Bassisten Torsten Puls, ob er nicht Lust hätte, sich dem Uke-Trio anzuschließen: „Das war die Geburtsstunde der Lucky Leles. Auf den Namen sind wir übrigens durch eine Umfrage im Publikum bei unserem ersten Auftritt gekommen." Zunächst schöpfte die Band die große stilistische Bandbreite der Mitglieder aus und spielte sich ebenso durch Rock-Nummern wie durch Jazz- und Country-Stücke. Es sollte noch ein knappes Jahr vergehen, bis die Lucky Leles zu einem eigenen musikalischen Konzept fanden: „Eine Show mit Text und rotem Faden zu schreiben, das hat gedauert und wir haben uns dabei auch bei einem professionellen Regisseur Hilfe geholt." Doch schließlich stand ihr Programm *Eine Ukulelen-WG in No(e)ten* und damit war ein Highlight deutscher Uke-Unterhaltung geboren.

In perfektem dreistimmigen Gesang entdecken die Drei die Musik-Comedy neu. Sie verkörpern ganz unterschiedliche Typen – Silke gibt die bekennende Country-Lady, die sich als Dolly Parton-Klon gegen die beiden Männer durchzusetzen versucht, Andreas den verschmitzten Uke-Virtuosen im Hawaii-Hemd und Torsten den verhinderten Rocker in Lederjacke mit E-Bass oder E-Ukulele. Da kollidiert in einer wahnwitzigen Collage „Ave Maria" mit „Highway To Hell" und als Zugabe erproben Andreas und David auch gern mal ihre hochvirtuose Duo-Version von Queens „Bohemian Rhapsody". Der gutgelaunten Bühnenpräsenz des Trios kann sich kaum jemand entziehen und ihre Show schafft gekonnt die heikle Balance zwischen seriösem Unsinn und musikalischer Perfektion.

Ein Kritiker nannte die Lucky Leles nicht zu Unrecht „Deutschlands Antwort auf das Ukulele Orchestra of Great Britain".

Im Gespräch erklärt David: „Wir sind gerade dabei, unser erstes Album zu produzieren, mit fast allen Songs unserer Show, ein paar Sachen funktionieren allerdings nur live". Etwa die Nummer mit dem fiktiven Radio, das Silke in Form einer Plastiktasche umgehängt hat. Täuschend echt imitiert sie das Pfeifen und Zischen von imaginären Kurzwellensendern und es versteht sich von selbst, dass sie bei ihrer Sendersuche immer wieder auf Programme mit Ukulele-Nummern trifft!

Andreas ist inzwischen bekennender Uke-Aficionado: „Ich kenne kein Instrument, das in den letzten Jahren einen vergleichbaren Siegeszug angetreten hat wie die Ukulele – und er dauert an." Nachdem er sich alle seine Instrumente autodidaktisch beigebracht hat, faszinieren ihn heute vor allem die Möglichkeiten der High-G-Stimmung auf dem kleinen Instrument: „Klar, der Nachteil ist, man hat keinen großen Tonumfang. Wenn man Bach spielen will, wird es schon ein bisschen eng. Aber dafür hast du ganz spezielle Voicings. Wenn du beispielsweise Swing-Jazz spielst und einen einfachen Sext-Akkord greifst, dann hast du den Grundton neben der Sext, daneben Quint, daneben Terz, das kriegst du auf der Gitarre so nicht hin und ich finde das sehr charmant. Durch diese hohe Saite bekommst du auch einen speziellen Groove hin, den du mit der Gitarre auch nicht erzielen kannst."

Er trainiert jeden Tag eisern eine Stunde lang seine rechte Hand, um das Picking und die Fingerstyle-Technik zu verbessern, um mehr Geschwindigkeit aufnehmen zu können. Das regelmäßige Üben gibt ihm nicht nur Selbstsicherheit, sondern auch eine innere Ruhe. „Meine Frau sagt immer, sie merkt gleich, wenn ich mal nicht geübt habe!" Für ihn war es ein seltener Glücksfall, dass um die Jahrtausendwende auch in Deutschland – nachdem Stefan Raab und Götz Alsmann die Ukulele im Fernsehen popularisierten, IZ mit seinem „Somewhere Over The Rainbow" gleich zweimal die Charts stürmte, das UOGB hierzulande regelmäßig ausverkaufte Konzerte absolvierte – schnell gute und preisgünstige Instrumente verfügbar waren. „Die Ukulele scheint auf ein menschliches Grundbedürfnis zu antworten. Es ist ein sehr soziales Instrument, du kannst es überall hin mitnehmen, man kann relativ schnell etwas darauf spielen, mit einem

RISA-Tenor-E-Ukulele

William-King-Soprano und eine Stevens-Concert

Stevens-Concert-Ukulele mit Stahlsaiten

Mahalo-Sopran

Kerry-Char-Tenor-E-Ukulele

Rick-Turner-Compass-Rose-Ukulele

Weissenborn-Modell von Tony Francis

Handgeschnitzte Archtop-Tenor-Ukulele von Ko'olau

Alle Bilder auf dieser Seite: © Brigitte Grossmann / Peter Kemper

Resonator-Tenor-Ukulele von Mya-Moe © Brigitte Grossmann/Peter Kemper

Mapple-Leaf-Custom-Ukulele von Ana'ole © Brigitte Grossmann/Peter Kemper

D'Angelico-Concert-Archtop-Ukulele mit Pickup © Brigitte Grossmann / Peter Kemper

D'Angelico-Sopran-Archtop-Ukulele © Brigitte Grossmann / Peter Kemper

Godin-Tenor-E-Ukulele © Brigitte Grossmann / Peter Kemper

Maestro-Tenor © Brigitte Grossmann / Peter Kemper

K-Wave-„Rockuke" im Telecaster-Stil © Brigitte Grossmann / Peter Kemper

Custom-made-William-King-Tenor © Brigitte Grossmann / Peter Kemper

Glyph-Custom-Concert © Brigitte Grossmann/Peter Kemper

Fender-E-Ukulele © Brigitte Grossmann/Peter Kemper

Concert- und Tenor-Ukulele im Selmer-Maccaferri-Stil © Brigitte Grossmann/Peter Kemper

Drei Vollholz-E-Ukulelen © Brigitte Grossmann/Peter Kemper

Ein unermüdlicher Ukulele-Prophet: Andreas David © Andreas David

Finger zwei Akkorde, das funktioniert beim Banjo beispielsweise nicht. Ich weiß, dass dieses Einfach-mal-miteinander-Musikmachen den Menschen gefällt. Das, was früher mal Hausmusik war, ist bei uns ja ein bisschen verschütt gegangen, ein Musizieren auf Amateur-Level – du musst nicht viel können, du musst auch nicht gleich auf eine Bühne steigen, du triffst dich einfach mit Gleichgesinnten auf ein Bier und machst Musik miteinander.

Vor hundert Jahren haben die Menschen das noch viel häufiger gemacht, weil es kein Fernsehen gab, und auch nicht jeder ein Radio hatte. Da hat man sich eben mit Musik selbst unterhalten. Und ich glaube, das möchten die Menschen immer noch. Wenn man das mal unterstellt und mit diesem preiswerten, aber irgendwie auch charmanten Instrument, was man leicht erlernen kann, verbindet – dann führt all das zu dieser unglaublichen Wiedergeburt der Ukulele."

Herb Ohta © Elizabeth Maihock Beloff

11
Überleben im musikalischen Biotop: Die hawaiianischen Hüter der Flamme

Im Laufe ihrer mehr als hundertjährigen Geschichte hat sich die Ukulele zu einer wahren Überlebenskünstlerin entwickelt. Immer wenn man sie totgesagt hatte, kam sie wieder auf die Beine und man wurde gewahr, dass sie sich nur eine Auszeit genommen hatte, um deutlicher als je zuvor ins öffentliche Bewusstsein zurückzukehren. Während in den sechziger und siebziger Jahren das kleine Instrument im Rest der Welt weitgehend in Vergessenheit geriet, gab es an seinem Geburtsort Hawaiʻi ein letztes „Fähnlein der Aufrechten", die die Kunst des Ukulele-Spiels für nachfolgende Generationen bewahrten.

DER ALLROUNDER

An erster Stelle muss hier **Herb Ohta** alias **Ohta-San** genannt werden – einer der wenigen hawaiianischen Ukulele-Virtuosen, die in den sechziger Jahren einen Hit landen konnten, als das Interesse von Plattenfirmen wie Capitol oder Decca an der Musik von den Inseln praktisch auf Null gesunken war. „Sushi", sein instrumentaler Erfolgstitel von 1964, versammelte noch einmal all die Qualitäten des Viersaiters, die Ohta so schätzte: „Die Ukulele besitzt ein Potenzial, das noch gar nicht richtig ausgeschöpft ist. Sie hat den Tonumfang einer Flöte, kann aber gleichzeitig akkordisch gespielt werden. Und man kann eine Gitarre nicht so strummen, wie man das auf einer Ukulele schafft." Als Ohta allerdings 1964 eine große US-Tour machen wollte, um seinen Hit „Sushi" zu promoten, wurde die Konzertreihe von seinem Agenten überraschend mit der Bemerkung gecancelt: „Die Beatles kommen". Ohta verstand nur Bahnhof: „Ich dachte, er würde von einer Insekten-Invasion reden."

Lange Jahre, bevor Jake Shimabukuro die Szene betrat, galt Herb Ohta als der regierende Ukulele-König. Geboren am 21. Oktober 1934, begann er im Alter von sieben Jahren – vorbehaltlos unterstützt durch seine Mutter – mit dem Ukulele-Spiel. Durch seine Eltern war er früh mit traditioneller hawaiianischer Musik sowie mit Klassik und Jazz vertraut gemacht worden. Bald beherrschte er sein Instrument so gut, dass er mit zehn Jahren 1944 gleich den ersten Preis einheimste, als er mit seiner Ukulele in Honolulus Rundfunkstation KGMB bei der *Radio's Amateur Hour* auftrat. Nachdem er den Wettbewerb ein zweites Mal gewann, entschieden die Juroren, er sei bereits zu gut für einen Amateur-Contest.

Als Eddie Kamae den zwölfjährigen Herb Ohta dann unter seine Fittiche nahm – Ohta hatte ihn am Strand von Waikiki mit einer rasanten Version von „Stars And Stripes Forever" von seinem Talent überzeugt – ermunterte er seinen Schüler, die neuerworbenen Techniken auf all die unterschiedlichen Musikstile, die er bisher verinnerlicht hatte, anzuwenden. Doch schon bald konnte Kamae dem japanisch-hawaiianischen Jungen nichts mehr beibringen. Ohta studierte erst einmal Soziologie und Musikwissenschaft an der University of Hawai'i und plante ein Leben mit Musik. Doch die Zeiten nach dem Zweiten Weltkrieg waren schwierig für einen freiberuflichen Musiker. Um sich über Wasser zu halten, verpflichtete sich Herb mit 21 Jahren bei der US-Marine. Gegen Ende seiner Dienstzeit fand er in Japan einen Job als Dolmetscher und lernte dort einen Musikwissenschaftler kennen, der das erste öffentliche Konzert für ihn arrangierte. Ein weiterer Karriereschritt kündigte sich an, als er 1955 in der *Ed Sullivan Show* mit einer elektrisierenden Version des Latin-Klassikers „Malagueña" auftrat. Nach seiner Entlassung aus der Armee konnte Herb dann den Inhaber von Hula Records, Don McDiarmid, überzeugen, ihm einen Plattenvertrag zu geben. Ab 1964 veröffentlichte Ohta seine Musik unter dem Künstlernamen „Ohta-San"– die Plattenfirma hatte ihm den Namenswechsel vorgeschlagen, weil San im Japanischen bei einer respektvollen Anrede benutzt wird und er so dem Publikum gleich als eine Art Eminenz (der Ukulele) erschien. Mit „Sushi" konnte er gleich einen Nummer-1-Hit in Hawai'i landen und wurde zu einer Art Posterboy der Ukulele – mit seinen braunen, seelenvollen Augen und den markanten Wangenknochen sah er wie eine Art polynesischer Elvis aus. Trotz seines erfolgreichen Debüt-Albums lief es in den späten sechziger Jahren nicht so gut für Ohta und die Tantiemen der Plattenfirma deckten gerade einmal die Kosten für neue Ukulele-Saiten ab. Nach vielen Auftritten in schummrigen, zweitklassigen Clubs wurde er endlich von einem Agenten entdeckt, der ihm ein dauerhaftes Engagement in einem Top-Hotel in Waikiki vermittelte, das Ohta-San ein wöchentliches Einkommen von 2.000 Dollar einbrachte.

Seit 1964 hat Ohta-San für Decca Records, Warner Bros., A & M, Surfside und andere Plattenfirmen mehr als siebzig Ukulele-Alben veröffentlicht. Anfang der siebziger Jahre schrieb der renommierte französische Komponist André Popp das Stück „A Song For Anna" für ihn und die Orchesteraufnahme sollte sich in der Folgezeit mehr als sechs Millionen Mal verkaufen – für Ohta-San wurde sie zur Goldgrube. Er gründete eine Ukulele-Schule, publizierte zahllose Songbooks und unternahm umjubelte Tourneen rund um den Globus. Zu seinen zahlreichen, multistilistisch geprägten Einspielungen zählen nicht zuletzt auch Interpretationen der Musik von Johann Sebastian Bach. Vor allem in Japan ist Ohta-San bis heute außerordentlich populär und verkörpert eine dauerhafte Inspiration für Nachwuchs-Ukisten. Es ist nicht nur seine makellose Technik, die immer wieder verblüfft, es sind auch die delikaten Arrangements von Pop-Stücken auf seiner geliebten Martin-Ukulele, die faszinieren. Kein Wunder, dass Ohta-San mit Preisen überhäuft und 2006 schon zu Lebzeiten in die „Ukulele Hall of Fame" aufgenommen wurde. Die renommierte Firma Kamaka hatte ihm schon 1965 ein spezielles Ohta-San-Concert-Modell gewidmet.

IMPROVISIEREN, HARMONISIEREN, ARRANGIEREN

Erst im Jahr 2001 kam es zur längst überfälligen Begegnung mit einer anderen Uke-Legende: Herb Ohta und **Lyle Ritz** veröffentlichten ihr Album *Night of Ukulele Jazz Live at McCabe's*. Sie hatten zwar die Arbeiten des anderen über die Jahre voller Wertschätzung verfolgt, waren aber

Lyle Ritz © Elizabeth Maihock Beloff

zu sehr mit eigenen Projekten beschäftigt gewesen, als dass sie aufeinander zugegangen wären. Wenn Ohta als legendärer Uke-Allrounder in die Geschichte dieses Instruments eingegangen ist, dann gilt Ritz als der Charlie Christian der Jazz-Ukulele.

1930 in Cleveland, Ohio, geboren, aufgewachsen in Pittsburgh, erhielt **Lyle Ritz** in seiner Jugend zunächst zehn Jahre lang Violin-Unterricht. Als Verkäufer der Southern Californian Music Company in Los Angeles entdeckte er irgendwann die Ukulele, weil es zu seinem Job gehörte, Musikgeschäften die ganze Bandbreite von Instrumenten zu präsentieren. Das Instrument wurde gerade durch Arthur Godfrey populär gemacht und Ritz bot deshalb auf seinen Vertreterreisen auch immer wieder die Ukulele an. Eine Gibson-Tenor-Ukulele hatte es ihm besonders angetan – es handelte sich um ein spezielles Cutaway-Instrument, das auch das Spiel in den hohen Registern mühelos zuließ. Der Sound und vor allem die handliche

Größe begeisterten Ritz immer wieder aufs Neue. Stundenlang experimentierte er mit ungewöhnlichen Akkordverbindungen, die so noch nie auf einer Ukulele gespielt worden waren.

Obwohl er sich während seiner Armeezeit auch an Gitarre, Trompete und sogar Tuba versuchte, sollte Lyle zunächst am Kontrabass Karriere machen. Während des Korea-Krieges spielte er in diversen Armee-Bands, sogar zusammen mit dem Altsaxofon-Profi Lennie Niehaus aus dem Stan Kenton Orchestra. Von ihm lernte er „improvisieren, harmonisieren und arrangieren". Als gefragter Studiobassist nahm er in den sechziger und siebziger Jahren an mehr als 5.000 Aufnahme-Sessions im Plattenstudio teil. Mit seiner Band Wrecking Crew begleitete er beispielsweise Frank Sinatra, Linda Ronstadt, Herp Alpert, Ray Charles, die Monkees, Tina Turner, die Righteous Brothers, Sonny & Cher und nicht zuletzt die Beach Boys bei ihrer bahnbrechenden Aufnahme von „Good Vibrations".

Einen Schallplatten-Vertrag für sein erstes Ukulele-Album erhielt Ritz, weil der Jazzgitarrist Barney Kessel ihn in einem Musikgeschäft ein paar eigene Arrangements für den Viersaiter spielen hörte und ganz angetan war. Er empfahl ihn gleich dem renommierten Verve-Label. In den fünfziger Jahren galt die Ukulele in Jazz-Kreisen als kurioser Außenseiter. 1957 veröffentlichte Ritz dann sein erstes Ukulele-Album *How About Uke?*, ein Jahr später erschien *50th State Jazz*. Auf diesen Platten emanzipierte sich Ritz vollständig von den hawaiianischen Einflüssen und machte die Ukulele zu einem Solo-Instrument, das vor allem von der Jazz-Gitarre beeinflusst war. Der durchschlagende Erfolg beider Alben vor allem auf Hawai'i sollte eine ganz neue Generation von Ukulele-Spielern inspirieren. Dabei bevorzugte Ritz auf seiner Tenor-Ukulele die Gitarrenstimmung, wie sie auf der Bariton-Ukulele genutzt wird – hier aber mit der hohen A-Saite um eine Oktave erhöht. Seine Versionen von Standards wie „Moonlight In Vermont" oder „Lulu's Back In Town" gelten inzwischen als Klassiker des Genres.

Ritz hatte von Anfang an das Ziel, neue Harmonisierungen von Jazz-Klassikern auf das Griffbrett der Ukulele zu übertragen – ein anspruchsvolles Unterfangen. Obwohl in Fachkreisen hochgelobt, verschwanden seine beiden ersten Alben dann auch schnell wieder von der Bildfläche und Ritz – als Solist zunächst einmal desillusioniert – wagte viele Jahre nicht, weitere Aufnahmen herauszubringen. 1985 schnappte er sich das Instrument erneut und veröffentlichte eine Reihe maßstabsetzender Alben, darunter die Live-Aufnahme mit Ohta-San und eine Einspielung mit der Jazzsängerin Rebecca Kilgore.

Für die historischen Vorleistungen der großen hawaiianischen Ukulele-Spieler hatte er sich anfangs kaum interessiert. Das änderte sich, als Ritz 1985 von Roy Sakuma zum jährlichen Ukulele-Festival in Honolulu eingeladen wurde und dort mit Ohta-San und Eddie Kamae zusammen jammte – immer getrieben von seinem Anspruch, „herauszufinden, was die Ukulele im Jazz leisten und wie sie sich als ernsthaftes Instrument in der zeitgenössischen Musik etablieren kann." Als er Ohta-San kennenlernte, war es eine Freundschaft auf den ersten Blick, oder besser nach dem ersten Hören. Sie jammten unzählige Male zusammen, machten Duo-Aufnahmen, manchmal begleitete Ritz ihn auch am Kontrabass. 1999 lud ihn dann der rührige Uke-Propagandist Jim Beloff zum alljährlichen UKEtopia Concert in Kalifornien ein, wo er sich mit einer anderen Uke-Legende, Bill Tapia, in einer spontanen Session die Jazz-Licks zuspielte, dass es nur so funkte.

Lyle Ritz ist ein durch und durch bescheidener Mensch. Als man ihn auf Hawai'i zur „living legend" ernannte, war ihm das peinlich: „Ich lebe, okay, lassen wir's dabei bewenden." Heute lebt Ritz in Portland, Oregon, wo er immer noch Ukulele-Seminare gibt und in seinem Hightech-Heimstudio an Aufnahmen werkelt – das Album *No Frills* (2006) ist ein Resultat dieser Bemühungen, auf dem Ritz als einziger Solist im Playback-Verfahren an Ukulele und zwei Bässen mit Klassikern wie „Besame Mucho", „The Girl From Ipanema", „Satin Doll" oder „Blue Monk" zu hören ist. 2007 schaffte auch er – wie im Jahr zuvor sein Freund Ohta-San – den Sprung in die „Ukulele Hall of Fame".

Seit den späten fünfziger Jahren ist Japan neben Hawai'i so etwas wie die zweite Heimat für Ukulele-Virtuosen. Dabei reicht die Begeisterung im Nippon-Reich bis in die zwanziger Jahre zurück, als das Instrument erstmals eingeführt und durch Pioniere wie Ernest Kaai und den Brüdern Yukihiko und Katsuhiko Haida populär gemacht wurde. Richtig auf Touren kam die Begeisterung in Japan für das kleine Instrument dann nach dem Zweiten Weltkrieg, als Künstler wie Herb Ohta oder Eddie Bush dort regelmäßig während der Sommermonate Konzerte veranstalteten. Bereits 1959 formierte sich in Tokio die Nihon Ukulele Association (NUA) zur Förderung des Ukulele-Spiels. Initiator war Yukihiko Haida, der in der Ukulele schon früh das ideale Einsteiger-Instrument für Amateure gesehen hatte. Als gebürtiger Hawaiianer war er im Alter von zwölf Jahren nach dem Tod seines Vaters nach Japan zurückgegangen, hatte seine Liebe zur hawaiianischen Musik aber mitgenommen. Zusammen mit seinem Bruder Katsuhiko rief er 1929 den Moana Glee Club ins Leben, um heimatliche Hula-Klänge zu fördern. Die Gruppe hatte schnell Erfolg, nicht zuletzt weil damals in Japan eine generelle Begeisterung für westliche Musik, vor allem für hawaiianische Songs und für Jazz zu spüren war. Obwohl während des Zweiten Weltkrieges westliche Musik im japanischen Rundfunk verboten war, überlebte sie im Geheimen in kleinen Zirkeln von Musik-Enthusiasten. Nach dem Krieg, im Jahr 1953, machte Haida dann die Bekanntschaft eines jungen, in Japan stationierten, hawaiianischen Matrosen namens Herb Ohta, der die Ukulele erstmals als Solo-Instrument einsetzte. Haida vermittelte den jungen Mann an die Plattenfirma JVC, wo er selbst auch seine eigenen Ukulele-Aufnahmen veröffentlichte. Es war nicht zuletzt diese Begegnung mit Ohta-San, die Haida dann sechs Jahre später zur Gründung der NUA animierte.

TROY, TAPPY UND KIMO

Heute touren nicht nur Ohta-San und Lyle Ritz regelmäßig durch Japan, auch Stars der nächsten Generation, wie Jake Shimabukuro, das Ukulele Orchestra of Great Britain oder Ohtas Sohn Herb Ohta junior, sind regelmäßig im kaiserlichen Inselreich zu Gast. Ende der siebziger Jahre hatte die Renaissance der hawaiianischen Musik richtig Fahrt aufgenommen: Während 1975 nur fünf Alben mit traditioneller hawaiianischer Musik auf den Markt kamen, erschienen zwei Jahre später bereits 53. Das lag auch daran, dass Roy Sakuma – Student bei Herb Ohta und Studiobesitzer – ab 1971 ein jährlich wachsendes Ukulele-Festival in Honolulu veranstaltete und nebenbei eine große Ausstellung im Bishop-Museum organisierte, die die Ankunft des kleinen Instruments auf den Inseln inszenierte. Vor allem **Troy Fernandez** wird von Sakuma für einen weiteren wichtigen Wegbereiter der Entwicklung gehalten: „Er spielte die Ukulele, wie es bis dahin noch niemand getan hatte und all die Kids wollten sofort lernen, was Troy auf der Ukulele machte." Anfang der neunziger Jahre riefen Fernandez und Ernie Cruz die Crater Boys als Duo mit Gitarre und Ukulele ins Leben und wagten eine gänzlich neue Synthese aus hawaiianischer Tradition, Pop-, Reggae- und Country-Einflüssen.

Wie die meisten Kinder auf den Inseln lernte Troy das Ukulele-Spiel bereits in der Grundschule. Im Alter von 13 gründete er seine erste Band Us mit seinen Freunden Chino Montero und Nathan Nahinu. Die drei waren zusammen in der Sozialsiedlung Palolo Valley in O'ahu aufgewachsen, die von dem erloschenen Vulkan Ka'au Crater überragt wird – daher später der Name der Crater Boys. Als dann noch John Valez und der versierte Bassist, Gitarrist und Sänger Ernie Cruz – Sohn des berühmten hawaiianischen Musikers Ernie Cruz senior – dazu stießen, konnte die Band ein festes Engagement in der Elks Lodge auf O'ahu ergattern. Eine sechsmonatige Japan-Tour von Troy und Ernie folgte und die beiden firmierten nach ihrer Rückkehr auf Hawai'i zunächst als E.T. (Ernie/Troy) – benannt nach dem gleichnamigen populären Spielberg-Film –, da das Lichtgeschwindigkeits-Picking von Fernandez die Ukulele jetzt wirklich wie ein außerirdisches Instrument wirken ließ.

Von ihrem Debüt-Album *Tropical Hawaiian Day* (1991) bis zu ihrer letzten Veröffentlichung *Making Waves* (1996) standen die Ka'au Crater Boys, wie sich die beiden jetzt nannten, für eine Mixtur aus kraftvollen Gitarren-Rhythmen und Uke-Wahnwitz. Ihr Album *On Fire* (1995) mit dem Hit „Opihi Man"– er schildert den entbehrungsreichen und nicht selten gefährlichen Alltag der Opihi-Muschel-Pflücker unter Wasser – räumte mehrere *Hoku*-Preise ab und machte das Duo zum Role model für unzählige Jugendliche auf Hawai'i: „Viele arbeitslose Kids, die wie wir früher von der staatlichen Wohlfahrt leben, können durch eine billige Ukulele oder Gitarre ihrem Leben eine positive, produktive Wendung geben. Denn Lieder, wie wir sie spielen, kann jeder singen und die Menschen lieben nun mal einfache, aber gut gemachte Dinge." Nach dem Ende der Crater Boys im Jahr 1997 blieb Troy der heimischen Musikszene verbunden, veröffentlichte einige Solo-Alben und unterstützte Nachwuchs-Bands von den Inseln, die er auf seinem eigenen Plattenlabel Neos

Productions produzierte. Bis heute gilt Fernandez auf Hawai'i als eine Art „graue Eminenz der Ukulele" und als unerschöpfliche Inspirationsquelle für den Nachwuchs auf diesem Instrument.

Als **Bill Tapia** im Dezember 2011, einen Monat vor seinem 104. Geburtstag starb, endete eine Ära. Er begann sein Ukulele-Spiel 1915 im Alter von sieben Jahren, als die erste Popularitätswelle des kleinen Instruments gerade anrollte. Im nächsten Jahr konnte er seine erste eigene Nunes-Ukulele für 75 Cent erwerben. Uncle Bill oder Tappy, wie er auch genannt

Bill Tapia
© Elizabeth Maihock Beloff

wurde, hatte noch sechs Monate vor seinem Tod mit 103 Jahren das Album *Live at the Warner Grand Theatre: The 100th Birthday Concert* veröffentlicht.

Geboren in Honolulu am Neujahrstag des Jahres 1908 – bemerkenswerterweise waren schon seine Mutter, sein Vater und seine Tante jeweils am 1. Januar zur Welt gekommen – , trat Bill bereits im Alter von acht Jahren mit seiner Ukulele öffentlich auf und startete als Jugendlicher später eine hauptberufliche Karriere als Alleinunterhalter bei den US-Truppen, die während des Ersten Weltkrieges auf Hawaiʻi stationiert waren. Anschließend setzte er seine Musikerkarriere auf Dampfschiffen fort, die zwischen der amerikanischen Westküste und den Inseln verkehrten. Im Zuge der aufflammenden Ukulele-Begeisterung etablierte er sich nach einem kurzen Zwischenspiel in der Vaudeville- und Saloon-Szene als Jazzgitarrist und Ukulele-Spieler in Hollywoods Stummfilm-Theatern. Schon mit 13 Jahren hatte er mit hawaiianischen Musikerlegenden wie dem Steel-Guitar-Virtuosen Sol Hoʻopiʻi oder Ernest Kaai zusammen gespielt. Er trat auch im berühmten Eröffnungskonzert des Royal Hawaiian Hotel 1927 in Waikiki mit der Johnny Noble Band auf. Das Hotel verpflichtete ihn daraufhin in einer Doppelfunktion: Als Troubadour und Taxifahrer.

Während seiner Karriere begleitete er neben Bing Crosby und Billie Holiday auch Louis Armstrong und später sogar Elvis Presley. Auch mit hawaiianischen Kollegen wie King Bennie Nawahi und Andy Iona pflegte Tapia rege Kooperation.

Als die Ukulele-Begeisterung in den zwanziger Jahren auf ihren ersten Höhepunkt zusteuerte, gab er Hollywood-Stars wie Clark Gable oder Shirley Temple Unterricht auf dem kleinen Instrument. Nach Ende des Zweiten Weltkrieges lebte er als Gitarren- und Ukulele-Lehrer mit seiner Familie zurückgezogen in San Francisco, bis er 2004 inmitten des neuerlichen Uke-Booms ein Comeback startete und mit *Tropical Swing* im biblischen Alter von 96 Jahren sein erstes Album veröffentlichte. Noch im selben Jahr wurde er als Botschafter aus einer längst verblassten Ära in die „Ukulele Hall of Fame" aufgenommen. Tapia unterrichtete weiter und ging mit seiner Ukulele auch erstmals auf US-Tour. Dabei beeindruckte der *Duke of Uke* – so der Titel seines zweiten Albums von 2005 – jedes Mal sein Publikum mit der Ansage: „Und jetzt ein Song, den ich schon während des Ersten Weltkrieges gespielt habe."

Kimo Hussey © Kimo Hussey

2001 schlossen sich in Honolulu 18 der ansässigen Ukulele-Baumeister
zur Ukulele Guild of Hawai'i zusammen, um zukünftig den Erfahrungsaustausch zu intensivieren, neue Modelle zu präsentieren und Werbung
bzw. Marketing zu koordinieren. Mittlerweile sind mehr als 300 Mitglieder
in der Innung organisiert. Das 1996 gegründete Ukulele Hall of Fame
Museum – eine Non-Profit-Organisation im Internet, die sich die „Bewah-
rung der Ukulele-Geschichte" auf die Fahnen geschrieben hat – organisiert
seitdem Tourneen und veranstaltet Ausstellungen und Workshops.

Als erfolgreicher Präsident der Ukulele Guild of Hawai'i hatte **Kimo Hussey**
sich auf Musiktherapie spezialisiert. Mit seiner Ukulele arbeitet er noch
heute in Krankenhäusern, Alten- und Blindenheimen und ist ein Lehrer
im empathischen Sinn: „Die Ukulele markiert kein Ende. Sie ist vielmehr
ein Anfang und wirkt als Katalysator einer beruhigenden, ja heilenden

Musik." Hussey lässt sich vielleicht am besten als intuitiver Pädagoge charakterisieren, der beiläufig Aufmerksamkeit zu schaffen versteht und Wissen spielerisch vermitteln kann. Neben Ohta-San und Lyle Ritz zählt er zu den lebenden Legenden auf Hawai'i – fast hat man den Eindruck, dass der freundliche weißhaarige Mann überall gleichzeitig in der Uke-Szene mitmischt: Er testet neue Instrumente für die Instrumentenbauer auf den Inseln, organisiert Workshops, produziert Lehrvideos, gibt Radiokonzerte und produziert nebenbei ganz wunderbare Alben.

Mit fünf Jahren entdeckte Kimo die Verführungskraft der vier Saiten: „Damals fand man Ukulelen in jedem Haushalt, sie lagen einfach herum, waren nie in irgendwelchen Taschen oder Koffern aufbewahrt, so dass man sie sich einfach schnappen konnte. Die Uke galt damals für uns Kinder noch als ein Spielzeug. Doch zu meinem Glück hatte ich meinen Onkel Richard als ersten und einzigen Lehrer, der mir von Anfang an zeigte, wie man das Instrument richtig spielt."

Nach seinem Bachelor of Arts an der University of Hawai'i arbeitete Kimo zunächst als Dirigent, weil er ein großer Liebhaber von Kirchenmusik und Klassik ist. Schon früh entdeckte er auch sein pädagogisches Talent. 1969, als der Vietnamkrieg seinen Höhepunkt erreichte, entschied sich Kimo zunächst, zur US-Luftwaffe zu gehen, um das nötige Geld für einen Master-Abschluss zu verdienen. Die Army suchte damals dringend Leute und Kimo fand es aufregend, in der ganzen Welt herumzukommen – auch musikalisch konnte er dadurch viele Einflüsse aufsaugen. „Als ich dann pensioniert wurde, wollte ich sofort in die Musikszene zurück. Das war vor ungefähr zehn Jahren, als die Ukulele-Renaissance gerade global ihren Lauf nahm. Inzwischen bin ich zu einer Art Botschafter der Ukulele rund um den Globus geworden."

Was Stan Nadolny für die Literatur mit seinem Roman *Die Entdeckung der Langsamkeit* erreicht hat, erzielt Kimo durch seine vorsätzliche Verzögerung: Bei ihm klingt nichts übereilt, alles bewegt sich in einem natürlichen Fluss. Seinen majestätischen Sound, der Kimos Markenzeichen geworden ist, umschreibt er mit den Worten: „Er muss eher sanft sein, weich, mürbe und volltönend, mit viel Bassfundament. Deshalb liebe ich Bariton-Ukulelen auch ganz besonders. Daneben ist für mich wichtig, wie sich der Klang der einzelnen Saiten mischt, wie die Saiten miteinander

Kimo Hussey live im Hawai'i Public Radio © Peter Kemper

korrespondieren. Wenn eine Saite herausragt ist das schon suboptimal, es geht um die Balance. Gerade in der Low-G-Stimmung darf die tiefe Saite nicht dominant sein, nur weil sie die stärkste ist."

Nach seinem Solo-Debüt *Eminent Ukulele* (1999) brachte er zuletzt das Album *Low G* (2015) heraus, auf dem er hawaiianische Einflüsse mit klassischen verbindet, Jazz mit Folk und Pop mischt. Bewusst missachtet er hier Stilgrenzen. „Ich wollte bekannte Songs wie ‚Colour My World' von Chicago oder auch den Song ‚Tammy' aus der früheren TV-Serie in meiner ganz eigenen Sprache erzählen, in dem ich die Melodien mit den Akkorden verblende. Die Low-G-Stimmung erlaubt das am besten, weil sie einen volleren Sound bietet und etwas weicher klingt."

Vielleicht lässt sich Kimo Husseys Stil am besten so umschreiben, dass er die optimale Synthese aus Melodie und Harmonien sucht. Fast könnte man seinen Stil orchestral nennen. Als Pädagoge ist er davon überzeugt, dass die Ukulele ein wunderbares Mittel zur eigenen Identitätsfindung ist, weil alle Erfahrungen, die man beim Spielen eines Instruments macht, immer auch Erfahrungen über einen selbst darstellen.

Für Ukulele-Anfänger hat Hussey ein paar eindeutige Tipps parat: „Zunächst mal ist die Ukulele eher ein perkussives Instrument, ohne großes Sustain. Das führt in der Regel dazu, dass die meisten Ukulele-Virtuosen schnell spielen, um den fehlenden Resonanzraum zu füllen. Ich verfolge ein ganz anderes Ziel: Nimm deine Lieblingssongs, verlangsame sie, spiele sie leiser und weicher und du bekommst einen wundervollen Sound. Wenn man nur laut und schnell spielt, erhält man gar keine Gelegenheit, das spezifische Klangvermögen einer Ukulele auszukosten. Es hängt alles von der Technik der rechten Hand ab, mit der man Lautstärke und Tempo kontrolliert."

EASY LISTENING VERSUS JAZZ-VISIONEN

Von ganz anderem Kaliber sind die Veröffentlichungen von **Harold Uchino.** Er ist auf Hawai'i für die Easy-Listening-Variante der Ukulele zuständig: „Ich spiele keine schnellen Stücke, wer etwas Schnelles hören will, kann sich Alben von Jake kaufen." Mit einer Spielpraxis von mehr als fünfzig Jahren ist Uchino – im Hauptberuf als Manager in der Lebensmittelbranche tätig – seine Kamaka-Ukulele inzwischen fast schon zur zweiten Natur geworden. „Normalerweise dauert es keine halbe Stunde bis ich etwas spielen kann, was ich gerade gehört habe." Mit elf Jahren hatte er – aufgewachsen in Honolulu – das kleine Instrument erstmals in der Hand. Seitdem hat er sich ein Mixed-Style-Repertoire von ungefähr 500 Songs erarbeitet. Seine Alben mit Titeln wie *Romantic Love Songs, Unforgettable Love Songs* und *Classic Oldies* funktionieren alle nach dem gleich Muster: Uchino intoniert vor dem schwelgenden Beaumont Symphony Orchestra unter Leitung von Pierre Grill schnörkellos und mit durchwegs sanfter Intonation die Grundmelodien von Gassenhauern wie „The Great Pretender", „Danny Boy" oder „Silence Is Golden". Und doch verbindet er mit seinen leichtgewichtigen Interpretationen einen Anspruch: „Es gibt soviel Stress und Gewalt in unserer Welt und ich hoffe, dass meine Musik hilft, den Stress etwas zu verringern."

Für komplexe Jazz-Interpretationen ist dagegen auf Hawai'i **Benny Chong** bekannt, der auch Gitarre in der Band von Don Ho spielt. Er kennt das Instrument seit seiner Kindheit und wurde bei der Entwicklung seines

Benny Chong © Benny Chong

eigenen Stils stark von Lyle Ritz beeinflusst. Chongs Debüt-Album *Ukulele Jazz* (2005) verbindet Stilelemente von Ritz mit innovativen Akkord-Voicings: Er kombiniert offen klingende Saiten mit Griffen in den oberen Lagen, wobei er die Lautstärke jeder einzelnen Saite mit der linken Hand kontrollieren kann. Seine seidenweiche Schlagtechnik, rasend schnelle Picking-Linien und eine ausgeprägte Sensibilität für ungewohnte Akkord-melodien, all das macht Chong zu einem absolut eigenständigen Virtuosen.

Obwohl jahrelang ein professioneller Gitarrist, war Chong zuerst mit zehn Jahren in die Ukulele verknallt, die er intuitiv nach dem Gehör und nicht durch formale Ausbildung erlernte. Chong arbeitete wie sein großes Vorbild, Tal Farlow, als Autodidakt. Ähnlich wie der legendäre Jazzgitarrist entwickelte auch Chong seine Improvisationen nicht wie üblich aus Ska-len, sondern ausschließlich akkord-basiert. Die Intervallstrukturen stellte er sich dabei bildlich auf dem Griffbrett vor und konnte so viel melodischer und raffinierter als andere spielen.

„Zum Glück hatte ich Onkel, die als professionelle Musiker arbeiteten und die haben mich mit Count Basie, Jimmy Dorsey, Ella Fitzgerald, Barney Kessel und vielen anderen Jazz-Größen bekannt gemacht. Sie hatten auch eine Band namens Among Brothers, die hawaiianische Musik in zeitgenössische Formen übertrug – für mich damals ein Buch mit sieben Siegeln." Den ersten Jazzsong, den Benny von seinem Onkel Kuki lernte – nachdem er sich durch monatelanges Training die Grundlagen des Ukulele-Spiels beigebracht hatte – war „Prelude To A Kiss". Note für Note studierte er danach das Lyle Ritz-Album *How About Uke?* und lernte es Ton für Ton auswendig. Besonders beeindruckt war der junge Jazz-Adept, dass Ritz seine Akkordmelodien wie einen Saxofonsatz klingen lassen konnte.

In den siebziger Jahren hätte Chong fast ein instrumentales Ukulele-Album mit Lyle Ritz aufgenommen – es wäre sicherlich eine wunderbare Antithese zu Tiny Tims Arbeiten in jenen Jahren geworden, scheitere letztlich aber an logistischen Problemen.

Nach einer langen Karriere als Gitarrist in Latinbands animierte ihn dann Don Ho, doch in seiner Show wieder mit einer Ukulele aufzutreten. Und so kam es im April 2000 zu einem denkwürdigen Konzert in der Honolulu Academy of Arts: Auf Initiative des Universitätsprofessors, Komponisten und Jazz-Musikers Byron Yasui trafen sich zum ersten Mal namhafte Virtuosen, um die Ukulele als Solo-Instrument zu feiern. Eingeladen waren neben Yasui der Klassik-Interpret Gordon Mark, Lyle Ritz und das damalige „Wunderkind" Jake Shimabukuro, um an einem Abend die gesamte stilistische Bandbreite des Viersaiters zu durchmessen. Da Ritz leider für das Konzert absagen musste, empfahl er statt seiner Benny Chong. Der Mitschnitt dieses Abends in Form des Albums *The Art Of Solo Ukulele* (2002) dokumentiert beispielhaft, was damals musikalisch auf dem kleinen Instrument machbar war. Benny Chong setzte mit atemberaubenden Versionen von „The Way You Look Tonight" bis „All The Things You Are" einen neuen Standard für Jazz-Ukulele. Gleichwohl begreift er sich als ein lebenslang Lernender: „Da ist kein Ende in der Erforschung der Musik und im kreativen Schaffen abzusehen. Wir fühlen und drücken Musik ganz individuell aus. Das verleiht uns erst unsere Identität."

JOHANN SEBASTIAN BACH LÄSST GRÜSSEN!

Laut dem renommierten Journal for the Society of American Music gilt er als der „einzige wahre klassische Ukulele-Virtuose der Welt". Vor allem seine atemberaubenden Interpretationen von Werken Johann Sebastian Bachs haben **John King** berühmt gemacht. Er wurde 1953 in San Diego geboren, übersiedelte aber in seiner Jugend mit seiner Familie nach Hawaiʻi, wo er – ermuntert durch seine Mutter – auf der Ukulele mit dem Musizieren

John King
© Elizabeth Maihock Beloff

begann. Nebenbei legte er den Grundstein für seine Sammlung von fast 500 Hawaii-Hemden. Schnell zeigte er Talent auf den vier Saiten, beherrschte aber nach Kursen bei Pepe Romero und dessen Vater Celedonio auch die Gitarre bald recht gut. Nach einem Studium der Musikwissenschaft und der klassischen Gitarre an der Universität in Norfolk, Virginia, unterrichtete King für die nächsten dreißig Jahre Gitarre am Eckerd College in St. Petersburg, Florida. Hier begann er auch, intensiv zur Geschichte der Gitarre zu forschen und fand bald heraus, dass ihre Vorläufer wie die Ukulele gestimmt waren.

Sein wiedererwachtes Interesse an dem kleinen Instrument führte schließlich dazu, dass er den italienischen Lauten-Baumeister Gioachino Giussani beauftragte, ihm eine klassische Ukulele zu entwickeln. Er begann, den Campanella-Stil der Barockgitarre aus dem 17. Jahrhundert auf die Ukulele zu übertragen, bei dem eine Notenpassage auf mehrere Saiten verteilt gespielt wird, anstatt nur auf einer Saite. So können die vorangehenden Saiten noch nachklingen und einen glockenähnlichen Sound erzeugen. Man erzielt so einen offenen Klang, ähnlich dem der Harfe. „Wenn ich diese Technik nutze, fängt die Ukulele für mich an zu singen." Erst mit dieser schwierigen Technik eröffnete er der Ukulele Zugang zu komplizierten klassischen Kompositionen. Leider konnte King in seinem Leben – er starb bereits im Alter von 55 Jahren an einem Herzinfarkt – nur zwei Alben einspielen: *J. S. Bach Partita No. 3 for Unaccompanied Ukulele* (1998) und *Royal Hawaiian Music* (2004). Daneben publizierte King mehrere Bücher zur Geschichte der hawaiianischen Gitarre und Ukulele und ihrer berühmtesten Baumeister.

Im Alltag nahm John King seine Ukulele am liebsten in die benachbarte Starbucks-Filiale mit, wo er zu einer Tasse Kaffee die Kunden mit seinen Klassik-Adaptionen überraschen konnte. „Ich fühlte mich da nie nervös, weil die Leute keinerlei Erwartungen hatten." Ein ganz persönlicher Tick von ihm war, an Halloween immer ein Hawaii-Hemd zu tragen, das in Farbe und Muster identisch war mit jenem, welches Montgomery Clift 1953 in dem mit einem *Oscar* ausgezeichneten Film *Verdammt in alle Ewigkeit* getragen hatte, dem berühmten Militärdrama auf Hawaiʻi. King hatte im Jahr 1986 immerhin 500 Dollar für ein solches Hemd bezahlt. Laut seiner Frau war es sein sehnlichster, leider unerfüllter Wunsch, für immer nach Hawai'i zu ziehen, um dort in einer kleinen Hütte in den Bergen nahe am Meer zu leben und gänzlich ohne Leistungsdruck seine Ukulele-Studien voranzutreiben.

Zwei Jazz-Archtop-Ukulelen der wiedererwachten Marke D'Angelico © Brigitte Grossmann/Peter Kemper

Eine der jungen Ukulele-Ladys: Taimane Gardner © Taimane Gardner/Amber Crago Photography

12
Wiedergeburt via Internet: Die Ukulele-Stars der YouTube-Generation

Als sich ab Mitte der neunziger Jahre das World Wide Web auch in Privathaushalten immer mehr auszubreiten begann, flutete die dritte Ukulele-Welle die heimischen Computer. Online können sich seither Lehrer und Fans, Musikunternehmer und Kritiker zwanglos über Blogs und in Chatrooms über das Uke-Phänomen austauschen, mit Instrumenten und Zubehör wie Saiten und Stimmgeräten handeln, Noten, Songbooks, Tabs, Lehrvideos und CDs erwerben, Fragen stellen, eigene Online-Communities kreieren, Wissen und Informationen teilen und an einer weitverstreuten, virtuellen Gemeinschaft teilhaben, die sich im zwanglosen Austausch befindet. In wenigen Sekunden lassen sich jetzt die Akkordfolgen zu fast allen bekannten Songs finden und mit nur ein paar Mausklicks kann man sich die Lieder auch noch im Original anhören.

Während die *erste* Welle durch das damals neue Medium Radio und eine prosperierende Plattenindustrie, der *zweite* Höhenflug des kleinen Instruments durch das neue Medium Fernsehen angetrieben wurde, spielt das Internet eine entscheidende Rolle bei der gegenwärtigen *dritten* Wiedergeburt der Ukulele. Als im Jahr 2005 das YouTube-Portal verfügbar wurde, begann die internationale Uke-Community sofort damit, Tausende von individuellen Ukulele-Vorführungen zu posten, aber auch Clips von Heroen wie Roy Smeck oder Jake Shimabukuro ins Netz zu stellen. Keine Frage, das kleine Format des Instruments begünstigt die Produktion von spontanen Amateuraufnahmen, zumal die heutigen Smartphones mit ihrer hochauflösenden Kamera das Ganze kinderleicht machen.

Heute gibt es Zehntausende von Ukulele-Clips im World Wide Web, Hunderte von Ukulele-Webseiten und virtuellen Pinnwänden, Ukulele-Clubs können sich problemlos über soziale Netzwerke organisieren. Das gegenwärtige Ukulele-Revival ist – trotz der Initialzündungen solcher Pioniere wie dem UOGB, Jake Shimabukuro oder James Hill – im Kern eine Graswurzel-Bewegung mit Schwarmcharakter. Die weltweite Ukulele-Gemeinschaft wächst nach dem viralen Prinzip. Da die Kommunikation via Internet primär visuell verläuft, können sich auch Bilder und Videos von Ukulele-Spielern und -Konzerten rasend schnell verbreiten. Gerade in unserer technologisch dominierten Umgebung, im Berufsalltag, wo der Computer alles bestimmt, wo funktionale Logik das Handeln determiniert, haben die Menschen ein verstärktes Bedürfnis nach einer Art nicht ent-fremdetem Spaß, den die Ukulele bietet. Dazu kommt, dass die Ukulele ein kommunikatives Potenzial besitzt, sie drängt geradezu nach Vermittlung – und das wiederum kommt dem Ideal des Internets entgegen.

DER WEB-AKTIVIST

Während des beginnenden Ukulele-Revivals auf Hawai'i formierten sich auch auf dem US-Festland, in Kanada und Japan Gruppen von Ukulele-Enthusiasten und -Aktivisten, um dem kleinen Instrument mit-tels Computer-Technologie einen neuen Höhenflug zu bescheren. Einer der wichtigsten Vorkämpfer war **Jim Beloff**, der sein Leben lang Gitarre gespielt hatte, stark von James Taylor beeinflusst, aber vom Spiel seines Schwiegervaters auf einer alten Familien-Ukulele so angetan war, dass er sich 1992 eine eigene Martin-Tenor-Ukulele auf dem Rose Bowl Flea-market in Pasadena zulegte – ein vergessenes „Schätzchen" für 250 Dollar. „Die Uke erschien mir wie ein tragbares Barbershop Quartett, mit vier unabhängigen Stimmen, die praktisch alle Arten von aufregenden Akkorden und Sounds produzieren konnten." Als langjähriger Mit-herausgeber des Billboard-Magazins war Beloff gleich hin und weg von seiner Neuerwerbung. Als eingefleischter Tin Pan Alley-Fan hatte er anschließend jedoch große Probleme, entsprechende Ukulele-Noten und -Songbooks zu finden. Doch da Jim aus einer Unternehmerfamilie stammte, beschlossen er und seine Frau sofort, etwas gegen diesen Mangel an

Ukulele-Literatur zu unternehmen und ihre Kontakte zur Musikindustrie zu nutzen.

Nach einem Zufallsfund von Ukulele-Literatur aus den vierziger und fünfziger Jahren in einer alten Pfandleihe in Los Angeles entschieden er und seine Frau 1993, eine Best-Of-Auswahl der Tin Pan Alley-Evergreens in einer eigenen Serie *Jumpin' Jim's Ukulele Favorites* auf den Markt zu bringen – weitere Songbooks folgten. 1997 gab Jumpin' Jim auch das erste, reich illustrierte Buch über den Entwicklungsgang der Ukulele (*Ukulele –*

A Visual History) heraus – eine bahnbrechende Publikation, an der sich alle nachfolgenden Veröffentlichungen zum Thema messen lassen müssen.

Die 1998 von Beloff zusammengestellte Compilation *Legends of Ukulele* für Rhino Records versammelte die musikalischen Highlights aus sechzig Jahren. Ab Beginn desselben Jahres konzentrierten Beloff und seine Frau sich ausschließlich auf ihr Internet-Portal *Flea Market Music*, das neben einer Flohmarkt-Plattform eigene Songbook-Reihen, CDs und DVDs anbietet – eine Erfolgsgeschichte ohnegleichen, denn bisher sind weltweit mehr als 600.000 *Jumpin' Jim's Songbooks* verkauft worden. Der Band *The Daily Ukulele: 365 Songs For Better Living* zählt heute zu den meistverkauften Ukulele-Songbooks überhaupt. 1999 ermutigte Beloff seinen Schwager Dale Webb – einen talentierten Ingenieur – eine Ukulele in Balalaika-Form mit einem Korpus aus Thermoplastik und einem Soundboard aus Holz zu entwerfen. Diese Fluke-Uke war nicht nur preisgünstig, stimmstabil und laut, sondern zudem noch eine Hommage an die alten Maccaferri-Plastik-Ukulelen. Ein paar Jahre später folgte das Flea-Modell – eine Ukulele in Sopran-Größe, für die kleineren Hände von Kindern geradezu ideal.

Heute ist *Flea Market Music* eine der zentralen Web-Adressen für Produkte rund um den kleinen Viersaiter. Beloffs alljährliches Festival UKEtopia in Santa Monica, Kalifornien, avancierte bis 2005 neben dem UkeFest West zum Treffpunkt zahlloser Ukulele-Stars und -Clubs an der amerikanischen Westküste. Jumpin' Jim und seine Frau Liz – die für das Corporate Design und die Namensgebung aller Produkte verantwortlich zeichnet – sind noch immer unverzichtbare Trendsetter des aktuellen Ukulele-Booms. Schon 1998 hatte Jim vom Wallingford Symphony Orchestra den Kompositionsauftrag für ein erstes Ukulele-Konzert erhalten. Er gab ihm den ironischen Titel „Uke Can't Be Serious", nur um ihn – im Jahr 2016 auch in München, Salzburg und Wien – zu widerlegen. Jim Beloff bleibt nach eigenem Selbstverständnis „Cheerleader für etwas, das lange Zeit komplett vom Radar der Popkultur verschwunden war".

Dass die Ukulele sich im Herzen von Heranwachsenden verankern konnte, ist ebenso einer Reihe von jungen Musikerinnen und Musikern zu danken, die als Digital Natives die neu gewonnenen Marketing-Möglichkeiten und die soziale Dimension des World Wide Web mit lässiger Selbstverständlichkeit nutzen.

BANANA PANCAKES & LILIKOI

Singen, Surfen und Aloha – **Jack Johnson** gilt als *der* Sonnyboy von Hawai'i. Mit seinen süffigen, oft Reggae- oder Hip-Hop-betonten Songs treibt er nicht nur das Revival der Steelstring-Gitarre voran, sondern rehabilitiert auch die Ukulele als Begleit-Instrument mit Gute-Laune-Garantie. Ob er nun davon singt, wie schön es ist, an einem Regentag mit der Freundin im Bett zu bleiben und später für sie Banana Pancakes zu backen oder ob er vom Zauber der Wellen beim Surfen schwärmt – Jack Johnson klingt immer relaxed und nie angestrengt. Gerade das macht ihn so authentisch. „Surfer wissen, dass man im Leben nichts erzwingen kann. Denn wer surft, ist von Wind und Wetter abhängig. Und die kommen und gehen wie sie wollen. Wer das einmal kapiert hat und diese Erkenntnis auf andere Lebensbereiche überträgt, der wird automatisch entspannter."

Sein ausgeprägtes Umweltbewusstsein – bisweilen wird er gar als Bio-Streber geschmäht – macht Johnson zu einem ökologisch engagierten Musiker. Vor Konzerten trifft er sich gern mit lokalen Umweltverbänden zum Erfahrungsaustausch. Seine letzten Alben wurden sogar zu hundert Prozent mit Solar-Energie produziert. „Wäre ich nicht Musiker, würde ich garantiert bei einer dieser ehrenamtlichen Umwelt-Organisationen arbeiten. Denn diesen Lebensstil habe ich mit der Muttermilch aufgesogen. Meine Mutter war öko, ohne damals zu wissen, was das ist. Mein Vater war ein passionierter Segler und auf seinem Boot haben meine Brüder und ich früh gelernt, mit den natürlichen Ressourcen umzugehen. Am liebsten laufe ich noch immer in Flipflops herum und geheiratet habe ich barfuß." Geboren am 18. Mai 1975, wuchs Johnson an der Nordküste von O'ahu auf, da wo es für Surfer die besten und höchsten Wellen gibt. Schon sein Vater war ein berühmter Wellenreiter und gab die Leidenschaft an den fünfjährigen Sohn weiter, der bereits als 17-jähriger zu einem der härtesten Surf-Wettbewerbe auf Hawai'i, dem Pipeline Masters, eingeladen wurde, wo er es bis ins Finale schaffte. Doch auf die Dauer waren ihm die ewigen Konkurrenzkämpfe unter Gleichgesinnten zuwider und er wollte sich durch den harten Wettbewerb den Spaß am Surfen nicht endgültig vermiesen lassen. Nach seinem Highschool-Abschluss besuchte er in Santa Barbara die University of California und machte zunächst einen Abschluss in Film Studies. Gitarrespielen hatte er bereits mit acht Jahren gelernt, mit zwölf seine ersten Stücke geschrieben und Folk-Songs von Cat Stevens und Jimmy Buffett nachgespielt. Später kam dann auch noch das Album *Justice for All* von Metallica als Referenzgröße dazu. Mit 15 verehrte Jack Jimi Hendrix und die Hardcore-Punk-Band Minor Threat. Nebenbei spitzte er aber auch die Ohren, wenn bei seinen Eltern gerade Neil Young oder Otis Redding auf dem Plattenspieler liefen.

Soundtechnisch hat sich Jack Johnson immer an den Aufnahmen von Bob Marley aus den Jahren 1972 und 1973 orientiert. Von Taj Mahal lernte er dagegen, wie wichtig es ist, den Sound des Instruments auch mit dem eigenen Körper zu erspüren: „Anfangs spielte ich eine alte Les Paul und auch eine Telecaster. Aber als ich mit Taj abhing, sagte er mir, er bevorzuge eine Gitarre mit Resonanzkörper, damit er die Vibrationen des Instruments auch körperlich erfahre." Mittlerweile wechselt Johnson beständig zwischen elektrischen und akustischen Instrumenten.

Seinen Durchbruch erzielte er 2001 mit dem Album *Brushfire Fairytales*, einer Soft-Rock-Produktion, die ihn international bekannt machte und ihm nicht zuletzt in Europa für die kommenden Jahre eine treue Fan-Gemeinde sichern sollte. Als gebürtiger Hawaiianer kam Jack Johnson natürlich am Ukulele-Spiel nicht vorbei und unternahm im Februar 2012 gemeinsam mit der Sängerin Paula Fuga eine siebentägige Akustik-Tour. Dabei bevorzugte er neben seinen Gitarren Tenor-Ukulelen der Marken KoAloha und Pepe Romero. Besonders verführerisch klingt sein Zusammenspiel mit Paula Fuga, Jackson Browne, Ben Harper und Jake Shimabukuro auf dem Album *Best of Kokua Festival* (2012), einer Dokumentation der alljährlichen Veranstaltung zur Förderung des Umweltbewusstseins an den Grundschulen Hawai'is.

Mit seiner weichen Bariton-Stimme, dem gelassenen Strumming, dem lässigen Laid-back-Gefühl, dem harmonischen Minimalismus und den verführerisch-simplen Melodien gilt Jack Johnson als Weichspüler des zeitgenössischen Pop. Böse Zungen behaupten: Kennt man einen Jack Johnson-Song, kennt man alle. Er aber antwortet selbstbewusst: „Na und, das ist eben mein Stil." Der Erfolg scheint ihm recht zu geben, denn bis heute hat er neun Alben veröffentlicht und davon mehr als 15 Millionen Exemplare verkauft. „Vielleicht weil meine Melodien so eingängig sind und

Ganz bei sich und seiner
Ukulele: Jack Johnson beim
Coachella Valley Music
and Arts Festival in Indio,
Kalifornien, 2008
© Dove Shore / Getty Images

den Leuten das Meer ins Ohr spülen und sie beruhigen. Wahrscheinlich bin ich für viele der Inbegriff des immerwährenden Sommers."

Als weibliche Antwort auf Jack Johnson gilt im Genre des Uke-Reggae **Paula Fuga.** Sie hat nicht nur mit ihm den Song „Country Road" eingespielt, sondern mit dem Album *Lilikoi* im Jahr 2006 das weibliche Manifest einer „Ästhetik des Widerstands" formuliert. Schon als Kind war Fuga mit den Sorgen und Nöten der Homeless People an der Westküste von Oʻahu konfrontiert, hatte die zerstörerischen Kräfte von Drogen und Gewalt hautnah erlebt. Doch sie konnte sich glücklicherweise aus diesem Teufelskreis befreien und versucht heute Jugendliche zu ermutigen, Ausdauer und Mut zu beweisen, um ihr Schicksal selbst in die Hand zu nehmen. Paula engagiert sich in zahllosen Umweltprojekten – eine weitere Verbindung zu Jack Johnson – und kämpft als eingeborene Hawaiianerin für den Erhalt der traditionellen hawaiianischen Kultur und ihrer Sprache.

Als Jugendliche verstand sich Paula Fuga zuerst als Dichterin, die dann aber auf der Highschool die Ukulele und damit die Musik als Ergänzung für ihre Texte entdeckte. Unter der Anleitung von Roy Sakuma tauchte sie tief in die Geheimnisse des kleinen Viersaiters ein und gewann mit ihrem Debüt-Album *Lilikoi* gleich den hawaiianischen *Grammy*, den begehrten *Hoku Award*. Mittlerweile hat sie Tourneen mit Jack Johnson und Ziggy Marley rund um den Erdball absolviert und trat nicht nur im ausverkauften New Yorker Madison Square Garden, sondern auch im Opernhaus von Sydney auf. Der amerikanische Präsident Barack Obama, selbst in Honolulu geboren, hat Fuga bereits drei Mal nach Washington ins Weiße Haus eingeladen, um ihrem relaxten Strumm-Stil auf der Ukulele zu lauschen und vielleicht auch von Fugas Lebensmotto zu lernen: „Music is my first love. Love is my first language."

HITS & MISSES

Ein weiterer Multiplikator der Ukulele in Zeiten des Internets ist **Eddie Vedder**. Der Frontmann und Sänger der Grunge-Band Pearl Jam aus Seattle kaufte sich 1988 während eines Surf-Urlaubs auf Hawai'i seine erste Kamaka-Ukulele und war von den musikalischen Möglichkeiten des Mini-Instruments unmittelbar angetan: „Sofort kommt Musik aus dem kleinen Ding heraus. Irgendwie kriege ich da Melodien hin, die mir so auf der Gitarre nicht gelingen wollen. Dieses kleine Vier-Saiten-Werkzeug veränderte deshalb auch mein Songwriting für Pearl Jam." Die Ukulele wurde zu Eddies ständigem Begleiter, ob im Flugzeug oder im Studio.

Nachdem er schon auf dem Pearl Jam-Album *Binaural* (2000) in dem Song „Soon Forget" und live im Konzert immer mal wieder den Viersaiter ausgepackt hatte, veröffentlichte Vedder im Mai 2011 das Album *Ukulele Songs*, das allerdings musikalisch etwas schlicht daherkam. Gleichwohl machte es die Ukulele in Indie-Rock-Kreisen endgültig gesellschaftsfähig.

Eddie Vedder 2001
in Portland, Oregon
© picture alliance /
ASSOCIATED PRESS

Die Los Angeles Times nannte die Songs „folkloristische Kammermusik".
Nach neun Veröffentlichungen mit Pearl Jam und dem Soundtrack-Album
Into the Wild (2007) schockierte Vedders kraftvolles Organ jetzt vor zarten
Ukulele-Klängen manch alten Fan. Dabei waren seine Texte so klar und
verständlich, wie sie es im Powersound-Kontext von Pearl Jam nie sein
konnten. Ein Instrumentalstück namens „Waving Palmes" erinnert vage an
den Geburtsort des kleinen Instruments, während die anderen Songs in
die Nähe romantischer Liebeslieder rücken. Cover-Versionen von dem
alten Everly Brothers-Titel „Sleepless Nights" oder dem Evergreen „Dream
A Little Dream" von 1931 kontrastieren mit Vedder-Originalen, zu denen
auch „Can't Keep" zählt – vom Pearl Jam-Album *Riot Act* aus dem Jahr 2002.
Es sind traurige Lieder, präsentiert auf einem fröhlichen Instrument. Vedder
spielt hier neben Kamaka-Modellen vor allem ein wertvolles Custom-
Made-Instrument, das ihm Eric DeVine – einer der renommiertesten, aber

auch teuersten Custom-Made-Spezialisten auf Maui – nach der Sound-
board-Philosophie von Michael Kasha gebaut hat. Vedders Nordamerika-
Tournee im Sommer 2011 verlief äußerst erfolgreich, auch wenn der
Rockstar solo mit seiner Ukulele in kleineren Hallen auftreten musste, als
er das mit seiner Grunge-Gruppe gewohnt war.

Keine Frage, eine der erfolgreichsten Pop-Singles der letzten Jahre lieferte die Band **Train**: Der Ohrwurm „Hey, Soul Sister" stammt von ihrem
fünften Studioalbum *Save Me, San Francisco* und kam im August 2009 auf
den Markt – zwei Jahre später hatte er sich mehr als sechs Millionen Mal
verkauft und kletterte in 16 Ländern, auch in Deutschland, auf Platz 1
der nationalen Hitparade. Weil der Train-Sänger **Patrick Monahan** den
Song unbedingt mit Ukulele-Begleitung aufnehmen wollte, musste der
Lead-Gitarrist von Train, **Jimmy Stafford**, noch einmal Unterricht nehmen:
„Zuerst versuchte ich, die Ukulele mit einem Gitarren-Plektrum zu
spielen, aber das klang irgendwie falsch. Als ich dann ein paar Lehrvideos
gegoogelt hatte, merkte ich, dass man die Uke am besten ohne Pick,
nur mit den Fingern in einer Art Flamenco-Stil spielt. Und schon kam die
Nummer richtig gut." Dass er mit dieser Einschätzung richtig lag, zeigte
sich, als „Hey, Soul Sister" im April 2010 in den USA auf Platz 3 der Billboard Charts landete und zur landesweiten Sing-Along-Nummer geriet,
nachdem sie in einem Werbeclip während der Super Bowl-Veranstaltung
gelaufen war.

JUNGE UKULELE-LADYS

Wie die lange Geschichte der Ukulele zeigt, hatten auch Mädchen und
Frauen immer ihren Spaß mit dem handlichen Instrument. Das sollte in
der YouTube-Generation nicht anders sein. **Brittni Paiva**, auch gern
„Ukulele Darling" genannt, kann auf Wurzeln in der hawaiianischen
Musiktradition verweisen, obwohl sie am liebsten spanische Gitarren-
Literatur auf der Ukulele erprobt – und das mit einem Feuer und einer
subtilen Klangsinnlichkeit, die manchen klassischen Gitarristen vor Neid
erblassen lässt. Jahrgang 1990, stammt sie aus Hilo und erhielt im Alter
von vier Jahren ihre ersten Klavierstunden. In der Folgezeit hat sie sich

darüber hinaus mit dem Schlagzeug, dem Bass und der Gitarre beschäftigt. Doch als sie elf wurde, bekam sie von ihrem Großvater Isaac Takayma eine Ukulele geschenkt, die zu ihrer wahren Leidenschaft wurde. „Es war Liebe auf den ersten Blick. Es ist ein so kleines und bescheidenes Instrument. Du kannst es problemlos überall hin mitnehmen und wirklich alles darauf spielen." Inzwischen hat sie fünf CDs unter ihrem Namen und die DVD *Living Ukulele* (2012) veröffentlicht. Am liebsten möchte Brittni die Ukulele komplett aus ihrem traditionellen Zusammenhang lösen. „Mein Stil lässt sich am besten als Mash-Up unterschiedlichster Stile charakterisieren."

Pop, Alternativ-Rock, elektronische Tanzmusik – in all diesen Genres sieht sie unentdeckte Möglichkeiten für das kleine Instrument. Sie zitiert explizit Carlos Santana, dessen „Europa"-Ballade sie gern spielt, als großen Einfluss. Bei einem Konzert im Februar 2013 in der Blaisdell Arena in Honolulu bat er Brittni dann auf die Bühne, um mit ihr gemeinsam dem begeisterten Publikum eine gefühlvolle Version von „Samba Pa Ti" zu präsentieren. Für ihre Auftritte hat sie zudem die Loop-Technik perfektioniert, die es ihr erlaubt, mit sich selbst im Playback zu spielen. Unbekümmert bewegt sich Brittni heute mit ihren Custom-Made-Instrumenten in Low-G von Kamaka und KoAloha durch Latin-Rock und Jazz. Ihre Instrumental-Fassung von „Somewhere Over The Rainbow" – zu hören auf *Four Strings: The Fire Within* (2009) – scheint wie auf Flügeln daher zu schweben. Mit schwärmerischen Worten formuliert sie denn auch: „Für mich ist Musik vor allem emotional und weniger rational, deshalb kann ich das, was ich mache, am besten so erklären: Ich erlaube meiner Seele, durch meine Finger zu sprechen und sich in der Musik zu artikulieren. Man hört also jene Bilder, die mein Herz und meine Seele gemalt haben."

Zu den jungen, aufstrebenden Ukulele-Ladys zählt auch **Taimane Gardner**. Gern wird sie etwas klischeehaft als „weiblicher Jake Shimabukuro" tituliert. Sie wurde auf O'ahu geboren und lebt noch heute auf Hawai'i. „Im Alter von fünf Jahren begann ich mit der Ukulele. Mein Vater gab mir eine in die Hand und ich posierte vor einem großen Spiegel wie ein Rockstar, bis mir eine Saite riss. Schon vorher hatte ich gern gesungen und getanzt, wann immer sich in der Familie eine Gelegenheit dazu bot." Später erhielt

Taimane Unterricht in der renommierten Ukulele-Klasse von Roy Sakuma und lernte von ihm auch die Selbstsicherheit und die technische Kontrolle ihres Spiels. „Neben der Ukulele spiele ich noch ein bisschen Klavier, Gitarre und Congas – gerade erst habe ich das afrikanische Daumenklavier entdeckt."

Ihr erster öffentlicher Auftritt fand im Altenclub ihrer Großmutter statt als sie fünf Jahre alt war. Obwohl die Eltern ein bisschen besorgt waren, ihr Kind würde vor lauter Lampenfieber keinen Ton herausbringen, ging Taimane auf die Bühne, als hätte sie das bereits hundert Mal gemacht. Ein Jahr später gewann sie dann mit ihrer Ukulele den ersten Musikwettbewerb. Mit zehn nahm sie ein Jahr Unterricht bei Jake Shimabukuro, bevor sie mit ihrer Familie für zwei Jahre nach Neuseeland zog. „Jake hat mir beigebracht, wie man Flamenco auf der Uke spielt, all die kraftvollen Strums und Akkorde. Flamenco hat mich eine Zeitlang vollkommen in Beschlag genommen. Von Jake habe ich auch gelernt, meinen stilistischen Horizont zu erweitern, nicht nur hawaiianische Musik auf der Ukulele zu spielen."

Zurück auf Hawai'i konnte man Taimane zwischen ihrem zwölften und 15. Lebensjahr als Straßenmusikerin in Honolulu erleben. „Aber meine erste richtige Gage bekam ich, als ich mit dem legendären Sänger Don Ho – er hatte 1966 den Hit ‚Tiny Bubbles' – auftrat, da war ich dreizehn und noch auf der Highschool. Als er mich auf der Straße hörte, lud er mich ein, in seiner Show im Waikiki Beachcomber Hotel mitzumachen." Don Ho beeindruckte sie durch Surf-Nummern wie „Miserlou" von Dick Dale oder „Wipe Out" von den Surfaris. Als sie es irgendwann leid war, die Surf-Instrumentals wieder und wieder zu spielen, lernte sie in der Kunstgalerie Ong King Art Center in Honolulus Chinatown per Zufall die dortige Hausband Quadrophonix kennen, die sie mit indischen Skalen und der Kunst der Improvisation vertraut machte. Daneben fühlte sie sich zunehmend von Pink Floyd, The Doors, Vangelis, Radiohead und Erik Satie, Chopin, Bach und Lady Gaga beeinflusst.

Casey Kamaka baute ihr mit Blackie ein komplett schwarzes fünf-saitiges Instrument mit Zederndecke für einen weicheren Kang, dessen Schall-Loch einem Tattoo von Gardner nachempfunden ist. Zuvor hatte sie die etwas heller und härter klingende Fichtendecke bevorzugt. Doch durch ihre aggressive Tapping-Technik war die geliebte Blackie irgendwann so runtergespielt, dass sie zu einer Koa-Kamaka wechseln musste, bevor Blackie 2 geboren wird. „Eine Kamaka-Ukulele hat ihren ganz eigenen Zauber, sie kann genauso gut wie eine Mandoline oder eine Gitarre klingen, ganz wie du sie handhabst." Im Konzert wechselt Taimane mit der Wildheit eines Rockers und der Grazie einer Tänzerin von Led Zeppelins „Stairway To Heaven" zu Johann Sebastian Bachs „Toccata" oder Beethovens „Für Elise" und schiebt gern noch eine Version von Santanas Schmachtfetzen „Europa" nach. Am Ende überrascht sie ihr Publikum mit einem Pink Floyd-Medley auf ihrem achtsaitigen Ukulele-Modell. Und selbst das funktioniert, weil ihr explosiver Strumming-Stil viel vom Drive der Flamenco-Gitarristen hat.

„Mein Vater hat mit mir zusammen das sogenannte Muscle Memory Training entwickelt. Er verbindet mir dabei die Augen, während ich spiele. Ich bin also gezwungen, aus dem Gedächtnis heraus zu greifen und nicht auf mein Instrument zu schauen. Das hilft mir dann im Konzert das Publikum anzuschauen, anstatt meine Ukulele. Und so kann ich eine viel innigere Verbindung zu mir und dem Song aufbauen."

Fünf Alben hat Taimane Gardner inzwischen veröffentlicht, von *Loco Princess* (2005) mit ausschließlich Eigenkompositionen über *A Life, the Art & Beauty of Being Human* (2008) und *Taimane Live* (2009) bis *Ukulele Dance* (2012) und dem jüngsten *We are made of Stars* (2015): Letzteres, in Taimanes eigenen Worten „eine Art kosmisches Konzeptalbum". Mit Ukulele, viel Perkussion, Poetry, ätherischen Vocals, Violinen, einem wummernden Bass und einem fernen Hauch von den pazifischen Inseln unternimmt sie eine musikalische Reise durch Zeit und Raum, zu fernen Sternen und Planeten, zur Mythologie des Saturns. „Gypsy Jazz meets spacige Spoken Word Poetry" – so ließe sich ihr Ansatz vielleicht zusammenfassen. Inzwischen singt Taimane vielsprachig, in Englisch, Japanisch, Maori und Hawaiianisch. Immer noch ärgert sie sich über die Ignoranz gegenüber der Ukulele, die selbst auf Hawai'i bisweilen noch anzutreffen ist: „Wenn ich in ein Taxi steige und die Leute sehen meinen Instrumentenkoffer, dann fragen sie mich häufig, was für ein Instrument ich denn spiele. Wenn ich dann sage ‚Ukulele' antworten sie ‚Ja, schon klar, aber womit bezahlst du deine Miete?'"

Ihre Mietkosten kann die Singer-Songwriterin **Victoria Vox**, geboren als Victoria Davitt am 17. Oktober 1978 in Green Bay, Wisconsin, längst komplett durch ihr Ukulele-Spiel erwirtschaften. Auch sie kam durch Zufall zu dem Viersaiter: „Ich war mit meiner ersten Band Victoria Vox and the Ultra Pink Bicycle auf Tour, als mir an einer Tankstelle in Kanada ein Junge erstmals etwas auf der Ukulele vorsang. Er gab sie mir anschließend, ich habe sie ein paar Minuten ausprobiert, kam aber nicht damit klar, weil ich dachte ‚Oh, eine kleine Gitarre mit vier Saiten, die lässt sich sicher wie ein Bass spielen‘, aber das funktionierte nicht.“

Später trat sie zwar schon mit „Somewhere Over The Rainbow“ in der IZ-Version in Konzerten auf – spielte aber den Song mit Kapodaster auf ihrer Steelstring-Gitarre, bis ein Freund mit seiner Ukulele bei dem Song einstieg und ihr klarmachte, dass er für dieses Instrument geschrieben war. Aber noch immer fand sie keinen Zugang. Ihr Freund ließ jedoch nicht locker und schenkte ihr 2003 ein Instrument aus seiner großen Sammlung. Jetzt war Victorias Ehrgeiz endgültig erwacht und sie brachte sich autodidaktisch das Ukulele-Spiel bei. „Es hat mich eineinhalb Jahre gekostet, in Ukulele-Akkorden zu denken.“

Heute zählt Vox zu jenen Songschreiberinnen der YouTube-Generation, die ihre Lieder um die Ukulele herum komponieren und sie auch immer wieder ins Zentrum ihrer Bands rücken. Wie wunderbar ihr warmer Soprangesang mit den vier Saiten harmoniert, dokumentiert nicht zuletzt ihr wehmütiger Song „Make A Mess“, den sie 2009 für den Sampler *Square Pegs & Round Holes* einspielte – ein Album zur Förderung der amerikanischen Asperger Association. Vox begreift sich zwar zuallererst als Sängerin – „Ich spiele Ukulele, bin aber eigentlich keine Ukulele-Virtuosin. Jake Shimabukuro ist ein Ukulele-Virtuose, ich dagegen strumme nur ein bisschen und singe dazu. Mein eigentliches Instrument ist meine Stimme“ –, aber ihre Bedeutung für das aktuelle Uke-Revival ist trotzdem nicht zu unterschätzen, wie ihre bisherigen neun Alben mit der kleinen Soundbox beweisen.

Aufgewachsen in einem kreativ-orientierten Elternhaus – der Vater war Musiker, die Mutter arbeitete als freiberufliche Malerin – lernte Victoria mit neun Jahren Violine, zwei Jahre später kam die Oboe dazu, mit 14 dann die Trompete und zwei Jahre später verliebte sie sich in die Gitarre.

Mit 16 verbrachte sie ein Jahr als Au-pair–Mädchen in Frankreich, um die Sprache zu lernen. Bald wurde ihr jedoch klar, dass Musikmachen ihr Lebensinhalt werden musste und sie begann ein Studium am berühmten Berklee College of Music in Boston, das sie mit einem Diplom in Songwriting abschloss. Nach einem kurzen Zwischenstopp in Nashville und mehreren Monaten in London, wo sie sich als Straßenmusikerin durchschlug, kehrte sie 2003 nach Green Bay zurück und beschloss endgültig, es als Profimusikerin zu versuchen. Während der Konzerte mit ihrer neuen Gruppe Tres Femmes spielte sie immer mal wieder die beiden selbst komponierte Lieder „Dreamin' 'Bout You" und „Yodelayheehoo" auf der Ukulele und bald begann das Publikum zu fordern: Bitte mehr Songs mit Ukulele!

In ihren zahlreichen Projekten benutzt Victoria Vox unterschiedliche Ukulelen © Victoria Vox/Ottar Flack

Victoria Vox nahm sich den Talking Heads-Klassiker „Psycho Killer" vor, der sich in einer mitreißenden Version auf ihrem ersten Album *Victoria Vox and Her Jumping Flea* (2006) findet. Um ihr Debüt-Album zu promoten, wagte sie sich anschließend für eine Tour mit zwölf Konzerten in die „Höhle des Flohs". Gerade erst hatte Jake Shimabukuro sein spektakuläres „While My Guitar Gently Weeps"-Video auf YouTube veröffentlicht und Victoria bekam riesiges Lampenfieber bei ihrem ersten Auftritt in Honolulu. Das schien berechtigt zu sein, denn in der Mitte ihrer Show forderten die Zuhörer, sie möge ihre Performance doch bitte mit der Gitarre fortsetzen. Die Sängerin war am Boden zerstört. Am nächsten Tag auf Maui aber lief es besser, zumal ihr „Psycho Killer" hier dankbare „Opfer" fand. Hier erhielt sie auch einen Anruf der renommierten Firma KoAloha Ukulele, die von ihrem Debüt-Album so angetan war, dass sie ihr einen Sponsor-Vertrag anbot: Fortan stattete sie Victoria mit ihrem PineApple Sunday-Modell aus – zuvor hatte die Musikerin eine Fluke-Ukulele von Jim Beloff genutzt. Inzwischen wird Vox zudem noch von Mya-Moe, der High-End-Ukulele-Firma von Gordon & Char Mayer unterstützt.

Ihren Durchbruch erzielte sie 2008 mit dem Album *Chameleon*, das neben der Frankreich-Hommage „C'est Noyé" ihren Signature-Song „The Bird Song" enthielt. Er wurde bald darauf in Neuseeland ins *Ukulele Trust Songbook for Kids* aufgenommen und 2014 führte Vox das Lied zusammen mit 2.500 singenden und Ukulele spielenden Kindern in Neuseeland auf.

Insgesamt hat Victoria bis heute fünf verschiedene Ukulele-Programme an amerikanische Schulen gebracht. Doch sie machte sich nicht nur als Musikpädagogin und versierte Songwriterin einen Namen, sie gilt ebenso als Vorkämpferin der Mouth Trumpet. Mit ihrer täuschend echten Imitation eines Trompetentons nur mit Mund und Lippen trat sie sogar schon zwei Mal im Fernsehen in der *Jay Leno Show* auf und schaffte es als Repräsentantin des Mouth Trumpet-Trends sogar aufs Cover des Wall Street Journal. Vox bekennt: „Ich bin eigentlich keine Solistin, aber mein Mouth Trumpet-Spiel eröffnet mir die Möglichkeit, aus mir herauszugehen und zu improvisieren."

Mit ihrem entspannten Pop-Folk-Jazz-Stil, der sich ganz nebenbei in den Gehörgängen einnistet, startete sie im Januar 2011 ein ganz ungewöhnliches Projekt: Beginnend mit einer Uke-Cover-Version von Randy Newmans „I Think It's Going To Rain Today" veröffentlichte sie 52 Wochen lang in jeder Woche eine neue Cover-Version auf YouTube – von U2s „All I Want Is You" über Bruce Springsteens „I'm On Fire" bis zu Queens „Bicycle Race". Die enthusiastische Resonanz auf dieses *52 Cover Song Project* motivierte sie dann im folgenden Jahr zur Fortsetzung ihrer YouTube-Aktivitäten mit dem *52 Original Song Project*, bei dem sie in jeder Woche des Jahres einen neuen selbst geschriebenen Song veröffentlichte. Einige dieser Kompositionen sind inzwischen auf ihren vielfach ausgezeichneten Alben wie *Under the Covers* (2012), *Boombox Séance* (2013), *Key* (2013) und zuletzt auf *When the Night Unravels* (2015) erschienen. Es sind organische Song-Zyklen, die aus Vox' packendem Gesang und ihrem gekonnten Ukulele-Spiel getragen werden.

„In dem Moment, in dem ich die Ukulele zur Hand nahm, wurde ich zu einer besseren Songschreiberin. Plötzlich sah ich klar vor mir, was ich bisher gemacht hatte und ich hörte sofort auf, weiterhin depressive Lieder über Trennung und Familienstreitigkeiten zu schreiben. Das funktioniert einfach nicht mit der Ukulele. Es ging jetzt weniger um mich, und viel mehr um die Songs." Erst mit dieser psychologischen, um nicht zu sagen therapeutischen Bedeutung des Instruments für ihre Singer-Songwriter-Praxis, konnte der kleine Viersaiter Victoria Vox eine künstlerische Identität verleihen, die sie mittlerweile in die vorderste Reihe der Next Generation der Ukulele-Stars katapultiert hat.

DIE VIBES MÜSSEN STIMMEN

Als weiterer profilierter Jazz-Exponent an der Ukulele gilt **Abe Lagrimas junior,** der – obwohl auf Hawai'i aufgewachsen – erst mit zwanzig Jahren zu seinem Instrument fand. Seine ersten musikalischen Gehversuche machte er als Vierjähriger am Schlagzeug, danach folgte auf der Highschool das Vibrafon und erst in seinem zweiten Studienjahr am Berklee College of Music in Boston entdeckte Abe das Parade-Instrument seiner Heimat. Für Abe war das ein konsequenter Schritt: „Wir sind uns alle einig, dass Schlagzeug und Vibrafon Perkussions-Instrumente sind und viele denken, bei der Ukulele handele es sich dagegen um ein Saiten-Instrument. Aber wenn wir Akkorde darauf strummen, dann klingt sie sehr perkussiv und man kann sie wie ein Schlag-Instrument behandeln. In rhythmischer Hinsicht sind deshalb Drums, Vibrafon und Ukulele für mich ein- und dasselbe." Furore machte er spätestens mit seinem Duo-Album *Ukulele Vibes* (2009), wo er auf Vibrafon und Uke in epischen Jazz-Improvisationen mit sich selbst im Duett zu hören ist. „Als die Idee für ein Album mit nur diesen beiden Instrumenten in mir keimte, habe ich mir erst einmal eine Menge von Jazz-Duo-Aufnahmen wie „Crystal Silence" von Chick Corea und Gary Burton oder „Kids" von Joe Lovano und Hank Jones angehört und so lange analysiert, bis ich das Gefühl hatte, bei mir könnte das auch funktionieren." Seitdem hat Abe seine Brillanz an dem kleinen Instrument auf Ukulele-Festivals in den USA, Japan, den Philippinen, Australien, Korea und der Tschechischen Republik unter Beweis gestellt – gemeinsame Konzerte mit Jake Shimabukuro, James Hill, Bill Tapia und Benny Chong haben ihn als passionierten Jamsession-Spieler ausgewiesen.

Abe hat einen Sponsorvertrag mit dem hawaiianischen Instrumentenbauer Ko'olau Ukulele und spielt neben einem Solidbody-Electric-Modell zwei Custom-Made-Tenor-Instrumente aus der Hand von John Kitakis: ein Modell mit Fichtendecke und einem Korpus aus brasilianischem Rio-Palisander, sowie eine etwas spritziger klingende Tenor-Ukulele mit einer Fichte-Myrten-Kombination. „Ich verwende nur die High-G-Stimmung, weil sie für mich den typischen Ukulele-Sound ausmacht." Zum ersten Mal erprobte er sie 2006 auf seinem Album *Dimensions* mit ausschließlich selbst komponierten Instrumentalstücken. 2009 wagte Abe es dann, Rock-Klassiker

Abe Lagrimas jun. © Abe Lagrimas

von Led Zeppelin, Jeff Beck, Nirvana, Oasis und den Smashing Pumpkins mit der Ukulele einzuspielen und ließ diesen Cover-Versionen der etwas anderen Art 2011 mit *Solo-Ukulele: The King of Pop* noch ein Michael Jackson-Tribute folgen. Doch auch seiner Jazz-Leidenschaft blieb er treu, als er 2015 das anspruchsvolle Lehrbuch *Jazz Ukulele – Comping, Soloing, Chord Melodies* auf den Markt brachte.

Lagrimas verwendet viel Sorgfalt darauf, den Ton der Ukulele dem jeweiligen Musikstil anzupassen. Nicht selten entlockt er seinem Instrument die Klangfülle einer klassischen Gitarre. „Man muss die Stärken des Instruments herausfinden, um sie dann auch in der Performance stark machen zu können. Genauso ist es mit den Schwächen: Man muss lernen, sie in Stärken umzuwandeln." Für die Ukulele sieht Abe Lagrimas junior eine rosige Zukunft: „YouTube und das Internet tragen die Ukulele immer weiter und ich bin gespannt, was da noch alles kommt!"

Zur Speerspitze der jungen Garde von Uke-Revolutionären zählt auch der an der Nordküste Oʻahus in Haleiwa aufgewachsenen **Kalei Gamiao**, den Herb Ohta junior mit den Worten lobt: „Kaleis Wagnisse auf der Ukulele treiben das Instrument in neue Höhen." Als Multi-Stilist, der sich gleichermaßen in Jazz, Rock, Pop, Klassik, Blues, Flamenco und Funk heimisch fühlt, beeindruckt Gamiao, Jahrgang 1988, vor allem durch sein Vermögen, dem kleinen Viersaiter – er spielt eine Kamaka-Custom-Tenor – einen selten obertonreichen und vollen Sound zu entlocken. Seitdem er 2008 sein Debüt-Album *Contemporary Ukulele* veröffentlichte, war er ständig auf Tournee und bereiste in den letzten Jahren Thailand, China, Singapur, die Philippinen, Korea, Malaysia und nicht zuletzt Japan, wo er neben Jake Shimabukuro als Botschafter einer neuen Ukulele-Generation gilt. Die Nachfrage nach seiner Musik inspirierte ihn zur Website *www.uketheory.com*, wo Fans aus der ganzen Welt an seinen spieltechnischen Finessen teilhaben konnten.

Kalei kam durch Zufall zu seinem Instrument. Nachdem er mit 13 Jahren wegen eines Sportunfalls beim Basketballspiel für mehrere Wochen krank war, schlugen ihm seine Eltern vor, die Langeweile durch Ukulele-Unterricht zu vertreiben. Schon nach dem ersten Strumming über die Saiten war er süchtig – obwohl er nie zuvor ein Musikinstrument in der Hand gehalten hatte. Bald schon beherrschte er die Basics des Spiels und konnte Unterrichtsstunden bei Experten wie Benny Chong, Kimo Hussey oder Jake Shimabukuro nehmen. „Ich habe damals jedes Ukulele-Konzert besucht, das auf den Inseln stattfand und war besonders von Jakes Band Pure Heart fasziniert, weil sie mit dem klassischen Sound-Ideal der Ukulele brach und dem Instrument einen gänzlich neuen Ton verlieh." Mit 16 machte sich Kalei dann daran, seinen persönlichen Stil zu entwickeln. „Ich bin dabei ganz intuitiv vorgegangen und wollte jenes Gefühl konservieren, das mich zur Ukulele hingezogen hatte." Mit *Redefined* (2012) war er dann endgültig in der ersten Liga der hawaiianischen Uke-Helden angekommen. Im Quartett mit Keyboards, Bass und Schlagzeug interpretiert er neben feinnervigen Eigenkompositionen auch Ohrwurmtitel wie „Ain't No Sunshine" oder das hypnotisch-druckvolle „Office Theme". Man spürt hier, dass Gamiao nicht nur von Klassikern wie Ohta-San oder Lyle Ritz, sondern auch von Rockgitarristen wie Steve Vai, Joe Satriani oder Yngwie Malmsteen nachhaltig beeindruckt wurde. Vielleicht träumt er deshalb auch von einer MTV-Karriere, die vielleicht nach der jüngsten US-Tour mit Taimane Gardner ein Stück näher rückt. Bei allem Ehrgeiz hat Kalei seinen Seelenfrieden aber schon gefunden: „Ich werde nie einen öden oder traurigen Moment erleben, solange ich die Ukulele bei mir habe."

Der Uke-Virtuose **Corey Fujimoto** ist nicht zuletzt für seine mehr als tausend Videos bekannt, die er für die Ukulele-Plattform *Hawaii Music Supply* aufgenommen hat. Er testet für verschiedene Ukulele-Bauer die Instrumente und arbeitet nebenbei im Laden von Hawaii Music Supply in Haleiwa, an der Nordküste Oʻahus. Gleichzeitig hat Corey 2013 mit *Fables* ein vielbeachtetes Debüt-Album vorgelegt: Eigenkompositionen für Solo-Ukulele, die seine frappierende Fingerpicking-Technik demonstrieren.

Als er in der vierten Schulklasse war, begann sein Vater, selbst ein versierter Musiker auf diversen Saiten-Instrumenten, seinen Sohn an der Ukulele auszubilden. Gleichzeitig erarbeitete sich Corey all die Hits, die er und seine Freunde gerade im Radio hörten. Außer der Ukulele lernte Corey noch mit Klavier, Gitarre und Bass umzugehen. Eigentlich wollte er nach dem Vorbild seines Onkels, eines Computerfachmanns, in die IT-Branche einsteigen und zerlegte deshalb in seiner Jugend so manchen Rechner. Folgerichtig studierte er nach seinem Highschool-Abschluss auch zunächst Informatik an der University of Hawaiʻi und arbeitete als IT-Techniker in Pearl Harbor. Doch um 2010 verlor er mehr und mehr sein Interesse an Computern und konzentrierte sich jetzt ausschließlich auf das Instrument seiner Kindertage. Seine gesamten Ersparnisse investierte er in die viermonatige Produktion seines Debüt-Albums *Fables* und avancierte bald zum Geheimtipp in der Ukulele-Szene. Kleine Konzerte auf Hochzeiten und bei Galerie-Eröffnungen führten Corey schließlich 2014 zu seinem ersten größeren Konzert als Headliner nach Taiwan.

Er übt pro Tag mindestens zwei Stunden und verbringt – da er nicht besonders gut Noten lesen kann – ganze Nächte damit, die Fingersätze bestimmter Bach-Kompositionen auf dem Griffbrett seiner Tenor-Ukulele auszutüfteln. Dabei benutzt er zwei verschiedene, handgebaute Koʻolau-Deluxe-Tenor-Ukulelen – eine High-G mit Fichtendecke und eine Low-G aus geflammtem Cuban Mahagony. Inzwischen geht er regelmäßig in Japan, Taiwan und Korea auf Tour, hält Workshops ab und engagiert sich als Uke-Blogger. Seine größte musikalische Inspiration ist bis heute Tommy Emmanuel, ein wahnwitzig virtuoser Gitarrist aus Australien. Vielleicht gelingt es Corey eines Tages, als „Tommy Emmanuel der Ukulele" in die Musikgeschichte einzugehen.

Der Multi-Intrumentalist **Gerald Ross**, geboren am 26. September 1954 in Detroit, Michigan, ist ebenfalls ein Multi-Stilist, der sich im frühen Swing genauso zu Hause fühlt wie in hawaiianischer Musik oder Ragtime und Blues. Mit Gitarre und Banjo macht er seit 2005 mit Alben wie *Ukulele Stomp* (2005), *Moonlight and Shadows* (2007), *Ukulele Hit Parade* (2009), *Mistletoe Mazel Tov* (2010), *Swing Ukulele* (2012) und *Absolute Uke* (2015) von sich reden. Vor allem das letztgenannte Album mit Instrumentals des Ellington-Klassikers „Take The 'A' Train" oder dem „September Song" von Kurt Weill demonstriert nicht nur die originellen Arrangeur-Fähigkeiten von Ross, sondern auch seinen völlig natürlich klingenden Stil, mit dem er Traditionals neu belebt. Als Musiker ist er seit seinem 14. Lebensjahr aktiv und hat von 1979 bis 2011 in der Lost World String Band die Gitarre gespielt. Heute tritt er vorwiegend als Solo-Künstler auf, gibt Workshops, spielt auf Festivals in den USA und Europa. Neben einer Ukulele von Mya-Moe spielt er auch ein Jazz-Special-Modell von Talsma. Im Jahr 2010 brachte die aNueNue-Company eine Gerald Ross-Signature-Tenor-Ukulele auf den Markt. Für das Projekt *The Beatles Complete On Ukulele* steuerte Ross 2010 eine fröhlich swingende Version von „Penny Lane" bei.

Am 20. Januar 2009 startete mit *The Beatles Complete On Ukulele* ein weltweites Musikprojekt im Internet. Die beiden Produzenten Roger Greenawalt und David Barrat hatten die Idee, alle Originalsongs der Beatles, die zwischen 1962 und 1970 veröffentlicht wurden, in gänzlich neuen Arrangements im Netz zu präsentieren. Bedingung war, dass in jedem Remake eine Ukulele zu hören war. Bis das Projekt am 31. Juli 2012 endete, hatte jede Woche am Dienstag ein Künstler seine Neubearbeitung auf der TBCOU-Website veröffentlicht und in einem kleinen Begleit-Essay die musikalischen Intentionen verdeutlicht.

Gerald Ross © Gerald Ross / Peggy Brisbane

Dabei folgten die Initiatoren ihrem philanthropischen Grundsatz: „Wir glauben, dass diese Wahrheit selbsterklärend ist: Wenn jeder Bürger nur ein kleines bisschen Zeit mit Ukulele-Spielen verbringen würde, wäre die Welt ein schönerer Ort." Das Projekt verfehlte – wenn man die stark schwankende künstlerische Qualität der einzelnen Cover-Versionen einmal außer Acht lässt – nicht seine Wirkung. Prominente wie Samantha Vox, Southside Johnny, Adam Green, Cynthia Lennon – die mit „In My Life" Johns Signature-Song neu interpretierte – oder Peter Buffett steuerten neue Arrangements der Fab-Four-Gassenhauer bei, während zehn Persönlichkeiten des öffentlichen Lebens – unter ihnen Wladimir Putin, Michelle Obama, Julian Assange, Bill Gates, Benjamin Netanyahu oder Mahmoud Abbas – mit von New Yorker Künstlern handbemalten Ukulelen beschenkt wurden. Es scheint, als sollte diese Beatles-Remake-Idee mit Hilfe der Ukulele eine befriedende Kraft entfalten.

CHARTS-STÜRMER UND INDIE-ROCKER

Heute setzen in der Rock- und Country-Musik Stars wie Bruce Springsteen („I Wanna Marry You" oder „Growin' Up"), Elvis Costello („The Scarlet Tide"), Roger Daltrey („Blue, Red & Grey"), Todd Rundgren („The Drum All Day") oder Cindy Lauper („He's So Unusual") den kleinen Viersaiter in ihren Konzerten immer wieder als originelles, aber durchaus vollwertiges Musikinstrument ein. Selbst der Country-Musik-Superstar **Taylor Swift** ließ es sich nicht nehmen, auf der 2011er Tour mit einer Ukulele durch ein Mash-Up aus ihrem Song „Fearless", „I'm Yours" von Jason Mraz und „Hey, Soul Sister" von Train zu jammen – zumal die beiden letztgenannten in den Songs ebenfalls ihre Liebe zu dem kleinen Instrument dokumentierten. Da die Swift-Fans bei dieser Uke-Performance regelmäßig aus dem Häuschen gerieten, nimmt die Ukulele heute einen festen Platz in Taylors Repertoire ein. Sie spielt übrigens – nomen est omen – ein Koa-Tenor-Modell des Gitarrenherstellers Taylor. Von diesem exklusiven Instrument wurden nur vier gebaut und Swift besitzt zwei davon.

Wer sich mit ständigen Jack Johnson-Vergleichen konfrontiert sieht, ist der amerikanische Gute-Laune-Musiker **Jason Mraz**, geboren am 23. Juni 1977. Nicht nur sein entspannter Surferhit „I'm Yours", der 2008 ein weltweiter Charts-Erfolg war, erinnert an den hawaiianischen Kollegen – Mraz gibt auch gern den esoterisch angehauchten Öko-Hippie, der beständig nach einem Einklang von Natur, Körper und Seele strebt. Als Scheidungskind suchte er früh seinen Frieden in der Musik. „Ich fand es als Teenie echt cool, uncool zu sein." Im Alter von 15 Jahren trat er mit ersten selbst geschriebenen Gitarre- und Ukulele-Songs in Kaffeehäusern von Mechanicsville, Virginia, und in New York auf. „Manchmal gebe ich auch heute noch unangekündigt bei mir um die Ecke in einem Coffeeshop ein kostenloses Konzert. Da habe ich nicht diesen Leistungsdruck wie in den großen Hallen. Da gibt es nur mein Publikum, mich und meine Musik". Jason setzt wie Johnson auf die unwiderstehliche Sogwirkung eines Akustik-Groove und unterstützt Menschenrechts-, Bildungs- und Umweltorganisationen. Er besitzt eine Avocado-Farm und wurde deshalb auch schon zum „US-Jungbauer des Jahres" ernannt. Was seinen Einsatz für die Ukulele nach fünf erfolgreichen Alben angeht, so könnte er genauso gut als „US-Ukist des Jahres" geadelt werden.

Bekannt aus der Indie-Rock-Szene, als Sänger und Songwriter der Bands Magnetic Fields und Gothic Archies, hat **Stephen Merritt** großen Respekt vor Kompositionen aus der Vergangenheit, weshalb er auch gern „moderner Irving Berlin" oder „Nat King Cole des Indie-Rock" genannt wird. Ihm liegt vor allem die Klarheit und Verständlichkeit seiner Texte am Herzen. Vielleicht hat er auch deshalb die Ukulele als minimalistisches Begleit-Instrument gewählt. Dazu kommt eine pathologische Überempfindlichkeit seines Gehörs gegenüber etwas erhöhter Laustärke, die in seinem linken Ohr sofort ein Pfeifen produziert. Auch hier kommt ihm die Ukulele mit ihrer moderaten Lautstärke entgegen. In seinem Song-Zyklus *69 Love Songs* (1999), der sich über drei Alben erstreckt, spielt die Ukulele eine prominente Rolle. Merritts Song „This Little Ukulele" taucht als Solonummer – gespielt auf einem Kamaka-Tenor-Modell – im Soundtrack von *Eban & Charley* auf und hat die schönen Zeilen:

„I wish I had an orchestra behind me
to show you how I feel
well, the orchestra remains imaginary
but this little ukulele's real."

Und in dem programmatischen Bekenntnis „Ukulele Me" auf Merritts Album *Showtunes* (2006) heißt es ganz dadaistisch:

„Ukulele mekulele
how happy we could bekulele!
akulele bkulele ckulele
ukulele me!"

Der mehrfach mit einem *Grammy* ausgezeichnete R&B-Sänger **Bruno Mars** holt im Konzert für seinen Hit „Count On Me" gern eine Pono-Tenor-Ukulele aus dem Koffer. Aufgewachsen in einer musikbegeisterten Familie in Honolulu, Hawaiʻi, lebte er schon als Kind praktisch auf der Bühne.

Sein Vater, Perkussionist in einer Latinband, organisierte schließlich eine Musikrevue im Las Vegas-Stil, in der die ganze Familie auftrat. Als Vierjähriger lernte Bruno von seinen Geschwistern Motown-Hits und Doo-Wop-Medleys und merkte schnell, wie am heimischen Waikiki-Strand die Menschen enthusiastisch auf das Familienunternehmen reagierten. „Mein Vater holte mich irgendwann auf die Bühne und ich erinnere mich noch, dass ich mit meiner Ukulele einen Elvis-Song vortrug. Von dem Moment an war es um mich geschehen."

Die beiden Singer-Songwriter Steven Swartz und Alan Drogin mit ihren Sopran- und Bariton-Ukulelen gründeten Mitte der achtziger Jahre in New York ihre Band **Songs from a Random House**, mit der sie eine eklektische Pop-Mixtur praktizieren, die Lichtjahre von der hawaiianischen Blaupause des Ukulele-Spiels entfernt scheint. Heavy-Rock-Riffs wie in „Taste Of Crow" vom Album *gListen* (2004) oder dem ruppig daherrollenden „Born In A Barn" auf *Random Numbers* (2000) verbünden sich mit Surf-Sounds und arabischer Tonalität. Schuld an diesem kalkulierten Kontrast sind auch der Bassist Jason DiMatteo und Drummer John Bollinger. Warum der kleine Viersaiter im Konzert-Kontext noch einmal eine besondere Funktion übernimmt, erklärt Steven Swartz: „Wenn du mit einer Gitarre auf die Bühnen gehst, entwickeln die Leute bestimmte Erwartungen, die sich danach richten, was für eine Gitarre du benutzt. Bei einer Ukulele ist der Erwartungshorizont dagegen völlig offen."

Spurenelemente der Balkan-Blasmusik und der Volksmusik der Sinti und Roma finden sich in den verschiedenen Band-Konzepten von **Zach Condon**, in denen zeitweise vier Ukulele-Spieler aktiv waren. Schon mit 15 spielte Condon in Eigenregie unter dem Namen The Real People das Album *The Joys of Loosing Weight* ein, das sich in seiner Indie-Rock-Attitüde an den Magnetic Fields orientiert. Weitere Aufnahmen gingen aus elektronischen Low-Fi-Experimenten hervor. Die Santa Fe Highschool in New Mexico brach Condon im Alter von 16 ab, obwohl er als überaus begabt und vielseitig interessiert galt. Stattdessen trampte er durch Europa, wo er sich besonders in die osteuropäische Polka-Tradition und die serbische Volksmusik vertiefte. Zurück in den USA gründete er 2005 das elfköpfige Ensemble Beirut, das mit dem Album *Gulag Orkestar* einen Über-raschungserfolg in den Indie-Charts erreichte. Die meisten Stücke des Albums und der nachfolgenden EP *Lon Gisland* entstanden im heimischen Schlafzimmer in Albuquerque, New Mexico, wo Zach die Songs zunächst mit seiner Gesangsstimme und Ukulele-Begleitung aufnahm, um sie dann mit Trompete, Flügelhorn, Violine (Heather Trost) und Schlagzeug (Jeremy Barnes) und weiteren Instrumentalfarben von Akkordeon und Bläsern zu erweitern. Orchestraler Gypsy-Swing mischt sich hier mit melodischem Pop. Auf dem nächsten Album *The Glying Club Cup* (2007) war Condon schon einen Schritt weiter und entdeckte seine Liebe zur französischen Liedtradition und zu Streicher-Arrangements. Und im-mer sorgte Condons beseeltes Ukulele-Strumming für den pulsierenden Grundrhythmus.

Ende des Jahres 2007 zeigten sich bei ihm erstmals chronische Er-schöpfungssyndrome, die zum Abbruch einer Welttournee von Beirut und erst 2009 zu Condons Rückkehr mit zwei neuen EPs im Gepäck führten. Das neue Beirut-Album *The Rip Tide* überraschte 2011 mit ungewöhnli-cher stilistischer Bandbreite: schwerblütige Americana-Sounds, mexikani-sche Mariachi-Bläser, todtraurige Balladen, beschwingte Chansons – Zach Condon setzte sein Uke-getriebenes Pop-Projekt auch 2015 mit *No, No, No* fort – obwohl der kleine Viersaiter eher minimalistisch zugunsten von Gitarre, Piano, Bass und Drums etwas in den Hintergrund gerät. Trotzdem hat Zach Condon der Ukulele im zeitgenössischen Indie-Rock strahlende Glanzlichter aufgesteckt.

Ein dichter Perkussions-Teppich, Synthesizer-Loops, warme Bass-Riffs, eine hart geschlagene Bariton-Ukulele zu schrillem Sprechgesang – das ist **Merrill Garbus**, Jahrgang 1979, in einer Art Avantgarde-Rock. Sie hat zeitweise in Kenia studiert und wurde nachhaltig durch afrikanische Musik beeinflusst. Die oft bewusst dilettantisch wirkende Performance ihrer Band Tune-Yards, die sich hauptsächlich über YouTube verbreitete, wur-de immerhin schon auf drei Alben produziert, und die Veröffentlichung von WHOKILL brachte es immerhin auf positive Rezensionen in der New York Times sowie im Rolling Stone – die Ukulele taugt also auch zum Avantgardismus sogenannter „Genialer Dilettanten".

Das New Yorker Duo **Sonic Uke** von Ted Gottfried und Jason Tagg entstand 2003 aus einem regelmäßigen Ukulele-Session-Termin, den die beiden abends auf der Veranda ihres Hauses im Greenwich Village anboten und der mit Hilfe einer fest installierten Webcam bald live im Internet gestreamt wurde. Gottfried, schon sein Leben lang ein Ukulele-Freak und großer George Formby-Fan, nannte ihre spontanen Zusammenkünfte „uke-i-nanies" nach dem Vorbild der berühmten „hootenannies" – einer Formulierung der Folk-Legende Woody Guthrie, der in eben jenem Haus in der West 10th Street schon in den vierziger Jahren zusammen mit dem Singer-Songwriter-Kollegen Pete Seeger die ersten Sing-Along-Hootenannies nach schottischem Vorbild als eine Art Straßenvolksfest abgehalten hatte.

Die beiden Jungs von Sonic Uke profilierten sich in den Folgejahren als Vorkämpfer der alternativen Ukulele-Szene in New York und scheuten auch nicht davor zurück, das historisch wertvolle Instrument in bizarren Kabarett-Inszenierungen einzusetzen.

Ein ungewöhnliches Album erschien 2009 von **Dent May**: *The Good Feeling Music Of Dent May & His Magnificent Ukulele*. Es versöhnt klassische Songwriter-Kunst in der Tradition von Serge Gainsbourg und Lee Hazlewood mit Indie-Rock-Leidenschaften.

Dent May, gebürtig aus Jackson, Mississippi, machte seine ersten musikalischen Gehversuche in Blockflöten-Orchestern und Kirchenchören. Als Teenager erprobte er mit seiner Band The Rockwells eine Art Power-Synthie-Pop, während er gleichzeitig schlagerartige Songs mit erotischen Anspielungen verfasste. Nach einer Stippvisite in der Film-Klasse der New Yorker Universität kehrte er nach Mississippi zurück, um in einer Künstlergruppe namens Cats Purring mitzumachen. Gleichzeitig versuchte er sich als Gitarrist und Songschreiber in der obskuren Country-Rockband Cowboy Maloney's Electric City. 2007 debütierte dann sein Indie-Pop-Ensemble Dent May & His Magnificent Ukulele mit der EP *A Brush With Velvet*, auf dem die Ukulele ganz im Vordergrund steht und Mays schräge Texte mit einem sympathisch altmodischen Flair umgibt.

Amanda Palmer kommt aus der Punk-Szene. Im Duo mit dem Drummer Brian Viglione stellte sie im Jahr 2000 in Boston das Brechtsche Punk-Kabarett Dresden Dolls auf die Beine. War Amanda in dieser brachialen Konzept-Band noch für Gesang und Keyboards zuständig, so widmete sie sich nach der Auflösung des Duos im Jahr 2008 ganz der Ukulele und machte durch ihre Cover-Version des Radiohead-Titels „Creep" von sich reden. Am 20. Juli 2010 veröffentlichte Amanda „Fucking" Palmer – wie sie sich selbst gern nennt – dann unter dem Titel *Amanda Palmer Performs The Popular Hits Of Radiohead On Her Magical Ukulele* eine EP, die ausschließlich Cover-Versionen der britischen Band versammelte. Bezüglich ihrer Ukulele-Vorliebe sagte sie der New York Times: „Dies ist das Zeitalter der Demokratisierung in der Musik. Jeder kann heute Musiker sein. Und in einer Rezession, wenn du auf einem 20-Dollar-Instrument spielst und gleichzeitig ein musikalisches Wiedererwachen stattfindet, will auch jeder mitmachen."

Amanda Palmer performt im Palác Akropolis in Prag, 2010
© ullstein bild / CTK / Rene Volfik

339

Molly Lewis gilt ebenfalls als typisches YouTube-Phänomen: Mit ihren Cover-Versionen von Britney Spears „Toxic" oder „Poker Face" von Lady Gaga auf einer Ukulele demonstriert sie, dass man weder besonders gut singen noch spielen können muss, um zum Internet-Star zu werden. In ihrer Stümperhaftigkeit besonders mutig wirkt die Selfie-Version des Beatles-Titels „Baby You're A Rich Man" auf dem Ukulele-Melee-2015-Treffen, wo sie sich von mehreren Dutzend Uke-Liebhabern mehr schlecht als recht begleiten lässt. Molly selbst spielt am liebsten Bariton- und Tenor-Ukulelen und bevorzugt hier das Fluke-Modell von Jim Beloff. 1989 in Kalifornien geboren und aufgewachsen, machte sie schnell durch ihr unverfrorenes und nimmermüdes Hochladen auf YouTube auf sich aufmerksam. „Two Of Us" im Duett mit ihrer Mutter am Muttertag aufgenommen, ist von herzerfrischender Naivität. Das Klischee der jung-mädchenhaften Schwärmerei lässt sich auch bei ihrer Hommage an den britischen Schauspieler und Schriftsteller Stephen Fry nicht ganz verheimlichen, die sie in ihrem Ukulele-Song „An Open Letter to Stephen Fry" zusammenfasst. Zwei CDs – *I Made You A CD, But I Eated It* (2009) und *The Same Old Songs, But Live* (2013) – hat Molly bereits mit ihren anspruchslosen Uke-Nummern gefüllt. Man muss sich nur trauen!

Dieser Maxime gehorcht auch **Julia Nunes** aus New York, die neben der Gitarre auch gern die Ukulele zur Hand nimmt, um ihre offensiv zur Schau gestellte Unbedarftheit mit möglichst vielen YouTube-Usern zu teilen. Durch den selbst verfassten Song „Into The Sunshine" und unzählige Cover-Versionen, bei denen sie Songs von Ben Folds über Justin Bieber bis zu den Killers mit unschuldig-fröhlicher Stimme und schlichter Ukulele-Begleitung re-interpretiert, schuf sie sich langsam eine Fan-Gemeinde im Netz. Ihre unprätentiöse Art ermunterte Hunderte von Menschen, selbst einmal die Ukulele zur Hand zu nehmen und ein in Eigenregie gedrehtes Video bei YouTube hochzuladen. Julias melodiös-verträumte Lieder sind inzwischen auf mehreren CDs – *Left Right Wrong* (2007) und *YouTube Covers* (2010) – nachzuhören.

Obwohl im Glam-Rock und der Punk-Bewegung ursprünglich keine Ukulelen zu hören waren, wurde das kleine Instrument ab Mitte der achtziger Jahre plötzlich als das ultimative Punk-Instrument entdeckt. Ein paar unerschrockene Gemüter gründeten damals Bands mit Namen wie Uke Till You Puke und packten in New Yorker Rock-Tempeln wie dem CBGB den Viersaiter aus. Die überwiegend aus Frauen bestehende Band The pUKEs aus London begreift sich explizit als „Ukulele Anti-Society for Punks". Bekannt wurde das rabiate Kollektiv durch Cover-Versionen von Punk-Klassikern wie „Holiday In Cambodia" von den Dead Kennedys oder „Oh Bondage Up Yours" von X-Ray Spex. Als sich die Damen Anfang 2011 in ihrem Lieblingspub Royal Sovereign trafen, um ein paar Pints zu trinken, hatten einige ihre Ukulele dabei und jammten ein paar ihrer Lieblingssongs. Schon bald fanden sich die pUKEs – sie schwanken in der Besetzung zwischen sieben und zwanzig Mitgliedern und werden häufig noch von E-Bass und Schlagzeug unterstützt – auf Punk-Festivals und sogar in der renommierten Modern Tate Gallery wieder, gemäß ihrer Überzeugung: „Die Ukulele ist das beste Do-it-yourself-Punk-Rock-Instrument der Welt!"

REMEMBER GEORGE!

Wie stark die Bewegung in Großbritannien inzwischen ist, dokumentiert daneben die Initiative des Lehrers **Tim Lewis**, der an der Holway Park Primary School in Taunton, Somerset, unterrichtet und die landesweite Initiative angestoßen hat, die Blockflöte als erstes Lerninstrument durch die Ukulele zu ersetzen. „Meine ersten Unterrichtsstunden glichen noch einem Experiment, aber die Kinder waren bald so begeistert, dass ich schon nach wenigen Monaten ein ganzes Ukulele-Orchester hätte gründen können." Spätestens im Jahr 2005 war die dritte Ukulele-Welle auch in London angekommen, denn im selben Jahr eröffnete Matthew Reynolds im Osten der Stadt seinen visionären Shop The Duke of Uke, der nicht nur Instrumente, sondern auch Workshops und Konzertveranstaltungen anbietet.

In der mittlerweile breit aufgestellten Ukulele-Szene Englands gilt das Album *Ukulele Songs from the North Devon Coast* (2006) von **Darren Hayman** schon als moderner Klassiker. Hayman startete nach dem Ende seiner Indie-Rockband Hefner im Jahr 2002 – einer Lieblingsgruppe des wegweisenden Radio-DJs John Peel – und vier gefeierten Alben eine Solo-Karriere, um in einer Folge von anrührenden EPs dem typisch britischen Ferien-Verhalten und seinen Sehnsüchten in den englischen Strandbädern nachzuspüren. Auch in seiner Begleitband Secondary Modern legte Hayman die Ukulele nicht zur Seite und brachte sie beispielsweise in der *Essex-Trilogie* oder den *January Songs* zum Klingen – ein Projekt, das für jeden Tag des Monats Komposition, Aufnahme und Veröffentlichung eines Songs zum Ziel hatte.

Doch neben neuen Singer-Songwriter- und Indie-Rock-Initiativen mit Hilfe des kleinen Viersaiters ist auch die alte George Formby-Tradition auf der Insel nicht erloschen. **Andy Eastwood** hält die Formby-Fackel noch heute hoch. Der 1980 in Blackburn, Lancashire, geborene Multi-Instrumentalist, der als erster Musikstudent an der Oxford University seinen Hochschulabschluss mit einer Ukulele-Prüfung machte, ist von seiner Mission überzeugt: „Die Kriegsjahre waren fürchterlich, aber die Musik, die man damals schrieb und aufführte, hatte einen sagenhaft erbaulichen Effekt. Und das funktioniert heute immer noch. Wenn ich Formby-Songs aus dem Zweiten Weltkrieg singe, weckt das bei den Menschen nicht nur nostalgische Erinnerungen, sondern bringt sie noch auf dem Heimweg zum Lächeln."

Andy Eastwood © Andy Eastwood

Andy wuchs in einer musikalischen Familie auf, bekam als Kind Geigen-
und Klavierstunden und sog alles an Jazz und Pop auf, was seine Eltern
in ihrer Plattensammlung zu bieten hatten. Sein geliebter Großvater, der
Andy von Geburt an mit alten Ukulele-Songs unterhalten hatte, schenkte
ihm schließlich im Alter von sechs Jahren ein eigenes Instrument. „Es
war eher ein Spielzeug und kostete nur 4,50 Pfund. Doch es hat mich gleich
gefangengenommen." Die Ukulele wurde in jenen Jahren noch immer
mit der Unterhaltungsmusik aus dem Zweiten Weltkrieg assoziiert und
Andy Eastwood muss sich als Kind mit seiner Vorliebe für das kleine
Instrument wie ein Außenseiter gefühlt haben. Doch er blieb ihm lebenslang treu und nach erfolgreichen Ausflügen in die Theater- und Kabarett-
Welt stellte er in den neunziger Jahren seine „Wartime" Revue zusammen,
die mit einer klassischen Banjulele das musikalisch-szenische Porträt
von George Formby und seiner Ära unter dem Titel *We'll Meet Again*
nachzeichnete. Mit mehr als tausend Aufführungen ist die Show bis heute
ein Renner und hat Eastwood zu einem der bekanntesten Uke-Exponenten
Englands gemacht.

Seine zehn Ukulele-Alben – eines jongliert im Titel *Spirit Of The
Blitz* ironisch mit dem beliebten englischen Ausdruck für die Angriffe der
deutschen Flieger in der Luftschlacht um England – lassen eine versunkene
Musik-Epoche wieder aufleben und dokumentieren ebenso die Aktualität
des Viersaiters: „Tausende von Menschen spielen heute wieder Ukulele
und ich denke, sie reagieren damit auf eine immer stärker industriell
vorgefertigte Musik. Die Leute wollen authentische Musik erleben, sie
wollen die Musik spüren und wenn es geht, selbst welche spielen. Und das
klappt auf der Ukulele besser als auf jedem anderen Instrument, obwohl
sie in keiner Weise leicht zu beherrschen ist. Aber es ist leicht, einfache
Musik aus ihr herauszubekommen."

Einen Geistesverwandten findet Eastwood in dem englischen Gitarristen
und Songwriter **Steven Sproat**, der 1970 im Alter von zehn Jahren die
Ukulele entdeckte, als das Instrument immer noch total unmodern war.
Auch Sproat stammt aus der sogenannten Formby-Schule. Mit 16 Jahren
eignete Steven sich den Stil des großen George an und begann in Pubs
und Clubs aufzutreten. „Mein Vater war ein Hardcore-Fan und er bestand

Steven Sproat © Steven Sproat

immer darauf, im Auto seine Formby-Kassetten zu spielen. Deshalb wurden wir regelrecht indoktriniert, wenn wir beispielsweise im Sommer von Durham noch Bournemouth fuhren – acht Stunden Formby auf der Hinfahrt, acht Stunden Formby auf der Rückfahrt. Irgendwann musste selbst mir die Musik gefallen."

Sproats erstes Album *Straight Down the Line* erschien 1989 mit drei Ukulele-Stücken. Damals waren seine Gitarren-Nummern jedoch im englischen Radio noch erfolgreicher. Das hat sich mit den nachfolgenden Platten – zuletzt *Fruit for the Soul* (2016) – aber geändert. Heute unternimmt Sproat mit dem populären TV-Moderator und Bandleader Jules Holland ausgedehnte UK-Tourneen, tritt mit seiner Ukulele auf dem Edinburgh Festival auf oder nimmt am Cheltenham Jazz Festival teil. Zusammen mit dem UOGB sorgte er schon 1989 auf der Bühne des Londoner Jazzclubs

Ronnie Scott's für offene Münder und gute Laune. Sproat spielt ein Pete-Howlett-Sopran-Modell mit der Korpusform einer Dreadnought-Gitarre, doch sein Lieblingsinstrument ist und bleibt die Gibson UB3-Banjulele, dasselbe Modell, das auch Formby nutzte. Obwohl er inzwischen eine Ukelounge-Demo-DVD veröffentlicht hat, scheint Sproat den grassierenden Ukulele-Boom fast zu bedauern: „Als ich mit zehn Jahren anfing zu spielen, war das Instrument total aus der Mode und ich liebe unmoderne Sachen."

Dass die britische Formby-Tradition auch auf dem Festland unvergessen ist, belegt in Frankreich der **Ukulélé Club de Paris**. Bereits in den frühen achtziger Jahrenn schlossen sich Cyril LeFebvre und Joseph Racaille zu einem Ukulele-/Steel-Guitar-Duo zusammen und traten mit ihren Schubert-Interpretationen sogar auf dem Jazzfestival Zürich auf. Doch erst als sie den eingefleischten Formby-Fan Bradney Scott an Bord nahmen, war das Trio komplett, das sich nach den Pariser Mandolinen- und Akkordeon-Ensembles der zwanziger Jahre benannte. Bald wurden weitere französische Ukulele-Spieler von der Spielfreude der Drei angezogen und gemeinsam sorgte man bei Eröffnungen von Kunstgalerien oder bei Mode-Events für einen relaxten Soundtrack. Das 2002 veröffentlichte Album *Manuia!* verbindet auf verblüffende Art und Weise hawaiianische, französische, englische und amerikanische Einflüsse miteinander.

Die größte Internet-Sensation im Ukulele-besessenen Teil von Großbritannien aber dürfte in den letzten Jahren die Sängerin und Songschreiberin **Sophie Madeleine** aus Brighton gewesen ein. Von 2009 bis 2015 konnte sie mehr als vier Millionen Views in ihrem eigenen You-Tube-Kanal verbuchen. Als graduierte Songwriterin und Gitarristin an der Bath Spa University produzierte sie ihr erstes Album *Love. Life. Ukulele* während des letzten Studienjahres, nachdem ihr kurz zuvor ein Freund die erste Ukulele geschenkt hatte. „Ich bin hin und weg vom besonderen Sound und der Simplizität des Instruments. Während ich beim Komponieren auf der Gitarre immer wieder in bestimmte Akkordstrukturen zurückfalle, versuche ich meine Lieder jetzt mit der Uke zu schreiben, denn damit entwickelt sich ein völlig anderer Stil. Daneben ist es einfach netter, auf der Uke zu zupfen als auf der Gitarre – das ist schon ein verdammt anmutiges Teil!"

Nach einem Intermezzo mit dem Comedy-Duo Rocky and Balls und ersten selbstgedrehten und auf YouTube geposteten Videos – das Album *We Like Cake And Beards And Stuff* erschien 2011 – konzentrierte sich Sophie auf ihre Solo-Karriere, die sie mit dem im Brightoner Heimstudio aufgenommenen Album *The Rhythm You Started* auf Touren bringen wollte. Schon bald wurde Sophie in England als neue „Queen of the Ukulele" gehandelt. Doch der Verkauf der Aufnahmen im Selbstvertrieb gestaltete sich aufwändig und schwierig. „Ich habe immer nach einer Steelstring-Bariton-Ukulele gesucht, aber die gibt es komischerweise nicht." Einen letzten Versuch unternahm die ambitionierte Songschreiberin dann 2013 erstmals in einem professionellen Studio in Brooklyn, New York: „Eine der stressigsten Erfahrungen meines Lebens." Im darauffolgenden Jahr konnte Madeleine eine Stelle bei einer Werbeagentur in Brighton ergattern und erklärte deshalb 2015 ihren Rückzug aus dem Musikgeschäft. Gleichwohl bleibt ihr „Take Your Love With Me (The Ukulele Song)" in Erinnerung – eine persönliche Liebeserklärung an das kleine Instrument mit unwiderstehlich sonnigem Glanz über den Strophen:

„...and so you bought a ukulele with a message inside
that I should always have it with me never leave it behind
And now everywhere I play it I will keep you in mind
so I can take your love with me."

Der kanadische Uke-Virtuose James Hill © OrangeMemories.net

13
Man trägt wieder Ukulele: Didaktik, Demokratie und Gemeinschaftlichkeit

HUMMELFLUG IM KLASSENZIMMER

In **Kanada** wurde die Wiedergeburt der Ukulele noch früher als in den USA oder in Europa gefeiert und ging auf eine pädagogische Initiative zurück. 1962, in seinem zweiten Jahr als Musiklehrer an der staatlichen Grundschule in Nova Scotia, Halifax, rief **J. Chalmers Doane** sein erstes Ukulele-Ensemble ins Leben, um seinen Schülern das Spiel auf einem Instrument schmackhaft zu machen. Erlernt hatte Doane das Ukulele-Spiel von seiner Mutter im Alter von vier Jahren. Später lernte er noch weitere Saiten-Instrumente, profilierte sich aber an der Boston University vor allem auf der Posaune. Von 1967 bis 1985 entwickelte sich Doane zu einem Ukulele-Missionar, der mit seinen Gruppen durch Kanada reiste, andere Musiklehrer schulte und für das kleine Instrument begeisterte, Workshops veranstaltete und Ukulele-Kurse gab. Er entwickelte die dreieckige Northern Ukulele als Lehrinstrument, publizierte ein Ukulele-Übungsheft und gab 1976 das landesweit vertriebene Magazin Ukulele Yes! heraus.

Mit seinem Ukulele-Schulprogramm motivierte er Menschen in allen zehn kanadischen Provinzen, zu dem kleinen Viersaiter zu greifen, obwohl sie vorher mit Musik nie etwas am Hut hatten. Auf dem Höhepunkt seiner Programmarbeit nahmen mehr als 50.000 Schüler und Erwachsene an den von ihm initiierten Kursen teil. Doane war überzeugt, dass Musiktheorie, Notenlesen, Gehörtraining, Gesang, Ensemblespiel – dass dies alles mit

Hilfe der Ukulele leichter zu erlernen sei als mit jedem anderen Instrument. Vor allem aber bildete Doane das Zentrum eine Netzwerks, in dem sich die kanadischen Musiklehrer austauschen konnten.

Heute ist Ukulele Yes! ein florierendes Online-Magazin, das nach seiner Einstellung als Printprodukt von Doanes einstigem Schüler James Hill wieder zum Leben erweckt wurde und mit Porträts, Interviews, Spiel-anleitungen, Instrumenten-Reviews und Neuigkeiten aus der Szene noch immer den Ukulele-Kosmos befeuert.

Auch als sich durch Kürzungen in der Schulpolitik die Initiative von Doane in den späten achtziger und frühen neunziger Jahren ein wenig verflüchtigte, blieb in British Columbia das **Langley Ukulele Ensemble (LUE)** wie ein Fels in der Brandung bestehen. In diesem Zusammen-schluss von Gleichgesinnten hatte auch der Ukulele-Vorreiter James Hill seine Wurzeln. Das 24-köpfige Uke-Orchester entwickelte unter seinem energischen Leiter Peter Luongo, einem Schüler von J. Chalmers Doane, seinen ganz eigenen Strumm-Sound und mischte in seinen Programmen hawaiianische, Jazz- und Pop-Standards.

James Hill hat da weitergemacht, wo Doane aufhörte. Auch er bemühte sich an diversen kanadischen Schulen mit seinen *Ukulele in the Classroom*-Programmen und den namensgleichen Lehrbüchern erfolgreich, die Ukulele als Unterrichtsinstrument im Musik-Curriculum zu verankern: die Schülerinnen und Schüler beschäftigen sich darin mit Melodiefindung, Harmonielehre, Rhythmus, Formverständnis, Temposicherheit, Dynamik und Tonbildung. Sie singen, zupfen, strummen, trainieren ihr Gehör, lernen Noten lesen, improvisieren und lernen zu arrangieren. Dabei hat James Hill einen Grundsatz: „Mir geht es darum, möglichst viele Menschen musikalisch zu fördern. Welche Art Musik sie machen, ist mir egal." Weltweit hat es die Ukulele als Einstiegsinstrument inzwischen in die Klassenzimmer von Schulen geschafft. Und neben seiner pädagogischen Weitsicht und seinem Enthusiasmus für Musik zeichnet James Hill eine geradezu beängstigende Virtuosität aus.

Hill wuchs fast 3.000 Meilen von Honolulu entfernt im kanadischen Langley, British Columbia, auf. Seine musikalische Ausbildung begann 1983, als er im Alter von drei Jahren Geigen-Unterricht an der Langley Community Music School erhielt. Mit neun Jahren kam er erstmals mit der Ukulele in Kontakt, dem Instrument, das dank der erfolgreichen Doane-Initiative in den Grundschulen von British Columbia gelehrt wurde. Schon am Ende des fünften Schuljahres spielte Hill in Kanadas Vorzeige-Ensemble LUE. Von 1991 bis 2003 war er aktives Mitglied und taucht auf sieben CD-Veröffentlichungen als erster Solist auf. Nach zwölf Jahren mit der Band und ausgedehnten Tourneen startete er im April 2002 – er hatte sein Studium gerade mit einem Bachelor in Musikwissenschaft abgeschlossen – mit dem Album *Playing It Like It Isn't* seine Solokarriere. Es versammelt neben einer wahnwitzigen Version von Rimski-Korsakows „Hummelflug" ebenso technisch wie musikalisch frappierende Fassungen von Gershwins „Summertime" und Billy Strayhorns Jazzklassiker „Take The 'A' Train". Ein fulminantes Debüt!

Seitdem zählt Hill zur ersten Liga der Ukulele-Virtuosen und hat auf weltweiten Tourneen mit Stars wie Ohta-San, Bill Tapia, John King oder Jake Shimabukuro zusammen gespielt. In Kanada genießt er fast Rockstar-Status. „Ich hatte mich eigentlich nie so richtig glücklich gefühlt, aber als ich die Ukulele entdeckte, fühlte ich mich zum ersten Mal als der Richtige zur rechten Zeit mit den richtigen Fähigkeiten. Sie hat mir geholfen, Freunde zu finden – ob ich es wollte oder nicht. Für einen eher introvertierten Mensch wie mich war sie geradezu ein Segen." Hill beeindruckt nicht zuletzt durch seine frappierende Technik. So nutzt er den Ukulele-Korpus – wie auch sein Kollege Shimabukuro – gern für virtuose Perkussions-Einlagen und traktiert die Saiten auch schon mal mit Ess-Stäbchen. Berühmt ist er für seinen „Mono Strum", bei dem er zwar alle Saiten anschlägt, aber wie eine einzige Note klingen lässt.

In seiner Jugend hörte Hill viel klassische Musik, die Standardwerke von Mozart, Beethoven und Brahms. Aber als Teenager begeisterte er sich dann für Funk, Blues und elektronische Musik. James Brown, Eric Clapton, Parliamant-Funkadelic, Daft Punk – das waren seine Heroen. Heute geht es ihm nicht mehr um bestimmte Genres, er kann sich für jede Musik begeistern, wenn sie nur mit Überzeugungskraft gespielt wird. „Am wichtigsten ist für mich das Timing, ich neige dazu, immer ein bisschen zu beschleunigen, aber ich arbeite daran. Es gibt nämlich einen Riesenunterschied zwischen schnellem und übereiltem Spiel. Ich kann mich nur dadurch disziplinieren, indem ich mir meine eigenen Sachen anhöre und dabei ehrlich und selbstkritisch mit mir umgehe. Wenn man zu hektisch spielt, klingt man, als würde man sich dafür entschuldigen, dass man die Kontrolle verloren hat und ungeduldig ist. Fürchterlich!"

Als musikalische Vorbilder gibt James heute auch Glenn Gould, Stevie Wonder, Mark O'Connor und John Cage an. Besonders gern würde er einmal mit Björk gemeinsam auftreten. Seine grenzüberschreitenden Vorlieben dokumentierten sich auch auf dem zweiten Album *On The Other Hand* (2003), das neben neun Eigenkompositionen eine fiebrige Version von „Miserlou" und ein delikates Neu-Arrangement von „Ol' Man River" enthält. Nach diesem Album wurde Hill als „Paganini der Ukulele" gefeiert. „Bei Arrangements von bekannten Stücken geht es mir darum, eine kleine Wendung oder Phrase zu finden, die nur auf der Ukulele besonders wirkt. Das verleiht dem Arrangement dann besonderen Charakter. Ich versuche immer zu meinem eigenen Spaß, ein, zwei Nuggets in das Arrangement einzubauen, kleine Tricks und Raffinessen, nach denen ich immer suche und die mein Spiel beleben. Auch als Jazzgitarrist kann man auf der Ukulele eine Menge lernen, denn man ist gezwungen, alles was man zu sagen hat, in nur vier Saiten zu packen. Man erfährt dann, dass man – wenn nötig – auch etwas weglassen kann. Dazu kommt, dass die Ukulele eine gewisse Eleganz im Spiel verlangt, was ebenfalls sehr hilfreich ist."

Nach einem Konzert von Hill mit dem Langley Ukulele Ensemble im Royal Hawaiian Hotel in Honolulu boten ihm Derek Shimizu von G-String Ukuleles und Rigk Sauer von RISA einen Sponsorvertrag an, indem sie Hill mit ihren hochwertigen Instrumenten versorgten und er im Gegenzug als Werbeträger für ihre Marken auftritt. „Mein Hauptinstrument ist eine speziell für mich gebaute G-String-Tenor-Ukulele, die mit einem Fishman-Blender-Tonabnehmersystem ausgerüstet ist und mir auch in größeren Hallen einen Ton mit Durchsetzungskraft garantiert." Daneben benutzt James aber auch Mya-Moe-Instrumente und eine von Michael DaSilva für ihn entwickelte Tenor-Ukulele.

Die E-Ukulele von RISA kam auf Hills drittem Album *A Flying Leap* zum Zuge. Mit ihr verwandelt er die Jimi Hendrix-Ballade „Little Wing" in ein Sehnsuchts-Manifest für vier Saiten. Grandios! Auch Hills klassische Vorlieben teilen sich auf diesem Album in der dreisätzigen „One Small

James Hill und Anne Janelle Davison – Ukulele trifft auf Cello © OrangeMemories.net

Suite For Ukulele" mit. „Ukulele-Spielen bedeutet für mich, über mich hinauszuwachsen. Ich gehöre dann einer besonderen Kultur, einer kostbaren Tradition an. Das bin dann nicht mehr nur ich, sondern Teil des weltweiten Ukulele Movement."

2009 begann seine Zusammenarbeit mit der Cellistin (und späteren Ehefrau Hills) Anne Janelle Davison auf *True Love Don't Weep* – einem „Album für schwere Zeiten", wie das kanadische TRAD-Magazin schrieb. Es verkörpert pure Lebensfreude und musikalische Perfektion und machte die beiden zu internationalen Stars. Und Hill freut sich: „Ich finde, dass das Cello die Ukulele optimal ergänzt: ‚tief und gestrichen' passt wunderbar zu ‚hoch und gezupft'." Hill hat hier mit „Sakura, Sakura" einen Klassiker aufgenommen, den auch schon Jake Shimabukuro einspielte: „Jake und ich halten losen Kontakt, obwohl wir uns schon seit Jahren nicht mehr gesehen haben. Ich wollte mit dem Stück auch keinen direkten Vergleich provozieren; mir gefällt einfach diese Melodielinie und ihre Räumlichkeit. Wir machen beide unser eigenes Ding und suchen unseren eigenen Weg." Shimabukuro schätzt seinen kanadischen Kollegen ebenfalls: „James Hill ist ein ganz wunderbarer Ukulele-Spieler – ich bewundere ihn sehr." Dabei dürfte es spannend sein, die beiden weltweit führenden Uke-Virtuosen einmal gemeinsam spielen zu hören.

Ab 2009 konzentrierte Hill sich zunehmend auf das eigene Songwriting und verbannte auf seinen Tourneen seine gefeierten Cover-Versionen von Jimi Hendrix über George Gershwin bis Billy Strayhorn weitgehend aus seinem Programm – dabei ist seine Michael Jackson-„Billie Jean"-Adaption längst ein Klassiker. Zunehmend versucht Hill sich heute auch als Sänger, obwohl seine stimmlichen Fähigkeiten an seine Brillanz auf dem kleinen Viersaiter bei weitem nicht heranreichen. „Wenn man wirklich etwas erzählen, über ein Thema etwas Bestimmtes sagen will, dann muss man das durch Worte tun. Es ist verdammt schwer, dasselbe rein instrumental mitzuteilen. Ich versuche das natürlich weiterhin, aber wenn ich wie in „Obedience Blues" oder „Travellin' On" etwas sagen will, dann muss ich es eben singen."

2014 erschien *The Old Silo*, ein Album über neue Anfänge, altes Bedauern, vertane Möglichkeiten, brennende Fragen, geile alte Knacker und Goldschürfer. Produziert von dem Indie-Rock-Hero Joel Plaskett schlängelt sich die Musik selbstbewusst durch Folk, Roots Rock und Americana. Die Aufnahmen klingen rockiger als alles, was Hill bis dahin gemacht hatte. Das donnernde Bariton-Ukulele-Riff in „She's Still Got It" könnte ebenso gut von den Black Keys stammen, während die schleifende Slide-Ukulele in „Tie One On" selbst Jack White stolz machen würde. Doch es gibt auch gefühlvolle Balladen und Country-Nummern auf diesem Album. Die Mitmusiker – von Anne Davison am Cello bis zum kreischenden Mundharmonika-Spieler Joe Murphy – haben ebenfalls großen Anteil am Gelingen der Uke-getriebenen Stücke. Hill hat inzwischen auf allen Kontinenten konzertiert – bis auf Afrika und die Antarktis – und seine mitreißende Musikalität unter Beweis gestellt. „Manchmal komme ich mir vor, als hätte ich das große Los gezogen – das ist schon ein toller Trip", sagt er.

„Ich werde wohl mein ganzes Leben mit der Ukulele verbringen und ihre schier unerschöpflichen Möglichkeiten erforschen. Ich will einfach immer mehr Geheimnisse dieses kleinen „Four-String-Dynamos" enträtseln – und da ist für mich kein Ende in Sicht." Dabei hat Hill schon eine Menge für die Wiedergeburt des kleinen Instruments geleistet und man muss Jim Beloff uneingeschränkt zustimmen, wenn er über Hill resümierend verkündet: „In seiner Technik gehen Tempo, Akkuratesse und Expressivität nahtlos ineinander über – ein Blick in die Zukunft der Ukulele."

ALTROCKER MIT NEUEM SPIELZEUG

Auch zahlreiche **Hollywood-Berühmtheiten** von Daniel Craig und Johnny Depp über Emily Blunt und Gary Oldman bis Pierce Brosnan lassen sich inzwischen gern mit ihrer Ukulele ablichten. Ob Tony Blair, der frühere britische Premierminister, durch sein Ukulele-Spiel im Urlaub die Meinungsumfragen entscheidend verbessern konnte, oder ob der US-Großinvestor Warren Buffett mit seinem wiederholten Geklimper auf den vier Saiten – er soll schon 1949 in Omaha, Nebraska, zum ersten Mal die Verführungskraft der Ukulele an einer neuen Freundin erprobt haben – neue Investoren rekrutieren konnte, wissen wir nicht genau.

Auch **Walt Disney** entdeckte die Ukulele 2002 für den Zeichentrickfilm *Lilo & Stitch*, der auf Hawai'i spielt. Ganz entspannt in einer Hängematte liegend, demonstriert Lilo hier die Leichtigkeit des Lebensgefühls, das mit der Ukulele konnotiert ist. Es dauerte nicht lange und ein offizielles Lilo & Stitch-Plastik-Modell kam auf den Markt. Auch in dem beliebten Nickelodeon-Trickfilm *SpongeBob SquarePants* vertreibt sich SpongeBob in seiner Unterwasserwelt zwischen den Abenteuern die Zeit mit einer Ukulele – der ganze Soundtrack atmet Retro-Hawaii-Feeling.

Die mehrfach mit *Golden Globes* und einem *Oscar* ausgezeichnete Filmschauspielerin **Holly Hunter** lieh 2003 der hochgelobten DVD-Dokumentation *Rock That Uke* von William Preston Robertson und Sean Anderson über die wachsende Ukulele-Subkultur ihre Erzählstimme – als kleines Dankeschön erhielt sie dafür vom Ukulele-Fan Robert Wheeler ein Regal-

Sopran-Modell von 1920, auf dem sie noch heute liebend gern strummt. Das visionäre Motto „Eine Ukulele ist mehr als ein kleines Instrument, es ist eine Geisteshaltung" wird im Film übrigens an krachenden Punk-Rockbands ebenso gezeigt wie an intellektuell ausgerichteten Art-Rock-Gruppen.

„Wenn jedes Baby, das geboren wird, mit einer Ukulele ausgestattet würde, lebten wir bald in einer friedlichen Welt." Davon ist der Singer-Songwriter **Loudon Wainwright III** zutiefst überzeugt: Deshalb hat er auch optimistische Uke-Songs wie „Things Should Be Getting Better" oder „Passion Play" geschrieben. Doch seine paradigmatische Hommage lieferte er mit dem „Ukulele Song" ab. Er spielt ihn auf einem Sopran-Flea-Modell aus Jim Beloffs Werkstatt und formuliert damit so etwas wie ein Glaubensbekenntnis aller Uke-Fans:

„'Cause a ukulele's like a little baby
You cradle it in your arms and you sing
A lullaby or ditty
When you're feeling sh*tty
It will cheer you up
It's just the thing (...)

4 strings made of nylon
Always put a smile on
Anybody's face who's feelin' blue
When your mind starts slummin'
Start a little strummin' on your uke
And you're gonna feel brand new (you gotta believe me)"

Das Lied findet sich auf Wainwrights 21. Studioalbum *10 Songs for the New Depression* (2010), das vor dem Hintergrund der globalen Finanzkrise und Anzeichen wirtschaftlicher Rezession taktisch klug zwischen Nihilismus und musikalischer Munterkeit pendelt. „Ich habe in meiner Karriere wirklich viele Songs über das Unglücklichsein geschrieben, aber der ‚Ukulele Song' ist das genaue Gegenteil davon: Er soll Fröhlichkeit verbreiten. Deshalb habe ich ihn auch komponiert, als ich mich gerade unglücklich fühlte!"

Selbst **Mick Fleetwood**, der Drummer und Bandleader von Fleetwood Mac fand auf seine alten Tage zur Ukulele – sein Lieblingsinstrument ist ein Bariton-Modell der Firma Mele und es bringt ihm, wie auf zahlreichen Bildern im Internet dokumentiert ist, eine Menge Spaß. Den reklamiert inzwischen auch **Bette Midler** für sich. Denn ihre Version von „Ukulele Lady" – dem Evergreen von Gus Kahn und Richard A. Whiting von 1925 – präsentierte Midler zum ersten Mal in der TV-Show *Diva in Las Vegas* im Jahr 1997. Geboren in Honolulu, brachte die Schauspielerin und Entertainerin den Signature-Song ein Jahr später auch auf ihrem Album *Bathhouse Betty* (1998) heraus – in Erinnerung an ihre Jugend auf Hawai'i.

Auf die kann Bassist, Keyboarder und Songwriter **John Paul Jones** nicht zurückblicken, doch einen Hang zu kleinen Saiten-Instrumenten kann auch er sich nicht verkneifen. Schon zu Led Zeppelin-Zeiten hatte sich Jones als versierter Mandoline-Spieler profiliert. Weniger bekannt ist dagegen, dass sich der Heavy-Rocker schon 1977 von dem britischen Gitarrenbauer Andy Manson eine Tenor-Ukulele aus Mahagoni und brasilianischem Rio-Palisander bauen ließ, die er live auf der Bühne in seinem „Freedom Song" einsetzte. 2002 kam noch eine Bariton-Uke von Manson dazu. „Ich wusste bis dahin gar nicht, was eine Bariton-Ukulele sein sollte, bis ich im Internet auf der Suche nach Saiten auch welche für eine Bariton fand. Ich kaufte mir gleich ein fürchterliches Modell aus China. Sie war nicht einmal bundrein, kostete aber nur 75 Dollar. Ich konnte jedoch nichts mit ihr anfangen. Deshalb bat ich Andy, mir ein richtig gutes Bariton-Instrument zu bauen. Und er fand tatsächlich ein wundervolles Stück Koa-Holz und heraus kam diese einzigartige Bariton-Ukulele. Sie gleicht ein bisschen einer akustischen Gitarre, nur dass der Korpus kleiner ist. Deshalb spricht sie sehr schnell an." Im Interview mit Vintage Guitar vom August 2002 konnte John Paul Jones seine neue Liebe nicht länger verheimlichen.

Neuerdings nutzt er auch eine Tenor-Lap-Steel-Ukulele der Firma Mya-Moe, die er sich wie eine Slide-Gitarre über die Knie legt und ähnlich einer Weissenborn-Gitarre mit einem Steel Bar von oben spielt. Erstmals konnte man dieses raffinierte Instrument in der BBC-Radio-3-Show *Late Junction* erleben. Im Sommer 2011 war Jones mit dem urigen Blues-Hobo

Seasick Steve in den USA unterwegs und hatte ebenfalls seine geliebte Slide-Ukulele im Gepäck. „Es macht mir solchen Spaß, mit meiner neuen kleinen Freundin zu spielen. Sie sorgt für Aufregung, wo immer ich mit ihr auftauche." Aufregend fanden es auch die Trip-Hop-Pioniere **Portishead** aus Bristol, den Song „Deep Water" auf ihrem dritten Album *Third* (2008) ganz antizyklisch zur Ukulele zu singen – eine kaum verhohlene Hommage an den Song „Tonight You Belong To Me", den Steve Martin und Bernadette Peters in dem Film *The Jerk* (1979) in einer romantischen Lagerfeuer-Szene berühmt gemacht hatten.

Und noch jemand, den man partout nicht mit einer Ukulele assoziieren würde: **Steven Tyler** von der Hardrock-Band Aerosmith outete sich kürzlich als Ukulele-Freak, als er mit einer auffälligen Cigfiddle – einer Art elektrischer Bariton-Ukulele mit Resonator aus einer Zigarrenkiste – des prominenten Instrumentenbauers Matty Baratto aus Hollywood gesichtet wurde. Angeblich bekam Tyler dieses Instrument von **Johnny Depp** geschenkt – mit Paul McCartney hatte sich erst kürzlich ein weiterer Cigfiddle-Fan während eines gemeinsamen Konzerts mit David Grohl im New Yorker Madison Square Garden zu erkennen gegeben.

LOBLIED AUF DIE HANDWERKSKUNST

Zigarrenkisten, vernickeltes Messing, Carbonfasern – es gibt heute kaum ein Material, aus dem sich Ukulelen nicht herstellen lassen. Ihren eigentlichen Zauber aber können Ukulelen entfalten, wenn sie aus einem anschmiegsamen Material wie Holz gefertigt sind. Neben preisgünstigen Massenproduzenten wie Kala, Ohana, Baton Rouge, Ortega, Harley Benton, Lanikai oder Mahalo, die den Markt für Einsteiger-Instrumente beherrschen, hat sich eine Fülle von sogenannten **Boutique-Herstellern** etabliert. Sie sind auf den Bau hochklassiger „Custom Made"-Ukulelen (Kleinserien oder Sonderanfertigungen) spezialisiert, die allerdings auch Anfängern das Instrument erst richtig schmackhaft machen können. Auf dem amerikanischen Festland haben sich William King, Michael DaSilva, Dave Means (Glyph), Jay Lichty, Gordon und Char Mayer (Mya-Moe) einen Namen gemacht. Auch renommierte Gitarrenhersteller wie Bill Collings, Jerry Hoffmann (Boat Paddle), Todd Rose, Duane Heilman (Black Bear),

Ein besonders schönes Stück aus dem Hause Eric DeVine © Brigitte Grossmann/Peter Kemper

Mike Pereira (MP Ukulele), Kerry Char, Dave Sigman (Little River), Tony Graziano, John und Oam Ramsey (Palm Tree) Antonette Marie Maloon (Anakoneke), Steve Evans (Beltona Resonator Instruments), Kevin Crossett (Kepasa), Joel Eckhaus (Earnest) und Rick Turner (Compass Rose) sind längst auf den neuen Boom eingestiegen. 2009 entschied sich der vielleicht renommierteste Hersteller von E-Gitarren, die amerikanische Firma Fender, erstmals im Ukulele-Geschäft mitzumischen und bot gleich drei preisgünstige Einsteiger-Modelle an. Ebenso hat sich der Ukulele-Bau in Japan, China und Indonesien zu neuen Höhen aufgeschwungen, während auf Hawai'i neben den „Four K's" vor allem Chuck Moore (Moore Bettah), Eric DeVine, Derek Shimizu (G-String), Aaron Oya, Keith Ogata, Steve Williams, Robin Gleason, Ken Potts, Les Reitfors, Peter Lieberman, Manny Halican, Bob Gleason (Pegasus), R. W. Scheurenbrand, David Hurd (Kawika), Jerome und Debrah Warner (Valley Made) Instrumente bauen, die allerhöchsten Ansprüchen genügen.

Gleichzeitig wächst der Markt für gebrauchte und historische Instrumente, sogenannte **Vintage-Instrumente** sprunghaft; viele Sammler sind inzwischen vom „UAS"-Virus befallen, dem „Ukulele Acquisation Syndrome".

Alte Instrumente, die man vor 25 Jahren noch in Pfandleihen oder auf dem Flohmarkt fand, sind begehrte Investitionsobjekte geworden – für ein gut erhaltenes Martin 5K-Modell aus den zwanziger Jahren muss man heute bereits mehr als 10.000 Dollar hinblättern. Vor allem historische Instrumente der Marken Kamaka, Martin, Gibson, National und Lyon & Healy sind heute als Raritäten gesucht. Selbst die bunt bemalten, oft mit Comic-Figuren verzierten Ukulelen der zwanziger und dreißiger Jahre oder die Plastik-Ukulelen der fünfziger Jahre haben sich zu wertvollen Sammlerobjekten gemausert.

VON SOLIDARISCHEM HANDELN UND REALER POLITIK

Heute gibt es mehr als 200 regelmäßig stattfindende **Uke-Festivals** in den USA. Ebenso viele Clubs sind dort inzwischen entstanden, zum Informationsaustausch und zwanglosen Zusammenspiel von Gleichgesinnten. Das erste große Ukulele-Meeting auf dem amerikanischen Festland fand 1994 in Hayward im Alameda County statt – Kalifornien wurde seiner Vorreiterrolle bei der Uke-Popularisierung einmal mehr gerecht. Natürlich ging es am Geburtsort der Ukulele etwas schneller: Das Festival, das alljährlich am letzten Sonntag im Juli im Kapiolani Park von Honolulu stattfindet, wurde bereits 1970 ins Leben gerufen und zieht jedes Jahr mehrere tausend Ukulele-Begeisterte an. Über die zunehmende Zahl der Viersaiter-Feste in Europa und dem Rest der Welt kann man sich im Internet auf *Ukulele Festival Map Worldwide* problemlos informieren.

Ein ganz besonderes Treffen geht jede Woche im historischen Corktown Pub in Toronto, Kanada, mit dem **Corktown Ukulele Jam** über die Bühne – ein Workshop mit Spielmöglichkeiten für Anfänger wie für Profis. 2009 nahm die erfolgreiche Initiative ihren Anfang, als 28 Menschen mit Ukulele hier vor einem Schneesturm Zuflucht suchten und zum ersten Mal miteinander probten. Seitdem hat der Corktown Jam mehr als 2.000 Mitglieder zu verzeichnen. Selbst Jake Shimabukuro gab sich hier schon die Ehre, um Toronto Ukes, eine Dachorganisation für alle Ukulele-Aktivitäten an den Schulen der Stadt zu fördern.

Unter den Saiten-Instrumenten ist die Ukulele der vielleicht größte Überlebenskünstler. Immer wenn man sie totgesagt hatte, kam sie wieder auf die Beine und es war klar: Sie hatte sich nur eine Auszeit genommen, um kräftiger als je zuvor ins öffentliche Bewusstsein zurückzukehren. Wer nach Erklärungen für die gegenwärtige Hochkonjunktur des kleinen Viersaiters sucht, wird in mehreren Richtungen fündig: Da ist zum einen die Informations- und Kommunikations-Macht des Internets, zum anderen gibt es weltweit gefeierte Ukulele-Virtuosen wie Jake Shimabukuro, James Hill oder das UOGB. Dann sind da die immer wieder genannten Vorzüge des kleinen Instruments wie seine Handlichkeit, der niedrige Preis und die schnellen musikalischen Ergebnisse. Sozialpsychologische Deutungen des Phänomens diagnostizieren zudem eine wiedererwachte Sehnsucht nach einfachen, übersichtlichen gesellschaftlichen Lebensbedingungen und zwischenmenschlichen Beziehungen. Die Ukulele ist in dieser Hinsicht ein willkommenes Symbol der Entschleunigung. Nicht zuletzt auf anstrengenden Geschäftsreisen kann sie ein willkommener „Ent-Stresser" sein.

In einem weiteren Erklärungsmodell darf man die Wiederkehr des niedlichen Instruments vielleicht auch als Reaktion auf die Hightech-Welt deuten – mit unserer taktilen Verarmung durch Computer, Smartphones und all die anderen verführerischen Gadgets der digitalen Welt. Es ist eben ein gänzlich anderes Empfinden, so ein kleines Instrument aus Holz im Arm zu halten, den sanften Druck der Saiten unter den Fingerkuppen zu spüren und beinahe schwerelos über das Griffbrett zu gleiten, als auf Tastaturen herumzuhämmern und über Bildschirme zu wischen. Und doch haben auch schon Ukulele-Apps auf den Benutzeroberflächen von Tablets und Smartphones Einzug gehalten. Doch durch ein virtuelles Griffbrett auf dem Touchscreen scheint der Ukulele noch ihr letzter haptischer Zauber ausgetrieben zu werden.

Bei aller Skepsis darf man dem kleinen Viersaiter auch eine politische Funktion zusprechen. War er in seiner langen Geschichte – ob bei den Song-Kassikern von Queen Lili'uokalani oder den Widerstands-Manifesten eines Israel Kamakawiwo'ole – immer wieder zum Symbol einer bestimmten politischen Haltung stilisiert worden, so wird die Ukulele heute in Israel längst als Friedensstifter, als Brückenbau-Instrument zwischen Juden und Palästinensern erprobt: Wenn beide ethnischen Gruppen in Ukulele-Ensembles zusammenspielen, die Kinder der verfeindeten Glaubensgemeinschaften zwanglos miteinander Musik machen, singen und

Ein Sopran-Modell von William King (links) und eine Tenor-Ukulele der Marke Pono der Firma Ko'olau (rechts). © Brigitte Grossmann/Peter Kemper

spielen, dann könnte zumindest der Keim für ein friedliches Miteinander gelegt werden. Die Initiative **Ukulele for Peace** des in Israel lebenden Engländers **Paul Moore** will Völker verbinden. Sein Motto lautet: „Vom Konflikt zur Koexistenz: Gelegenheiten für jüdische und arabische Kinder schaffen, damit sie sich treffen und zwanglos miteinander im Alltag umgehen können."

Paul Moore, Jahrgang 1950, mit britischen, italienischen, jüdischen und katholischen Vorfahren, arbeitete zunächst als Börsenmakler in London, bis er sich irgendwann entschied, seinem Leben eine kreativere und sinnvollere Wendung zu geben. Selbst ein passionierter Musiker, ging er nach Israel und trat als Ein-Mann-Band mit seinen Ukulele-Programmen vor jüdischen und arabischen Kindern auf. Jahrelang erlebte er im Spannungsfeld von Israelis und palästinensischen Arabern die martialischen Auseinandersetzungen der beiden ethnischen Gruppen hautnah. Irgendwann dämmerte ihm, dass mit Hilfe der einfachen und über alle kulturellen Zweifel erhabenen Ukulele sich vielleicht die Gräben überwinden lassen könnten. Also gab er Ukulele-Unterricht in jüdischen und arabischen Schulen und rief 2004 Ukulele for Peace ins Leben.

Mithilfe dieser Organisation gründete Moore Kinder-Orchester und ging mit seinen ethnisch und religiös durchmischten Ensembles sogar auf Tour. Jede Woche, immer abwechselnd in einer jüdischen und einer arabischen Schule, treffen sich die Kinder zum Üben und um ihre Auftritte vorzubereiten – auch die Eltern und die Schulleitung sind in sein Ukulele for Peace-Projekt involviert. Man singt in Hebräisch, Arabisch und Englisch, lernt Songs wie „Hit The Road Jack" und „The Devil And The Deep Blue Sea" ebenso wie Pink Floyds „Another Brick In The Wall Part 2" oder den Iron Maiden-Song „99 Red Balloons". Die teilnehmenden Kinder kommen vornehmlich aus zwei Gemeinden nördlich von Tel Aviv. Tira hat eine Einwohnerschaft von rund 22.000 sunnitischen Muslimen, während Hod Hasharon ein Zusammenschluss mehrerer kleiner jüdischer Kommunen ist. Inzwischen hat sogar eine Gruppe von zwölf Studenten – zur Hälfte Jungen und Mädchen, zur Hälfte jüdisch und arabisch – im Rahmen des Ukulele for Peace-Programms während eines längeren USA-Aufenthalts bewiesen, wie ehemalige Feinde friedlich kooperieren können.

Natürlich ist es Moores große Hoffnung, dass diese gemeinsamen Aktivitäten sich im kommunalen Alltag fortsetzen und zu einer wirklichen Teilhabe am Leben der Anderen führen können. Und es scheint zu funktionieren: Die teilnehmenden israelischen und palästinensischen Familien unternehmen inzwischen gemeinsame Ausflüge, treffen sich zum Picknick, planen gemeinsame Ferientrips. Im Dezember 2007 nahm das Ukulele-Orchester der Kinder am Chah Hachagim, einem Kulturfestival von Juden, Arabern und Christen in Haifa teil. Paul träumt davon, dass sich in allen Städten Israels solche Ensembles gründen und sich der Kreis einer realen, friedlichen Koexistenz beständig erweitert. Auch ein gemeinsames Ukulele-Lehrbuch mit Songs ist in Arbeit, natürlich gleichzeitig in arabischer, hebräischer und englischer Sprache. Liebend gern würde Moore mit seinem Kinder-Orchester einmal vor den Vereinten Nationen auftreten und dort „einfach unsere Musik spielen, als Beleg dafür, was möglich ist. Worte scheinen nur zu trennen, wo Musik uns alle in Harmonie verbinden kann."

Vielleicht ist die Ukulele deshalb wieder so beliebt geworden, weil sie die immer seltener gewordene Chance eröffnet, dass Menschen zusammen singen. Außer dem sonntäglichen Gottesdienst und institutionalisierten

Chören bietet die westliche Kultur kaum mehr Gelegenheiten für spontanes Miteinander-Singen. Es scheint, als verkomme das Musikmachen mehr und mehr zu einer Privatangelegenheit, so wie sich ein jeder mit dem Musikhören über Kopfhörer in seinem persönlichen Klangkäfig im Alltag abschottet. Die Wiedergeburt der Ukulele aber demonstriert, dass es bei vielen Menschen ein tiefsitzendes Bedürfnis gibt, Musik als eine soziale Veranstaltung wechselseitiger Kommunikation zu begreifen. Zunächst geht es ja nur darum, ein bisschen kollektiven Lärm zu veranstalten, eine Art anstrengungslose Solidarität zu propagieren. Für ein gemeinsames Ukulele-Spiel braucht man weder Mikrofone noch Verstärker, nur den vielbeschworenen „Spaß an der Sache". Zusammenschlüsse von Ukulele-Fans – das haben kürzlich sozialwissenschaftliche Studien in den USA gezeigt – münden fast zwangsläufig in demokratische Entscheidungsstrukturen. Denn die Ukulele steht für Bescheidenheit und symbolisiert das Gegenteil von Anmaßung.

Vielleicht lässt sich die Ukulele als ein Symbol der Globalisierung, als *das* Instrument des herrschaftsfreien Diskurses, als Wegbereiter zwangloser Kommunikation durch selbstgemachte Musik begreifen. Sie stiftet soziale Beziehungen, erfordert Rücksichtnahme und Respekt, stabilisiert Selbstwertgefühle durch schnelle Erfolgserlebnisse. Immer noch gilt der kleine Viersaiter als willkommenes Außenseiter-Instrument. Vielleicht wollen auch immer mehr Menschen keine „normalen" Instrumente mehr spielen, um mit ungewohnten Werkzeugen neue musikalische Territorien zu erobern. Wer Klavier, Violine oder Gitarre lernt, muss sich in eine bereits bestehende Hierarchie der Fertigkeiten und der gesellschaftlichen Akzeptanz einordnen. Bei der Ukulele ist der Horizont noch weit offen. In der etablierten Welt von Pop und Klassik kommt die Ukulele wie ein Gesetzloser daher, der sich um keine Regeln und um keine Statusfragen schert.

Anhang

UKULELE – DAS INSTRUMENT UND SEINE TEILE

Kopfplatte
(Headstock)

Sattel
(Nut)

Hals
(Neck)

Bünde
(Frets)

Decke
(Soundboard)

Zarge
(Side)

Stegeinlage
(Bridgeinlay)

Steg
(Bridge)

Stegstecker
(Bridge pins)

Stimmwirbel
(Tuner)

Griffbrett
(Fretboard)

Saiten
(Strings)

Griffbrettmarkierungen
(Position dots)

Zierstreifen
(Binding)

Rosette
(Rosette)

Schall-Loch
(Soundhole)

Boden
(Back)

Foto: © Brigitte Grossmann / Peter Kemper

Bass   Bariton

UKULELE – DIE FAMILIE IM GRÖSSENVERGLEICH

Tenor   Concert   Sopran

Alle Fotos: © Brigitte Grossmann / Peter Kemper

LITERATURVERZEICHNIS

(Internet-Links mit Stand 01/2017)

Anderson, Pete; Watkinson, Mike: Crazy Diamond – Syd Barrett & the Dawn of Pink Floyd. London 2006

Baez, Joan: And A Voice to Sing With – A Memoir. New York 1987

Band, The (Website): „The Band, Bob Dylan & Tiny Tim: Down in the Basement" http://theband.hiof.no/albums/boot_down_in_the_basement.html

Barrow, Tony: John, Paul, George, Ringo & Me. London 2005

Beatles, The: Anthology. München 2000

Beatles-Wiki: Paul Ramon

Beloff, Jim: The Ukulele – A Visual History. Revised & Expanded. San Francisco 2003

Beloff, Jim (Hrsg.): Jumpin' Jim's '60s Uke-In – 25 Really Groovy Songs arranged for the Ukulele – With an Appreciation by George Harrison. Los Angeles 1999

Bernice Pauahi Bishop Museum: A Tradition in Hawaiian Music – The Ukulele. Exhibition Publication, Honolulu 1980

Blair, John: Images of America – Southern California, Surf Music, 1960 – 1966. Charleston 2015

Blog: Small Uke Big World – Ukulele, Fingerboard, Music & Beyond: „Corey Fujimoto – The Story Behind His Flying Fingers", 14. 07. 2015 https://smallukebigworld.wordpress. com/2015/07/14/interview-corey-fujimoto-hong-kong/

Böllhoff, Ralf: „Das Rätsel um Neil Youngs erste Plastik-Ukulele" in: „Under the Rusted Moon – All About Neil Young and His Music", 21. April 2011 http://www.rusted-moon. com/2011/04/das-ratsel-um-neil-youngs-erste-plastik.html#more

Bordessa, Brad: „Interview with Alan Okami of Koaloha Ukuleles" in: Live 'Ukulele.com, 13. 05. 2009, http://liveukulele.com/interviews/interview-with-alan-okami-of-koaloha/

Bordessa, Brad: „Interview with James Hill", in: Live 'Ukulele.com, 27. März 2009 http://liveukulele.com/interviews/interview-with-james-hill/

Bowker, Gordon: Pursued By Furies – A Life of Malcolm Lowry. New York 1995

Bowman, David: Fa, fa, fa, fa, fa, fa – The Adventures of Talking Heads in the 20th Century. London 2002

Bret, David: George Formby – An Intimate Biography of the Troubled Genius. Raleigh 2014

Buck, Elizabeth: Paradise Remade – The Politics of Culture and History in Hawaii. Philadelphia 1993

Byrne, David: How Music Works. Edinburgh 2012

Carroll, Rick: IZ – Voice of the People. Honolulu 2006

Carson, Annette: Jeff Beck – Crazy Fingers. Creda Communications 1998

Clapton, Eric: Mein Leben. Köln 2007

Clark, Ernie: „Tiny Tim – A Look Back" (Interview).

Dixon, Daniel; Dixon, Dixie; McKay, Jayne: Ukulele – The World's Friendliest Instrument. Layton 2011

Dörries, Bernd: „Ulk mit Ukulele – Götz Alsmann wird Professor in Münster" in: Süddeutsche Zeitung, 8. Februar 2012 http://www.sueddeutsche.de/bildung/goetz-als-mann-wird-professor-in-muenster-der-ulk-der-ukulele-1.1279073

Dregni, Michael: Django – The Life and Music of a Gypsy Legend. New York 2004

Dylan, Bob: Chronicles (Dt. von Kathrin Passig und Gerhard Henschel). Hamburg 2004

Engel, Sarah: „Diese Raabigramme von Stefan Raab vermissen wir schon jetzt – Stefan Raab und seine Raabigramme", in: Neue Osnabrücker Zeitung, 17. Dezember 2015

Erhart, Walter: Neil Young. Stuttgart 2015

Evans, Mike: Ukulele Crazy! Everything You Need to Know About the Ukulele and How to Play it. London 2012

„Facts – Interview: „Es ist eine große Schande, wenn man nicht verarscht wird." Stefan Raab, ZDF.online am 16.10.99, in: Raab-Fans.de http://www.raab-fans.de/facts/inter-views/zdfonline.php3

„Facts – Texte aller Raabigramme" , in: Raab-Fans.de http://www.raab-fans.de/facts/lyric-sundco/raabigramme.php3

Felix, John Henry; Nunes, Leslie; Senecal, Peter F.: The Ukulele – A Potuguese Gift to Hawaii. Honolulu 1980

Film: „The KoAloha Ukulele Screening for Ukulele Underground"

Fine, Jason (Hrsg.): Harrison. Zürich 2002

Fricke, Hannes: Mythos Gitarre – Geschichte, Interpreten, Sternstunden. Stuttgart 2013

Gill, Chris: Guitar Legends – The Definitive Guide to the World's Greatest Guitar Players. New York 1995

Gillespie, Jane: The Book of Aloha. Honolulu 2014

Giuliano, Geoffrey; Giuliano, Avalon: Revolver. The Secret History of The Beatles. London 2005

Greene, Joshua M.: Here Comes the Sun – The Spiritual and Musical Journey of George Harrison. Hoboken 2006

Greer, Richard A.: Downtown Profile – Honolulu, a Century Ago. Honolulu 1966

Grove-White, Will: Get Plucky With the Ukulele – A Quick and Easy Guide to All Things Uke. London 2014

Gruhn George; Carter, Walter: Acoustic Guitars and Other Fretted Instruments – A Photo-graphic History. San Francicso 1993

Hanson, Alan: „Blue Hawaii" in: Elvis History Blog, April 2008 http://www.elvis-history-blog.com/blue-hawaii.html

Harrison, Olivia (hrsg. v. Mark Holborn): George Harrison – Living in the Material World. Die illustrierte Biografie. München 2011

Harry, Bill: The Ultimate Beatles Encyclopedia. London 1992

Hawaii Web TV: „KoAloha's Alvin Okami", 12. Juli 2013 https://www.youtube.com/watch?v=TigAw5CI9a4

Hendrix, James A.: My Son Jimi (as told to Jas Obrecht). Seattle 1999

Hendrix, Jimi: Starting at Zero (aus dem Amerikanischen von Kristof Kurz). München 2013

Hendrix, Leon; Mitchell, Adam: Jimi Hendrix: A Brother's Story. New York 2013

Herbst, Peter (Hrsg.): The Rolling Stone Interviews 1967 – 1980. The Classic Oral History Of Rock And Roll. New York 1981

Hopkins, Jerry: „Interview: Tiny Tim. His hard road to success" in: „Rolling Stone", Issue13, 6. Juli 1968 http://www.rollingstone.com/music/features/tiny-tim-19680706? page=2

Houston, James D. with Eddie Kamae: Hawaiian Son – The Life and Music of Eddie Kamae. Honolulu 2004

Jasen, David A.: Tin Pan Alley – The Composers, the Songs, the Performers and their Times. New York 1988

Jones, Josh: „George Harrison Explains Why Everyone Should Play The Ukulele" http:// www.openculture.com/2014/08/george-harrison-explains-why-everyone-should-play-the-ukulele-with-words-and-music.html

Kainoa, Louis: „George Harrison – His Love for the Ukulele" http://www.easyukulele.com/ george-harrison.html

Kaiser, Austin: „Benny Chong – Pushing The Boundaries Of Jazz Ukulele" in: Ukulele Player (Magazin), Issue 22, [2011] http://www.tricornpublications.com/issue22.pdf

Kaiser, Austin: „Eddie Kamae – Ukulele Virtuoso & Ethnomusicologist" in: Ukulele Player (Magazin), Issue 28, [2012] http://www.tricornpublications.com/issue28.pdf

Kaiser, Austin: „Herb Ohta, Jr. – Keeping A Tradition Alive" in: Ukulele Player (Magazin), Issue 23, [2011] http://www.tricornpublications.com/issue23.pdf

Kaiser, Austin: „Lyle Ritz and The Making of How About Uke" in: Ukulele Player (Magazin), Issue 19, [2011] http://www.tricornpublications.com/issue19.pdf

Kanahele, George S. (Hrsg.): Hawaiian Music and Musicians – An Illustrated History. Honolulu 1979

Kassel, Mike: „Ukulele Vibes: Abe Lagrimas Jr. on Ukulele, Music, and the Importance of Listening" in: Lamb Chop's Ukulele Cookin' - A compendium of helpful hints, facts, observations, thoughts and trivia about the Ukulele! 3. Juni 2010 http://lambchop ukulele.blogspot.de/2010/06/ukulele-vibes-abe-lagrimas-jr-on.html

Kemper, Peter u. a. (Hrsg.): Alles so schön bunt hier! Die Geschichte der Popkultur von den Fünfzigern bis heute. Stuttgart 1999

Kemper, Peter: Jimi Hendrix – Leben, Werk, Wirkung. Frankfurt/M. 2009

Kemper, Peter: John Lennon – Leben, Werk, Wirkung. Frankfurt/M. 2007

Kemper, Peter: The Beatles. Stuttgart 2013

Kemper, Peter (Hrsg.): Rock-Klassiker. 3 Bde. Stuttgart 2003

Kemper, Peter: Interview mit Andreas David, 08. April 2016 (unveröffentlicht)

Kemper, Peter: Interview mit Andrew Kitakis, 27. November 2015 (unveröffentlicht)

Kemper, Peter: Interview mit Casey Kamaka (Kamaka Hawaii Inc.), 24. November 2015 (unveröffentlicht)

Kemper, Peter: Interview mit George Hinchliffe (UOGB), 12. Juli 2015 (unveröffentlicht)

Kemper, Peter: Interview mit Götz Alsmann, 11. März 2016 (unveröffentlicht)

Kemper, Peter: Interview mit Jake Shimabukuro, 25. November 2015 (unveröffentlicht)

Kemper, Peter: Interview mit Joe Souza (Kanileʻa ʻUkulele), 23. November 2015 (unveröffentlicht)

Kemper, Peter: Interview mit John Kitakis (Koʻolau Guitar & Ukulele Company), 27. November 2015 (unveröffentlicht)

Kemper, Peter: Interview mit Kimo Hussey, 29. November 2015 (unveröffentlicht)

King, John: „How I Learned to Play the ʻUkuleleʻ, in: Nalu Music – Ukulele Arcade, 6. März 2008 http://nalu-music.com/?page_id=37

Kyvig, David E.: Daily Life in the United States, 1920–1940: How Americans Lived Through the „Roaring Twenties" and the Great Depression. Lanham 2004

Lagrimas Jr., Abe: Jazz Ukulele – Comping, Soloing, Chord Melodies. Boston 2015

Landry, Alysa: „Strumming the Soundtrack of Life: Kamaka Family Rocks the Ukuleleʻ, in: Indian Country – Today Media Network, 10. Juni 2015 http://indiancountrytoday medianetwork.com/2015/10/06/strumming-soundtrack-life-kamaka-family-rocks-ukulele-161928

Leonard, Michael: Das große illustrierte Handbuch Gitarre. Hamburg 2008

Lewisohn, Mark: The Complete Beatles Recording Sessions. London 1988

Lewisohn, Mark: The Complete Beatles Chronicle. London 1996

London, Jack: The Cruise of the Snark, Melbourne 2004

MacDonald, Ian: The Beatles. Das Song-Lexikon. Kassel 2000

Makana, Kale: Queen Liliʻuokalani – The Hawaiian Kingdomʼs Last Monarch – Hawaii History – A Biography. CreateSpace Independent Publishing Platform 2015

Marcus, Greil: Dead Elvis – Meister, Mythos, Monster. Hamburg 1993

McKormack, Candia: „Interview with renowned singer, songwriter and ukulele expert Steven Sproatʻ in: Cotswold Life, 15. März 2016 http://www.cotswoldlife.co.uk/out-about/interview_with_renowned_singer_songwriter_and_ukulele_expert_steven_sproat_1_4456729

Menn, Don (Ed.): Secrets From the Masters – Conversations with Forty Great Guitar Players. San Francisco 1992

Miles, Barry: Paul McCartney – Many Years From Now, Reinbek bei Hamburg 1998

Moniz, Melissa: „A Familiy Business Strums Alongʻ, in: Midweek.com, 9. Februar 2011 http://archives.midweek.com/content/columns/musicmontage_article/a_family_business_strums_along/

Moran, Pat: „Taimane Gardner: Reaching for the Starsʻ in: Ukulele (Magazin), Issue Fall 2015, 2. Juli 2015 http://www.ukulelemag.com/stories/taimane-gardner-reaching-for-the-stars

Morgan, David: „Interview: Andy Eastwood on teaching Frank Skinner how to play the ukulele and stepping back in time to the war years", in: Warrington Guardian, 2. März 2016 http://www.warringtonguardian.co.uk/leisure/interviews/14314254. INTERVIEW__Andy_Eastwood_on_teaching_Frank_Skinner_how_to_play_the_ukulele_and_stepping_back_in_time_to_the_war_years/

Norman, Philip: John Lennon – Die Biographie. München 2008

Norman, Philip: Shout! The True Story of The Beatles. London 1981

Okihiro, Gary Y.: Island World – A History of Hawai'i and the United States. Berkeley 2008

Orion, Daphna: „Ukuleles For Peace" in: mepeace.org – Network for Peace, 26. April 2009 http://mepeace.org/profile/UkulelesForPeacebyPaulMoore

Paule, Marty: „The Beatles and the Ukulele: An Ongoing Love Affair" in: The HUB. 28. Januar 2014 http://thehub.musiciansfriend.com/bits/the-beatles-and-the-ukulele-an-ongoing-love-affair

Phaneuf, Whitney: „The Aloha Spirit: Exploring Oahu With Eddie Kamae, Kalei Gamiao, and More Ukulele Idols" in: Ukulele (Magazin), Issue Fall 2015, 2. September 2015 http://www.ukulelemag.com/stories/the-aloha-spirit-exploring-oahu-with-eddie-kamae-kalei-gamiao-and-more

Perlmutter, Adam: „The 4 K's: Get to Know Hawaii's Most Distinguished Ukulele Builders" in: Ukulele (Magazin), Issue Fall 2015, 21. August 2015 http://www.ukulelemag.com/stories/the-4-ks-get-to-know-hawaiis-most-distinguished-ukulele-builders

mikelz777: „Tom Petty on George Harrison / uke" in: Ukulele Underground – Growing the next generation of ukulele players, 3. Oktober 2012 http://forum.ukuleleunderground.com/showthread.php?61874-Tom-Petty-on-George-Harrison-uke

Plant, Bill: Make Your Own Ukulele – The Essential Guide to Building, Tuning and Learning to Play the Uke. East Petersburg 2012

Pretor-Pinney, Gavin; Hodgkinson, Tom: The Ukulele Handbook. London 2013

Reents, Edo: Neil Young – Eine Biographie. Berlin 2005

Rigby, Nic: „Interview: Sophie Madeleine", in: Songwriting (Magazin), 22. März 2014 http://www.songwritingmagazine.co.uk/interviews/interview-sophie-madeleine/16011

RK: „Stefan Raabs Waffe heißt Ukulele" in: Höchster Kreisblatt, 21. November 2013 http://www.kreisblatt.de/lokales/main-taunus-kreis/Stefan-Raabs-Waffe-heisst-Ukulele;art676,688391

Rohde, Andreas: George Harrison solo – Eine musikalische Biographie. Oberhausen 2013

Roby, Steven: Black Gold – The Lost Archives of Jimi Hendrix. New York 2002

Roby, Steven; Schreiber, Brad: Becoming Jimi Hendrix – From Southern Crossroads to Psychedelic London, The Untold Story of a Musical Genius. Cambridge 2010

Rossmann, Andreas: „Die Ukulele ist hier zweite Geige – Götz Alsmann als Professor ‚Bop'", in: Frankfurter Allgemeine Zeitung, 8. Februar 2012

Salewicz, Chris: Redemption Song – The Ballad of Joe Strummer. London 2007

San Angel, Gary; Okami, Alvin: „The KoAloha Ukulele Story", an animated documentary film, 11. April 2009

Savage, Jon: Teenage – The Creation of Youth Culture. New York 2007

Scanlan, Dan: „Partial History of the Ukulele" in: Cool Hand Uke's, 2004 http://www.cool-handuke.com/history.html

Serrano, Zenaida: „Carrying on the Kamaka legacy" in: Honolulu Advertiser, 27. August 2006 http://the.honoluluadvertiser.com/article/2006/Aug/27/il/FP608270320.html

Shadwick, Keith: Jimi Hendrix – Musician. San Francisco 2003

Shapiro, Harry; Glebbeek, Caesar: Jimi Hendrix – Electric Gypsy. London 1990

Shaw, Arnold: The Jazz Age – Popular Music in the 1920s. New York 1987

Smith, Barbara Barnard: The Queen's Songbook. Honolulu 1999

Spitz, Bob: The Beatles – The Biography. New York 2005

Staff, Rafu: „Koaloha's Extended Family" in: „The Rafu Shimpo – Los Angeles Japanese Daily News", 23. August 2012 http://www.rafu.com/2012/08/koalohas-extended-family/

Tabone, Chyrisse: „Singer/Songwriter Victoria Vox: Innovative and not just a pretty voice" in: Rock At Night, 5. Dezember 2014 http://rockatnight.com/2014/12/singersongwriter-victoria-vox-innovative-and-not-just-a-pretty-voice/

Templeton, David: „Pop-Fueled Uke Chanteuse Victoria Vox" in: Ukulele (Magazin), Issue Spring 2015, 18. Februar 2015 http://www.ukulelemag.com/stories/uke-chanteuse-victoria-vox

Thompson, Gordon: Please, Please Me – Sixties British Pop, Inside Out. New York 2008

Townshend, Pete: Who I Am – Die Autobiographie. Köln 2012

Tranquada, Jim; King, John: The 'Ukulele – A History. Honolulu 2012

Tranquada, Jim: „How San Francisco's Panama-Pacific International Expo of 1915 Sparked the First Uke Craze". Ukulele (Magazin), Issue Winter 2014, 19. Februar 2015 http://www.ukulelemag.com/stories/how-san-franciscos-panama-pacific-international-expo-of-1915-sparked-the-first-uke-craze

Trynka, Paul: Starman – David Bowie. London 2012

Ukulele Mike: „Exclusive Artist Interview Series – „Jumpin' Jim" Beloff of fleamarketmusic.Com" in: Ukulele Mike Lynch – All Things Ukulele, 29. September 2011 https://allthingsukulele.com/2011/09/29/exclusive-artist-interview-series-jim-beloff-of-jumping-flea-music/

Ukulele Player (Magazin): „Artist Profile – Victoria Vox" in: Issue 4, [2009] http://www.tricornpublications.com/issue4.pdf

Ukulele Player (Magazin): „Ukulele Darling – Brittni Paiva" in: Issue 5, [2009] http://www.tricornpublications.com/issue5.pdf

Ukulele Player (Magazin): „Steven Sproat – Strum-Meister" in: Issue 9, [2009] http://www.tricornpublications.com/issue9.pdf

Ukulele Player (Magazin): „Artist Profile – Taimane Gardner" in: Issue 16, [2011] http://www.tricornpublications.com/issue16.pdf

Ukulele Player: „KoAloha Ukulele – How A Start Up Became A Force In the Hawaiian Ukulele Market In Just 15 Years Time" in: Ukulele Player (Magazin), Tricorn Publications, Issue 30, [2013] http://www.tricornpublications.com/issue30.pdf

Unterberger, Richie: The Unreleased Beatles – Music & Film. San Francisco 2006

Waksman, Steve: Instruments of Desire – The Electric Guitar and the Shaping of Musical Experience. Cambridge 2001

Walsh, Tom; King, John: The Martin Ukulele – The Little Instrument that Helped Create a Guitar Giant. Milwaukee 2013

Webmaster Atlas: Atlas of Plucked Instruments – Europe West http://www.atlasofplucked instruments.com/europe.htm

Welch, Chris: Clapton – Die Biographie in Bildern, Dokumenten und Memorabilia. Zürich 2012

Wheeler, Tom: The Fender Archives – A Scrapbook of Artifacts, Treasures and Inside Information. Milwaukee 2014

Whitcomb, Ian: Ukulele Heroes – The Golden Age. Milwaukee 2012

White, Timothy: Rock Lives – Profiles and Interviews. New York 1990

Wilson, Sharry: Neil Young – The Sugar Mountain Years. Toronto 2014

Wood, Alistair (Übers. Oliver Fehn): Ukulele for Dummies. Weinheim 2012

Woodshed: „James Hill - True Love Don't Weep: Interview" in: UkeHunt, 23. März 2009 http://ukulelehunt.com/2009/03/23/james-hill-true-love-dont-weep/

Yurko, Cherie: „KoAloha - Changing the World One Uke at a Time" in: Making Music, 20. Oktober 2014 http://makingmusicmag.com/koaloha/

AUSWAHLDISKOGRAFIE (CDs, DVDs)

Götz Alsmann: Tabu! (2003) – Kuss (2005) – In Paris (2011)

The Beatles: The Beatles (Das Weiße Album) (1968) – The Beatles' 1968 Christmas Record (1968) – Yellow Submarine (1969) – Free As A Bird (Single) (1995) – The Beatles Anthology 5 DVD-Box Set (2003)

Jim Beloff: Jim's Dog Has Fleas (1993) – For The Love Of Uke (1998) – The Joy Of Uke Vol. I DVD (1998) – The Joy Of Uke Vol. II DVD (2003) – Liz & Jim Beloff: Rare Air (2009) – Jumpin' Jim's Ukulele Workshop (2011) – Dreams I Left In Pockets (2014)

George Benson: Inspiration: A Tribute To Nat King Cole (2013)

Charlie „Ukulele Kid" Burse: Memphis Highway Stomp: Complete 1939 Recordings (2014)

Benny Chong: Ukulele Jazz (1998) – Ukulele Jazz: Live In Concert (1998)

Zach Condon – Beirut: Gulag Orkestar (2006) – Lon Gisland (2007) – The Flying Club Cup (2007) – The Rip Tide (2011) – No No No (2015)

Frank Crumit: The Gay Caballero (2000) – Returns (2002)

Andy Eastwood: Ukulele Serenade (1999) – Ukulele Mania (2004) – Bring The Sunshine (2007) – Spirit Of The Blitz (2011) – Three Classics For Ukulele (2015) – The Andy Eastwood Collection (2015)

Cliff „Ukulele Ike" Edwards: Singin' In The Rain (2000) – Fascinating Rhythm 1922 – 1935 (2011)

Das Endgültige Südhessische Ukulelenorchester: Ihre größten Erfolge Vol. II (2009) – Live At The Freaker's Ball (2015)

Troy Fernandez – Ka'au Crater Boys: Tropical Hawaiian Day (1991) – Valley Style (1993) – On Fire (1995) – Making Waves (1996) – The Best Of Ka'au Crater Boys (1998)

George Formby: When I'm Cleaning Windows: His 52 Finest (2 CDs) (2008) – I'm The Ukulele-Man – The Very Best Of (2011)

Paula Fuga: Lilikoi (2006) – Misery's End (2010)

Corey Fujimoto: Fables (2013)

Kalei Gamiao: Contemporary Ukulele (2008) – Redefined (2012) – Merry Ukulele Christmas (2013) – These Momentas (2016)

Merrill Garbus – Tune-Yards: Bird-Brains (2009) – WHOKILL (2011) – Nikki Nack (2014)

Taimane Gardner: Loco Princess (2005) – A Life, the Art & Beauty of Being Human (2008) – Taimane Live (2009) – Ukulele Dance (2012) – We are made of Stars (2015)

Arthur Godfrey: Arthur Godfrey & His Friends (2 CDs) (2007) – The Best Of Arthur Godfrey: The Old Redhead (2001)

Wendell Hall: Legendary Voices of Vaudeville (2000) – 'Til I Run Out of Highway (2006)

George Harrison: Brainwashed (2002) – Concert For George (2 CDs + DVD) (2003)

Darren Hayman: Ukulele Songs From The North Devon Coast (2006) – Great British Holiday EPs (2007)

James Hill: Playing It Like It Isn't (2002) – On The Other Hand (2003) – Fantasy For Ukulele (2005) – A Flying Leap (2006) – True Love Don't Weep (mit Anne Davison) (2009) – Man With A Love Song (mit Anne Davison) (2011) – The Old Silo (2014)

Hook: Downhill Road (2009) – I Want (2010) – Imagine (2012) – In the Moment (2014)

Kimo Hussey: Eminent Ukulele (1999) – Low G (2015)

Jack Johnson: En Concert (2008) – To The Sea (2010) – Jack Johnson & Friends: Best of Kokua Festival (2012)

Jesse Kalima: Jesse Kalima Sons & Sonny Waiau (2000) – Jess Uke (2012)

Eddie Kamae: This Is Eddie Kamae And The Sons Of Hawaii (1966) – The Folk Music Of Hawaii: Sons Of Hawaii (1971) – The Best Of Sons Of Hawaii (1995) – Sons Of Hawaii (2004) – Eddie Kamae & Friends (2006)

Israel Kamakawiwo'ole (IZ): (Makaha Sons Of Ni'ihau:) Puana Hou Me Ke Aloha (1984) – Ho'ola (1986) – Makaha Bash 3: Live At The Shell (1991) – Ho'oluana (1991) – Na Mele Henoheno (Na Makahiki Mua, helu 'elua) (1999) – (Solo:) Ka 'Ano 'i (1990) – Facing Future (1993) – E Ala E (1995) – N Dis Life (1996) – IZ in Concert: The Man And His Music (1998) – Alone in IZ World (2001) – Wonderful World (2007) – Over The Rainbow (2010)

John King: J. S. Bach Partita No. 3 for Unaccompanied Ukulele (Ukulele O Hawaii) (1998) – Royal Hawaiian Music (2004)

Abe Lagrimas jun.: Dimensions (2005) – Pass Out Records Christmas (2007) – Lovers Uke (2007) – Ukulele Vibes (2009) – Uke Wired (2009) – Solo-Ukulele: The King Of Pop (2011) – Rhythm & Uke (2014) – Deck The Halls (2014)

Molly Lewis: I Made You A CD, But I Eated It (2009) – The Same Old Songs, But Live (2013)

Sophie Madeleine: Love. Life. Ukulele (2009) – We Like Cake And Beards And Stuff (2011) – The Rhythm You Started (2012) – Silent Cynic (2014)

Bruno Mars: Doo-Wops & Holligans (2010)

Johnny Marvin: Breezin' Along With The Breeze (2005) – Johnny Marvin: A Voice Of The 20's (2012)

Brian May – Queen: Sheer Heart Attack Remastered (2011) – A Night At The Opera Remastered (2011)

Dent May: A Brush With Velvet (2007) – The Good Feeling Music Of Dent May & His Magnificent Ukulele (2009)

Paul McCartney: Ram (1971)

Stephin Merritt – The Magnetic Fields: (mit The Magnetic Fields:) Get Lost (1995) – 69 Love Songs 1 (1999) – (Solo:) Eban & Charley: Soundtrack (2000) – Showtunes (2006)

Bette Midler: Bathhouse Betty (1998)

Marilyn Monroe: Some Like It Hot: Soundtrack (2005)

Peter Moon: (mit The Sunday Manoa:) Hawaiian Time (1968) – Guava Jam (1969) – Cracked Seed (1972) – Sunday Manoa 3 (1973) – The Best Of Sunday Manoa Vol. I (1982) – The Best Of Sunday Manoa Vol. II (1982) – (Solo:) Tropical Storm (1979) – Malie (1980) – Cane Fire (1982) – Harbor Lights (1983) – Full Moon (1989) – Heat Wave (1991) – Midnight Sun (1992) – The Path (1996)

Jason Mraz: We Sing, We Dance, We Steel Things (2008)

Herb Ohta (Ohta-San): Song For Anna (1973) – Feelings (1975) – The Wonderful World Of The Ukulele (2000) – Soul Time In Hawaii (2003) – Bodysurfing (2004) – Swing Time Ohta-San (2004) – Ukulele Isle (2006) – Ukulele Bossa Nova (2007) – Hawaiian Mood (2008) – (mit Herb Ohta jun.): Ukulele Legacy (2013) – Solo Ukulele (2015)

Herb Ohta jun.: Pure & Simple (1999) – Ukulele Romance (2003) – Ukulele Breeze (2004) – Ukulele Journey (2007) – Ukulele Nahenahe (2010) – My Ukulele World (2013) – Pure Ukulele (2013) – (mit Daniel Ho:) Ukuleles In Paradise (2005) – Step 2: Ukuleles In Paradise 2 (2006)

Tessie O'Shea: I'm Ready, I'm Willing (1996)

Amanda Palmer: Amanda Palmer Performs The Popular Hits Of Radiohead On Her Magical Ukulele (2010)

Brittni Paiva: Hear (2005) – Brittni (2006) – Brittni X3 (2008) – Four Strings: The Fire Within (2009) – Tell U What (2012)

Portishead: Third (2008)

Elvis Presley: Blue Hawaii: Soundtrack (1997)

The pUKEs: Will I Learn / Because You're Young / Jet Boy, Jet Girl / GLC: Maxi-Single (2013)

Stefan Raab: Stefan Raab (1998) – Das TV-Total Album Enhanced (mit Raabigrammen) (2000)

Lyle Ritz: How About Uke! (2004) – 50th State Jazz (2003) – Time (2006) – (mit Herb Ohta:) Ukulele Duo (2002) – A Night Of Ukulele Jazz Live At McCabe's (2005) – No Frills (2006) – I Wish You Love (2007) – Lyle Ritz Plays Jazz Ukulele (2013)

Gerald Ross: Ukulele Stomp (2005) – Moonlight and Shadows (2007) – Ukulele Hit Parade (2009) – Mistletoe Mazel Tov (2010) – Swing Ukulele (2012) – Absolute Uke (2015)

Jake Shimabukuro: (mit Pure Heart:) Pure Heart (1998) – Pure Heart 2 (1999) – (mit Colón:) The Groove Machine (2000) – (Solo:) Sunday Morning (2002) – Dragon (2005) – Peace, Love & Ukulele (2005) – Gently Weeps (2006) – My Life (2007) – Hula Girls (2007) – Live (2009) – Across The Universe (2009) – The Music Of Sideways (2009) – Peace Love Ukulele (2011) – Aloha To You (2011) – Ukulele Disney (2012) – Life On Four Strings DVD (2013) – Grand Ukulele (2012) – Grand Ukulele: Live In Boulder DVD (2013) – Rock Collection (2014) – Travels (2015) – Live In Japan (2016) – Nashville Sessions (2016) – (mit Jimmy Buffett:) Live In Anguilla CD/DVD (2007)

Roy Smeck: Plays Hawaiian Guitar, Banjo, Ukulele And Guitar 1926 – 1949 (1992) – The Wizard of the Strings (2013)

Songs from a Random House: Random Numbers (2000) – gListen (2004)

Steven Sproat: Straight Down the Line (1989) – Tomorrow's Road (2004) – Acer Glade (2007) – Full Circle (2011) – Fruit for the Soul (2016)

Bill Tapia: Tropical Swing (2004) – Duke of Uke (2005) – Livin' It Live (2009) – Live at the Warner Grand Theatre: The 100th Birthday Concert (2011)

Tiny Tim: God Bless Tiny Tim (1968) – Tiny Tim's 2nd Album (1968) – For All My Little Friends (1969) – Wonderful World Of Romance (1980) – Chameleon (1980) – Tiny Tim: The Eternal Troubadour (1986) – Tip-Toe Through The Tulips / Resurrection (1987) – Leave Me Satisfied (1989) – Tiny Tim: Rock (1993) – I Love Me (1993) – Tiny Tim's Christmas Album (1994) – Tiny Tim: Unplugged (1996) – Tiny Tim Live At The Royal Albert Hall [1968] (2000) – Stardust (2006) – Bob Dylan, Tiny Tim & The Band (1996)

Pete Townshend – The Who: The Who By Numbers (1996)

Train: Save Me, San Francisco (2009)

Harold Uchino: Romantic Love Songs (2007) – Blue Darling (2008) – Classic Oldies (2008) – Unforgettable Love Songs (2009)

Ukulele Orchestra of Great Britain: The Ukulele Variations (1988) – Hearts Of Oak (1990) – A Fist Full Of Ukuleles (1994) – Pluck (1998) – The Secret of Life (2004) – Miss Dy-na-mi-tee (2005) – Anarchy in the Ukulele DVD (2005) – Precious Little (2007) – Live In London # 1 (2008) – Christmas with The Ukulele Orchestra of Great Britain (2008) – Live In London # 2 (2009) – Prom Night: Live at the Royal Albert Hall DVD (2009) – Still Live (2011) – The Ukes Down Under DVD (2012) – Uke-Werk (2013) – The Ukes in America DVD (2013) – Never Mind The Reindeer (2014) – (Ever Such) Pretty Girls (2015) – The Originals (2 CDs) (2016) – Lousy War (2016) – The Keeper (2016)

Ukulele Ray: Ukestrumental Memories (2009)

Ukulélé Club de Paris: Manuia! (2002)

Eddie Vedder – Pearl Jam: (mit Pearl Jam:) Binaural (2000) – (Solo:) Ukulele Songs (2011)

Victoria Vox: Victoria Vox and Her Jumping Flea (2006) – Chameleon (2008) – The Holiday EP (2008) – Exact Change (2010) – Vox Ukulele Cello (2011) – Under the Covers (2012) – Boombox Séance (2013) – Key (2013) – When the Night Unravels (2015)

Daichi Watanabe: Lealea (2013) – New World – New Sound By Ukulele (2015)

Loudon Wainwright III: 10 Songs for the New Depression (2010)

Ian Whitcomb: Old Chestnuts & Rare Treats 1905 –1930 (2005) – Words & Music 1967– 2005 (2005) – Sentimentally Yours (2005)

Neil Young: Storytone Deluxe Edition (2014)

Ukulele-Sampler: Various Artists: Legends Of Ukulele (1998) – The Art Of Solo Ukulele (2002) – Legends Of The Ukulele (2003) – Legends Of The Ukulele Vol. 2 (2004) – With My Little Ukulele In My Hand (4 CD-Box) (2008) – Square Pegs & Round Holes (2009) – Mighty Uke: The Amazing Comeback Of A Musical Underdog DVD (2011)

DIE WICHTIGSTEN UKULELE-WEBSITES

(Stand 01/2017)

www.alles-uke.de/gesch.htm
www.chordmaster.org
www.coolhanduke.com
www.devineguitars.com
www.doctoruke.com
www.easyukulele.com
www.fleamarketmusic.com
www.georgeformby.co.uk
www.gotaukulele.com
www.gotaukulele.com/p/ukulele-clubs-and-societies.html
www.gute-ukulele.de
www.jakeshimabukuro.com
www.jameshillmusic.com
www.jazzyukulele.com
www.kamakahawaii.com
www.kanileaukulele.com
www.koaloha.com
http://koolauukulele.com
www.learntouke.co.uk
www.lucky-leles.com/Lucky-Leles.html
www.moorebettahukes.com
www.nalu-music.com
www.reddit.com/r/ukulele/
www.smallguitars.ch/
www.theukulelesite.com
www.tikiking.com
www.topukulelesites.com
www.ukeboutique.nl
http://ukecanplay.com/blog/
www.ukedream.com
www.ukefarm.com
www.ukeland.com
www.ukulele.fr
www.ukulele.org
www.ukulele-chords.com
www.ukulele.de/shop4
http://ukulelefriend.com
www.ukuleleguild.org
www.ukulelehunt.com

http://ukulelehunt.com/2010/03/17/ukulele-clubs-and-groups-in-europe/
www.ukulelemag.com
http://ukulelemovement.com
www.ukulelenclub.de
www.ukulelenunterricht.de
www.ukulele.nl
http://ukulele-online.de/das-instrument/
www.ukulelescales.com
www.ukulele-shop.de
http://ukulele.space/doku.php
www.ukulelestrummer.com
www.ukuleletricks.com
www.ukuleletutorial.com
www.ukuleleunderground.com
www.ukuleleworld.com
https://ukukee.wordpress.com/2015/02/01/ukulele-festival-map-worldwide/
www.ukulelia.com
www.ukupedia.com
https://ukutabs.com/top-tabs/99-most-popular-ukulele-songs/all-time/

SONG-INDEX

„12th Street Rag, The" 120, 133

„6/8" 61

„99 Red Balloons" 363

„A Day In The Life" 47

„A Lemon In The Garden Of Love" 216

„A Parlor Is A Pleasant Place To Sit In Sunday Night" 117

„A Picture Of You" 18 f.

„A Song For Anna" 293

„A Tisket A Tasket" 213

„Abdul Abulbul Amir" 117 f.

„Against The Wind" 229

„Ain't No Sunshine" 330

„Ain't She Sweet" 12, 20, 224, 258

„Akaka Falls" 55

„All Going Back" 133

„All I Want Is You" 327

„All The Things You Are" 306

„All Together Now" 16

„Aloha 'Oe" 81, 206

„An Open Letter to Stephen Fry" 340

„Another Brick In The Wall Part 2" 363

„Any Road" 23

„Ave Maria" 41, 287

„Baby Don't You Do It" 232

„Baby You're A Rich Man" 340

„Baby, What You Want Me To Do" 11

„Back In The USSR" 16

„Bald-Headed Woman" 231

„Ballad" 61

„Be My Baby" 212 f.

„Besame Mucho" 296

„Between The Devil And The Deep Blue Sea" 23

„Between You And Me And The Lampost" 145

„Beyond The Reef" 154

„Bicycle Race" 327

„Billie Jean" 354

„Bird Song, The" 326

„Blue Haiku" 60

„Blue Monk" 296

„Blue, Red & Grey" 234, 334

„Blueberry Hill" 226

„Bohemian Rhapsody" 48 f., 51, 60, 287

„Bolero" 152

„Böörti Böörti Vogts" 283

„Born In A Barn" 336

„Born To Be Wild" 270

„Bring Back That Leroy Brown" 236

„Bring Me Your Cup" 34

„Bye-Bye Blackbird" 224

„C'est Noyé" 326

„California, Here I Come" 109

„Campanella", Concerto for Ukulele and Orchestra 61

„Campdown Races, The" 237

„Can't Help Falling In Love" 206

„Can't Keep" 319

„Caprice No. 24" 39

„Chinese Laundry Blues" 134, 139

„Clementine" 225

„Cocaine" 247

„Colour My World" 303

„Cool Water" 213

„Count On Me" 335

„Country Road" 317

„Creep" 339

„Crosscurrent" 39

„Crystal Silence" 328

„Da sprach der alte Häuptling der Indianer" 277

„Danny Boy" 304

„Dark Eyes" 152

„Deep Water" 358

„Dehradun" 12

„Devil And The Deep Blue Sea, The" 363

„Do De O Do" 134

„Do You Want To Know A Secret" 15

„Don't Be Cruel" 229

„Don't Know Why" 57

„Dragon" 60

„Dream A Little Dream" 319
„Dreamin' 'Bout You" 325
„Drum All Day, The" 334
„E Ala E" 254
„Earth Angel" 228
„Ehime Maru (In Memory Of)" 38
„Europa" 34, 321, 323
„Fascinatin' Rhythm" 109
„Fearless" 334
„Fields Of Gold" 55
„Five Dollars Unleaded" 46
„Forelle, Die" 270
„Frank On His Tank" 139
„Free As A Bird" 13
„Freedom Song" 357
„Funeral March For Queen Mary" 269
„Für Elise" 323
„Gamblin' Man" 239
„Girl From Ipanema, The" 296
„Girl Of My Dreams" 16
„Give Me Strength" 232
„Glory Of Love, The" 231
„Going To California" 45
„Good Company" 237
„Good Vibrations" 295
„Goodbye Little Darlin'" 117
„Granada" 152
„Great Pretender, The" 304
„Green Rose Hula" 34
„Growin' Up" 334
„Guildo hat euch lieb" 281
„Half A Moon" 116
„Happy Days Are Here Again" 204
„Hawai'i '78" 248 f., 251, 253 f.
„Hawai'i Pono'i" 79
„He'eia" 154
„He's So Unusual" 334
„Heartbreak Hotel" 16
„Hello, Hawaii, How Are You?" 105
„Here, There And Everywhere" 45
„Hey, Soul Sister" 320, 334
„Highway To Hell" 214, 283, 287
„Hit The Road Jack" 363
„Holiday In Cambodia" 341

„Honolulu, America Loves You" 95
„Honolulu Baby" 205
„Hound Dog" 229
„Hummelflug" 351
„I Got You Babe" 211–213
„I Have A Feeling Of Love" 80
„I Saw Her Standing There" 201
„I Shot The Sheriff" 232
„I Think It's Going To Rain Today" 327
„I Told My Baby With The Ukulele" 20, 134
„I Wanna Marry You" 334
„I Went All Hot And Cold" 135
„I Will" 11
„I Wish I Was Thinner" 142
„I'll Be There" 57, 250
„I'll See You In My Dreams" 18, 109
„I'm A Froggie" 139
„I'm On Fire" 327
„I'm Shy, Mary Ellen" 216
„I'm Yours" 334
„Ich könnte mich am Nordpol nicht verlieben" 276
„Ich laß' mir meinen Körper schwarz bepinseln" 276
„In My Life" 35, 45, 333
„In My Little Snapshot Album" 19, 23
„In The Mood" 12
„Into The Mystic" 35
„Into The Sunshine" 340
„It Ain't Gonna Rain No Mo'" 114 f.
„It Only Took A Minute" 18
„It's Turned Out Nice Again" 13, 129
„Ja Da" 108
„Jailhouse Blues" 209
„Jalousie" 152
„Johnny B. Good" 284
„Jos Press" 34
„Just Walking In The Rain" 277
„Ka Ua Loku" 154
„Kaulana Na Pua" 83
„Kawika" 57, 242
„Kids" 328
„Kilauea" 61

„Kona Moon" 249
„Koni au i ka wai" 79
„Ku'u Pua I Paoakalani" 154
„Lady Of Spain" 146
„Lai Toodle" 247
„Layla" 232
„Leaning On A Lamppost" 19, 137, 271
„Leise rauscht es am Missouri" 280
„Let It Grow" 232
„Life On Mars" 266
„Like A Rolling Stone" 212, 218
„Little Queenie" 232
„Little White Lies" 16
„Little Wing" 352
„Live And Let Live" 143
„Lovely Hula Hands" 150
„Lulu's Back In Town" 295
„Main Stein Song" 212
„Make A Mess" 324
„Making Love Ukulele Style" 191
„Malagueña" 152, 292
„Man Of Mud" 61
„Mary Had A Little Lamb" 238
„Maschendrahtzaun" 283
„Meine kleine Ukulele (Tribute to Ricky
  King)" 283
„Memphis, Tennessee" 212
„Men In Black" 283
„Mendocino" 284
„Michael Rowed The Boat Ashore" 238
„Miserlou" 230, 322, 352
„Missing Three" 55
„Misty" 41
„Mit 'nem Kuss vor der Haustür fing's an"
  278
„Mona Lisa" 230
„Moonlight In Vermont" 295
„Mr. Wu" s. „Chinese Laundry Blues"
„Mrs. Robinson" 39
„My Dark Hour" 17
„My Honolulu Ukulele Baby" 105
„My Little Bimbo Down On The Bamboo
  Isle" 118
„My Little Grass Shack" 154

„My Sweet Lord" 22
„My Time Is Your Time" 213
„No Woman, No Cry" 36
„Nobody But You" 109 f.
„Nobody Loves A Fairy When She's Forty"
  143
„Nobody Loves A Fat Girl" 142
„Nowhere Man" 17
„Obedience Blues" 354
„Ode an die Freude" 263
„Office Theme" 330
„Oh Bondage Up Yours" 341
„Oh, How She Could Yacki Hacki Wicki
  Wacki Woo" 87, 105
„Oh! Susanna" 225
„Ol' Man River" 352
„On The Beach At Waikiki" 91 f.
„On The Good Ship Lollipop" 213
„On The Wigan Boat Express" 136
„On Top Of Old Smokey" 226
„One Small Suite For Ukulele" 352 f.
„'Onipa'a" 82
„Opihi Man" 298
„Orange World" 39
„Ordinary People" 140
„Over The Rainbow" s. „Somewhere Over
  The Rainbow"
„Passion Play" 356
„Pennies From Heaven" 231
„Penny Lane" 332
„People Are Strange" 211
„Peter Gunn"-Thema 222
„Pianoforte" 46
„Pinball Wizard" 19
„Pirate Song" 22
„Poker Face" 340
„Prelude To A Kiss" 306
„Prune Song, The" 117
„Psycho Killer" 263, 326
„Pua Lilia" 243
„Puttin' On The Style" 239
„Queen's Jubilee" 249
„Ram On" 17
„Real Love" 13

„Release Me" 284
„Rhapsody For Uke" 112
„Rock Island Line" 14 f.
„Rock-a-Hula Baby" 206
„Rocky Raccoon" 16
„Rolling In The Deep" 55
„Runnin' Wild" 203
„Sakura (Sakura, Sakura)" 41, 353
„Samba Pa Ti" 321
„Sanoe" 249
„Satin Doll" 296
„Scarlet Tide, The" 334
„Sea Of Love" 250
„September Song" 332
„She Loves You" 201
„She's Still Got It" 354
„Should I Stay Or Should I Go" 284
„Show Me The Way" 237
„Silence Is Golden" 304
„Singing In The Rain" 109
„Sleep Walk" 39
„Sleepless Nights" 319
„Smells Like Teen Spirit" 262
„Something" 18, 59
„Somewhere Over The Rainbow" 48 f.,
    250, 255, 288, 321, 324
„Somewhere Over The Rainbow / What A
    Wonderful World" 9, 250, 253, 255,
    288, 324
„Sonny Boy" 212
„Soon Forget" 318
„Spain" 39
„Stairway To Heaven" 323
„Star-Spangled Banner, The" 41
„Stardust" 151
„Stars And Stripes Forever" 36, 151, 292
„Stormy Monday" 35
„Strawberry Fields" 40
„Sugar Mountain" 227
„Sugar Plum Fairy" 266
„Sugar, Sugar Baby" 277
„Summertime" 351
„Superfly" 36
„Sushi" 291 f.

„Sweet Lady" 118
„Sweet Lei-lei-hua" 77
„Sweet Leilani" 147, 150
„Sweet Little Sixteen" 238
„Take Me Home Country Roads" 252
„Take The 'A' Train" 332, 351
„Take Your Love With Me (The Ukulele
    Song)" 346
„Tammy" 303
„Taste Of Crow" 336
„Tennessee Waltz" 229
„They Call The Wind Maria" 226
„Things Should Be Getting Better" 356
„This Little Ukulele" 335
„Thriller" 45
„Tico Tico" 151
„Tie One On" 354
„Time After Time" 45
„Tiny Bubbles" 322
„Tiptoe Through The Tulips" 116, 213,
    215, 224
„Toccata" 323
„Tomi, Tomi" 87
„Tonight You Belong To Me" 358
„Too Fat Polka" 194
„Toxic" 340
„Travellin' On" 354
„Tritone" 60
„Tumbletweet" 226
„Turn The Page" 229
„Two Of Us" 340
„Two Pieces for Violin and Piano" 101
„Two Ton Tessie From Tennessee" 142
„Uke Can't Be Serious" (Ukulele Concert)
    314
„Ukulele Lady" 106, 111, 116, 118, 357
„Ukulele Lorelei" 101
„Ukulele Me" 335
„Ukulele Serenade" 101
„Ukulele Song" 356
„Under The Double Eagle" 152
„Under The Ukulele Tree" 105
„Wadde hadde dudde da" 283
„Waimanalo Blues" 249

„Walking Down Rainhill" 42
„Walkürenritt" 263
„Wann wird's mal wieder richtig Sommer"
    281
„Waving Palmes" 319
„Way You Look Tonight, The" 306
„What A Wonderful World" 9, 250
„What's Today Got To Do With Tomorrow
    (When Tomorrow's So Far Away)" 213
„When I See An Elephant Fly" 110
„When I'm Cleaning Windows" 13, 135, 139
„When Old Bill Bailey Plays The Ukalele"
    105
„When You Wish Upon A Star" 110
„Where Does Robinson Crusoe Go With
    Friday On Saturday Night" 216
„While My Guitar Gently Weeps" 8, 39,
    41, 59 f., 62, 275, 326
„White Sandy Beach" 252
„Who's Sorry Now" 14
„Wigan Boat Express, The" 129

„Wild Honey Pie" 16
„Winchester Cathedral" 218
„Wipe Out" 35, 322
„With My Little Stick of Blackpool Rock"
    136
„With My Little Ukulele In My Hand"
    134 f.
„Wonderful Land" 263
„Wonderful Tonight" 42
„Wuthering Heights" 266
„Yaaka Hula Dickey Dula" 105
„Yankee Doodle Dandy" 237
„Yeah, Yeah, Yeah" 144
„Yes Tonight Josephine" 277
„Yodelayheehoo" 325
„You Know Me, Alabam'" 116
„You Never Did That Before" 110
„You Turn Me On" 216
„You Won't See Me" 216
„You're Sixteen" 247
„Zig Zag" 22

PERSONEN- UND SACHREGISTER

Personen und Bands sind in normaler Grundschrift gesetzt, Alben-, Buch- und Filmtitel sowie Shows und Awards in *kursiver* Schrift.

10 Songs for the New Depression (Loudon
    Wainwright III.) 356
461 Ocean Boulevard (Eric Clapton) 232
50th State Jazz (Lyle Ritz) 295
52 Cover Song Project (Victoria Vox) 327
52 Original Song Project (Victoria Vox) 327
69 Love Songs (The Magnetic Fields) 335
A Brush With Velvet (Dent May & His
    Magnificent Ukulele) 338
A Flying Leap (James Hill) 352
A Life, the Art & Beauty of Being Human
    (Taimane Gardner) 323
A Night At The Opera (Queen) 237
A Night of Magic (Film) 145
Abbas, Mahmoud 333
Abbey Road (The Beatles) 54, 59

Absolute Uke (Gerald Ross) 332
AC/DC (Band) 61, 214, 283
Across The Universe (Jake Shimabukuro)
    29, 39
Adele 55
Aerosmith (Band) 358
*After the Ball – Pop Music from Rag to
    Rock* (Buch) 218
Aiken, Conrad 102
Aila, William J. jun. 248
Akiyami, Tami 34
Alice in Wonderland (Kinderbuch) 68
All Things Must Pass (George Harrison) 22
Allen, Fred 191
Alone in IZ World (Israel Kamakawiwoʻole)
    254

Alpert, Herb 295

Alsmann, Götz 257, 275-280, 288

Am Broadway (Show) 280

Amadeus-Quartett 259

Amanda Palmer Performs The Popular Hits Of Radiohead On Her Magical Ukulele (Amanda Palmer) 339

American Bandstand (TV-Show) 217

American Way of Playing Ukulele Solos, The (Lehrbuch) 113

Americana (Neil Young & Crazy Horse) 226

Among Brothers (Band) 306

Amundsen, Roald 121

Anahu, James N. 96

Anderson, Ian 237

Anderson, Joni s. Mitchell, Joni

Anderson, Sean 355

Anne, Princess Royal 269

Arlen, Harold 25

Armstrong, Louis 250, 300

Art Of Solo Ukulele, The (Album) 306

Arthur Godfrey and His Friends (TV-Show) 191

Arthur Godfrey and His Ukulele (TV-Show) 193

Arthur Godfrey Time (Radio-Show, TV-Show) 191

Arthur Godfrey's Talent Scouts (TV-Show) 191

Assange, Julian 333

Astaire, Fred 109, 118

Astle, Andy 259

Atkins, Chet 18

Atom Heart Mother (Pink Floyd) 54

Autry, Gene 117

Awai, George „Keoki" 91

Bach, Johann Sebastian 7, 28, 45, 262, 270, 293, 307 f., 322 f., 331

Backus, Gus 277

Bad Girl (Roman) 98

Baez, Joan 228

Baileys Lucky Seven (Sam Lanin) 108

Band, Bob Dylan & Tiny Tim – Down in the Basement, The (Album) 212

Band, The s. Bob Dylan & The Band

Baratto, Matty 358

Barber, Chris 15

Barnes, Jeremy 337

Baroshian, Eleanor 213

Barrat, David 332

Barrett, Alan 236

Barrett, Syd 235 f.

Barrymore, John 120

Bartók, Béla 270

Basement Tapes (Bob Dylan & The Band) 212 f.

Basie, Count 268, 306

Bathhouse Betty (Bette Midler) 357

Battle Of The Sexes (Radio Show) 118

BBC-Sessions (The Beatles) 19

Beach Boys (Band) 217, 234, 295

Beale Street Mess Around (Charlie Burse & Will Shade) 208

Beatles Anthology (TV-Doku) 11, 13, 14

Beatles Complete On Ukulele, The (Website) 332

Beatles, The (Band) 7-9, 11-14, 16-19, 27-29, 31 f., 39, 41, 45, 47, 54, 59, 143-145, 201, 216, 292, 333, 340

Beaumont Symphony Orchestra 304

Beauty And The Beast (Film) 39

Beck, Jeff 46-47, 55, 329

Beethoven, Ludwig van 263, 323, 351

Before The Gold Rush (Buch) 226

Beirut (Band) 337

Beloff, Jim 10, 296, 312-314, 326, 340, 355 f.

Beloff, Liz 312-314

Bennett, Floyd 121

Bennett, Tony 191

Benson, George 230

Berger, Heinrich 79

Berlin, Irving 92, 118, 335

Bermudez, Peter 161, 169

Berry, Chuck 200, 221, 224, 231, 238

Bertosa, Milan 48

Best of Kokua Festival (Jack Johnson & Friends) 316

Bieber, Justin 340
Binaural (Pearl Jam) 318
Bird of Paradise, The (Musical) 87 f.
Bizadi (Band) 231
Björk (eigentlich: Björk Guðmundsdóttir) 352
Black Keys (Band) 354
Blackman, Joan 156
Blair, Tony 355
Blue Hawaii (Blaues Hawaii, Film) 81, 156 f., 205-207
Blue Lamp, The (Film) 143
Blue Man Group 272
Bluesbrakers s. John Mayall & the Bluesbrakers
Bluesville Manufacturing (Band) 217
Blunt, Emily 355
Bob Dylan & The Band (Band) 211-213
Bohlen, Dieter 281
Böllhoff, Ralf 225
Bollinger, John 336
Bonk, Noa 164
Bono 206
Bonzo Dog Doo-Dah Band (Band) 218
Boombox Séance (Victoria Vox) 327
Booth, Eliza 131-134
Booth, George Hoy s. Formby, George
Booth, James 129
Boots! Boots! (Film) 137
Bowie, David 146, 238 f., 262, 266
Bowman, David 231
Boy George 215
Boyd, Colonel James Harbottle 81
Brahms, Johannes 351
Brainwashed (George Harrison) 23
Bramwell, Tony 23
Breen, May Singhi 111-113, 199
Breidbach, Silke 287 f.
Brosnan, Pierce 355
Brown, James 351
Brown, Joe 18 f., 23
Browne, Jackson 316
Bruce, Lenny 191
Bruddah IZ s. Kamakawiwoʻole, Israel „IZ"

Bruddah Sam s. Langi, Sam
Brushfire Fairytales (Jack Johnson) 316
Bubbling Over Boys, The (Band) 237
Bublé, Michael 206
Budinger, Victoria 214
Buffett, Jimmy 43, 316
Buffett, Peter 333
Buffett, Warren 8, 355
Buffy the Vampire Slayer (TV-Serie) 54
Buhlan, Bully 276
Buke Mele Lahui (Textsammlung) 83
Burse, Charlie „Ukulele Kid" 208
Burton, Gary 328
Bush, Eddie 296
Bush, Kate 262, 266
By the Shortest of Heads (Film) 130
Byrd, Admiral Richard Evelyn 121
Byrd, Charlie 31 f.
Byrne, David 231
Cage, John 352
Calloway, Cab 25
Cantor, Eddie 276
Carleton, Bob 108
Carmichael, Hoagy 23, 151
Carpenter, Scott 160
Carrell, Rudi 281, 284
Carroll, Lewis 8, 68
Carson, Johnny 214
Cats Purring (Band) 338
Cazimero, Roland 254
Chameleon (Victoria Vox) 326
Chaplin, Charlie 129
Char, Kerry 359
Charles, Ray 295
Chicago (Band) 303
Chick Corea 39, 328
Chief Thunderbird 148
Chong, Benny 164, 304-306, 328, 330
Chopin, Frédéric 322
Christian, Charlie 294
Christmas Records (The Beatles) 16
Clapton, Eric 42, 59, 231 f., 351
Clark, Dick 216
Clash, The (Band) 238, 284

Classic Oldies (Harold Uchino) 304
Claussen, Erwin 273 f.
Clayton, Lou 109
Cliff Edwards and his Hot Combination
   (Cliff Edwards) 109
Clift, Montgomery 308
Cline, Patsy 191
Clinton, Bill 82, 251
Cochran, Eddie 217, 231
Cole, Nat King 230, 335
Collier, Thomas 230
Collings, Bill 358
Colón (Band) 35 f.
Colón, Augie 35
Colón, Lopaka 33, 35
Concert for George (DVD) 18
Condon, Ryan 163 f., 180
Condon, Zach 336 f.
Connors, Eddie 193
Contemporary Ukulele (Kalei Gamiao) 330
Cook, Captain James 73
Cook, Joe 124
Cooper, Alice 215
Cooper, Gary 122, 138
Copland, Aaron 101
Costello, Elvis 334
Cottrell, Jack 134, 137
Coward, Noël 142 f.
Cowboy Maloney's Electric City (Band)
   338
Craig, Daniel 355
Crater Boys s. Ka'au Crater Boys
Crawford, Joan 122
Crazy Horse (Band) 226
Crosby, Bing 137, 147, 300
Crosscurrent (Jake Shimabukuro) 39
Crossett, Kevin 359
Cruise of the Snark, The (Buch) 72 f.
Crumit, Frank 117 f., 132
Cruz, Ernie [jun.] 298
Cruz, Ernie sen. 298
Cruz, Guy 35 f.
Da Blahlas of Keaukaha (Band) 248
Daft Punk (Band) 351

*Daily Ukulele: 365 Songs For Better Living,
   The* (Songbook) 314
Dale, Dick 224, 229 f., 322
Daltrey, Roger 334
Danko, Rick 211
Dark Side Of The Moon, The (Pink Floyd)
   54
DaSilva, Michael 352, 358
David, Andreas 257, 285-289
Davis, Miles 59
Davison, Anne Janelle 353 f.
Dead Kennedys (Band) 341
Deep Purple 23
DeLano Hawaiian Steel Guitar and
   Ukulele Sextette of Los Angeles 91
Delmar, Viña 98
Denny, Martin 37
Dent May & His Magnificent Ukulele
   (Band) 338
Depp, Johnny 355, 358
DeVine, Eric 319 f., 359
Dias, Augusto 68-70, 79, 84
Dick Cavett Show (TV-Show) 221
Dick's Improved Ukulele Method
   (Lehrbuch) 121
Dickens, Charles 210
Dickey, C.W. 90
Dietrich, Bürger Lars 282
DiMatteo, Jason 336
Dimensions (Abe Lagrimas jun.) 328
Disney, Walt 15, 39, 110 f., 355
Diva in Las Vegas (TV-Show) 357
Dix, John 67
Dixon, Willie 217
Doane, J. Chalmers 349-351
Dogg, Tymon 238
Dole, Sanford 81
Domino, Fats 224
Don Juan (Film) 120
Donegan, Lonnie 15, 239
Donovan 210
Doors, The (Band) 211, 322
Dorsey, Jimmy 306
Doughboys (Film) 110

Dragon (Jake Shimabukuro) 39
Dresden Dolls (Band) 339
Drogin, Alan 336
Duke of Uke (Bill Tapia) 300
Dumbo (Film) 110
Dürer, Albrecht 258
Durkee, Jennie 113
Dury, Ian 262
Dylan, Bob 206, 212 f., 218
E Ala E (Israel Kamakawiwoʻole) 253
E.T. (Band) 298
Eastwood, Andy 342 f.
Eban & Charley (Film) 335
Echt (Band) 283
Eckhaus, Joel 359
Ed Sullivan Show (TV-Show) 143-145,
    201, 292
Eddie Spencer Band (Band) 153
Eddy, Duane 222
Edelstein, Alan 120
Edward VII. 129
Edward VIII., Prince of Wales 116 f.
Edwards, Cliff „Ukulele Ike" 107-111, 113,
    116 f., 122, 127, 132, 198, 276
Edwards, Webley E. 147
Eine Ukulelen-WG in No(e)ten (Show) 287
Eisler, Hanns 266, 269
Electric Gypsy (Buch) 222
Elizabeth II., Queen 139, 143
Ellington, Duke 332
Eminent Ukulele (Kimo Hussey) 303
Emmanuel, Tommy 43, 332
Emperor of Lancashire, The (Radio Show)
    23
Engle, Robert 36
Entdeckung der Langsamkeit, Die (Roman)
    302
Entwistle, John 233 f.
Essex-Trilogie (Darren Hayman & the
    Secondary Modern) 342
Eurovision Song Contest (TV-Show) 283
Evans, Steve 359
Everly Brothers (Band) 319
Every Hour (Radio Show) 114

Fab Four s. Beatles, The
Fables (Corey Fujimoto) 331
Facing Future (Israel Kamakawiwoʻole)
    249, 252 f.
Famous Collection for the Ukulele
    (Songbook) 115
Farlow, Tal 305
Feather Your Nest (Film) 137
Feldbusch, Verona 283
Felix Mendelssohn and his Hawaiian
    Serenaders (Band) 263
Fernandes, João 65, 77
Fernandez, Troy 164, 297-299
Fields, Gracie 145
Finder, George 197
Fischer, John 137
Fisher, Bud 124
Fitzgerald, Ella 306
Fitzgerald, F. Scott 99 f., 106, 128
Flanagan, Kazusa 36
Flea Market Music (Website) 314
Fleck, Bela 43
Fleetwood Mac 357
Fleetwood, Mick 357
Flynn, Errol 138
Folds, Ben 340
For All My Little Friends (Tiny Tim) 214
Ford Hawaiians s. Hawaiian Quintet
Ford, Henry 91
Formby Seeing Life (Show) 133
Formby, Eliza 131-134
Formby, George 13, 19 f., 22 f., 28, 35,
    126-143, 145 f., 217, 232-234, 236, 257,
    262, 270 f., 276, 338, 342-345
Formby, George sen. 129-131, 139
Formby's Road Show (Show) 133
Four Strings: The Fire Within (Brittni
    Paiva) 321
Fowler, Art 199
Fox, Flora 72
Frampton, Peter 237 f.
Freshman, The (Film) 101
Friedman, Peter 120
Frisco, Joe 108

Fritsch, Willy 276
Fruit for the Soul (Steven Sproat) 344
Fry, Stephen 340
Fuga, Paula 316-318
Fujimoto, Corey 331 f.
Gabby Pahinui with the Sons of Hawai'i (Sons of Hawai'i) 155
Gable, Clark 300
Gabriel, Peter 259
Gainsbourg, Serge 262, 338
Gallup, Cliff 232
Gamiao, Kalei 330 f.
Garbo, Greta 122
Garbus, Merrill 337
Garden of Aloha, The (Musical) 95
Gardner, Taimane 230, 310, 321-323, 331
Garland, Judy 49, 250, 255
Garner, Erroll 41
Gates, Bill 333
Gay, Noel 137
Gene Vincent and His Blue Caps (Band) 232
Gently Weeps (Jake Shimabukuro) 41
George in Civvy Street (Film) 139
George VI., König 121, 139
Gershwin, George 101, 109, 351, 354
Gershwin, Ira 109
Geschwister Pfister (Band) 286
Ginsberg, Allen 210
Girl That Came To Supper, The (Musical) 142 f.
Girls! Girls! Girls! (Film) 205
Giussani, Gioachino 308
Glass, Philip 270
Gleason, Bob 359
Gleason, Robin 359
Glebbeek, Caesar 222
gListen (Songs from a Random House) 336
Glying Club Cup, The (Beirut) 337
God Bless Tiny Tim (Tiny Tim) 213
Godfrey, Arthur 115, 160, 188-200, 209 f., 215, 224 f., 294
Golden Globes (Award) 355

Good Feeling Music Of Dent May & His Magnificent Ukulele, The (Dent May & His Magnificent Ukulele) 338
Good, the Bad and the Ugly, The (Film) 262
Goodman, Benny 150, 259
Goose, Billy 134
Gothic Archies (Band) 335
Gottfried, Ted 338
Gould, Glenn 352
Grammy (Award) 318, 335
Grand Ukulele (Jake Shimabukuro) 55
Grande, Michael 60
Gray, Sam 246
Graziano, Tony 359
Green, Adam 333
Green, Freddy 268
Greenawalt, Roger 332
Griffiths, Rod 233
Grill, Pierre 304
Grohl, David 358
Groove Machine, The (Colón) 35
Grossman, Albert 212
Grove-White, Will 204, 233
Guava Jam (The Sunday Manoa) 242
Guerrero, Aldrine 162
Gulag Orkestar (Beirut) 337
Guthrie, Arlo 106
Guthrie, Woody 155, 238, 338
Haida, Katsuhiko 296 f.
Haida, Yukihiko 296 f.
Haleloke (Haleloke Kahauolopua) 191
Halen, Eddie van 230
Haley, Bill 200
Halican, Manny 359
Hall, Wendell 113-115, 127, 198, 209
Handler, Elliot 195
Handler, Ruth 195
Hardy, Oliver 160, 204 f.
Harper, Ben 316
Harrison, Dhani 25
Harrison, George 7-8, 11-14, 16-25, 28 f., 39, 41, 59, 145 f., 160, 275
Harrison, Louise (Mutter von George) 19
Harrison, Pattie 21

Hawaii Calls (Radio-Show) 147
Hawaii Five-0 (TV-Serie) 54
Hawaii Music Awards (Award) 39
Hawaii Music Supply (Website) 331
Hawai'i Symphony Orchestra 27 f.
Hawaiian Glee Club (Band) 86
Hawaiian Quintet (Band) 91
Hawaiian Voices: Bringing Past to Present (Doku) 156 f.
Hawks, The 211 f.
Hayes, Isaac 262
Hayman, Darren 341 f.
Hazlewood, Lee 338
Hefner (Band) 342
Heilman, Duane 358
Hello Honolulu (Musical) 95
Helm, George jun. 248
Helm, Levon 211
Hemingway, Ernest 100
Hendrix, Al 222 f.
Hendrix, Jimi 35, 60, 119, 210, 221-224, 230, 265, 270, 316, 352, 354
Hendrix, Leon 222 f.
Hill, James 312, 328, 348, 350-355, 361
Hillebrand, William 66
Hinchliffe, George 256-275
Ho, Don (eigentlich: Donald Tay Loy Ho) 304, 306, 322
Ho'oluana (Makaha Sons of Ni'ihau) 252
Hoffmann, Jerry 358
Hoku Award s. *Na Hoku Hanohano Award*
Holiday, Billie 300
Hollaender, Friedrich 276
Holland, Jules 344
Holly, Buddy 15, 229
Hollywood Palace, The (TV-Show) 192
Hollywood Revue 1929, The (Film) 109
Honeymoon Lane (Show) 116
Honolulu Girl, The (Musical) 95
Honolulu Students (Band) 86
Ho'opi'i, Sol 300
Horn, Guildo 281
Horton, Shakey 208
How About Uke? (Lyle Ritz) 295, 306

How Music Works (Buch) 231
Hula Girls (Film) 42
Humperdinck, Engelbert 284
Hunter, Holly 355 f.
Hurd, David 359
Hussey, Kimo 183 f., 301-304, 330
Hutchings, Evan 60
Hylton, Jack 134
I Made You A CD, But I Eated It (Molly Lewis) 340
Idle, Eric 22
Ikemi, Shoi 151
In Paris (Götz Alsmann) 279
Ingham, Beryl 132-134, 136-141
Inspiration: A Tribute To Nat King Cole (George Benson) 230
International Wellington Ukulele Orchestra 274
Into the Wild (Eddie Vedder) 319
Ioane, Mickey 248
Iona, Andy 300
Iron Maiden (Band) 363
Islam, Yusuf (Cat Stevens) 265, 316
Iwasaki, Ethel 36
IZ s. Kamakawiwo'ole, Israel
J. S. Bach Partita No. 3 for Unaccompanied Ukulele (John King) 308
Jackson Five (Band) 57
Jackson, Michael 45, 215, 329, 354
Jagger, Mick 210
Jake Shimabukuro – Live (Jake Shimabukuro) 45
Jake Shimabukuro: Life on Four Strings (DVD) 55
James, Elmore 222
Jang, Iggy 27
January Songs (Darren Hayman & the Secondary Modern) 342
Jay Leno Show, The (TV-Show) 327
Jazz For The People (Arthur Godfrey) 193
Jazz Singer, The (Film) 105
Jazz Ukulele – Comping, Soloing, Chord Melodies (Lehrbuch) 329
Jefferson, Blind Lemon 209

Jehnichen, Gisa 71
Jenkins, Ella 122
Jennings, Nicholas 226 f.
Jerk, The (Film) 358
Jethro Tull (Band) 237
Jim Kweskin & the Jug Band (Band) 218
Jimi Hendrix: A Brother's Story (Buch) 222 f.
John Mayall & the Bluesbrakers (Band) 232
John Willie's Jazz Band (Band) 133
John, Elton 17
Johnny Noble Band (Band) 300
Johnny, Southside (eigentlich: John Lyon) 333
Johnson, Jack 315-318, 334
Johnson, Lonnie 15
Johnson, Robert 209
Jolson, Al 105, 216
Jones, Hank 328
Jones, John Paul 357 f.
Jones, John (Vater von David Bowie) 238
Joplin, Janis 210
Jordan, Michael 37
Joys of Loosing Weight, The (The Real People) 336
Jumpin' Jim's Songbook (Songbook) 314
Jumpin' Jim's Ukulele Favorites (Songbook) 313
Justice for All (Metallica) 316
Ka 'Ano 'i (Israel Kamakawiwo'ole) 250
Ka'au Crater Boys (Band) 298
Kaai, Ernest K. 70, 72, 86 f., 123, 296, 300
Kahalewai, Haunani 47
Kahn, Gus 106, 118, 357
Kaili, David 105
Kailimai, Henry 91 f.
Kaiser Chiefs (Band) 265
Kalakaua, König David „Kawika" 8, 58, 66, 73, 76-80, 82, 87, 149, 242, 249
Kaleikini, Harris 244
Kalima Brothers (Band) 152
Kalima, Jesse 151 f.
Kamae, Alice 148

Kamae, Eddie 37, 148-157, 242, 244, 292, 296
Kamae, Joe 150
Kamae, Myrna 156
Kamae, Sam (Bruder von Eddie) 150
Kamae, Sam (Vater von Eddie) 148, 150
Kamaka Hawaii, Inc. 14, 54, 72, 124, 151, 158-160, 162, 165-167, 169 f., 173 f., 179, 181, 184 f., 293
Kamaka, Casey 52 f., 158, 160, 165-167, 169 f., 173 f., 179, 181, 184, 322
Kamaka, Chris 158, 160
Kamaka, Frederick jun. 158, 160
Kamaka, Frederick sen. 158, 160, 179
Kamaka, Samuel jun. 158, 160
Kamaka, Samuel K. sen. 72, 96 f., 146, 159 f.
Kamakawiwo'ole, Ceslieanne „Wehi" 247
Kamakawiwo'ole, Donna 250
Kamakawiwo'ole, Henry „Skippy" 244-246, 249-251
Kamakawiwo'ole, Israel „IZ" 9, 48-50, 57, 160, 240-255, 288, 324, 361
Kamakawiwo'ole, Marlene 247
Kamehameha I., König 75
Kamehameha III., König 83
Kamehameha V., König 79, 82 f.
Kanahele, George 241
Kanile'a 'Ukulele 160-162, 165, 170 f., 173-176, 178-180, 182 f., 185
Kanui, William 98
Kapi'olani, Queen 80
Kasha, Michael Dr. 176, 320
Kauakahi, Louis „Moon" 246, 250
Kaufman, Irving 213
Ke Alaula (Makaha Sons of Ni'ihau) 252
Keala (Makaha Sons of Ni'ihau) 246
Kealaka'i, Mekia 103
Keale, Moe 244
Keaton, Buster 110, 122
Keech Brothers (Band) 103
Keech, Alvin 103, 131
Keech, Kelvin 103, 116, 131
Keegan, Pierce 108

Kekuku, Joseph 103
Kelhoe, Mark 231
Kern, Jerome 92
Kessel, Barney 295, 306
Key (Victoria Vox),
Kilgore, Rebecca 296
Killers, The (Band) 340
Kim, August 101
Kimokeo, Kamuela 162
Kiner, Larry 110
King, B. B. 222
King, Ben E. 258
King, John 50, 307-309, 351
King, William 358, 362
King's Singing Boys 77
Kingston Trio (Band) 226
Kinks, The (Band) 217
Kinney, Ray 152
Kitakis, Andrew 163, 168, 170, 183
Kitakis, John 163 f., 165, 168-175, 177-179,
    181-184, 328
Kitakis, Noa 163, 168, 170, 183
Klitschko, Vitali 281
Klitschko, Wladimir 281
Ko'olau Guitar & 'Ukulele Company 163 f.,
    165, 168-175, 177-185
KoAloha Ukulele 162 f., 165 f., 169, 172 f.,
    176 f., 180-185
Koehler, Ted 25
Koko, Jerome 245 f.
Konter, Richard 121
Kraftwerk (Band) 262
Kraus, Peter 277
Kronos-Quartett 270
Kumalae, Jonah 72, 91, 96, 123, 124
Kuss (Götz Alsmann) 279
Ladd's Black Aces (Band) 108
Lady Be Good (Musical) 109
Lady Gaga 215, 322, 340
Lagrimas, Abe jun. 164, 328 f.
Landreth, Sonny 43
Lane, Frank 106
Langi, Sam (Bruddah Sam) 162
Langley Ukulele Ensemble (LUE) 350-352

Lanin, Sam 108
Late Junction (Radio-Show) 357
Lauper, Cindy 43, 45, 334
Laurel, Stan 160, 204 f.
Lear, Edward 8
Led Zeppelin 45, 61, 323, 329, 357
Lee, Bruce 36
LeFebvre, Cyril 345
Left Right Wrong (Julia Nunes) 340
Legends of Ukulele (Album) 314
Lemmon, Jack 203
Lena (eigentlich: Lena Meyer-Landrut) 283
Lennon, Cynthia 21, 333
Lennon, John 8, 13, 15 f., 20 f., 35, 40, 145 f.,
    333
Lennon, Julia (Mutter von John) 15
Let George Do It (Film) 137, 139
Let It Be (The Beatles) 54
Lewis, Bernie Kaai 206
Lewis, Molly 340
Lewis, Tim 341
Li'a, Sam 156
Lichty, Jay 358
Liddell, Alice 68
Liddell, Henry George 68
Lieberman, Peter 359
Liebmann, Robert 276
Liholiho (Kamehameha II.), König 75
Lili'uokalani, Queen 73, 76, 80-83, 154,
    160, 242, 249 f., 361
Lilikoi (Paula Fuga) 317 f.
Lilo & Stitch (Film) 355
Lind, Waldemar 124
Lindbergh, Charles 100, 121
Listen to the Forest (Doku) 156
Little Mermaid, The (Film) 39
*Live at the Warner Grand Theatre: The
    100th Birthday Concert* (Bill Tapia) 300
Live In Anguilla (Jimmy Buffett) 43
Live In Japan (Jake Shimabukuro) 60
Living Ukulele (Brittni Paiva) 321
Lloyd, Harold 122
Loco Princess (Taimane Gardner) 323
Lon Gisland (Beirut) 337

London, Jack 72 f.
Lord, Jon 23
Lost World String Band (Band) 332
Lovano, Joe 328
Love. Life. Ukulele (Sophie Madeleine) 345
Lovewell, Lillums 122
Low G (Kimo Hussey) 303
Low, Bruce 280
Lowry, Malcolm 102
Lua, Pale K. 105
Lucas, Nick 116, 213
Lucky Leles (Band) 257, 285, 287 f.
Luongo, Peter 350
Lux, Kitty 259, 264
Lyman, Arthur 37
Lynne, Jeff 13
Ma, Yo-Yo 43, 62
Maccaferri, Mario 196-198, 200 f.
Madeleine, Sophie 345 f.
Madness (Band) 265
Magic of Ukulele, The (Lehrvideo) 242
Magnetic Fields, The (Band) 335 f.
Mahal, Taj (eigentlich: Henry St. Clair
    Fredericks) 316
Maharishi Mahesh Yogi 16
Makaha Sons of Niʻihau (Band) 246-249,
    252 f.
Makekau, Luther 156
Making Waves (Kaʻau Crater Boys) 298
Malan, Daniel François 140
Malmsteen, Yngwie 37, 331
Maloon, Antonette Marie 359
Manche mögen's heiß (Film) s. *Some Like
    It Hot*
Mancini, Henry 222
Manson, Andy 357
Manuia! (Ukélélé Club de Paris) 345
Margaret, Princess 143
Mark, Gordon 306
Marley, Bob 36, 316
Marley, Ziggy 43, 318
Mars, Bruno 335 f.
Marshall, Joe 155
Martin, C. Frederik 198

Martin, George 13, 143
Martin, Steve 358
Marvin, Hank 266
Marvin, Johnny 99, 115-117, 120, 127, 133
Mary Poppins (Film) 39
May, Brian 146, 236 f.
May, Dent 338
Mayall, John 232
Mayer, Gordon und Char 358
Maynard, Alf 233
Mays, Harry 122
McCartney, James (Vater von Paul) 20
McCartney, Linda 18
McCartney, Paul 8, 11-13, 16-18, 20 f., 29,
    59, 144, 146, 224, 255, 269, 358
McDiarmid, Don 292
McFerrin, Bobby 43
McLellan, Andrew 35
McLuhan, Marshall 219
Means, Dave 358
Meier, Jan Henning 7
Mello, Jon de 252
Memphis Jug Band (Band) 208
Memphis Minnie 208
Memphis Mudcats (Band) 208
Mercury, Freddie 49
Merritt, Stephin 335
Metallica (Band) 7, 316
Metheny, Pat 57, 62
Mezzrow, Mezz 258
Midler, Bette 35, 106, 357
Midnight Ukulele Disco (TV-Show) 40
Miller, Arthur 204
Miller, Glenn 12, 150
Miller, Max 145
Mills, Heather 255
Minor Threat (Band) 316
Mistletoe Mazel Tov (Gerald Ross) 332
Mitchell, Joni 215, 226 f.
Mitford, Nancy 8
Mole, Miff 109
Monahan, Patrick 320
Monkees, The (Band) 295
Monroe, Marilyn 7 f., 202-204

Montero, Chino 164, 298
Monteverdi, Claudio 269
Monthy Python (Film) 22
Montoya, Carlos 38
Moon, Keith 232
Moon, Peter 37, 58, 241-243
Moonlight and Shadows (Gerald Ross) 332
Moore, Chuck 359
Moore, Gary 23
Moore, Paul 362 f.
Morosco, Oliver 88
Morricone, Ennio 262
Morrison, Jim 211
Mozart, Wolfgang Amadeus 351
Mraz, Jason 334 f.
Murphy, Joe 354
Muse Blues (Lewis „Rabbit" Muse) 209
Muse, Lewis „Rabbit" 208 f.
My Honolulu Girl (Musical) 95
My Life (Jake Shimabukuro) 45
Myers, Carmel 199
N Dis Life (Israel Kamakawiwoʻole) 254
Na Hoku Hanohano Award (Award) 33, 35, 39, 46, 250, 253 f., 298, 318
Naddel (eigentlich: Nadja abd el Farrag) 281
Nadolny, Stan 302
Nahinu, Nathan 298
Nashville Sessions (Jake Shimabukuro) 60 f.
Nawahi, King Bennie 300
Netanyahu, Benjamin 333
New England Ukulele Orchestra 274
New Ukulele Method (Lehrbuch) 113, 199
New Vaudeville Band (Band) 218
Newman, Randy 327
Nichols, Red 109
Niehaus, Lennie 295
Night of Ukulele Jazz Live at McCabe's (Lyle Ritz & Herb Ohta) 293
Nirvana (Band) 262, 329
Nitty Gritty Dirt Band (Band) 218
No Frills (Lyle Ritz) 296
No Kristo (Makaha Sons of Niʼihau) 246
No Limit (Film) 137

No, No, No (Beirut) 337
Nobile, Umberto 121
Normal Love (Film) 211
Not a Girl (Film) 283
Nunes, Julia 340
Nunes, Julius 70 f.
Nunes, Leonardo 70 f.
Nunes, Manuel 68-72, 80, 84, 96, 160
O'Connor, Mark 352
O'Shea, Tessie 142-146, 201
Oasis (Band) 329
Obama, Barack 318
Obama, Michelle 333
Ogata, Keith 359
Ohta-San s. Ohta, Herb [sen.]
Ohta, Herb [sen.] (Ohta-San) 37, 50, 155, 163, 242, 290-293, 296 f., 302, 330, 351
Ohta, Herb jun. 163, 330
Okami, Alan 163
Okami, Alvin „Pops" 162 f., 165 f., 169, 172, 177, 180-185
Okami, Pat 162 f.
Okami, Paul 163
Old Silo, The (James Hill) 354
Oldman, Gary 355
Oliver, King 138
On Fire (Kaʻau Crater Boys) 298
On The Other Hand (James Hill) 352
Ono, Yoko 13
Orwell, George 129
Oscar (Award) 110, 147, 308, 355
Owens, Harry 147
Oya, Aaron 359
Paganini, Niccolò 39, 352
Page, Jimmy 61
Pahinui, Gabby 153-155, 157, 244
Paiva, Brittni 163, 320 f.
Paki, Pilahi 156
Palmer, Amanda 339
Paradise, Hawaiian Style (Film) 205
Parker, Charlie 269 f.
Parker, Colonel 206
Parliamant-Funkadelic (Band) 351
Parsons, Alan 54 f.

Parton, Dolly 287
Paul Whiteman Orchestra 106, 112
Paul, Les 196
Peace Love Ukulele (Jake Shimabukuro) 48
Pearl Jam (Band) 27, 318-320
Peel, John 342
Pelham, Moses 283
Pereira, Mike 359
Peter Pan Uke Method, The (Lehrbuch) 111
Peter, Paul & Mary (Band) 211
Peters, Bernadette 358
Petty, Tom 22
Philipps, Simon 55
Picasso, Pablo 258
Pierce Keegan Jazz Az Iz and Cliff Edwards Ukulele Ike (Show) 109
Pink Floyd (Band) 54, 235, 322 f., 363
Pinocchio (Film) 110
Pirates Of The Caribbean (Film) 39
Plaskett, Joel 354
Play Loud Ukulele (Lehr-DVD) 39 f.
Playing It Like It Isn't (James Hill) 351
Pocahontas (Film) 39
Pogues, The (Band) 22
Pokernacht (TV-Show) 283
Popeye, der Seemann (TV-Serie) 258
Popp, André 293
Portishead (Band) 358
Potts, Ken 359
Presley, Elvis 8, 16, 81, 156 f., 191, 200, 205-208, 217, 223 f., 229, 232, 237, 293, 300, 336
Prinzen, Die (Band) 282
pUKEs, The (Band) 341
Puls, Torsten 287
Puni, Joe 98
Purcell, Henry 269
Pure Heart (Band) 33-36, 330
Pure Heart (Pure Heart) 33
Pure Heart 2 (Pure Heart) 35
Purvis, Edward 73
Putin, Wladimir 333
Quadrophonix (Band) 322
Queen (Band) 35, 48-49, 236 f., 287, 327

Raab, Stefan 257, 279-284, 288
Racaille, Joseph 345
Radio's Amateur Hour (Radio-Show) 292
Radiohead (Band) 322, 339
Ragtime Suwanee Six, The (Band) 217
Ram (Paul McCartney) 17
Ramon s. McCartney, Paul
Ramones (Band) 270
Ramsey, John und Oam 359
Randall, Alan 141
Random Numbers (Songs from a Random House) 336
Ravel, Maurice 152
Ray, Johnny 277
Real People, The (Band) 336
Really the Blues (Lehrbuch) 258
Redding, Otis 316
Redefined (Kalei Gamiao) 330
Reed, Jimmy 11
Reed, Lou 262
Reeves, Martha 258
Reichel, Keali'i 43
Reinhardt, Django 18, 151, 196
Reiser, Rio 262
Reitfors, Les 359
Reith, John 135 f.
Reynolds, Matthew 341
Rhodes, Phil 233
Rhythm You Started, The (Sophie Madeleine) 346
Richard, Cliff 141
Richard, Little 224, 229
Righteous Brothers, The (Band) 295
Riley, Terry 270
Rimski-Korsakow, Nicolai 351
Riot Act (Pearl Jam) 319
Rip Tide, The (Beirut) 337
Ritz, Lyle 164, 242, 293-297, 302, 305 f., 330
Robertson, Robbie 211
Robertson, William Preston 355
Rock That Uke (Doku) 355
Rockwells, The (Band) 338
Rocky and Balls (Band) 346

Rogers, David „Feet" 155
Rogers, Kenny 206
Rolling Stones (Band) 17, 217, 259, 263, 269
Romantic Love Songs (Harold Uchino) 304
Romero, Celedonio 308
Romero, Pepe 308, 316
Ronstadt, Linda 295
Roosevelt, Franklin D. 121
Rosa, Julius La 193 f.
Rose, Peter De 111
Rose, Todd 358
Rosenfeld, Monroe H. 104
Rosetti, Jacqueline „Skylark" 246
Ross, Gerald 332 f.
Rowan and Martin's Laugh-In (TV-Show) 213
Roxy (TV-Show) 279
Royal Hawaiian Band (Band) 79, 83
Royal Hawaiian Music (John King) 308
Royal Hawaiian Quartet (Band) 91
Royal Hawaiians (Band) 115
Royal Horse Show (Show) 225
Rubinstein, Arthur 37
Rundgren, Todd 334
Rutland Weekend Television (TV-Show) 22
Saint-Saëns, Camille 90
Sakuma, Roy 34, 36, 296 f., 318, 322
Sam the Sham and The Pharaohs (Band) 217
Same Old Songs, But Live, The (Molly Lewis) 340
Sanderson, Julia 118
Santana, Carlos 34, 321, 323
Santo, Jose do Espirito 68-70, 84
Satie, Erik 322
Satriani, Joe 330
Saturday Evening Post (Film) 101
Sauer, Rigk 279, 285 f., 352
Savage, Jon 97
Save Me, San Francisco (Train) 320
Scanlan, Dan 72
Scheurenbrand, R. W. 359
Schlag den Raab (TV-Show) 283

Schneewitchen und die sieben Zwerge (Film) 15
Schubert, Franz 270
Scott, Billy „Uke" 145 f.
Scott, Bradney 345
Seasick Steve (eigentlich: Steve Wold) 358
Seaton, Ray 141
Secondary Modern (Band) 342
Secret of Life, The (UOGB) 271
Seeger, Pete 227, 338
Seger, Bob 229
Segovia, Andrés 37, 196
Seidensticker (Band) 277
Selmer, Henri 196
Sex Pistols (Band) 7, 262
Shade, Will 208
Shadows, The (Band) 263, 269
Shanghai Surprise (Film) 22
Shapiro, Harry 222
Sheer Heart Attack (Queen) 236
Sherwin, Chris 233
Shimabukuro, Bruce 230
Shimabukuro, Carol (Mutter von Jake und Bruce) 30, 32
Shimabukuro, Jake 8, 26-63, 184, 230, 242 f., 292, 297, 304, 306, 311 f., 316, 321 f., 324, 326, 328, 330, 351, 353 f., 360
Shimizu, Derek 352, 359
Showtunes (Stephin Merritt) 335
Sigman, Dave 359
Silva, João Gomes da 65
Silver Beetles s. Beatles, The
Simon, John 211
Simon, Paul 39
Sinatra, Frank 295
Sixty Minute Man (Lewis „Rabbit" Muse) 209
Small, Danny 122
Smart Comedy With Smart Music (Musical) 118
Smashing Pumpkins (Band) 329
Smeck, Roy 113, 119-121, 198 f., 215, 276, 311
Smiley Smile (Beach Boys) 234

Smith, Barbara 151
Smith, Bessie 138
Smith, Comrie 225
Smith, Larry 232
Smith, Will („Schmitze Willi") 283
Solo-Ukulele: The King of Pop (Abe Lagrimas jun.) 329
Some Like It Hot (Manche mögen's heiß, Film) 202-204
Songs from a Random House (Band) 336
Sonic Uke (Band) 338
Sonny and Cher (Band) 213, 295
Sons of Hawai'i, The 37, 155, 157, 244, 246
Sons of the Desert (Die Wüstensöhne, Film) 204 f.
Sousa, John Philip 90
South Pacific (Musical) 195
Souza, Joe 160-162, 165-167, 169, 171, 173-176, 178-180, 182 f., 185
Souza, Kristen 160
Spears, Britney 283, 340
Special Deluxe (Buch) 226
Spirit Of The Blitz (Andy Eastwood) 343
SpongeBob SquarePant (Film) 355
Spreckels, Claus 87
Springsteen, Bruce 327, 334
Sproat, Steven 343-345
Square Pegs & Round Holes (Album) 324
Squieres, The (Band) 227
Stafford, Jimmy 320
Stan Kenton Orchestra 295
Stanley, William (Großvater von John Lennon) 15
Stapleton, Marshall 265
Starr, Ringo 8, 11-13,
Stefan Raab & die Bekloppten (Stefan Raab) 283
Stein, Gertrude 100
Steinbeck, John 100
Steppenwolf (Band) 262
Steve Miller Band 17
Stevens, Cat s. Islam, Yusuf
Stevenson, Fanny 77
Stevenson, Robert Louis 8, 77

Stillman, Amy Ku'uleialoha 241
Sting 55
Stop! Look! Listen! (Musical) 92
Storytone (Neil Young) 226
Straight Down the Line (Steven Sproat) 344
Strayhorn, Billy 351, 354
Strong, Emerson 147
Strummer, Joe 238
Sullivan, Ed 143
Sunday Manoa, The (Band) 58, 242
Sunday Morning (Jake Shimabukuro) 39
Surfaris, The (Band) 322
Swanson, Gloria 122
Swartz, Steven 336
Sweethearts of the Air (Radio Show) 111
Swift, Taylor 334
Swing Ukulele (Gerald Ross) 332
Syncopators, The (Band) 111
Tabu (Götz Alsmann) 279
Taft, William Howard 86, 91
Tagg, Jason 338
Taimane Live (Taimane Gardner) 323
Takayma, Isaac 321
Talking Heads (Band) 231, 263, 326
Tapia, Bill 296, 299 f., 328, 351
Tau'a, Keli'i 242
Taylor, James 312
Taylor, Roger 237
Teach Yourself Ukelele (Lehrbuch) 232
Teen, Harold 122
Temple, Shirley 300
That Goes Double (Film) 120
Theweleit, Klaus 221
Third (Portishead) 358
This Sporting Life (Bluesville Manufacturing) 217
Tim, Tiny 16 f., 160, 209-216, 218 f., 224, 234, 306
Tiny Tim: Rock (Tiny Tim) 214
Tiny Tim's Second Album (Tiny Tim) 214
Tommy (Film) 234
Tonight Show Starring Johnny Carson, The (TV-Show) 214
Toot's Paka's Hawaiian (Band) 86

Townshend, Pete 119, 146, 232-235
Train (Band) 320, 334
Travels (Jake Shimabukuro) 57
Tres Femmes (Band) 325
Tropical Hawaiian Day (Ka'au Crater
    Boys) 298
Tropical Swing (Bill Tapia) 300
Trost, Heather 337
True Love Don't Weep (James Hill &
    Anne Davison) 353
Tschaikowsky, Peter Iljitsch 262
Tucker, Sophie 116
Tully, Richard Walton 87
Tune-Yards (Band) 337
Turmspringen (TV-Show) 283
Turner, Rick 359
Turner, Tina 295
TV Total (TV-Show) 281, 283 f.
Twain, Mark 76, 107
Tyler, Steven 358
U2 (Band) 327
Uchino, Harold 304
Uke Ballads (Songbook) 218
Uke Till You Puke (Band) 340
Ukulele – A Visual History (Buch) 313 f.
Ukulele Album (Joe Brown) 19
Ukulélé Club de Paris (Band) 345
Ukulele Dance (Taimane Gardner) 323
Ukulele Festival Map Worldwide (Website)
    360
Ukulele for Peace 362 f.
Ukulele Guild of Hawai'i 301
Ukulele Hall of Fame (Ukulele Hall of
    Fame Museum) 121, 293, 296, 300 f.
Ukulele Heaven (Songbook) 218
Ukulele Heroes (Buch) 128, 218
Ukulele Hit Parade (Gerald Ross) 332
„Ukulele Ike" s. Edwards, Cliff
Ukulele in the Classroom (Lehrbuch) 350
Ukulele Jazz (Benny Chong) 305
Ukulele Orchester Laubegast 274
Ukulele Orchestra of Great Britain
    (UOGB) 230, 256-275, 284, 288, 297,
    312, 344, 361

Ukulele Orchestra of Great Britain, The
    (UOGB) 259
Ukulele Orchestra of Great Brooklyn 272
Ukulele Rascals, The (Band) 151-153
Ukulele Society of Great Britain 23, 146
Ukulele Songs (Eddie Vedder) 318
Ukulele Songs from the North Devon Coast
    (Darren Hayman) 341
Ukulele Stomp (Gerald Ross) 332
Ukulele Trust Songbook for Kids (Song-
    book) 326
Ukulele Vibes (Abe Lagrimas jun.) 328
*Ukulele: A Hawaiian Guitar and How to
    Play It, The* (Lehrbuch) 70
ukulelenunterricht.de (Website) 7
Under the Covers (Victoria Vox) 327
Underwood, George 239
Unforgettable Love Songs (Harold Uchino)
    304
United Kingdom Ukulele Orchestra, The
    (UKUO) 272-274
UOGB s. Ukulele Orchestra of Great
    Britain
Upton, Mike 285
Us (Band) 298
Vai, Steve 37, 330
Valez, John 298
Vallée, Rudy 212
Van Morrison 35
Vangelis 322
Vaughan, Stevie Ray 62
Vedder, Eddie 27, 318-320
Velvet Underground (Band) 269
Verdammt in alle Ewigkeit (Film) 308
Verner, Nolan 60, 63
Verstehen Sie Spaß? (TV-Show) 281
Very Good Eddie (Musical) 92
Victoria Vox and Her Jumping Flea
    (Victoria Vox) 326
Victoria Vox and the Ultra Pink Bicycle
    (Band) 324
Viglione, Brian 339
Vivavision (TV-Show) 280, 282
Volcano Singers (Band) 86

Vox, Samantha 333
Vox, Victoria (eigentlich: Victoria Davitt)
  163, 324-327
Wagner, Richard 263
Waihee, John D. 250
Waikiki Wedding (Film) 147
Wainwright, Loudon III. 356
Walking Down Rainhill (Jake Shimabukuro)
  39
Waller, Fats 258
Wallingford Symphony Orchestra 314
Wallis, Hal B. 205
Warner, Jerome und Debrah 359
Warren Whitcomb & His Bluesmen
  (Band) 217
Waters, Muddy 217
We are made of Stars (Taimane Gardner)
  323
We Like Cake And Beards And Stuff
  (Sophie Madeleine) 346
We'll Meet Again (Show) 343
Webb, Dale 314
Weihnachtsgeschichte (Buch) 210
Weill, Kurt 332
Weiße Album, Das (The Beatles) 11, 16
Wetten, dass...? (TV-Show) 281
Wheeler, Robert 355
When the Night Unravels (Victoria Vox)
  327
Where The Action Is (TV-Show) 216
Whitcomb, Ian 118, 128, 146, 193, 209,
  216-219
White Cloud 148
White, Jack 354
White, Lawrence 130
Whiteman, Paul 106, 112
Whiting, Richard A. 118, 357
Who By Numbers, The (The Who) 234

Who I Am (Buch) 233
Who, The (Band) 19, 119, 232, 234, 262
WHOKILL (Tune-Yards) 337
Wilder, Billy 203
Wilhelm Tell (Oper) 190
Williams, „Ukulele Bob" 122
Williams, Hank 229
Williams, Steve 359
Winter, Johnny 224
Winwood, Muff 264
Winwood, Steve 264
Wizard of the Strings, The (TV-Doku) 120 f.
Wok-WM (TV-Show) 283
Wonder, Stevie 352
Wooler, Bob 144
Wooten, Victor 43
Works, Isabelle 93
Wrecking Crew (Band) 295
Wright, Lawrence 142
Wüstensöhne, Die (Film) s. *Sons of the
  Desert*
X-Ray Spex (Band) 341
Yamasato, Jon 33, 35
Yamasato, Kelly 54
Yarrow, Peter 211
Yasui, Byron 36, 61, 306
Yellow Submarine (The Beatles) 16
You Are What You Eat (Film) 211, 213
You Turn Me On (Bluesville
  Manufacturing) 217
Young, Angus 283
Young, Bob (Bruder von Neil) 226
Young, Neil 224-227, 316
Young, Rassy (Mutter von Neil) 226 f.
Young, Scott (Vater von Neil) 225, 227
YouTube Covers (Julia Nunes) 340
Zimmer Frei! (TV-Show) 279
Zip Goes a Million (Musical) 140